hänssler

BO GIERTZ

Aus der Nähe Gottes leben

Andachten für das Kirchenjahr
Advent bis Pfingsten

Bo Giertz war lange Bischof der schwedischen Staatskirche in Göteborg. Das schwedische Original des Andachtsbuches gehört zu den am meisten gelesenen Andachtsbüchern in Schweden. Giertz verfasste u.a. mehrere historische Romane.

Erschienen unter dem Titel: Att tropa Kristus
© Copyright: 1973 Bo Giertz
Published by Verbum Förlag AB, Stockholm
Übersetzer: Dr. Friedemann Lux

hänssler-Hardcover
Bestell-Nr. 393.516
ISBN 3-7751-3516-2

© Copyright 2000 by Hänssler Verlag,
D-71087 Holzgerlingen
Titelfoto: The Stock Market Photo Agency, Inc.
Umschlaggestaltung: Ingo C. Riecker
Satz: AbSatz, Klein Nordende
Druck und Bindung: C. H. Beck'sche Buchdruckerei
Printed in Germany

Inhalt

Einleitung – Was Sie von diesem Buch haben 15

Erster Adventssonntag 19
  Montag nach dem 1. Advent 22
  Dienstag nach dem 1. Advent 25
  Mittwoch nach dem 1. Advent 28
  Donnerstag nach dem 1. Advent 30
  Freitag nach dem 1. Advent 33
  Samstag nach dem 1. Advent 36

Zweiter Adventssonntag 39
  Montag nach dem 2. Advent 41
  Dienstag nach dem 2. Advent 44
  Mittwoch nach dem 2. Advent 47
  Donnerstag nach dem 2. Advent 50
  Freitag nach dem 2. Advent 53
  Samstag nach dem 2. Advent 56

Dritter Adventssonntag 59
  Montag nach dem 3. Advent 62
  Dienstag nach dem 3. Advent 65
  Mittwoch nach dem 3. Advent 68
  Donnerstag nach dem 3. Advent 71
  Freitag nach dem 3. Advent 74
  Samstag nach dem 3. Advent 77

Vierter Adventssonntag 80

Montag nach dem 4. Advent	83
Dienstag nach dem 4. Advent	86
Mittwoch nach dem 4. Advent	88
Donnerstag nach dem 4. Advent	90
Freitag nach dem 4. Advent	93
Samstag nach dem 4. Advent	96
Sonntag nach Weihnachten	98
Montag nach dem Sonntag nach Weihnachten	101
Dienstag nach dem Sonntag nach Weihnachten	104
Mittwoch nach dem Sonntag nach Weihnachten	107
Donnerstag nach dem Sonntag nach Weihnachten	110
Freitag nach dem Sonntag nach Weihnachten	113
Samstag nach dem Sonntag nach Weihnachten	116
Sonntag nach Neujahr	119
Montag nach dem Sonntag nach Neujahr	122
Dienstag nach dem Sonntag nach Neujahr	125
Mittwoch nach dem Sonntag nach Neujahr	128
Donnerstag nach dem Sonntag nach Neujahr	130
Freitag nach dem Sonntag nach Neujahr	133
Samstag nach dem Sonntag nach Neujahr	136
Erster Sonntag nach Epiphanias	139
Montag nach dem 1. Sonntag nach Epiphanias	142
Dienstag nach dem 1. Sonntag nach Epiphanias	144
Mittwoch nach dem 1. Sonntag nach Epiphanias	147
Donnerstag nach dem 1. Sonntag nach Epiphanias	150
Freitag nach dem 1. Sonntag nach Epiphanias	153
Samstag nach dem 1. Sonntag nach Epiphanias	156

Zweiter Sonntag nach Epiphanias 160
  Montag nach dem 2. Sonntag nach Epiphanias . 163
  Dienstag nach dem 2. Sonntag nach Epiphanias 166
  Mittwoch nach dem 2. Sonntag nach Epiphanias 168
  Donnerstag nach dem 2. Sonntag nach Epiphanias 170
  Freitag nach dem 2. Sonntag nach Epiphanias . . 173
  Samstag nach dem 2. Sonntag nach Epiphanias . 176

Dritter Sonntag nach Epiphanias 179
  Montag nach dem 3. Sonntag nach Epiphanias . 182
  Dienstag nach dem 3. Sonntag nach Epiphanias 185
  Mittwoch nach dem 3. Sonntag nach Epiphanias 188
  Donnerstag nach dem 3. Sonntag nach Epiphanias 191
  Freitag nach dem 3. Sonntag nach Epiphanias . . 194
  Samstag nach dem 3. Sonntag nach Epiphanias . 197

Vierter Sonntag nach Epiphanias 200
  Montag nach dem 4. Sonntag nach Epiphanias . 203
  Dienstag nach dem 4. Sonntag nach Epiphanias 206
  Mittwoch nach dem 4. Sonntag nach Epiphanias 209
  Donnerstag nach dem 4. Sonntag nach Epiphanias 212
  Freitag nach dem 4. Sonntag nach Epiphanias . . 215
  Samstag nach dem 4. Sonntag nach Epiphanias . 218

Sonntag Septuagesimae 221
  Montag nach Septuagesimae 224
  Dienstag nach Septuagesimae 227
  Mittwoch nach Septuagesimae 230
  Donnerstag nach Septuagesimae 233
  Freitag nach Septuagesimae 236

Samstag nach Septuagesimae 239

Sonntag Sexagesimae 241
  Montag nach Sexagesimae 244
  Dienstag nach Sexagesimae 247
  Mittwoch nach Sexagesimae 249
  Donnerstag nach Sexagesimae 252
  Freitag nach Sexagesimae 255
  Samstag nach Sexagesimae 258

Sonntag Estomihi 261
  Montag nach Estomihi 264
  Dienstag nach Estomihi 267
  Mittwoch nach Estomihi 269
  Donnerstag nach Estomihi 272
  Freitag nach Estomihi 275
  Samstag nach Estomihi 278

Sonntag Invocavit 281
  Montag nach Invocavit 284
  Dienstag nach Invocavit 287
  Mittwoch nach Invocavit 290
  Donnerstag nach Invocavit 293
  Freitag nach Invocavit 295
  Samstag nach Invocavit 297

Sonntag Reminiscere 300
  Montag nach Reminiscere 303
  Dienstag nach Reminiscere 306
  Mittwoch nach Reminiscere 309

Donnerstag nach Reminiscere	312
Freitag nach Reminiscere	315
Samstag nach Reminiscere	318
Sonntag Oculi	321
Montag nach Oculi	323
Dienstag nach Oculi	326
Mittwoch nach Oculi	329
Donnerstag nach Oculi	331
Freitag nach Oculi	334
Samstag nach Oculi	337
Sonntag Laetare	340
Montag nach Laetare	343
Dienstag nach Laetare	346
Mittwoch nach Laetare	349
Donnerstag nach Laetare	352
Freitag nach Laetare	355
Samstag nach Laetare	357
Sonntag Judica	361
Montag nach Judica	363
Dienstag nach Judica	366
Mittwoch nach Judica	369
Donnerstag nach Judica	372
Freitag nach Judica	375
Samstag nach Judica	378
Palmsonntag	381
Montag nach Palmsonntag	384

Dienstag nach Palmsonntag 387
Mittwoch nach Palmsonntag 389
Gründonnerstag 392
Karfreitag 394
Karsamstag 398

Ostersonntag 401
  Ostermontag 404
  Dienstag nach Ostern 407
  Mittwoch nach Ostern 410
  Donnerstag nach Ostern 412
  Freitag nach Ostern 415
  Samstag nach Ostern 418

Sonntag Quasimodogeniti 421
  Montag nach Quasimodogeniti 424
  Dienstag nach Quasimodogeniti 427
  Mittwoch nach Quasimodogeniti 430
  Donnerstag nach Quasimodogeniti 433
  Freitag nach Quasimodogeniti 436
  Samstag nach Quasimodogeniti 439

Sonntag Misericordias Domini 442
  Montag nach Misericordias Domini 445
  Dienstag nach Misericordias Domini 448
  Mittwoch nach Misericordias Domini 451
  Donnerstag nach Misericordias Domini ... 454
  Freitag nach Misericordias Domini 457
  Samstag nach Misericordias Domini 460

Sonntag Jubilate 463
  Montag nach Jubilate 466
  Dienstag nach Jubilate 469
  Mittwoch nach Jubilate 472
  Donnerstag nach Jubilate 475
  Freitag nach Jubilate 478
  Samstag nach Jubilate 480

Sonntag Cantate 483
  Montag nach Cantate 486
  Dienstag nach Cantate 489
  Mittwoch nach Cantate 491
  Donnerstag nach Cantate 494
  Freitag nach Cantate 497
  Samstag nach Cantate 499

Sonntag Rogate 502
  Montag nach Rogate 505
  Dienstag nach Rogate 508
  Mittwoch nach Rogate 511
  Christi Himmelfahrt 514
  Freitag nach Christi Himmelfahrt 516
  Samstag nach Christi Himmelfahrt 519

Sonntag Exaudi 522
  Montag nach Exaudi 524
  Dienstag nach Exaudi 527
  Mittwoch nach Exaudi 530
  Donnerstag nach Exaudi 533
  Freitag nach Exaudi 536

Samstag nach Exaudi 539

Pfingsten 542
  Pfingstmontag 544
  Dienstag nach Pfingsten 547
  Mittwoch nach Pfingsten 550
  Donnerstag nach Pfingsten 552
  Freitag nach Pfingsten 555
  Samstag nach Pfingsten 558

Heiliger Abend 561

Weihnachten 564

Zweiter Weihnachtstag 567

Neujahr 570

Epiphanias 573

Die Sonn- und Feiertage des Kirchenjahres 576

Einleitung

Was Sie von diesem Buch haben

Wie erfahre ich mehr über den christlichen Glauben? Wie lerne ich die Bibel besser kennen? Wie bringe ich System in meine Termine mit Gott? Wenn Sie diese Fragen haben und bereit sind, täglich eine Viertelstunde Zeit zu investieren, dann ist dieses Buch für Sie geschrieben.

Die meisten Andachtsbücher folgen dem Kalenderjahr, d.h. sie beginnen mit dem 1. Januar und enden am 31. Dezember. Dieses Buch folgt dem Gang des *Kirchenjahres;* der vorliegende Band beginnt mit dem 1. Advent und endet mit der Pfingstzeit. Dies mag zunächst ungewohnt erscheinen, macht aber Sinn, denn das Kirchenjahr folgt ja den verschiedenen Abschnitten im Heilshandeln Gottes mit dieser Welt, von der Ankündigung Jesu über seine Geburt, Passion, Ostern und Pfingsten bis hin zum Ausblick in die Ewigkeit. Und der weltliche Terminkalender ist sicher wichtig – aber ist Gottes Geschichte nicht noch viel wichtiger?

Dieses Buch bietet für jeden Tag der ersten Hälfte des Kirchenjahres eine Andacht über einen ausgewählten Bibelvers, gefolgt von einem Gebet. Außerdem wird für jeden Tag ein etwas längerer Bibelabschnitt zur persönlichen Lektüre vorgeschlagen. Bitte übergehen

Sie diese Lese-Aufgabe nicht! Die Texte sind so gewählt, dass sie Sie im Laufe des Jahres in die Kernpunkte der Bibel einführen. In der Regel hängen sie auch inhaltlich mit dem in der Andacht behandelten Vers zusammen und beleuchten ihn zusätzlich. Für ein tieferes Eindringen in die Leseabschnitte empfiehlt es sich, eine gute Studienbibel oder einen Bibelkommentar zu Rate zu ziehen.

Was die Gebete betrifft, so haben Sie sicher Ihre eigenen, privaten Gebetsanliegen. Scheuen Sie sich also nicht, die vorgeschlagenen Gebete durch Ihre eigenen (z.B. für Angehörige, Freunde, Kollegen und Gemeinde) zu ergänzen. Vielleicht möchten Sie auch ein festes Morgen- oder Abendgebet benutzen, das Vaterunser oder eine Segensbitte. Wenn bei manchen der Gebete in diesem Band das »Amen« fehlt, so ist dies gewollt – eine kleine Erinnerung daran, dass Sie selber weiterbeten können.

Da das Buch die einzelnen Tage nicht nach dem Datum angibt, kann es passieren, dass man – z.B. weil man ein paar Tage ausgelassen hat – »aus dem Takt kommt«. Schauen Sie also hin und wieder in den hinten abgedruckten Übersichtskalender des Kirchenjahres. Zusätzliche Erinnerungshilfen sind in die Andachten in diesem Buch eingebaut.

Die einzelnen Andachten sind weder willkürlich zusammengestellt noch jeweils völlig in sich abgeschlossen. Sie bilden vielmehr einen Zusammenhang, in dem z.B. eine Andacht Fragen aufwirft, die dann in den folgenden Andachten beantwortet werden. So ist es ja überhaupt im Christenleben. Es bildet ein großes Ganzes, das einem erst nach und nach klar wird. Je mehr man liest, versteht und erlebt, desto deutlicher ahnt man die großen Linien – und die unergründlichen Tiefen.

Und so wünsche ich dem Leser viel Glück beim Durcharbeiten dieses Buches. Ich habe selber einmal von der Pike auf angefangen mit dem Christenleben, ohne viel darüber zu wissen. Es war der Beginn einer lebenslangen Entdeckungsreise. Ich habe dieses Buch in der Hoffnung geschrieben, dass es dem einen oder anderen dazu helfen wird, auf den gleichen Weg zu kommen. Er wird es nicht bereuen!

Erster Adventssonntag

Hosianna dem Sohn Davids! Gelobt sei, der da kommt in dem Namen des Herrn!

(Matthäus 21,9)

Zum Lesen: Matthäus 21,1-9

Lauter Jubel brach los, als Jesus über den alten Pilgerweg auf die Stadt zuritt. Es war Frühling, die Sonne schien, die roten Anemonen leuchteten zwischen den Steinen hervor, die Luft war erfüllt von Vogelgesang und Hoffnung. Das Echo der Hosiannarufe rollte durch das ganze Kidrontal, bis es von den hohen Mauern des Tempels auf der anderen Seite zurückgeworfen wurde. Es war halb ein Volksfest, halb eine politische Demonstration, vor allem aber eine tiefe Hoffnungssehnsucht, die Gott suchte, die ihre Not hinausrief und die ihren Glauben bekannte. *Hosianna* – das ist ja ein Gebet: »Herr, hilf uns!« Erlöse uns, greife ein, rette uns! In diesem Ruf lag alles, was diese Menschen über diesen mächtigen Gott wussten, der so große Dinge an ihren Vätern getan hatte. Wie oft hatte Gott schon geholfen! Und so war das *Hosianna* fast zu einem Jubelruf geworden, in welchem das alte Psalmwort nachklang: »Unsere Väter hofften auf dich; und da sie hofften, halfst du ihnen heraus« (Psalm 22,5).

Ist es nicht etwas von diesem getrosten Jubel, das den Ersten Advent zu einem so großen, erwartungsvollen Tag in der Christenheit gemacht hat? In seinen

Psalmen und Texten liegt etwas, das uns ansteckt mit dem Hosiannajubel am Hang des Ölbergs. Es ist der Neujahrstag der Kirche. Es kommt jemand zu uns – ein König der Barmherzigkeit, der uns ein Gnadenjahr verspricht.

Ein Jahr der Gnade? Dergleichen Wünsche können ja genauso unerfüllt bleiben wie die konventionellen Neujahrswünsche. Alles rollt weiter wie zuvor, nichts ändert sich – außer dass ich ein weiteres Jahr hinter mir und wieder ein Jahr weniger vor mir habe, wenn das nächste Neujahr kommt.

Und doch war das mit dem Gnadenjahr ernst gemeint. Jedenfalls von Gott, aber vielleicht auch in meinem innersten Herzen. Ich bleibe ja nie der Gleiche; wenn ein Jahr vergangen ist, ist etwas mit mir geschehen. Ich bin näher zu Gott gekommen oder weiter weg, mein Glaube ist gewachsen oder geschrumpft.

Ein Gnadenjahr? In dem vor mir liegenden Jahr will ich nicht mehr nur den frommen Wunsch haben, dass es kommt – irgendwie und irgendwann –, sondern ich will darum beten, ich will mich öffnen, ich will versuchen, Jesus nachzufolgen, um nichts von dem zu verpassen, was er mir zu geben hat.

Hier stehe ich, Herr, unter all den Menschen, die singen und jubeln, während du vorbeiziehst. Aber ich will nicht länger nur stehen und zuschauen. Ich will mit dir gehen. Ich weiß, dass du in die Stadt einziehen und hinauf zum Tempel gehen wirst. Du wirst zu uns reden, und ich will vor dir stehen und zuhören. Ich weiß, dass wunderbare, schreckliche, wichtige, entscheidende Dinge geschehen sind dort in Jerusalem, und ich will sie mit meinen eigenen Augen sehen. Und so bitte ich dich, Herr: Lass dieses neue Kirchenjahr ein Jahr mit dir sein – erfüllt von dem, was du schenkst, von den Worten, die von deinen Lippen kommen, ja, von deiner Gegenwart. Herr, hilf, lass wohl gelingen! Hosianna in der Höhe! Amen.

Montag nach dem 1. Advent

Gelobt sei, der da kommt, der König, in dem Namen des Herrn!
(Lukas 19,38)

Zum Lesen: Jesaja 40,1-11

Wenn wir Jesus folgen, wie er in Jerusalem einzieht, dem Stimmengewirr um ihn herum lauschen und sehen, was geschieht, dann merken wir wieder und wieder, dass das, was jetzt passiert, eine Fortsetzung von etwas Früherem in der Geschichte dieses Volkes sein muss, das dem, was jetzt beginnt, seinen Sinn gibt. Es heißt ja von Jesus, dass er kam, als »die Zeit erfüllt war«. Über tausend Jahre lang hatte Gott sein Werk vorbereitet, bevor er seinen Sohn in diese Welt schickte. Darum konnten die Menschen damals – und können wir heute – verstehen, was Gott im Sinn hatte. Und es liegt ein tiefer Sinn in allem, was geschah, als Jesus in Jerusalem einzog.

So war es höchst bedeutungsvoll, dass die Menschen ihn »Sohn Davids« nannten. Sie wussten, dass er von königlicher Abstammung war, aus einem der vielen Zweige des Geschlechtes Davids. Aber er war kein gewöhnlicher Thronprätendent. Hier ging es nicht um Politik; das wusste jeder, der die heiligen Schriften verstanden hatte. Aus dem Geschlecht Davids sollte der Messias kommen, als Retter nicht nur für Israel, sondern für die ganze Welt. Als die Menschen riefen:

»Gesegnet sei das Reich unseres Vaters David, das nun kommt«, war das für manche vielleicht wirklich nur eine Parole, wie man sie auf Demonstrationen hört, eine politische Forderung, die Hoffnung darauf, das römische Joch abzuschütteln. Aber die Jünger ahnten, dass Gott etwas anderes vorhatte. Sie riefen: »Friede sei im Himmel und Ehre in der Höhe!«

Ein paar Tage später sollte Jesus selber einem verwunderten Pontius Pilatus erklären: »Mein Reich ist nicht von dieser Welt.« Wäre es von dieser Welt gewesen, seine Jünger hätten mit der Waffe in der Hand dafür gekämpft. Aber genau das hatte er ihnen verboten. Und doch war er ein König – im Reich der Wahrheit, und das ist der Grund dafür, dass seine Königsherrschaft und sein Reich uns Heutige genauso angehen wie die Menschen damals. »Wer aus der Wahrheit ist, der hört meine Stimme« (Johannes 18,37) – dieser Satz ist zeitlos gültig. Wir können es wie Pilatus machen und uns die ganze Sache vom Leib halten mit der achselzuckenden Frage: »Was ist Wahrheit?«, auf die wir gar keine Antwort wünschen. Aber wir können auch wie die Frommen im alten Israel sagen: »Leite mich in deiner Wahrheit und lehre mich! Denn du bist der Gott, der mich erlöst« (Psalm 25,5).

So bist du also ein König, Herr Jesus. Deine Vorväter regierten in der Stadt Davids, über dieses kleine Volk, das dein Vater zu seinem Eigentum auserwählt hatte, damit auch ich ihn und seine Erlösung kennen lernen könnte. Die Propheten meinten dich, als sie sagten, dass die Herrschaft groß und des Friedens kein Ende sein würde auf dem Thron Davids und in seinem Königreich und dass dieses Reich mit Recht und Gerechtigkeit befestigt sein sollte bis in Ewigkeit. Und in diesem Reich hast du auch für mich einen Platz vorbereitet. Du selber hast mich getauft und mir das volle Bürgerrecht verliehen. Gesegnet seist du, dass du gekommen bist und das Reich gegründet hast, das nie untergehen wird – und dass du dies auch meinetwegen getan hast. Amen.

Dienstag nach dem 1. Advent

Siehe, dein König kommt zu dir!

(Sacharja 9,9)

Zum Lesen: Jesaja 40,12-21

Als Gott uns Menschen schuf, gab er uns etwas, was kein Tier hat: das Vermögen, seine Gegenwart zu spüren, seine Wirklichkeit zu erleben und mit ihm zu reden. Man braucht kein Christ zu sein, um mit Gott zu tun zu haben. Er ist überall in der Schöpfung, man kann ihm auf hundert Arten begegnen: in einem Sonnenuntergang oder Sturm, in einem Birkenwald oder im Schnee, in Kunst und Musik, im eigenen Herzen, in dem Verlangen nach Recht und Gesetz, im Eintreten für die Unterdrückten und in der Liebe zu einem Kind. Darum gibt es das Wort »Gott« in allen Sprachen. Auch wenn es vielleicht nur dumpfe Ahnungen sind – hier ist etwas, das man über Gott und sein Wesen wissen kann, etwas, das uns fesselt und zu ihm hinzieht, aber gleichzeitig auch etwas, das so hoch, heilig und fordernd ist, dass wir Angst bekommen. Wir spüren: Mit Gott kann man nicht spielen – und doch zieht es uns zu ihm hin wie Kinder zu ihrem Vater.

Über Gott, den so unendlich Hohen, können wir nur in Bildern reden. Auch die Bibel benutzt solche Bilder. Wenn der Prophet sagt, dass Gott das Wasser des Meeres mit der hohlen Hand und die Weite des Himmels mit der Spanne misst und die Berge und

Hügel mit einer Waage wiegt, so sind dies lauter Bilder – aber Bilder, die uns eine treffende Vorstellung von Gottes Unendlichkeit und überwältigender Macht geben.

Aber nun ist das Unerhörte geschehen, dass dieser Gott, der so unendlich höher als alles ist und in einem Licht wohnt, wo niemand hinkommen kann, zu uns Menschen herabgekommen ist. Das Größte, Bedeutungsvollste und Entscheidendste, das je auf dieser Erde geschah, das ist, dass Gott zu uns herabgestiegen und einer von uns geworden ist. Dies war es, was den Jüngern nach und nach aufging, als sie mit Jesus gingen. Und auch andere begriffen, dass Gott sein Volk besuchte. Sie wussten, dass sich hier das Wort des Propheten erfüllte: »Siehe, dein König kommt zu dir.« Aber die Jünger wussten, dass hier noch ein anderes Wort in Erfüllung ging: »Seht, hier ist euer Gott!« Es war das, was Jesus selber sie so geduldig und behutsam lehrte: »Wer mich sieht, der sieht den Vater« (Johannes 14,9). Das ist kein Lehrsatz, den man »glauben muss«, um Jesus nachfolgen zu dürfen, sondern eine Wahrheit, die man entdeckt und glauben lernt, wenn man ihm folgt.

Herr, jetzt bitte ich dich nur um eines: dass du mir hilfst, zu sehen und zu verstehen. Du bist ja vom Vater zu uns gekommen, um uns zu helfen. Ich weiß, dass ich diese Hilfe brauche, und du weißt das noch viel besser. Und so bitte ich dich, dass du mich das sehen und hören lässt, was ich am meisten brauche. Ich will nicht selber bestimmen, sondern ich bitte dich um deine Leitung. Ich will versuchen, nicht klüger zu sein als du. Lass mich das, und nur das, hören, was du mir sagen willst und sonst nichts. Ich weiß, dass du die Wahrheit hast, ja dass du die Wahrheit bist. Lass mich die Wahrheit sehen. Gesegnet seist du, der du uns die Wahrheit gebracht hast. Amen.

Mittwoch nach dem 1. Advent

Siehe, dein König kommt zu dir, ... arm und reitet auf einem Esel, auf einem Füllen der Eselin.
(Sacharja 9,9)

Zum Lesen: Jesaja 40,22-31

Man hätte eigentlich erwarten sollen, dass Gott in Macht und Herrlichkeit zu uns kommen würde. Alles, was wir über ihn wissen und ahnen, sagt uns doch, dass er unendlich, überwältigend, unsagbar groß ist. Für ihn sind Millionen Lichtjahre weniger als ein paar Zentimeter für uns. Für ihn sind Sternennebel und Milchstraßen wie Staubkörner, die in einem Sonnenstrahl tanzen. Alles trägt er mit seiner Allmacht, alles kennt und lenkt er, bis hinunter zu den unsichtbaren Elektronen, die auf ihren Bahnen surren. Und wir Menschen? »Wenn ich die Himmel sehe, deiner Finger Werk, den Mond und die Sterne, die du bereitet hast: was ist der Mensch, dass du seiner gedenkst?« (Psalm 8,4-5) »Er gibt die Fürsten preis, dass sie nichts sind, und die Richter auf Erden macht er zunichte.«

Aber als Gott auf die Erde herabsteigt, kommt er in einem Stall zur Welt. Als er in die Stadt einzieht, die das Wahrzeichen seines ewigen Reiches ist, reitet er nicht auf einem stolzen Streitross, sondern auf einem unscheinbaren Esel. Er trägt keinen Purpurmantel, sondern das billige Kleid der einfachen Leute. Den Königspurpur bekam er erst ein paar Tage später, und da war es ein verschlissener Soldatenmantel, mit dem man ihn verspotten wollte. Da war nichts von Macht zu sehen, der nichts sich widersetzen kann, nichts von der Herrschaft des Allmächtigen über seine Schöpfung. Für viele war dies der Beweis, dass er nicht Gott sein konnte, für andere ist es die tiefste Offenbarung des Wesens Gottes geworden: eine Allmacht, die gleichzeitig grenzenlose Liebe ist – so groß, dass sie sich niedertrampeln lässt und sich selbst zum Opfer gibt, um die Kinder zu retten, die sie liebt.

Herr, damit werde ich so bald nicht fertig sein. Das kann ich nicht durchdenken, das muss ich sehen. Wenn das wirklich so ist, kannst nur du selber mich überzeugen. Du bist ja der, der mit all dem in unsere Welt hineingekommen ist. Es war dein Plan und dein Wille. Du wusstest, was nötig war, und du tatest es. Nie und nimmer hätte ich mir so etwas erdenken können. Und darum will ich nun still sein und hören und sehen. Nur du kannst mir helfen, das zu fassen. Ich will auf dein Licht und deine Wahrheit warten. Lass sie kommen, auch zu mir, um deiner Barmherzigkeit willen. Amen.

Donnerstag nach dem 1. Advent

Das geknickte Rohr wird er nicht zerbrechen, und den glimmenden Docht wird er nicht auslöschen.
(Jesaja 42,3)

Zum Lesen: Jesaja 42,1-12

Dies ist eine der vielen Stellen im Alten Testament, die von Christus reden. Sie sagen oft nicht direkt, von wem sie reden, sondern sprechen in Bildern, mit geheimnisvollen Andeutungen und mit Formulierungen, hinter denen man eine tiefere Bedeutung nur ahnen kann. Zusammengenommen waren sie jedoch durchaus deutlich genug, um Israel die Gewissheit zu geben, dass da jemand kommen würde – ein Messias, der diese gefallene Welt heilen und uns Menschen retten würde. Aber erst mit dem Kommen Jesu wurden diese Worte voll verständlich. Die Schrift ging in Erfüllung, und mit staunenden Augen sahen die Jünger, dass eine tiefere Bedeutung auch in kleinen Worten lag, über die sie früher nie nachgedacht hatten.

Hier haben wir eine dieser Stellen. Worte, die auf Jesus hindeuten, die erklären, warum er so anders ist. Die Israeliten hatten ja erwartet, dass der Messias mit Macht und Herrlichkeit kommen würde. Er würde Gericht halten. Die einfachen Menschen hofften auf die große Abrechnung mit den Römern. Andere erwarteten ein Gericht über alle Sünder in Israel. Hatte nicht auch Johannes der Täufer von dem kommenden Zorngericht geredet? Und dann kam Jesus – als Freund der Zöllner und Sünder. Mit unendlicher Barmherzigkeit nahm er sich derer an, die alle anderen als hoffnungslose Fälle abgeschrieben hatten. Und seine Jünger begriffen, dass dies eines vom Tiefsten in seinem Wesen war – etwas, das Gott so wollte.

Das geknickte Rohr nicht zerbrechen – das gilt jedoch nicht nur den einzelnen Verlorenen, es gilt der gesamten Menschheit, ja der ganzen Schöpfung. Sie ist ja auch so ein »geknicktes Rohr«, etwas, das kaputtgegangen ist, das nicht mehr so funktioniert, wie es ursprünglich gedacht war. Man kann das, was in dieser Welt geschieht, nicht begreifen, wenn man nicht auf das hört, was Jesus über das Böse gesagt hat – oder, genauer gesagt, über *den Bösen*, denn es gibt eine persönliche Macht, die das Böse will. Wir haben es nicht mit einem bloßen Defizit in der Schöpfung zu tun, mit etwas, das noch nicht vollkommen ist, sondern mit einem Aufstand. Unter den Wesen, denen Gott ein eigenes Leben, ein eigenes Bewusstsein und einen eigenen Willen geschenkt hat, um sich ihres Daseins zu freuen und an Gottes eigenem Glück teilhaben zu können, hat eines sich gegen Gott gewandt und versucht, so wie er zu werden, selber zu bestimmen, etwas anderes als Gottes Willen zu tun – und was nicht Gottes Willen entspricht, das ist böse. Seit jenem Tag ist die Welt nicht mehr nur Gottes gute Schöpfung; überall finden wir Spuren von dem, den Jesus »Mörder« und »Feind« genannt hat – dem Satan.

Aber dieses so elend geknickte Rohr will Gott nicht zerbrechen. Er hat sein Werk nicht aufgegeben. Er will den Schaden heilen.

Wie er das machen will? Das ist das, worüber Jesus mit uns reden will. Das ist das Werk, das auszuführen er in die Welt gekommen ist.

Herr, ich weiß selber nicht, warum, aber sooft glaube ich, dass du jemand bist, der nur immer sagt: »Du musst …« Wie oft habe ich schon Angst vor dir gehabt. Du weißt, Herr, wie schwer das Leben sein kann. So vieles soll man schaffen und leisten. Und dann soll man auch noch ein guter Christ sein – das nächste »Muss«. Warum empfinde ich das so, Herr? Du bist doch der, der gibt. Hilf mir, dein Geschenk anzunehmen. Hilf mir, nicht immer nur zu fragen, was ich alles tun und werden muss, sondern zuallererst zu sehen, wer du bist, was du getan hast und was du mit mir vorhast. Segne du diesen meinen Advent und mein Weihnachten und dieses ganze Kirchenjahr und fülle es mit deinen Gaben. Amen.

Freitag nach dem 1. Advent

Ich habe dich bei deinem Namen gerufen;
du bist mein!

(Jesaja 43,1)

Zum Lesen: Jesaja 43,1-13

Das Alte Testament handelt nicht nur von Christus, sondern auch von uns. Als die Verheißungen in Erfüllung gingen und Gottes lange Geschichte mit Israel ihr Ziel erreichte, da kam Christus und gründete einen neuen Bund, der alle Völker umfassen sollte. Bei all dem, was Gott die Jahrhunderte hindurch mit Israel getan hatte, hatte er auch an die Zeit der Erfüllung gedacht. Und so kommt es, dass Paulus, als er über die Wüstenwanderung Israels spricht, sagen kann: »Das aber geschah als warnendes Beispiel für uns« (1. Korinther 10,6 Einheitsübers.). Es ist zu unserer Ermahnung aufgezeichnet worden.

Und so stößt der Christ, der seine Bibel liest, immer wieder auf Worte, die er als Gottes direkte Botschaft an sich persönlich annehmen kann. Hier ist eines dieser Worte. Gott hat mich mit Namen gerufen, ich bin sein. So wie Gott einst Israel auserwählte und zu seinem Volk machte und so wie jeder männliche Israelit durch die Beschneidung eine äußere Bestätigung dieser Gottesberufung erhielt, so hat Gott mich bei meiner Taufe berufen. Gott hatte etwas mit mir vor, als er mein Leben entstehen ließ. Manche Eltern wünschen sich ja ein

Kind, um jemanden zu haben, dem sie ihre Liebe zeigen können. Das ist bei Gott nicht viel anders. Er will andere an seiner Schöpferfreude, seinem Daseinsglück teilhaben lassen. Und ich bin einer von denen, denen er dieses Glück gönnt. Er hätte mich auch zu einem Schmetterling machen können oder zu einem Regenwurm. Aber er hat mir mehr als nur körperliches Leben gegeben; er hat mir das Vorrecht geschenkt, sein Kind zu sein und an seinem Leben teilzuhaben – einem Leben, das nie aufhört.

Doch dies bedeutete, dass ich in diese Welt mit all ihren Risiken hineingeboren werden musste. Gott wusste um diese Risiken und hat mich nicht mir selber überlassen. Gleich zu Beginn meines Lebens, noch bevor ich selber von diesem Leben wusste, ist er zu mir gekommen und hat gesagt: »Fürchte dich nicht. Ich habe dich erlöst. Ich habe dich bei deinem Namen gerufen, du bist mein.« Er hat dies durch eine Handlung gesagt, die so handgreiflich und unleugbar ist, dass sie in einem der großen Bücher im Pfarrbüro aufgezeichnet steht. Und hinter all diesem Äußeren – das wir nicht verachten sollten – stand er selber, der Unsichtbare, der all dies befohlen hat und der selbst einmal sichtbar wurde und als einer von uns unter uns lebte. Ich bin ja auf Jesu Befehl getauft. Er war es, der gesagt hat: »Du bist mein. Ich habe dich gerufen, wie ich einst Petrus und Jakobus und Johannes rief. Hab keine Angst. Was auch auf dich wartet, ich bin mit dir.«

Wenn du es bist, der dies sagt, Herr Jesus, dann muss es ja möglich sein. Dann bin es ja nicht ich, der versucht, dir nachzufolgen, sondern du *hast* mich *erwählt, du hast dies gewollt. Dann kann ich es wagen, zu glauben, dass selbst mein schwacher Wille ausreichen kann. Es kommt ja nicht auf meinen Beschluss und Vorsatz, meine Entscheidung und meine Wahl an, sondern* du *stehst hinter allem. Kommt es daher, dass ich dich mit meinen Gedanken einfach nicht loslassen kann? Dass du immer wieder kommst? Kommt es daher, dass in meinem Herzen trotz allem doch dieser Wille, diese Sehnsucht ist? Herr, ich bin so froh, dass es so ist. Und jetzt bitte ich dich, dass du dein Werk weiterführst und es so werden lässt, wie du es von Anfang gewollt hast. Amen.*

Samstag nach dem 1. Advent

Darum richtet nicht vor der Zeit, bis der Herr
kommt, der auch ans Licht bringen wird, was im
Finstern verborgen ist, und wird das Trachten
der Herzen offenbar machen.

(1. Korinther 4,5)

Zum Lesen: Jesaja 43,21-28

Der Herr kommt. »Advent« – das bedeutet ja »Ankunft«, die Ankunft des Herrn. Wir denken dabei sowohl daran, wie er damals auf die Erde kam, als auch daran, wie er heute zu jedem von uns kommt. Aber es gibt noch ein Drittes, das wir nicht vergessen dürfen: Eines Tages wird der Herr zum letzten Mal kommen, und dieser Tag liegt nicht in einer nebulösen Ferne. Gott hat der Menschengeschichte ein Ziel gesetzt. Wir stellen es uns ja gerne so vor, als ob die Welt immer und ewig weiterlaufen wird, aber – und dies mag uns vielleicht schockieren – Christus lehrt uns etwas ganz anderes. Gott kann den Grundschaden in der ganzen Schöpfung nur dann heilen, wenn er die ganze Welt neu schafft. Und genau dies wird er tun, und er wird nicht Millionen von Jahren warten, bis es so weit ist. Die Zeit ist kurz, und darum leben wir immer im Advent. Der Schlussakt von Christi Werk steht noch aus; wir befinden uns in einer Übergangszeit, in einem Provisorium, im Warten auf das Endgültige. Wir leben noch in einer gefallenen Welt, in der es keine endgültigen

Lösungen gibt; aber wir leben mit der Hoffnung und der Verheißung von Gottes großer Lösung aller Probleme der Welt.

Es gibt so vieles, das wir noch nicht verstehen können. Wir sind schnell dabei mit unseren Urteilen, gerade so, als wüssten wir genau Bescheid, wie es aussieht in den Herzen der Menschen. Aber das endgültige Urteil hat Gott sich selber vorbehalten. Er ist geduldig, er kann warten mit seinem Eingreifen – manchmal so lange, dass wir ungeduldig werden. Sein Gericht kann den Einzelnen und ganze Völker treffen. Aber nie dürfen wir uns einbilden, dass wir alles begreifen können, was Gott tut.

Das beste Lehrbuch über Gottes Handeln ist sein eigenes Wort. Die Bibel ist ja zum Großteil Geschichte, oder genauer gesagt: Heilsgeschichte, d. h. die Schilderung, wie Gott die Geschicke der Welt zu dem Ziel hin lenkt, das er der Geschichte gesetzt hat. Wir lesen, wie er Israel erwählt und erzogen hat. Wir sehen, wie er die ganze Zeit mit sündigen Menschen zu tun hatte, die vollgestopft von Kleinlichkeiten und Leidenschaften waren und der schlimmsten Verbrechen fähig. Und dies gilt auch für viele der Menschen, die Gott als seine Werkzeuge benutzte. »Schon dein Ahnherr hat gesündigt, und deine Wortführer sind von mir abgefallen.« Manchmal sah es fast so aus, als ob Gott sein Volk verloren gegeben hatte. Aber die ganze Zeit hat er sein Werk weitergeführt, und er tut dies auch heute. Wir sind auf dem Weg zu einem Ziel; der Herr wird einmal alles neu machen.

Komm, Herr Jesus. »Dein Reich komme« – *Herr, wie oft habe ich das schon gebetet! Aber eigentlich habe ich gar nicht verstanden, worum ich da gebetet habe. Ich habe dich gebeten, mit deiner Hilfe zu mir zu kommen und mir immer nahe zu sein. Ich wollte, dass du mir hilfst, zu verstehen, zu lieben, recht zu handeln. Aber dass du so kommen willst, in deiner Herrlichkeit, und dass du Schluss machen wirst mit allen unseren Plänen und dieser ganzen Welt und einen Schlussstrich ziehen und alles ans Licht bringen wirst – das ist etwas anderes. Wie viele von uns sind dafür bereit? So viele fragen ja überhaupt nicht nach dir. Und viele von ihnen sind mir sehr lieb, das weißt du. Zögerst du vielleicht deswegen mit deinem Kommen? Herr, hilf uns, die Zeit recht zu nutzen. Hilf mir, jeden Morgen daran zu denken, dass es Advent ist und dass ich noch einen Tag zu leben habe, bis du kommst. Amen.*

Zweiter Adventssonntag

Himmel und Erde werden vergehen; aber meine Worte vergehen nicht.

(Lukas 21,33)

Zum Lesen: Lukas 21,25-36

Dies ist ungefähr das genaue Gegenteil von dem, was die Menschen heute glauben. Dass die Materie ewig ist, gehört ja zu den (nun ja, manchmal etwas angestaubten) Lieblingsdogmen unserer Zeit. Diese Welt wird doch wohl bestehen bleiben! Aber Christus sagt, dass sie einmal vergehen wird. So wie Gott einst sagte: »Es werde!«, und alles nach seinem Willen und Befehl ins Dasein kam, so wird auch der Tag kommen, wo Gott sagen wird: »Das Ende der Zeiten ist da.« Dass Gott am Anfang den Himmel und die Erde schuf, finden wir meist nicht weiter verwunderlich. Aber genauso wenig verwunderlich – und ein genauso großes Wunder! – ist es, dass Gott am Ende der Zeiten einen neuen Himmel und eine neue Erde schaffen wird.

Es gibt also nichts in dieser Welt, das ewig wäre. Mit einer Ausnahme: »Meine Worte vergehen nicht.« *Eines* gibt es, dem man in diesem Leben begegnen kann, mit dem man zu tun haben und das man sich aneignen kann, das ewig ist und nie aufhören wird – und dies ist das Wort Christi.

Nun nennt die Bibel ja Christus selber »Das Wort«. Er ist das Wort, das schon am Anfang da war, als die

Welt erschaffen wurde. Dieses Wort wurde Fleisch und wohnte unter uns, und es brachte etwas von Gott mit, das nie zerstört werden kann: »das Leben, das ewig ist, das beim Vater war und uns erschienen ist« (1. Johannes 1,2). Und dieses Leben vermittelt Christus uns durch seine Worte. »Die Worte, die ich zu euch geredet habe, die sind Geist und Leben« (Johannes 6,63). So kommt das Wort in unsere Welt hinein und lässt uns hier, wo alles auf seine Auflösung zusteuert, etwas finden, das in alle Ewigkeit bestehen wird. Mit dem Wort und dem, was es vermittelt, in Berührung kommen – das bedeutet, dass ich schon hier in dieser irdischen Welt, die auf ihr Ende zugeht, teilhaben kann an Gottes kommender Welt. Diese kommende Welt ist es, die Jesus »Gottes Reich« nennt; von ihr redet er, wenn er sagt: »Das Reich Gottes ist nahe. Tut Buße und glaubt an das Evangelium!« (Markus 1,15)

Lieber Vater im Himmel, du bist der Ursprung von allem, was ich um mich sehe. Du hältst es in deiner Hand, und es besteht nur, solange du willst. Aber in meine Brust hast du die Ewigkeit hineingelegt. Ich habe etwas bekommen, das nur du besitzt. Du hast mich gepackt und mich mit dem umhüllt, was nie vergehen kann. Ich danke dir, dass ich dein Wort habe – dass du es mich hast ergreifen lassen und dass ich mich an ihm festhalten darf. Gib, dass ich es nie loslasse – und dass es mich nie loslässt, auch dann nicht, wenn ich am liebsten fortgehen möchte. Ich weiß ja, dass dein Wort ewig bleibt, und dafür danke ich dir. Amen.

Montag nach dem 2. Advent

»Ich bin des HERRN ... Dem HERRN eigen.«
(Jesaja 44,5)

Zum Lesen: Jesaja 44,1-18

Das ist das wahre Leben, sagt der Prophet. Wenn Gott einmal seinen Geist ausgegossen hat, wenn alles recht geworden ist, dann wird dies das größte Glück der Menschen sein: dass Gott da ist und dass sie ihm gehören, vor seinem Angesicht leben und an seiner Freude teilhaben.

Aber noch ist es nicht so weit. In dieser gefallenen und kaputten Welt wählen die Menschen stattdessen einen der beiden folgenden gleich falschen Wege in ihrem Verhältnis zu Gott. Der erste besteht darin, dass man sich seinen eigenen Gott schafft. Der Prophet beschreibt es mit ebenso drastischen wie spöttischen Worten. Man schmiedet und hämmert, man fällt Bäume und zersägt sie. Einen Teil des Holzes nimmt man als Brennholz, vom Rest macht man sich einen Gott. Die eine Hälfte landet im Ofen, vor der anderen fällt man nieder und sagt: »Rette mich!« Wir dürfen nicht vergessen, dass dies zur Zeit Jesajas das war, was alle Menschen taten, auch die gebildeten und mächtigen – bis auf ein einziges kleines, widerspenstiges Volk am Rande des Untergangs, wo es ein paar gab, die trotzig daran festhielten, dass ihr unsichtbarer Gott der Herr der ganzen Welt war.

Aber es gibt noch eine andere Einstellung, und sie dürfte in unseren Tagen die gängigere sein. Auch sie beschreibt Jesaja in seiner Schilderung des Gerichts über das große Babel. In dieser übermütigen Stadt, der »Zarten und Verwöhnten«, herrschte eine Mentalität der Selbstsicherheit. Man könnte sie zusammenfassen in den Worten: »Ich und sonst keine« (Jesaja 47,8). Oder auch so: »Keiner sieht mich.« Denn dies ist zu allen Zeiten eines der Kennzeichen des Unglaubens: dass man davon überzeugt ist, allein zu sein, ein Leben zu besitzen, das der Zufall angezündet hat, um es irgendwann wieder verlöschen zu lassen, in einer Welt, die keinen Sinn kennt, keine Normen und kein Ziel für ihre Geschichte.

Zuweilen befindet sich der Mensch auch mitten zwischen diesen beiden Polen – nämlich dann, wenn er nicht an Gott glaubt, aber doch dunkel ahnt, dass es Mächte gibt, die den Lauf der Welt lenken. Jesaja beschreibt, wie die Menschen in Babel den Lauf der Sterne beobachteten, um für jeden neuen Monat vorhersagen zu können, was für ein Schicksal über sie kommen würde (47, 13). Und heute lesen viele Menschen ihr Horoskop, halb aus Spaß und doch mit einer dumpfen Angst vor den unbekannten Mächten – ein letzter, grob entstellter Rest des richtigen Bewusstseins, dass wir nicht alleine sind.

Die Wahrheit ist, dass wir nicht Kinder des Zufalls sind. Hinter unserem Leben wie hinter dem ganzen Universum steht ein guter Wille. Wir brauchen uns nicht durch die Dunkelheit zu tasten und uns ein eigenes Bild von dieser mysteriösen Macht zu machen, die alles trägt. Gott hat sich geoffenbart, er ist zu uns gekommen. Wir haben seine Stimme hören dürfen. Er hat einen guten Plan mit uns Menschen.

Mein Gott und Vater, ich danke dir, dass ich dich Vater nennen darf. Ich danke dir, dass ich mit dir reden kann. Ich danke dir, dass ich wissen darf, dass du nicht nur eine anonyme Macht bist, die über alles herrscht, aber ihre Pläne und Absichten vor uns verbirgt. Du willst uns an deinem Leben und Glück, an deiner Daseinsfreude und an dem unendlichen Reichtum deines Reiches teilhaben lassen. Und da ich dir gehöre und dein Werk bin, wage ich es, dich darum zu bitten, diese Worte auf meine Stirn und meine Hände zu schreiben: »Dem HERRN eigen.« Ich bitte dich, mir solche Gedanken, einen solchen Willen und solche Taten zu schenken, dass mein ganzes Leben und Sein ein Zeugnis davon ist, wie gut es ist, dir zu gehören. Gelobt sei dein Name, dass ich dies tun darf. Amen.

Dienstag nach dem 2. Advent

Mir sollen sich alle Knie beugen.

(Jesaja 45,23)

Zum Lesen: Jesaja 45,15-25

Als Israel diese Verheißung bekam, konnten auch die Frömmsten nur schwer glauben, dass sie je in Erfüllung gehen würde. Es war eine Zeit, wo Israel so machtlos und in seiner Existenz bedroht war, wie ein Volk es nur sein kann, und dass der Glaube an den HERRN Zebaoth, an dem dieses winzige Volk festhielt, einmal eine Weltreligion werden würde, musste allen realistisch denkenden Menschen als phantastisch, ja absurd erscheinen.

Knapp ein halbes Jahrtausend danach zitiert Paulus ebendiese Worte, als er der Gemeinde in Philippi seinen Brief schreibt. Er schreibt, dass Gott diesen Jesus, den die Menschen gekreuzigt haben, erhöht hat, damit in dem Namen Jesu sich alle Knie beugen sollen und alle Zungen bekennen, dass er der Herr ist (Philipper 2,9-11). Dieser Glaube konnte einem ungefähr genauso absurd erscheinen. Aber als Gott seine Verheißung gab, nannte er sie ein Wort der Wahrheit, das nicht leer zu ihm zurückkommen würde. Es kommt der Tag, wo sich zeigen wird, dass er der einzige Erlöser ist, dass alles in seiner Hand liegt und dass es Wahnsinn ist, so zu leben, als ob es ihn nicht gäbe.

Nein, dies bedeutet nicht, dass die Menschen Gott per Mehrheitsbeschluss Recht geben werden. Solange sie sich entscheiden können, werden sie sich nicht wie *ein* Mann Gott anschließen. Im Gegenteil: Je länger die Welt besteht, desto weniger werden die Bekenner. In der letzten Zeit wird die Gemeinde eine bedrohte Minderheit sein – das hat Christus uns klar und deutlich gesagt. Und doch wird Gott Recht bekommen. Wenn er fertig sein wird mit dieser Welt, wenn kein Zuwarten und keine neue Gnadenzeit mehr etwas bringen wird, dann wird Gottes Reich kommen – offen, unwiderstehlich, »in all seiner Kraft«.

In dieses Reich hat Christus die Menschen eingeladen, und jeder neue Advent bedeutet eine Erneuerung dieser Einladung. Gottes Reich ist nahe. Hier kommt ein Gruß von Gott – von dem, der schon zu Israel sagte: »Ich habe nicht im Verborgenen geredet an einem finstern Ort der Erde; ich habe nicht zu den Söhnen Jakobs gesagt: Sucht mich vergeblich!« Gott will nicht, dass wir in der Finsternis leben. Er hat nie gewollt, dass wir mit den jämmerlichen paar Brocken Religion auskommen sollen, die wir uns aus unseren eigenen dumpfen Ahnungen zusammenklauben können – aus dem Widerschein seiner Herrlichkeit in der Schöpfung, aus dem Windhauch seiner Heiligkeit in unserem Herzen, aus dem »Gottesdienst in der Natur« oder unserem »Tue recht und scheue niemand«. Es war nie so von Gott gedacht, dass diese paar Lichtfunken alles sein sollen für uns. Sie sagen uns lediglich, dass es Gott gibt, sie rufen uns auf, ihn zu suchen. Und er hat uns versprochen, dass dieses Suchen nicht vergeblich sein wird.

Herr, du selber bist es, der meine Sehnsucht nach dir geweckt hat. Ich hätte dich nie gesucht, wenn du mich nicht zuerst gesucht hättest. Ich hätte nie an dich gedacht, wenn du nicht zuerst an mich gedacht hättest. Ich weiß, dass du ein unergründlicher Gott bist, aber du bist auch der Gott und Vater unseres Herrn Jesus Christus, und es ist deine Herrlichkeit, die aus dem Angesicht deines Sohnes strahlt. Ich weiß, dass meine Augen den Glanz deines Lichtes nicht ertragen können – aber du hast es herab auf diese Erde kommen lassen, so mild und still, dass ich es sehen kann. Ich weiß, dass du ein verzehrendes Feuer bist – aber in der Gestalt des Heilands, der zu mir kommt, hast du die Glut deines Eifers zur Wärme eines Vaterschoßes werden lassen. Lass mich dich immer mehr erkennen, damit ich dich mehr und mehr lieben kann. Du hast mir mein Leben gegeben, du erhältst es in diesem Augenblick. Hilf mir, dass ich stets sagen kann, ehrlich und aufrichtig, dass du mein Leben bist. Amen.

Mittwoch nach dem 2. Advent

Ich habe dich auch zum Licht der Heiden gemacht, dass du seist mein Heil bis an die Enden der Erde.

(Jesaja 49,6)

Zum Lesen: Jesaja 49,1-13

Mit Gottes Wort wird man nicht beim ersten Durchlesen fertig. In ihm liegt viel mehr als das, was man auf einen Blick sehen kann. Als Gott vor 25 oder 30 Jahrhunderten zu Israel sprach, dachte er schon an die kommenden Jahrtausende und wob ein Bild von Christus in seine Worte hinein, und zwar nicht nur in die prophetischen Schriften, sondern auch in die Chroniken der Könige und Hohenpriester Israels. Der Bericht über das Volk Israel enthält bereits ein Bild der Gemeinde Jesu Christi. Gott sprach nicht nur zu Israel, sondern auch zu uns und allen noch kommenden Zeiten. Darum liegt so oft eine doppelte Bedeutung in den Worten. Was in ihnen über Israel gesagt wird, das auserwählte Gottesvolk, das der ganzen Welt Gottes Erlösung vermitteln sollte, ist auch ein Wort über Jesus Christus, ja manchmal auch ein Wort über seine Gemeinde und an seine Gemeinde. So auch bei dem obigen Wort über Gottes Erlösung.

Gottes Erlösung ist etwas, das sich hier auf dieser Erde *ereignet* hat. Es ist nicht nur eine ewige Wahrheit oder geistliche Kraft, die für alle Zeiten gültig ist. Die

Sünde, das Unglück, der Abfall von Gott – das ist tatsächlich geschehen und geschieht noch heute; es hat seinen Platz mitten in der Geschichte, und es kann nur geheilt werden durch ein anderes tatsächliches Ereignis, etwas genauso Reales, das ebenfalls seinen Platz in der Geschichte hat. Deshalb hat Gott eingegriffen und unter uns Menschen gehandelt. In der Weltgeschichte liegt die Heilsgeschichte, und es ist diese Geschichte, von der die Bibel uns berichtet. Es ist eine Geschichte von tatsächlichen Begebenheiten, von Menschen, die auf Gottes Befehl auftraten, von Taten, die in seinem Namen geschahen, von Worten, die auf seinen Wegen gesprochen wurden. Darum lesen wir, wie Gott Abraham aus dem Land der Väter herausrief, um der Stammvater eines neuen Volkes zu werden; wie er auf wunderbare Weise Josef rettete und auch seine Brüder am Leben erhielt; wie er sein geknechtetes Volk aus Ägypten in das Gelobte Land hineinführte. Wir lernen die lange, oft blutige Geschichte des Kampfes Israels um seine Existenz und seinen Glauben kennen. Es ist eine oft gar nicht erbauliche Geschichte, und nicht viele ihrer Akteure sind Musterbürger. Aber sie handelt von dem Einbrechen von Gottes Vergebung in eine Welt, die diese Vergebung nicht verdient hatte, ja, die sie nicht wollte. Es ist die Geschichte von Gottes Licht, das in der Finsternis leuchtet.

Die Menschen gehen oft davon aus, dass Gott die Welt retten muss, indem er uns die richtigen moralischen Vorschriften gibt und dafür sorgt, dass wir nach ihnen leben. Aber Gott sagt: »Ich tilge deine Übertretungen um meinetwillen« (Jesaja 43,25). *Darum sandte er Christus zu uns – nicht nur als Lehrer und Vorbild, sondern als Erlöser und Heiland.*

Herr, ich kann es nicht fassen, wie du das schaffst mit uns allen. Du überblickst den ganzen Lauf der Welt mit ihren Millionen Menschen – und doch ist dir jeder Einzelne von uns so wichtig, als ob es nur ihn auf der Welt gäbe. Du kennst mich besser, als ich das selber tue. Und all das Große, das du in der Vergangenheit getan hast, all deine mächtigen Taten, die die Bibel bezeugt, hast du um meinetwillen getan. Hilf mir, das zu sehen, tief in meinem Herzen zu spüren, dass all dies mich angeht. Abraham ist ja auch mein *Vater Abraham. Er, der der Vater aller ist, die glauben. Er, der auf deinen Wegen ging, damit du dir ein Volk auf Erden schufest, das dich kannte. Deine Erlösung ist bis zu mir gedrungen, die Kunde von ihr erreichte mich früher, als ich mich zurückerinnern kann. Ich bitte dich um die Gnade, ein guter Mitbürger in deinem Volk zu werden und ein rechter Diener deines heiligen Willens. Um Jesu willen. Amen.*

Donnerstag nach dem 2. Advent

Warum kam ich und niemand war da? Warum rief ich und niemand antwortete?

(Jesaja 50,2)

Zum Lesen: Jesaja 50,1-10

Die Welt hat sich von Gott abgewendet, aber Gott hat sich nicht von der Welt abgewendet. Er hat ihr nicht den Scheidebrief gegeben, sagt der Prophet. Er hat ihr nicht die Freundschaft gekündigt und sie ihrem Schicksal überlassen. Im Gegenteil: Wieder und wieder hat er eingegriffen, um zu retten, was zu retten war. Er hat durch seine Boten gesprochen und ist schließlich selber zu uns hinabgestiegen.

Und das Ergebnis? Gott sagt es selber durch den Propheten Hosea: »Je mehr ich sie rief, desto mehr liefen sie von mir weg. Sie haben nicht erkannt, dass ich sie heilen wollte« (Hos 11,2-3 Einheitsübers.).

Es kommt vor, dass Gott so offensichtlich eingreift, dass man es nicht übersehen kann, dass es Spuren auf Generationen hinaus hinterlässt. Weihnachten ist ein solches Beispiel – dieses Fest, das der ganzen abendländischen Welt seinen Stempel aufgedrückt hat. Aber die Menschen haben ein merkwürdiges Talent, der Begegnung mit Gott auszuweichen. Just das Fest, das wir zur Erinnerung an sein Kommen zu uns feiern, kann dazu missbraucht werden, uns noch weiter von Gott zu entfernen. Die Botschaft der Adventszeit ist, dass der

Herr nahe und die Zeit kurz ist – aber wir machen sie zu einem einzigen Stress-Hürdenlauf. Da müssen Termine eingehalten, der Umsatz hochgedrückt, alle Vorbereitungen geschafft werden. Jesus sagt von den Menschen zur Zeit Lots, dass sie aßen und tranken, kauften und verkauften, bis plötzlich das Ende kam. Genauso, sagt Jesus, wird es sein, wenn der Menschensohn kommt. Und so geschieht es doch vor unseren Augen: Die Menschen kaufen und verkaufen – das ist ihr Advent! Sie essen und trinken – das ist ihr Weihnachten. Und all das, weil Christus gekommen ist und wiederkommen wird!

Unser heutiger Bibeltext zeigt uns, wie es Gottes Boten in dieser Welt ergeht. Die Worte des Propheten passen frappierend auf Jesus selber. Sie sind eine der vielen Stellen, an denen wir Jesu Bild bereits im Alten Testament sehen. Er hatte »eine Zunge, wie sie Jünger haben«, er konnte mit seinen Worten den Müden stärken, er wich nicht zurück, wenn Gott sprach. Und darum musste er seinen Rücken denen darbieten, die ihn schlugen, und seine Wangen denen, die ihm den Bart rauften. Er verbarg sein Gesicht nicht vor Schmach und Spott.

Es kostet also etwas, sich mit Gott einzulassen. Vielleicht weichen die Menschen ihm deshalb so aus. Sie ahnen instinktiv, dass etwas in ihre Welt einbrechen will, das ihre Kreise stören kann. Solange man Gott auf Abstand halten kann, glaubt man ja, dass man selber bestimmen kann. Das hält man für das große Glück. Die Losung des Unglaubens lautet: »Ich und sonst keiner. Keiner sieht mich.«

Herr, ich will so gerne einer von denen sein, die sich nicht verstecken, wenn du kommst. Aber du weißt, was es alles in mir gibt, das am liebsten ebendieses tun würde. Du weißt, wie gerne ich mich vor den Aufgaben drücke, die du mir gibst. Du weißt, wie träge ich sein kann, wenn du mir eine Gelegenheit gibst, dein Wort zu hören. Wie unwillig ich werden kann, wenn ich für einen unbequemen und unglücklichen Menschen etwas tun könnte. Wie feige ich sein kann, wenn es darum geht, dein Zeuge zu sein. Und doch weißt du auch, Herr, dass ich nicht ohne dich sein will, und so bitte ich dich: Nimm mich an deine Hand und mache aus dem groben, schmutzigen Lehmklumpen, der ich bin, etwas, das zu deinem Dienst taugt.

Freitag nach dem 2. Advent

Der Himmel wird wie ein Rauch vergehen und die Erde wie ein Kleid zerfallen … Aber mein Heil bleibt ewiglich.

(Jesaja 51,6)

Zum Lesen: Jesaja 51,1-8

Wieder ein Wort über den letzten Advent der Welt. Da wird Christus abermals seinen Einzug halten, aber jetzt nicht mehr auf einem Esel, sondern in Macht und Herrlichkeit. Über diesen Tag spricht die Bibel meist in Bildern. Bilder darf man nicht so lesen wie einen Lexikoneintrag; sie sagen viel mehr, sie setzen Phantasie und Gefühl in Bewegung, sie lassen uns Dinge ahnen, die man mit Worten kaum ausdrücken könnte. Ein Kind kann sie genauso verstehen wie ein Gelehrter, und keiner von uns wird je fertig mit ihnen. Wir alle haben schon einmal eine Rauchwolke gesehen, die sich in nichts auflöst, oder verschlissene Kleider, die schließlich weggeworfen werden. Genauso wird es einmal der Erde gehen, über die wir jetzt mit unseren Füßen laufen, ja mit dem ganzen Universum, das uns umgibt. Es kommt eine neue Schöpfung, und an dieser Schöpfung lässt Gott all das teilhaben, was aus der alten, gefallenen Schöpfung gerettet werden konnte.

Darum ist Christus zu uns gekommen. Mit ihm beginnt die neue Schöpfung. Dass er mit seiner Erlösung kommt, bedeutet, dass bereits jetzt, hier mitten unter uns, etwas geschehen kann, das Menschen zu neuen Geschöpfen macht. Nicht so, dass sie total verwandelt würden, aber so, dass es bei ihnen etwas gibt, das zu Gottes neuer Welt gehört. Dies ist die Erlösung, die »ewiglich bleibt«.

Wir dürfen nicht erschrecken über den Spott und Hohn der Menschen, sagt der Prophet. Hochfahrende Verachtung war immer schon der große Schutzschild der Menschen gegen Gottes Erlösung. Wie lachten sie Noah aus, als er seine Arche baute. In ganz Sodom ahnte allein Lot, dass es nicht ewig so bleiben würde, wie es immer gewesen war.

Die Menschen wiegen sich in Sicherheit. Gottes Kinder sind geborgen, und das ist etwas ganz anderes.

Herr, ich bitte dich um die rechte Sicherheit – ein Herz, das sich nur auf dich verlässt. So leicht verlasse ich mich auf alles mögliche andere und nehme es für selbstverständlich, dass mein Leben von den Dingen abhängt, die ich sehen und anfassen kann. So gerne verlasse ich mich auf mich selber und bilde mir ein, dass ich es schon schaffen werde, so wie ich gebaut bin. Und doch hängt es eigentlich alles von dir ab. Ich danke dir für den neuen Tag, den du mir heute schenkst. Ich danke dir für meinen Körper. Danke, dass mein Gehirn funktioniert, dass mein Herz schlägt. Danke für all das Geheimnisvolle, das in meinem Leib vor sich geht und das ich nicht bewusst kontrollieren oder auch nur verstehen kann. Ich weiß, dass in all dem du am Werk bist. Doch am meisten danke ich dir, dass du deine

Hand über diese ganze Welt hältst und alles auf das Ziel hinlenkst, das du bestimmt hast. Es ist so gut, zu wissen, dass alles in deinen Händen liegt – all das, was ich nicht ändern kann. Mir genügt es, zu wissen, dass du einen Plan hast und dass du auch mein Leben und unsere Zeit irgendwo hineingewoben hast in dieses große Tuch, dessen Fäden nur du kennst. Dein Wille geschehe, wie im Himmel, so auf Erden. Amen.

Samstag nach dem 2. Advent

Wie lieblich sind auf den Bergen die Füße der Freudenboten, die da Frieden verkündigen, Gutes predigen, Heil verkünden!

(Jesaja 52,7)

Zum Lesen: Jesaja 52,1-12

Es gibt Menschen, die stellen die Ohren auf Durchzug, wenn Gott spricht – aber auch solche, die ihren Kopf heben und horchen. Etwas in ihnen beginnt zu beben vor freudiger Erwartung. Ihnen geht es ganz so, wie Jesaja es hier schreibt.

Hier haben wir wieder ein Beispiel für die Tiefe des biblischen Wortes. Wer sind diese Boten, die über die Berge kommen? Vielleicht war es ursprünglich ein Prophet. Jahrhunderte später, als die Bibel ins Griechische übersetzt wurde, wählte man ein Wort, das wörtlich bedeutet: »Der mit der frohen Botschaft kommt«. So kamen wir zu unserem Wort »Evangelium«. Die Jünger wussten, was es mit der frohen Botschaft auf sich hatte. Sie hatten ja selber erlebt, wie lieblich die Schritte waren, als Jesus über die Berge wanderte. Sie hatten die gewaltige Freude über die kostbare Perle und den Schatz im Acker verspürt (Matthäus 13,44-46). Sie hatten es miterlebt, wie Zachäus eilig vom Baum herunterstieg, um den Herrn aufzunehmen. Sie waren dabei, als der Zöllner Levi sein großes Fest gab.

Es gibt also nicht nur einen natürlichen Widerstand gegen Gottes Botschaft, sondern auch ein spontanes Sichfreuen über sie. Was entscheidet darüber, ob das eine oder das andere in meinem Herzen siegt? Das ist etwas, was wir nicht erklären können. Jesus hat viele Male darüber gesprochen. Wenn er sein Wort sät, fällt manches davon auf den Weg, anderes auf steinigen Boden oder unter die Dornen. Aber es gibt auch den guten Boden. Jesus sagt auch, dass es, als das Licht auf die Welt kam, Menschen gab, die die Finsternis lieber hatten, weil ihre Werke böse waren; aber es gab auch die, die zu dem Licht hinkamen, damit sich zeigte, dass ihre Werke in Gott getan waren (Johannes 3,19-21). Der Mensch hat ja sein ganzes Leben lang mit Gott zu tun, auch wenn er noch nie den Namen »Christus« gehört hat. Ständig kommt es zu kleinen Entscheidungen, zu Weichenstellungen, bei denen wir entweder Gott Recht geben oder uns vor dem, was wir als wahr und richtig erkannt haben, drücken. Das ist der Grund dafür, dass die einen sich freuen und die anderen unwillig sind, wenn Christus kommt.

Herr, du weißt, dass es das beides in mir gibt. Es gibt die Feigheit und Trägheit, die am liebsten ihre Ruhe haben will. Aber du siehst auch, Herr, dass ich doch weiß, dass du es bist, der Recht hat. Ich bin froh, dass auch ich das Echo deiner Schritte gehört habe, und ich begreife: Wenn dieses Leben einen Sinn hat, dann den, den du verkündigst, wenn du mit deiner frohen Botschaft kommst. Jetzt weiß ich, Herr, wie lieblich die

Schritte der Boten sein können. Es sind ja die Schritte eines Boten, der vom Himmel kommt – und die doch diese Erde berühren und die ich mit meinen Ohren hören kann. Und sie bringen uns frohe Botschaft: einen Gruß von deinem Vater, von Gott, dem Unbekannten, selber – den Gruß, dass das, was die Welt im Innersten zusammenhält, ein Vaterherz und lauter Barmherzigkeit ist. Gesegnet seist du, dass du mit dieser Botschaft gekommen bist.

Dritter Adventssonntag

Bist du es, der da kommen soll, oder sollen wir auf einen andern warten?

(Matthäus 11,3)

Zum Lesen: Matthäus 11,2-10

Merkwürdig, dass Johannes der Täufer so fragen konnte. Er hatte doch gepredigt, dass nach ihm der kommen würde, der größer war als er selber. Und er hatte Recht gehabt. Bis hinein in den Kerker, in dem er jetzt saß, drangen die Nachrichten von dem, was Jesus tat. Warum dann diese Frage? Zweifelte Johannes etwa?

Ganz unmöglich ist es nicht. Er hatte doch gesagt, dass der Messias Gericht halten und mit der Worfschaufel in der Hand seine Tenne fegen und die Spreu verbrennen würde (Matthäus 3). Aber von diesem Gericht war noch rein nichts zu merken.

Hier können wir nun lernen, wie es sich verhält mit solchen Fragen und Zweifeln. Sie können auch bei Christen kommen. Jesus ist ja oft so ganz anders, als wir gedacht hatten, und schon fragt man sich: Ist das möglich? Stimmt das noch? In solchen Stunden sollten wir es so machen wie der Täufer: mit unseren Fragen zu Jesus gehen. Es lag ein tiefer Glaube in der Frage des Täufers. Er vertraute darauf, dass Jesus wirklich von Gott kam. Jesus würde ihm die Wahrheit sagen. Wir brauchen keine Angst zu haben, Jesus zu fragen, ja wir dürfen auch mit unseren Zweifeln zu ihm kommen.

Johannes bekam seine Antwort. Die Männer, die er ausgeschickt hatte, brauchten nur zu ihm zurückzugehen und ihm berichten, was sie gesehen und gehört hatten. Glaube entsteht dort, wo ich höre und sehe, was Jesus tut. Und das Größte und Merkwürdigste, was hier geschah, war dieses: dass den Armen das Evangelium verkündigt wurde.

Als die Jünger des Johannes wieder gegangen sind, beginnt Jesus, über den Täufer zu reden. Er gibt ihm das wohl beste Zeugnis, das ein Mensch bekommen kann: der Größte unter Gottes Zeugen vor Jesus. Vielleicht tut es uns gut, zu hören, dass selbst solche Zeugen Fragen und Zweifel haben können. Und dass dies sie nicht daran hindert, Gottes auserwählte Zeugen zu sein.

Was vor so langer Zeit geschrieben wurde, ist alles zu unserer Unterweisung geschrieben, heißt es im Römerbrief (Römer 15,4). Gemeint ist natürlich Gottes Wort. Gott hat es so werden lassen, wie wir es heute haben, weil es uns gerade mit diesen Worten etwas zu sagen hat. So las Jesus seine Bibel. So verstanden sie die Apostel. So dürfen auch wir sie lesen. Und so kann der Bericht vom Zweifel Johannes des Täufers uns Trost und Hilfe geben. Johannes, der Vorläufer und Wegbereiter, ist auch zu uns geschickt, um den Weg für den Herrn Jesus zu bereiten. Darum begegnet er uns im Advent.

Herr, ich danke dir, dass du es bist, der kommen sollte. Und ich danke dir, dass ich zu dir kommen darf, auch wenn ich schwanken will. Gib mir ein solches Ver-

trauen zu dir, dass ich es wage, mit allem zu dir zu kommen und über alles mit dir zu reden. Einst hast du Johannes den Täufer mit deinem Wort gesandt, damit er dir den Weg bereitete. Lass dies auch jetzt, in diesem Advent, geschehen. Lass alles, was dir im Weg steht, zerbrechen, baue du deine Brücken über die Tiefen, die uns von dir trennen. Hilf uns, dass wir dich in unserer Gemeinde mit offenen Herzen aufnehmen. Schenke uns ein gesegnetes Kirchenjahr, das voll ist von der Freude an deiner Nähe und von dem Glück, dir dienen zu dürfen. Amen.

Montag nach dem 3. Advent

Umso fester haben wir das prophetische Wort, und ihr tut gut daran, dass ihr darauf achtet als auf ein Licht, das da scheint an einem dunklen Ort, bis der Tag anbreche und der Morgenstern aufgehe in euren Herzen.

(2. Petrus 1,19)

Zum Lesen: Jesaja 55,1-13

Wir haben uns in den letzten Wochen ausgiebig mit dem prophetischen Wort beschäftigt, wie wir es am Ende des Jesajabuches finden. Wir haben gesehen, dass es ein Wort ist, das uns zutiefst angeht. Gott hat es nicht nur zu Israel gesandt, sondern auch zu uns. Und wenn Gott sein Wort aussendet, dann soll dieses Wort etwas in der Welt *bewirken*. Wir haben gehört, dass es wie der Regen und der Schnee ist. Es wässert den Boden und macht ihn fruchtbar. Es liegt eine Leben gebende Kraft in dem Wort, das von Gottes Lippen kommt. Es ist Wasser für den Durstigen und Brot für den Hungrigen. Und genauso, wie man sich nicht auf einen Monat im Voraus satt essen und trinken kann, brauchen wir auch Gottes Wort als tägliche Nahrung. Der Glaube ist ja nicht ein Gedanke, sondern ein Stück Leben, und dieses Leben kann nur erhalten werden durch Gottes Geist. Und seinen Geist sendet Gott durch sein Wort. Darum sagt er: »Höret, so werdet ihr leben.«

Das Wort Gottes ist also nicht etwas, das man zur Seite legen kann, um es vielleicht einmal bei Bedarf hervorzuholen. Es ist vielmehr wie ein Befehl beim Militär oder eine Mitteilung aus dem Krankenhaus oder eine Einladung zu einem Jubiläum: Es betrifft mein Hier und Jetzt. Da heißt es: »Sucht den Herrn, solange er zu finden ist.« Wir denken vielleicht, dass das doch in ein paar Jahren immer noch geht. Aber wir bleiben ja nicht dieselben. Was heute möglich ist, ist vielleicht in ein paar Jahren nicht mehr möglich.

Dann bleibt das Wort also wirkungslos, wenn wir es nicht beachten? Nein, Gottes Wort kommt nie leer zurück. Es hinterlässt immer Spuren. Sich Gottes Wort verschließen – auch dies ist ja eine Antwort, ein Handeln. Es macht mich, vielleicht ganz unmerklich, verhärteter und verschlossener gegenüber Gott. Und so bewirkt das Wort immer etwas: Glaube oder Trotz, Gnade oder Gericht. Wir kommen näher zu Gott oder entfernen uns weiter von ihm; etwas geschieht immer.

Darum bitte ich dich, Herr, dass dein Wort immer das in meinem Leben bewirken möge, wozu du es ausgesandt hast. Ich bitte dich: Lass es hier in unserer Welt, hier in meiner Gemeinde und in unserer Kirche, in unserem Volk und Land das Ziel erreichen, das du im Sinn hattest, als es über deine Lippen ging. Keiner von uns kann es aufnehmen, wenn du, Herr, ihm nicht hilfst. Und wenn wir unsere Herzen verschließen wollen, dann lass du uns keinen Frieden und keine Ruhe finden, bevor wir nicht Frieden mit dir haben. Werde du unser nicht müde. Wir haben es nicht verdient, aber nimm du deine Hand nicht von uns. Hilf all denen, die dein Wort verkündigen sollen, dass sie es in seiner ganzen Kraft und Vollmacht und Tiefe weitergeben. Hilf uns, zu hören, damit wir leben. Amen.

Dienstag nach dem 3. Advent

Rufe getrost, halte nicht an dich! Erhebe deine Stimme wie eine Posaune und verkündige meinem Volk seine Abtrünnigkeit und dem Hause Jakob seine Sünden!

(Jesaja 58,1)

Zum Lesen: Jesaja 58,1-10

Dieses Bibelwort, das sich auf vielen alten schwedischen Kanzeln findet, sagt uns etwas sehr Wichtiges über das prophetische Wort. Auch mit seinem eigenen Volk geht Gott ins Gericht. Zu Gottes Volk gehören bedeutet Verantwortung tragen. Es ist ein unerhörtes Vorrecht, aber es gibt uns nicht einen Garantieschein für die Vergebung und stellt uns nicht unter Gottes pauschalen Schutz, egal, ob wir ihn und unseren Nächsten lieben oder nicht.

Das musste Israel sich von seinen Propheten anhören. Das mussten die Juden sich von Johannes dem Täufer anhören. Es erregte ein gewaltiges Aufsehen, als Johannes auftrat. Seit Jahrhunderten hatte man keinen Propheten gehört, und hier stand er nun und verkündigte die unerhörte Nachricht, dass die Zeit erfüllt und Gottes Reich nahe war. Jetzt würde Gott eingreifen, so wie er es den Vätern verheißen hatte. Aber keiner sollte sich einbilden, dass schon alles gut sein würde, nur weil man zu den Nachkommen Abrahams gehörte, sondern hier galt es umkehren und Früchte der Buße bringen.

Die Anweisungen, die Johannes gab, waren sehr konkret, ganz auf die persönliche Situation des Einzelnen mit ihren speziellen Versuchungen und Möglichkeiten zugeschnitten. Es ging in ihnen um ganz einfache Dinge, um im Alltag gelebte Barmherzigkeit und Gerechtigkeit – Mitmenschlichkeit und soziale Verantwortung, würden wir heute sagen. Wer zwei Kleider hatte, sollte eines davon dem geben, der keines besaß; ähnlich, wer mehr zu essen hatte, als er benötigte. Die Zolleinnehmer sollten sich nicht länger ungehemmt bereichern, die Soldaten mit ihrem Sold zufrieden sein. Es waren die gleichen Töne wie in unserer heutigen Bibellese in Jesaja. Sie sind ein Wort Gottes auch an uns Heutige.

Im Mittelalter war der Advent eine Fastenzeit. Man sollte enthaltsam leben, um sich auf den Herrn Jesus vorzubereiten. Wir fasten heute nicht mehr auf diese Art, aber wir sollten uns sehr wohl fragen, auf was wir nicht vielleicht verzichten sollten, um der Gerechtigkeit und Barmherzigkeit willen. Eine Möglichkeit, durch Verzichten anderen eine Freude zu machen, können Weihnachtsgeschenke sein. Aber oft geschieht unser Schenken so, dass Jesu Wort uns voll trifft: »Wenn ihr zu euren Brüdern freundlich seid, was tut ihr Besonderes? Tun nicht dasselbe auch die Heiden? Und wenn ihr euren Wohltätern wohltut, welchen Dank habt ihr davon? Denn die Sünder tun dasselbe auch. Vielmehr tut Gutes und leiht, wo ihr nichts dafür zu bekommen hofft.« (Matthäus 5,47; Lukas 6,33-35) Es ist eine gute christliche Sitte, seine Freude über Christus durch das

Schenken guter Gaben zu zeigen. Aber ein Christ fragt seinen Herrn auch, wie *er* will, dass wir die Gaben geben.

> *Herr, ich danke dir von Herzen für alles, was du mir gegeben hast. Ich weiß, dass es alles von dir kommt und ich nur ein Verwalter bin. Alles ist dein, auch wenn du es in meine Hände gelegt hast. Hilf mir darum, recht damit umzugehen. Was ich für mich selber gebrauchen darf, will ich so aus deiner Hand nehmen, dass ich es mit Freude, Dankbarkeit und einem guten Gewissen genießen kann. Und das, womit du, Herr, andere erfreuen willst, das lege ich in deine Hände. Gib mir ein waches Auge und hilf mir, das Rechte zu tun und mich darüber zu freuen, dass ich auch hier dein Diener sein kann. Amen.*

Mittwoch nach dem 3. Advent

Da geschah das Wort Gottes zu Johannes, dem Sohn des Zacharias, in der Wüste. Und er kam ... und predigte ...

(Lukas 3,2-3)

Zum Lesen: Jesaja 60,1-11

Lukas berichtet, dass dies im 15. Jahr der Regierung des Kaisers Tiberius geschah, als Pontius Pilatus römischer Statthalter in Judäa war und Herodes, Philippus und Lysanias jeder sein kleines Teilreich hatten. Es geschah also mitten im Alltag, im ganz normalen Gang der Geschichte. Beamte, Kleinfürsten und Oberpriester lösten einander ab, man bebaute sein Land und ging seinen Geschäften nach. Da kam Gottes Auftrag an Johannes, und aus Johannes wurde Johannes der Täufer, der Größte unter den Propheten. Die Zeit der Propheten schien lange vorbei zu sein; aber jetzt trat plötzlich dieser gewaltige Bußprediger auf, und es ging wie ein Lauffeuer durch das ganze Land: Gott hat einen großen Propheten unter uns erweckt.

Seine Botschaft war eigentlich nichts Neues. Was er sagte, war ja dieses: Jetzt geht in Erfüllung, was der Herr seit langem angekündigt hat. Jetzt geht das große Licht auf über Israel, die Sonne, die allen Menschen leuchten wird.

Woher wusste Johannes das? »Reiner Zufall«, sagt der Unglaube. Doch für den Glauben ist klar, dass hier tatsächlich Gott der Handelnde war. Er, der einen Propheten nach dem anderen geschickt hatte, um eine Botschaft zu verkündigen, die in den Augen der Welt die reine Verrücktheit war, griff jetzt ein, um zu zeigen, dass er es ernst meinte. Dieses komische kleine Volk, das weder Ägypten noch Babylonien noch Griechenland hatten auslöschen können (obwohl sie es mit allen Mitteln einer Großmacht versucht hatten), war wirklich und wahrhaftig von Gott ausersehen, eine Rolle zu spielen, die die ganze Menschheit umkrempeln sollte. Politisch und kulturell, materiell und ökonomisch war Israel seinen Nachbarn zum Täuschen ähnlich; das haben die archäologischen Ausgrabungen deutlich gezeigt. Ob Baukunst oder Keramik, Alltagsleben oder Kriegsführung – die Israeliten lebten gerade so wie die anderen Kleinvölker auf der schmalen Landbrücke zwischen Afrika und Asien. Und doch wussten sie, dass sie eine besondere Berufung von Gott hatten; das hatte der eine Prophet nach dem anderen bekräftigt. Die Propheten zeigten nach vorne, auf den großen Tag hin, wo Gott *den* Propheten senden würde, einen, der größer wäre als Mose, einen gerechten König und Friedefürsten, einen Schössling aus dem Stamm Isais. Zur Zeit des Kaisers Tiberius war es für die Skeptiker eine ausgemachte Sache, dass das alles bloß fromme Phantasien gewesen waren. In Judäa herrschten die Römer, und in den Nachbargebieten Nachkommen des Halbheiden Herodes oder andere Fremde. Das Geschlecht der Propheten war erloschen und es war klar, dass sie falsch gelegen hatten. Man konnte überlegen lächelnd zur Tagesordnung übergehen – bis zu dem Tag, wo Johannes auftrat und rief: »Nun geschieht es!« Und es geschah.

Herr, ich danke dir, dass du die Geschicke der Völker lenkst und dass diese Welt, in der so viel Böses geschieht, doch in deiner Hand ruht. Ich danke dir für deinen großen Plan, für dein Erlösungsprogramm, das du durchgeführt hast. Ich danke dir, dass du auch heute alles in deiner Hand hast. Du kamst, Herr Jesus, als die Zeit erfüllt war, und ich weiß: Du wirst wiederkommen, wenn die Zeit reif sein wird. Wir sehen, dass Finsternis das Erdreich bedeckt und Dunkel die Völker. Du sagst, dass mitten in dieser Dunkelheit ein großes Licht aufgehen wird. Hilf uns allen, es zu sehen. Lass es so hell scheinen, dass auch unsere blinden Augen es sehen können. Lass die Völker in seinem Schein wandeln, auch unser Volk. Um deines Namens willen. Amen.

Donnerstag nach dem 3. Advent

Denn es ist noch nie eine Weissagung aus menschlichem Willen hervorgebracht worden, sondern getrieben von dem Heiligen Geist haben Menschen im Namen Gottes geredet.
(2. Petrus 1,21)

Zum Lesen: Jesaja 60,18 – 61,4

»Der Geist des HERRN ist auf mir …«

Das war die Bibelstelle, die Jesus aufschlug, als er zum ersten – und letzten – Mal in seiner Heimatstadt Nazareth predigte (vgl. Lukas 4). Er war in der Synagoge aufgestanden, um vorzulesen. Man reichte ihm die Schriftrolle des Propheten Jesaja, und als er sie entrollte, »fand er die Stelle«, die sich in dem Bibeltext für heute findet. Das war kein Zufall; Jesus konnte sagen: »Heute ist dieses Wort der Schrift erfüllt vor euren Ohren.« Vielleicht hatte der Prophet ursprünglich von sich selber und seinem Auftrag gesprochen. Aber es ist noch nie eine Prophezeiung aus dem Willen eines Menschen gekommen, sondern die Propheten waren von Gottes Geist getrieben und es lag eine tiefere Bedeutung in den Worten, als der Prophet selber und seine Zeitgenossen wissen konnten. Es kam ein Tag der Erfüllung, wo es sich zeigte, wen die Worte eigentlich meinten und wie unerhört groß die Wirklichkeit war, von der sie sprachen.

So ist das mit dem prophetischen Wort. Und darum, so fährt Petrus an der gleichen Stelle fort, kann man es nicht nach menschlichem Gutdünken auslegen, sondern so wie Gott selber einst dieses Wort entstehen ließ und ihm Gestalt gab, so ist es auch Gott, der die Deutung gibt. Er gibt sie durch den Gang der Geschichte, in dem, was er geschehen lässt, wenn das Wort sich erfüllt. Die größte Erfüllung ist Jesus selber, in dem alle Verheißungen Gottes ihr großes Ja gefunden haben (2. Korinther 1,20). Doch Gottes Wort erfüllt sich noch auf eine andere Art. Da es zu allen Menschen und Zeiten spricht, entstehen ständig neue Situationen, wo es eine besondere Bedeutung bekommt, die ganz bestimmte Menschen meint und Gottes Botschaft speziell an sie wird, in der Lage, in der sie sich gerade befinden. Der Heilige Geist deutet das Wort. Er öffnet unsere Augen und gibt uns die Gewissheit: Du bist gemeint. Er kann uns überführen, dass wir vor Scham erröten, und uns mit einer Geborgenheit und Freude füllen, die nicht von dieser Welt ist.

Herr, öffne du meine Augen und mein Herz, dass ich dein Wort aufnehmen kann. Ich will keine Stimme hören als nur deine. Nimm du all meine eigenen Gedanken weg, alles, was nur menschliches Denken und Fühlen ist. Hilf mir durch deinen Heiligen Geist, dass ich das hören will, was du mir sagen willst. Und hilf all denen, die du zu Dienern deines Wortes gemacht hast. Gib ihnen die Gabe, es zu verstehen, und die Gabe, es anderen zu erklären. Segne alles, was jetzt zu Weihnachten in den Kirchen gesagt wird. Du weißt, welche Menschen es hören werden, und du weißt, was wir am meisten zu hören nötig haben. Lass uns dein Wort hören und lass uns begreifen, dass du es bist, der redet. Amen.

Freitag nach dem 3. Advent

Und es wird ein Reis hervorgehen aus dem [abgehauenen] Stamm Isais und ein Zweig aus seiner Wurzel Frucht bringen.

(Jesaja 11,1)

Zum Lesen: Jesaja 11,1-10

Wenn wir das Lied singen: »Es ist ein Ros entsprungen«, dann befinden wir uns in dieser Prophezeiung des Jesaja. Isai (griechisch *Jessai*) war der Vater Davids. Ein Spross (Reis) aus dieser Wurzel bedeutet also einen Nachkommen Davids, und der abgehauene Stamm steht natürlich für das gefallene Königreich.

Es ist jetzt über 2700 Jahre her, dass der Prophet diese Worte sprach. Damals saßen noch die direkten Nachfahren Davids als Könige in Jerusalem, aber ihr Reich ging unter und ihre Nachkommen lebten in Armut und Elend. Jesus kam wirklich wie ein Wurzelspross aus verdorrter Erde.

Bis jetzt hat sich diese Prophezeiung erst zur Hälfte erfüllt. Gott hat den Spross aus Davids Wurzel hervorgehen lassen, und der Geist des Herrn ruhte auf ihm, mit einer Weisheit und Kraft, wie sie kein Mensch je besessen hat. Er kam mit einem Gericht, das viel tiefer traf, als Menschenaugen sehen. Er konnte sagen: »Ihr habt gehört, dass zu den Alten gesagt ist ... Ich aber sage euch ...« Sein Wort war durchdringend, wie es nur das Wort Gottes sein kann, dass die Ichsucht aufgedeckt wurde und die Eigenliebe nackt dastand. Aber in diesem Gericht lag noch mehr. »Richten« – das bedeutete bei den Juden auch Leiten, Lenken, Aufrichten und Helfen. Der Spross aus Isais Wurzel würde »die Armen mit Gerechtigkeit richten«. Die tiefste Bedeutung dieser Worte zeigte sich, als Jesus unter den Sündern lebte. Sein Richten wurde das, was Paulus unsere »Rechtfertigung« nennt (Römer 5,18). Er, der allein gerecht war, ließ die Menschen teilhaben an seinem Leben, seinem Frieden und seiner Kindschaft bei Gott.

So weit ist also diese Prophezeiung in Erfüllung gegangen. Aber die andere Hälfte steht noch aus. Sie malt ein Bild, das uns an das Paradies erinnert: eine Welt, in der nichts Böses geschieht, wo niemand den anderen quält, wo keiner Angst haben muss, wo niemand mordet und niemand stirbt. Es ist eine Schöpfung ohne Sündenfall, eine Welt, die so ist, wie die unsere es war, als sie frisch aus der Hand des Schöpfers kam und »Gott sah, dass es gut war«.

Auch diesen Teil der Prophezeiung wird Christus zur Erfüllung bringen. Wir dürfen einstimmen in das, was ein anderer Prophet sagt: »Die Weissagung wird ja noch erfüllt werden zu ihrer Zeit … Wenn sie sich auch hinzieht, so harre ihrer; denn sie wird gewiss kommen und nicht ausbleiben« (Habakuk 2,3).

Von ganzem Herzen danke ich dir, Herr Jesus, dass ich diesen Advent erleben darf. Ich danke dir für deine Ankunft. Ich danke dir, dass du damals in unsere Welt gekommen und unser Bruder geworden bist. Was wür-

de ich über Gott wissen, wenn du uns nicht deinen Vater gezeigt hättest? Ich danke dir, dass du einmal wiederkommen wirst, an deinem großen Tag, wo du alles neu machen und das Böse wegtun und einen neuen Himmel und eine neue Erde schaffen wirst, in denen Gerechtigkeit wohnt. Gesegnest seist du, der da kommt im Namen des Herrn. Amen.

Samstag nach dem 3. Advent

Er ist mitten unter euch getreten, den ihr nicht kennt.
(Johannes 1,26)

Zum Lesen: Johannes 1, 19-28

Es waren Boten aus Jerusalem zum Täufer gekommen. Hohe Leute, Priester und Leviten. Sie waren über die Berge und durch das heiße Jordantal gezogen, und jetzt standen sie vor ihm mit einer wichtigen Frage: »Wer bist du?« Sie stellten die Frage mit allem Respekt, denn niemand konnte sie leugnen, die prophetische Kraft in den Worten des Täufers.

Als Erstes stellte Johannes klar, dass die Gerüchte, die über ihn in Umlauf waren, nicht stimmten. Nein, er war *nicht* der Messias.

Aber wer war er dann? Vielleicht Elia? In den allerletzten Versen des Alten Testaments stand ja, dass Gott den Propheten Elia senden würde, bevor der große Tag des Herrn kam (Maleachi 3,23).

Wieder verneinte Johannes – obwohl Jesus ja später sagte, dass Johannes der verheißene Elia war. Johannes selber schien nicht so hoch von sich zu denken. Doch er wusste, dass er die Stimme eines Predigers in der Wüste war, von der Jesaja geredet hatte. Es genügte ihm, ein Rufer in Gottes Dienst zu sein. Er wusste, dass er nur der Vorbote eines anderen war und dass alles auf diesen anderen ankam. Und dieser andere war bereits da, er stand »mitten unter euch« – und sie erkannten ihn nicht.

Diese Worte kommen heute auch zu uns. Der Herr ist nahe, mitten unter uns. Aber erkennen wir ihn? Der Jesus, dessen Geburt wir bald wieder feiern werden, ist für ach so viele der Unbekannte. Sie haben einiges über ihn gehört, gewiss, aber nur zu oft sind dies Zerrbilder – eine Episode hier, ein hoffnungslos vergilbtes Bild dort, Gedanken und Meinungen aus dritter und vierter Hand. Da ist der »liebe Herr Jesus«, eine Art sentimentaler Träumer. Oder der über dem Boden schwebende Wundertäter – so ähnlich wie ein Zauberer. Oder eine blasse Phantasiefigur, die sich irgendjemand ausgedacht hat.

Am nächsten Tag konnte Johannes sagen: Hier ist er! »Siehe, das ist Gottes Lamm, das der Welt Sünde trägt!« Und die Folge war, dass die ersten Jünger Jesus nachfolgten. Was genau das war, was Johannes wollte. Darauf kam alles an: dass die Menschen Jesus selber kennen lernten, so wie er wirklich war.

Und das wollen auch wir jetzt tun, wenn wir in der ersten Hälfte des Kirchenjahres Jesus von seiner Geburt bis zur Himmelfahrt folgen. Schon viele, die das getan haben, konnten anschließend mit Hiob sagen: »Ich hatte von dir nur vom Hörensagen vernommen; aber nun hat mein Auge dich gesehen« (Hiob 42,5).

Herr, ich bitte dich um ein wirkliches Weihnachten, eine gute Weihnacht, wie nur du sie geben kannst. Eigentlich sollten ja alle unsere Festvorbereitungen eine Erinnerung an das Unerhörte sein, das in die Welt gekommen ist, alle unsere Gaben eine Erinnerung an dich, die große Gabe Gottes, und all unsere Freude ein

Jubel darüber, dass wir in einer Welt leben, in der auch du gelebt hast, und unter einem Himmel, den du uns geöffnet hast. Lass deinen Frieden unsere Herzen bewahren, mitten in all unserem geschäftigen Jagen. Lass deine Nähe alle Stunden unseres Tages füllen, alles, was wir tun, alles, worüber wir uns freuen. Und hilf, dass alle, die dich noch nicht kennen, auch einen Strahl von deinem Licht sehen und spüren, wie gut es ist, dass wir dich mitten unter uns haben. Amen.

Vierter Adventssonntag

Der Herr ist nahe!

(Philipper 4,5)

Zum Lesen: Sacharja 9,8-12

»Weihnachten steht vor der Tür« – was heißt das? Im Tiefsten doch dies: Christus steht vor der Tür und klopft an. Das begreifen wir allmählich, nachdem wir drei Wochen lang auf die prophetische Botschaft gehört haben. Was Gott in der Vergangenheit getan hat, geht auch uns heute an. Es ist nicht nur etwas, das geschehen ist, sondern etwas, das ständig aufs Neue geschieht. Nach wie vor kommt Jesus in die Welt und zieht durch unser Land, und er tut dies in eben dem Wort, das von seiner Ankunft vor zweitausend Jahren spricht. Das Evangelium ist die Gestalt, in der Christus sichtbar geworden ist. Das Wort ist der Schritt der Freudenboten, die ihn über die Berge herbeibringen. Es ist nicht bloß ein Stück antike Historie, die man sich aneignen kann, sondern ein Stück Gegenwartsgeschichte – etwas, das mit mir heute geschieht, das hier und jetzt vor sich geht. Jawohl, Christus *kommt,* und er kommt *zu uns* in diesen Tagen, wo wir seine Geburt feiern.

Der Herr ist nahe! Die Kinder zählen, wie viele Tage es noch bis Weihnachten sind. Auch wir sind Kinder, aber der große Heilige Abend, auf den wir warten, ist der Tag, an dem Christus wiederkommen wird – nicht mehr verborgen in seinem Wort, sondern offenbar in seiner Herrlichkeit. Vielleicht werden wir diesen Tag sehen, während wir noch in diesem Leben sind, mit denselben Augen, die den Weihnachtsbaum und die Lichter in der Christmette sehen. Vielleicht sehen wir ihn erst, wenn wir aus dem Todesschlaf erwachen. Wie dem auch sein wird – wir warten darauf. Die Zukunft ist immer ungewiss, wir wissen nie, was kommen wird. Aber wir wissen, *wer* kommt! Der Herr ist nahe! Siehe, dein König kommt zu dir, ein Gerechter und ein Helfer.

Mein Herr und König, ich bitte dich, dass du auch in mein Herz einziehst. In ihm ist ein Thron, der dir gehört. Leider hat so oft mein alter Mensch darauf gesessen; ich wollte selber leben und selber alles bestimmen. Aber nun bitte ich dich, dass du den Platz einnimmst, der dir gehört, dir allein, meinem Schöpfer und Erlöser. Du bist ja in diese böse Welt gekommen, um zu retten und zu befreien. Du hast dein Blut vergossen, damit wir leben können. Ich habe es gerade in deinem Wort gelesen: Um des Blutes deines Bundes willen dürfen wir frei werden aus der wasserlosen Grube, in der wir gefangen waren. Wir sind Gefangene auf Hoffnung. Und so bitte ich dich, Herr: mache mich frei – zuerst von all meiner Schuld, dann von all dem, was mich zurückhalten und von dir wegziehen will, und schließlich von dieser ganzen alten Welt, und ziehe mich hinein in dein Reich, wo aller Kampf und Streit zu Ende ist und nur dein Wille geschieht. Amen.

Zur Beachtung: Meistens fallen in die nun beginnende Woche der Heilige Abend und der Erste, oft auch der Zweite Weihnachtstag. Für diese Tage gibt es gesonderte Andachten am Ende dieses Buches. Für die übrigen Tage lese man die nun folgenden Wochentagsabschnitte.

Montag nach dem 4. Advent

Die Zeit ist erfüllt.

(Markus 1,15)

Zum Lesen: Lukas 1,1-25

»Die Zeit ist erfüllt.« Das sagte Jesus, als er mit Gottes Evangelium vor die Menschen trat. Das sagt Paulus, als er zusammenfasst, was am ersten Weihnachten geschah: »Als aber die Zeit erfüllt war, sandte Gott seinen Sohn« (Galater 4,4). Die langen Vorbereitungen waren zu Ende; jetzt konnte Gott seinen Plan endlich ausführen.

Lukas beginnt sein Evangelium, indem er diese Erfüllung der Zeit schildert. Es war die Vorweihnachtszeit der Weltgeschichte. Israel hatte alle Stürme überlebt. Es war zu der Gewissheit gebracht worden, dass der Gott, der es erwählt hatte, der Herr der ganzen Welt war. Überall im Römischen Reich – das den Großteil der damals bekannten Welt umfasste – gab es Juden, und sie hatten sich ein gewisses Aufmerken über ihren Gottesglauben, eine Art widerwilligen Respekt erworben. Die einen betrachteten sie als Fanatiker. Die anderen zog es zu ihren Gottesdiensten hin; sie wollten mehr hören über diesen heiligen und unsichtbaren Gott, der so ganz anders war als das bunte Göttergewimmele, das die römischen Tempel mit seinen Statuen füllte.

Es gab in Israel viele, die Gottes Wort ganz ernst nahmen – die »Stillen im Lande«, die Israels Trost herbeisehnten. Zu ihnen gehörten auch Zacharias und seine Frau Elisabeth. Sie wussten, dass Gott Recht hatte mit seinen Forderungen, und obwohl sie unter ihren Mitmenschen als rechtschaffen galten und alle Gebote peinlich genau einzuhalten versuchten, wussten sie tief drinnen doch, dass niemand bestehen kann vor dem Herrn, der das Herz ansieht und alle unsere Wünsche und Gedanken kennt. Darum nahmen sie es auch mit dem Tempelkult sehr genau. Die vielen Opfer waren ja von Gott eingesetzt. Mit ihnen konnte man ihm danken, aber auch das Bekenntnis ablegen, dass man das Gesetz gebrochen und eigentlich Gottes Strafe verdient hatte, für die man nun stattdessen das von Mose angeordnete Versöhnungsopfer darbrachte. Sicher, für viele waren diese Opfer eine bloße Sitte, vielleicht auch eine Art Handel mit Gott, aber für andere waren sie ein tiefes, persönliches Sündenbekenntnis, ein Schrei des Herzens nach Vergebung.

Der Boden war also vorbereitet; er brauchte nur noch ein letztes Mal gepflügt zu werden, und dazu war Johannes der Täufer berufen. Und so erfuhr der greise Priester Zacharias, dass er einen Sohn bekommen würde, der der Wegbereiter des Herrn sein sollte.

Woher wusste Lukas das alles? Er erklärt es uns selber: Er hatte »alles von Anfang an sorgfältig erkundet«. Da er viele recht merkwürdige Dinge berichtet, die im normalen Alltag nicht vorkommen, hat man gemeint, dass er – wie auch Matthäus – Legenden erzählt; für die aus der griechischen Kultur kommenden Heidenchristen, die an Göttersohn-Erzählungen gewöhnt waren, sei dies halt die naheliegendste Art gewesen, Christi Gottheit Ausdruck zu geben. Doch diese Erklärung hinkt, denn diese ersten Kapitel der Evangelien haben eindeutig einen *hebräischen* Hintergrund. Man merkt dies an der Sprache wie an dem Gedankengut. Diese Berichte müssen schon sehr früh aufgezeichnet worden sein, als es noch judenchristliche Gemeinden in Palästina gab. Hier – vielleicht bei Maria persönlich, zumindest aber unter denen, die sie und Jesu Brüder gekannt hatten – konnte Lukas das Material für seine Dokumentation zusammentragen. So hat Gott es geführt – damit wir diese Dinge erfahren konnten.

Herr, ich danke dir, dass ich das alles wissen darf. Auch dieses, dass Zacharias zuerst zweifelte. Ich hätte das auch getan. Ich weiß natürlich, dass du alles kannst, und doch fällt es mir so schwer, zu glauben, dass etwas auch einmal ganz anders gehen kann, als ich es aus meinem Alltag kenne. Aber bist du nicht der Herr über alles? Auch über die Naturgesetze – sie haben dir zu gehorchen, und nicht du ihnen. Dein ist die Macht. Gelobt seist du, dass du diese Macht dazu benutzt hast, um deinen Sohn in die Welt kommen und Mensch werden zu lassen. Für uns. Amen.

Dienstag nach dem 4. Advent

Als aber die Zeit erfüllt war, sandte Gott seinen Sohn, geboren von einer Frau und unter das Gesetz getan.

(Galater 4,4)

Zum Lesen: Lukas 1,26-45

»Bei Gott ist kein Ding unmöglich«, sagte der Engel zu Maria. Auch Maria zweifelte, was nicht verwunderlich ist. Was der Engel ihr da ankündigte, war ja etwas, was noch nie zuvor geschehen war und nie wieder geschehen würde.

Als die Zeit erfüllt war und Gott in unsere Welt eingriff, tat er dies auf eine Art und Weise, die vollkommen einmalig und ohne Parallele war. Was sonst unmöglich ist – hier geschah es. Man kann bei der Jungfrauengeburt nicht mit dem Argument kommen: »Das kann doch nicht wahr sein, so was gibt's doch gar nicht!« Genau das sagt ja das Evangelium selber! Was hier berichtet wird, hat sich nur dieses eine Mal zugetragen, als Gott seinen Sohn sandte und von einer Frau geboren werden ließ.

Bei der Lektüre der ersten Kapitel des Lukasevangeliums bekommt man unwillkürlich den Eindruck, dass Lukas diese Dinge von Maria persönlich oder zumindest von jemandem, der ihr sehr nahe stand, gehört haben muss. Die Geschehnisse in Nazareth, die lange Wanderung nach Judäa, um Elisabeth zu besuchen, die Ereignisse bei der Schätzung in Bethlehem und bei der

Geburt des kleinen Jesus – wir erleben es alles gleichsam durch Marias Brille, und es wird seltsam lebendig und packend, wenn wir es vor diesem Hintergrund lesen.

Herr Jesus, ich danke dir, dass auch das Bild deiner Mutter mit in das Evangelium hineingekommen ist. Du wurdest wie andere Menschenkinder von einer Frau geboren. Du hattest eine Mutter, die dich getragen hat. Herr, das geht weit über meinen Verstand – dass du, der du Gott und aller Himmel Herr bist, einmal als hilfloses kleines Kind in Marias Schoß lagst. Du nahmst die Pflege entgegen, die ihre Hände dir gaben. Du brauchtest sie. Du, der du dich unser aller annehmen und der Hirte unserer Seelen werden solltest, du musstest selber wie ein Kind gewickelt werden. All das hast du getan, um in unsere Welt hineinzukommen und einer von uns zu werden. Du, der Herr über alles, stelltest dich unter das Gesetz, das für uns Menschen gestiftet war. Du nahmst all das auf dich, was wir tragen mussten. Ich preise dich und danke dir, du Sohn Marias, der von einer Frau geboren und unter das Gesetz getan wurde – für uns. Amen.

Mittwoch nach dem 4. Advent

Selig bist du, die du geglaubt hast!

(Lukas 1,45)

Zum Lesen: Lukas 1,46-56

Maria ist uns ein Vorbild geworden als Mensch des *Glaubens*. Sie hat ihren festen Platz nicht nur in jeder Weihnachtskrippe, sondern auch im Weihnachtsevangelium. Sie konnte von sich sagen, dass alle Menschen sie selig preisen würden. Die Christenheit hat oft zu viel in diese Worte hineingelegt und Maria zur großen Fürbitterin, zur Helferin in aller Not, zur Vermittlerin der Gnade Gottes gemacht. Diese Ehre kommt nicht ihr zu, sondern nur ihrem Sohn. Aber wir dürfen und sollen Maria selig preisen für ihren Glauben – gerade so, wie Elisabeth das tat.

Es fiel Maria nicht leicht, zu glauben, dass das, was der Engel ihr gesagt hatte, in Erfüllung gehen würde. Es ging doch gegen alle Naturgesetze, und Maria war doch nur eine einfache Frau, und dann noch eine aus Galiläa. Wenn Gott wirklich in die Welt hineinkommen wollte, gab es doch wohl Hunderte Häuser und Milieus, die des Erlösers würdiger gewesen wären und ihm einen besseren Start im Leben gegeben hätten.

Maria muss über diese Dinge nachgedacht haben, und ihr großer Lobgesang, den wir heute als Bibellese haben, zeigt uns etwas von der Antwort, die sie in ihren Gebeten bekommen hat. Gott ist ein Meister darin, unsere Maßstäbe auf den Kopf zu stellen. Was für die Welt groß und mächtig aussieht, das kann er verwerfen, und was rein nichts ist, das kann er zu seinem Werkzeug erwählen. Er misst mit einem anderen Maß als die Politiker und die Ökonomen – aber auch als die frommen Eiferer und ehrgeizigen Musterknaben. Es gibt ein Kleinsein, eine innere Armut, eine sehnsüchtige Leere, die sich selber für nichts hält, aber die den wirklichen Glauben hat. Denn glauben – das heißt, Gott brauchen, sich auf seine Güte und Macht verlassen, davon überzeugt sein, dass er immer unser Bestes weiß und will. Der Glaube macht uns offen und aufnahmebereit. Wer diesen Glauben hat, der kann Gottes Werkzeug werden. Denn dies ist wahre Größe: dass ich große Dinge von Gott erwarte und ihn deshalb große Dinge durch mich tun lasse.

Herr, lieber himmlischer Vater, wenn ich das Große sehe, das du getan hast und das mein Begreifen so weit übersteigt, kann ich nur deinen Namen preisen. Ich preise dich dafür, dass du deinen Sohn in die Welt gesandt hast – und dafür, wie du ihn gesandt hast. Ich preise dich für dieses noch größere Wunder, dass du ihn hast Mensch werden lassen, dass du deine ganze Fülle und Reichtum in einem kleinen Menschenleib hast wohnen lassen. Und ich danke dir für das allergrößte Wunder: dass du all die Seligkeit und das Leben, das er mitbrachte, zu uns hast kommen lassen, so dass es in unseren Herzen und in unserem Leben wohnen kann.

Donnerstag nach dem 4. Advent

Siehe, eine Jungfrau wird schwanger sein und einen Sohn gebären, und sie werden ihm den Namen Immanuel geben.

(Matthäus 1,23)

Zum Lesen: Matthäus 1,18-25

Bei Lukas lernen wir die Ereignisse um die Geburt Jesu durch Marias Augen kennen. Bei Matthäus begegnen uns die gleichen Ereignisse so, wie Josef sie erlebt haben muss. Matthäus macht kein Geheimnis daraus, was für ein Schock es für Josef war, zu entdecken, dass seine Verlobte schwanger war. Im alten Israel war eine Verlobung geradeso bindend wie eine Trauung und konnte auch auf die gleiche Art aufgelöst werden. Josef hätte Maria ganz legal einen Scheidebrief geben und den Skandal damit öffentlich machen können, mit dem Risiko, dass Maria als Ehebrecherin bestraft worden wäre, was im schlimmsten Fall die Steinigung bedeuten konnte. Aber Josef war ein rechtschaffener Mann, der keinen Familienskandal wünschte. Er wollte die Sache ohne großes Aufheben regeln.

Da bekam er seinen Traum. Gott kann auch Träume benutzen, um zu uns zu reden. Was nicht heißt, dass alle Träume etwas zu bedeuten haben! Oft sind sie wirklich nur Schäume. Doch dann und wann benutzt Gott auch diesen Kanal, um zu uns Menschen durchzudringen. Wie damals bei Josef.

Josef nahm also Maria und das Kind zu sich, womit das Kind nach jüdischem Recht Josefs Nachkomme und Erbe wurde. Der Knabe Jesus gehörte damit zu Davids Haus und Geschlecht.

Matthäus erinnert an dieser Stelle an die Prophezeiung des Jesaja von der Jungfrau, die schwanger werden und einen Sohn namens Immanuel gebären würde. Vielleicht fragen wir uns, wieso Matthäus diese Prophezeiung ausgerechnet hier erfüllt sah; Marias Sohn bekam doch auf Befehl des Engels den Namen *Jesus,* und nicht Immanuel. Aber hier sehen wir, wie Jesus und seine Zeitgenossen ihre Bibel lasen – und wie auch wir sie lesen sollten. Die verschiedenen Worte stehen in einem großen Zusammenhang. Oft sind sie absichtlich mehrdeutig angelegt. Die beiden Namen *Jesus* und *Immanuel* bedeuten in der Sache dasselbe. Wie so viele jüdische Namen hatten sie eine ganz bestimmte Bedeutung. In den Namen, die man seinen Kindern gab, lag oft ein Bekenntnis, ein Gebet oder eine Hoffnung. In dem Namen *Jesus* lag ein Hinweis auf die Aufgabe, die dieses Kind haben würde: »Er wird sein Volk retten von ihren Sünden.« Und die gleiche Bedeutung hat der Name *Immanuel:* »Gott mit uns.«

»Gott mit uns« – dieses Wort ist oft missbraucht worden, so als ob Gott immer und automatisch auf unserer Seite ist, auch in Konflikten und Kriegen. Doch hier bei Matthäus hat es eine viel tiefere Bedeutung. Denn Gott müsste ja eigentlich *gegen* uns sein – so wie wir uns verhalten haben, seine Gebote gebrochen haben und gegen seinen Willen gegangen sind. Er hätte allen Grund, uns unserem Elend zu überlassen und uns die Folgen unseres Abfalls von ihm ausbaden zu lassen. Aber jetzt ist er stattdessen *für* uns! Er macht unsere verlorene Sache zu der seinen. Er steigt zu uns hinab, um unter uns zu leben, mit uns zu leiden und all die Folgen unserer Schlechtigkeit mit uns zu teilen. All das ist geschehen durch Marias Sohn, und darum bekam er den Namen *Jesus* – der Erlöser.

Mein Herr und Erlöser, du Immanuel, Gottes ausgestreckte Hand und Helfer in der Not, den keiner von uns verdient hat! Ich bin so oft gegen dich gewesen, und immer noch wohnt etwas in meinem Herzen, das nicht mit dir gehen will, etwas, das jedes Mal, wenn ich deinen Willen tun will, Widerstand leistet. Und du weißt selber am besten, Herr, wie oft ich geradewegs gegen das gehandelt, geredet und gedacht habe, was deinem Willen entsprochen hätte. Und doch bist du nicht gegen mich, sondern du bist zu mir gekommen und stehst auf meiner Seite – nicht, um meinen Egoismus zu streicheln, sondern um meine verlorene Sache zu retten, damit auch ich dir folgen und zu deinem Vater kommen kann. Du weißt am besten, wie wenig Verlass auf meine guten Vorsätze ist, aber du siehst, dass ich dich lieb habe. Du weißt, dass es meine Freude, mein Trost und meine große Geborgenheit ist, dass es dich gibt. Ich danke dir, dass du in unsere Welt gekommen bist, um bei uns zu sein. Amen.

Freitag nach dem 4. Advent

Und das Wort ward Fleisch
und wohnte unter uns.

(Johannes 1,14)

Zum Lesen: Johannes 1,1-18

»Im Anfang war das Wort« – so beginnt Johannes sein Evangelium. Mit voller Absicht beginnt er es so, wie auch das Alte Testament beginnt; dort heißt es ja: »Am Anfang schuf Gott Himmel und Erde.«

Und jetzt sagt uns Johannes also, dass Jesus damals schon dabei war. Er ist genauso ewig wie sein Vater. Alles ist durch ihn geworden. Als er in der Weihnachtsnacht zur Welt kam, kam er in sein Eigentum, in die Welt, die er selber geschaffen hatte. Zu dieser Welt gehöre auch ich. Auch ich bin aus der Hand des Erlösers hervorgegangen. Ohne ihn ist nichts geworden, was ist. Auch ich nicht. Er hat sich etwas dabei gedacht, als er mich schuf.

Aber warum nennt Johannes ihn das »Wort«? Darüber könnte man ganze Bücher schreiben. Es gibt eine grundlegende Ähnlichkeit zwischen Christus und Gottes Wort. Gottes Wort ist nicht »Schall und Rauch«, nicht bloße Namen, die wir den Dingen geben, sondern es ist voll von Gottes Schöpferkraft, seinem Geist und seinem Leben. In ihm ist Gott selber gegenwärtig, und darum kann es all das schenken, was Gott schenkt. Und genauso ist es mit Christus. In ihm lebt alles, was

Gott ist und hat. Das Nicänische Glaubensbekenntnis nennt ihn »Gottes eingeborenen Sohn, aus dem Vater geboren vor aller Zeit: Gott von Gott, Licht vom Licht, wahrer Gott vom wahren Gott, gezeugt, nicht geschaffen, eines Wesens mit dem Vater«.

Wir müssen das im Gedächtnis behalten, um ahnen zu können, was es bedeutet, dass »das Wort Fleisch wurde und unter uns wohnte«. »Fleisch« – das bedeutet hier alles Geschaffene, mit all den Molekülen und Atomen, wie sie sich auch in der Luft und im Wasser, in den Steinen und im Boden finden. In der Sprache der Theologen nennt man dieses, dass das Wort Fleisch wurde, auch *Inkarnation*. Der Schöpfer begab sich selber in einen Teil seiner Schöpfung hinein. Der Herr aller Welten nahm Wohnung in einem menschlichen Körper. Gottes Sohn wurde ein Menschenkind – damit wir Gottes Kinder werden können. Das Wunder der Inkarnation hat ein noch größeres Wunder möglich gemacht: dass Gott mit seinem ewigen Leben in unseren Herzen wohnen kann.

Herr Jesus, und jetzt bitte ich dich um dieses große Wunder, dass du auch in meinem Herzen geboren wirst und dort Wohnung nimmst, mit all dem, was du von deinem Vater mitbringst. Herr, dies ist das allergrößte und unfassbarste Wunder: dass du, mit deiner Heiligkeit und Liebe, deiner Reinheit und deinem Eifer, in mir Sünder wohnen kannst. Herr, das bin ich nicht wert, das weißt du besser als ich. Aber genau deswegen bist du ja Mensch geworden: damit dies ge-

schehen kann. Und so bitte ich dich: Lass es auch bei mir geschehen, schenke dieses Wunder auch mir. Um deines Namens willen – weil du der Erlöser bist. Amen.

Samstag nach dem 4. Advent

Ich sehe ihn, aber nicht jetzt; ich schaue ihn, aber nicht von nahem. Es wird ein Stern aus Jakob aufgehen und ein Zepter aus Israel aufkommen.
(4. Mose 24,17)

Zum Lesen: Lukas 2,22-32

Die heutige Bibellese aus dem Lukasevangelium ist wie ein Schlüssel zu den Texten über Jesu Geburt und Kindheit. Sie gibt uns ein Bild von den Menschen, die auf Jesus warteten. Sie warteten auf »den Trost Israels«. Es waren oft ganz einfache Menschen, wie Josef und Maria. Sie kannten ihre Bibel. Sie wussten, was Gott getan hatte und was er noch tun würde. In längst vergangenen Zeiten hatte Gott schon geredet. Vor über tausend Jahren, als Israel noch auf dem Weg nach Kanaan war, hatte ein Mann namens Bileam von einem König namens Balak gegen gutes Geld den Auftrag bekommen, Israel zu verfluchen. Aber zum großen Verdruss Balaks drehte Gott Bileam um. Er musste Israel segnen, und als er das tat, bekam er, der Seher, einen Einblick in die Zukunft und sprach geheimnisvolle Worte über Einen, der kommen würde – aber noch nicht bald. Einen Stern aus Jakob sah er aufgehen und ein Zepter aus Israel aufsteigen. Viele, die nach ihm kamen, sahen dasselbe. Die Frommen in Israel wussten, dass dies geschehen würde. Aus dem Geschlecht Davids würde der Verheißene kommen und in

Bethlehem geboren werden. Der greise Simeon hatte von Gott die Zusage bekommen, dass er nicht sterben würde, bevor er den Messias, Gottes »Gesalbten«, gesehen hatte. Im Alten Testament wurden Könige und Propheten zur Einführung in ihr Amt mit Öl gesalbt. Der Messias würde größer sein als alle Propheten und Könige, und er würde von Gottes eigenem Geist gesalbt sein.

Vielleicht verstehen wir es jetzt besser, Jesu Wort an die Jünger und an uns: »Viele Propheten und Gerechte haben begehrt, zu sehen, was ihr seht, und haben's nicht gesehen, und zu hören, was ihr hört, und haben's nicht gehört« (Matthäus 13,17).

Nie werde ich dir genug danken können, Herr, dass ich das sehen und hören durfte. Jetzt lässt du mich wieder Weihnachten feiern. Aber ich hätte kein einziges Weihnachtsfest erlebt, wenn du nicht deine Verheißungen erfüllt hättest. Ich will nicht mehr zu denen gehören, die mit sehenden Augen blind sind. Ich bitte dich um offene Augen, die das sehen, was du offenbaren willst, und das entgegennehmen, was du schenken willst. Herr, ich will nicht undankbar sein. Nur du kannst mich lehren, von Herzen dankbar zu sein. Strecke du deine Hand aus und setze dein Zeichen auf meine Stirn, damit ich dich nie mehr vergesse und nie zurückweiche von dem, was du meine Augen hast sehen und meine Ohren hören lassen.

Sonntag nach Weihnachten

Zur Beachtung: Dieser Sonntag fällt manchmal mit dem 1. oder 2. Weihnachtstag zusammen, für die es entsprechende Abschnitte am Ende dieses Buches gibt. Auch für den Neujahrstag und das Fest der Heiligen Drei Könige (Epiphanias) gibt es eigene Andachten am Ende dieses Bandes.

Siehe, dieser ist gesetzt zum Fall und zum Aufstehen für viele in Israel und zu einem Zeichen, dem widersprochen wird.

(Lukas 2,34)

Zum Lesen: Lukas 2,33-40

Konflikte und Streit würde es geben um dieses Kind, und auch durch Marias Herz würde ein Schwert dringen – und das sollte ein Segen sein?

Aber so ist der Segen, der durch Jesus kommt. An Jesus scheiden sich die Geister. Er steht da wie ein Felsen, der einen Fluss in zwei Arme teilt. Dass Jesus kommt – das ist nicht ein schönes Gefühl von Friede, Freude, Eierkuchen, sondern hier ruft einer: Gottes Reich ist nahe! *Jetzt* ist der Tag des Heils! Hier kommt die Hilfe, hier kommt die einzige Rettung vor der Macht des Bösen!

Ja, und hier kommt ans Licht, was in den Herzen der Menschen vorgeht. Die Satten, die Selbstzufriedenen und Selbstgerechten, sie stoßen sich an diesem

Jesus, sie kommen an ihm zu Fall. Aber die Armen, die Hungrigen, die Missratenen, die, die am Ende sind und nackt und elend dastehen, sie kommen und staunen und danken Gott, dass so etwas möglich ist. Sie sehen den unfassbaren Segen, die unaussprechliche Gabe, die ihnen hier angeboten wird.

So kam auch Hanna, eine Tochter Phanuels, aus dem Stamm Asser – wie altmodisch-feierlich die Namen klingen. Auch sie war eine Prophetin, eine der Frommen im alten Israel, die etwas von Gottes Wegen kannte, die die Zeichen der Zeit verstand und das, was da geschah, zu deuten vermochte. Auch sie redet von einem ganz merkwürdigen Segen – einem Segen, den sie selber verkörpert. Sie war einer der glücklichsten Menschen in der Welt, was eigentlich unbegreiflich war, denn nach nur sieben Ehejahren war sie für den Rest ihres Lebens Witwe geworden. Sie wohnte buchstäblich im Tempel, wahrscheinlich in irgendeinem kleinen Verschlag, den ihr jemand zurechtgezimmert hatte. Sie brauchte nicht viel und fastete oft. Ihr ganzes Leben drehte sich darum, nahe bei Gott zu sein. Auch dies kann eine Lebensaufgabe sein: davon Zeugnis zu geben, wie herrlich es ist, an Gott zu glauben und zu wissen, dass man ihm gehört. Dies kann ein solcher Reichtum sein, dass man gerne auf alles andere verzichtet. Hanna gehörte zu denen, die noch warteten, und doch war sie so randvoll von Freude, dass sie geradezu aus ihr herausstrahlte.

Und wir? Wir, die wir längst in der Zeit der Erfüllung leben? Wovon Hanna in ihrem hohen Alter nur einen kurzen Blick erhaschte, das erfüllt unser Leben schon seit unserer Kindheit – wie viel mehr Freude müssten wir da haben! Was können wir nicht lernen von diesen beiden Alten, die so genügsam warteten – weil sie wussten, dass sie auf Gott warteten.

Vieler Herzen Gedanken werden offenbar werden – durch dich, Herr. Was wird in meinem Herzen sichtbar, wenn ich vor dir stehe? Ich fange an, es zu ahnen. Zunächst einmal eine Menge Dinge, die sehr wenig mit dir zu tun haben, aber die mir das Wichtigste von der Welt waren. Sie haben meine Tage und mein Herz ausgefüllt. Viele von ihnen sind bitter und schmerzlich gewesen, und ich habe sie nicht gemocht, aber sie haben sich festgefressen. Ich habe keine Macht über sie; ich muss an sie denken, wenn ich morgens aufwache, und manchmal rauben sie mir den Schlaf. Es gibt nur einen, der sie in den Griff bekommen kann, und das bist du, Herr. Wenn du in mein Herz hineinkommst, wenn ich weiß, dass du bei mir bist, wenn ich an dich denke und mit dir rede, dann muss alles andere weichen. Und darum bitte ich dich: Komm zu mir. Du weißt, wie hilflos ich sonst bin. Ich bitte dich um den Segen, bei dir sein zu dürfen. Ich bitte dich um das Glück und den Reichtum, dich zu haben.

Montag nach dem Sonntag nach Weihnachten

Aus Ägypten habe ich meinen Sohn gerufen.
(Matthäus 2,15)

Zum Lesen: Matthäus 2,13-23

Wie immer versuchte der Böse, Gottes Pläne zu durchkreuzen. Jesus musste weg! Und der ebenso misstrauische wie machtbesessene Herodes war ein williges Werkzeug dazu, denn es deckte sich genau mit seinen eigenen Interessen. Der neu geborene Judenkönig musste sterben.

Aber Gott führt seine Pläne durch. Bei Nacht und Nebel flieht Josef nach Ägypten. Jesus weiß, wie das ist, alles liegen und stehen zu lassen, um das nackte Leben zu retten. Er war selber einmal ein Flüchtlingskind.

Dann starb Herodes, und es kam der Tag, wo Josef zurückkonnte. Nein, nicht zu seiner Verwandtschaft in Bethlehem – da wohnte gleich um die Ecke ein Sohn des verstorbenen Tyrannen. Und so ging Josef nach Nazareth, obwohl er dort auch ein Fremdling war und die Stadt nicht den besten Ruf hatte.

Matthäus kannte sein Altes Testament. Er las es genauso wie Jesus und alle Gläubigen seiner Zeit es taten. Was einst mit Gottes Volk geschehen war, das würde sich wiederholen, das war wie ein Wegweiser in die Zukunft. Einst hatte Gott Israel aus Ägypten hinausgeführt. Ägypten war das Land der Knechtschaft, aber auch das reiche und mächtige Land, das Land der Fleischtöpfe und der Weisheit, der Wahrsage- und Zauberkünste, der Tempel und der Hochtechnologie. In all dem, was man Zivilisation und Kultur nennt, stand Ägypten meilenweit über Israel. Doch Gott hatte das erwählt, was in der Welt gering ist, und die Starken zuschanden werden lassen. Als er Israel aus Ägypten herausführte, zeigte er, dass das Wort, das er seinem Volk gegeben hatte, mehr war als alles, was die Welt zu bieten hatte. So wie er zur Zeit des Mose über alle Weisheit und Macht Ägyptens triumphiert hatte, so zeigte er nun, als er seinen Sohn aus Ägypten zurückbrachte, von neuem, dass, um mit Paulus zu reden, seine Schwachheit stärker war als die Macht der Menschen. Er zeigte, dass er sein Volk, seinen Sohn und seine Gemeinde aus dem geistlichen Ägypten herausgeführt hatte, hinaus aus den Fleischtöpfen des Wohlstands und der Gelehrsamkeit, die für alles Garantien will. Sein Reich ist nicht von dieser Welt – das macht es so unbesiegbar.

Gott kann aus dem Vollen schöpfen, wenn er seine Pläne durchführt. Schon die alte Kirche hat die Kinder in Bethlehem, die starben, damit Jesus leben konnte, als die ersten Märtyrer betrachtet. Sie, die ihr Leben für Jesus dahingaben, bekamen dafür das ewige Leben. Was wir in dieser Welt verlieren, kann Gott uns in seinem Reich hundertfältig zurückgeben. Dort wird er auch die Tränen abwischen, die verzweifelte Mütter und geplagte Menschen auf dieser Erde vergießen. Das ist ja das Ziel seiner Pläne: dass er uns die Türen öffnet zu dem Reich, wo es keinen Schmerz und kein Leid und kein Geschrei mehr geben wird.

Herr, ich staune, dass auch du einmal ein Flüchtlingskind warst, das in letzter Minute dem großen Massaker in seiner Geburtsstadt entkam. Damit bist du ein Bruder aller Flüchtlinge in dieser Welt geworden. Ich weiß, dass du sie verstehst und ein Herz für sie hast. Du bist ja mitten unter ihnen gewesen, und du bist das auch heute. Gib auch uns ein Herz für sie und für alle anderen, die unter der Härte der Menschen leiden. Du weißt, wie Hilfe möglich ist und wer sie geben kann. Gib uns Mithelfer in dieser Arbeit, die Herz und Verstand haben. Und gib uns allen eine große Bereitwilligkeit, damit wir tun, was wir können – nicht nur hin und wieder einmal, sondern beharrlich und treu, solange es Menschen gibt, die du mit deiner Hilfe erreichen willst.

Dienstag nach dem Sonntag nach Weihnachten

Er ist der Abglanz seiner Herrlichkeit und das Ebenbild seines Wesens.

(Hebräer 1,3)

Zum Lesen: Hebräer 1,1-14

Wir wissen nicht, wer den Hebräerbrief geschrieben hat. Man hat Paulus vorgeschlagen, doch dies ist recht unwahrscheinlich. Luther meinte, dass es vielleicht der fromme und gelehrte Apollos war, der in der Apostelgeschichte vorkommt. Auf jeden Fall spricht hier jemand, der den Aposteln nahe gestanden und sie verstanden hat. Wir sehen in diesem Brief, wie man in der Generation nach Jesu Tod und Auferstehung anfing, all das, was seit Jesu Kommen in die Welt geschehen war, in den richtigen Blick zu bekommen.

Als Erstes hören wir, dass Gott in vergangenen Zeiten viele Male und auf viele Arten durch die Propheten geredet hat. Doch jetzt hat er ganz neu geredet – durch seinen Sohn. Und dieser Sohn hat eine einzigartige, unvergleichliche Stellung im Universum. Er ist der Abglanz der Herrlichkeit des Vaters und das Abbild seines Wesens. Gottes Herrlichkeit – das ist das Unaussprechliche, Unerreichbare, Lichtdurchflutete, Glückselige in Gottes Wesen, das, was unsere Augen nicht sehen können, ohne zu erblinden. Aber von diesem Wesen Gottes gibt es einen Widerschein in Christus. In

Christus sehen wir den Vater; in ihm sehen wir wie der greise Simeon seine Erlösung.

Wir erfahren weiter, dass Christus nicht erschaffen ist. Die Engel sind erschaffene Wesen. Wir dürfen uns den Himmel ja nicht als einen leeren Raum vorstellen. Gott ist nicht eine abstrakte Idee, er ist ein lebendiges Wesen, das sich gerne mit Leben umgibt, um es mit Glück und Freude zu erfüllen. Jenseits von unserer Welt gibt es eine andere Welt. Jesus spricht oft über sie. Dort gibt es lebendige Wesen, die jubelnd und singend vor Gottes Angesicht stehen.

Aber Christus ist noch etwas ganz anderes. Er ist genauso ewig wie der Vater. Er ist über die Zeit erhöht. Die Zeit ist ja ein Teil der Schöpfung; die Welt hat einen Anfang und ein Ende. Doch Gott ist über all das erhaben. Wir leben gleichsam eingesperrt in der Zeit. Unerbittlich rollt sie weiter, werden die Tage, die uns zugemessen sind, weniger. Und nicht nur wir altern, sondern die ganze Welt; sie wird »veralten wie ein Gewand« (Psalm 102,27). Aber Christus bleibt derselbe, seine Jahre haben kein Ende. In Gottes Welt steht man über dem Gang der Zeit. Dort braucht man nie mehr seufzend an etwas zurückdenken, das vergangen ist und nie mehr wiederkommt. Dort ist das Dasein ständig von einem neuen Sinn erfüllt, dort heißt Leben immer sich freuen. Das ist es, was man »ewiges Leben« nennt, und um uns dies zu schenken, ist Christus zu uns gekommen.

Herr, alles vergeht, aber du bleibst. Du herrschst auch über die Zeit. Auch sie hast du erschaffen, du bist nicht an sie gebunden. Wenn du deine Hände ausstreckst, reichen sie von Anfang bis Ende der Welt. Du hast dieselbe Macht über das, was geschehen ist, wie über das, was kommt; beides ist dir gleich nahe. In deinem Reich zählt keiner die Tage, dort braucht niemand zu versuchen, den schönen Augenblick festzuhalten. Herr, das kann ich nicht fassen. Und doch willst du, dass auch ich das erleben darf. Du bist in die Zeit hinabgestiegen, damit ich in die Ewigkeit hineingehen kann – wie kann ich dir das je danken? Und dabei ist das nur ein kleines Stückchen von dem, was du für mich getan hast. Gepriesen sei dein Name in alle Ewigkeit. Amen.

Mittwoch nach dem Sonntag nach Weihnachten

Darum schämt er sich auch nicht, sie Brüder zu nennen.

(Hebräer 2,11)

Zum Lesen: Hebräer 2,1-18

Bei manchen Menschen tun wir uns schwer damit, sie »Brüder« zu nennen. Wir tun es vielleicht mit den Lippen, aber unser Herz, unsere Gefühle und Instinkte wollen nicht recht mitmachen. Manche Zeitgenossen sind so unangenehm anders. Ihr Benehmen und ihre Hygiene, ihr Charakter und Rechtsbewusstsein sind so mangelhaft. Mit »so einem« kann man sich doch nicht abgeben – denken wir.

Aber der Unterschied zwischen diesen »unmöglichen« Menschen und uns ist nichts gegen den Unterschied zwischen uns und Gott. Und doch lesen wir hier über Christus, dass er sich nicht schäme, uns seine Brüder zu nennen.

Wir haben uns so an dieses Unerhörte gewöhnt, haben so oft gehört, dass Jesus uns liebt, dass wir gar nicht mehr fassen, was das bedeutet. Die ersten Christen fassten das sehr wohl. Als Christus als Bruder zu uns kam, da bedeutete das für ihn Leiden bis in den Tod. Der Abgrund, der uns von Christus trennte, war so groß und so tief, dass Christus den Tod schmecken musste, um ihn zu überbrücken. Er wurde ein Wesen aus Fleisch und Blut, damit er, der Gott war, leiden und sterben konnte – denn dies war die einzige Möglichkeit, dem die Macht zu nehmen, »der Gewalt über den Tod hatte, nämlich dem Teufel«. Wir stehen hier vor dem gleichen dunklen Geheimnis, das uns auf Schritt und Tritt in Jesu Leben begegnet. Es gibt eine Macht, die Gottes Schöpfung verderben will. Es ist eine wirkliche Macht, und sie muss bekämpft werden. Alleine schaffen wir das nicht, und um uns in diesem Kampf zu helfen, wurde Christus einer von uns. Er musste leiden und er wurde versucht. Er trat dieser anderen Macht entgegen, um die zu befreien, »die durch Furcht vor dem Tod im ganzen Leben Knechte sein mussten«.

Dieser Knechtschaft und Angst versuchen viele dadurch zu entfliehen, dass sie tapfer nicht an den Tod denken. Diese Vogel-Strauß-Politik kann lange Zeit ganz gut funktionieren. Es gibt ja Leute, die noch nie einen Menschen haben sterben sehen. Aber niemand kann etwas daran ändern, dass mit jedem Tag, der hinter uns liegt, unser Leben weniger wird, so unerbittlich wie der Sand in der oberen Hälfte einer Sanduhr. Der einzige sichere Punkt im Programm unserer Zukunft ist der Tod, und wir wissen nie, wann er kommen wird – in zehn Jahren? Oder schon morgen? So hält uns der Tod fest in seinem Griff – Entkommen unmöglich.

Aber das Allerernsteste und Unheimlichste an der Macht des Todes ahnen nur wenige: dass da einer ist, der »die Macht des Todes hat« (Hebräer 2,14b Elbf). So wie ein guter Wille hinter dem Leben steht, steht ein böser Wille hinter dem Tod.

Wie gut, dass wir Christus haben!

Herr Jesus Christus, du wurdest Mensch, um mein Bruder zu werden. Du wurdest geboren und ließest dich töten, damit auch ich ein Kind deines Vaters werden kann. Du gingst hinein in diese böse Welt und wurdest wie wir anderen geplagt von Versuchung und Tod, damit wir frei werden könnten von all dem, was uns quält. Ich bitte dich: Hilf mir, nicht länger Angst zu haben vor dem, was ich doch nicht mehr zu fürchten brauche. Hilf mir, dass ich mich nicht festklammere an das, was doch nicht bleiben wird und was ich einmal abgeben muss. Herr, ich danke dir, dass ich nicht mehr wie gebannt auf den Tod starren muss, der auf mich wartet, weil ich doch weiß, dass ich einen Vater im Himmel habe und dass du mich an die Hand nehmen und zu ihm hinführen wirst. Was frage ich danach, wie die Zeit vergeht, wenn ich weiß, dass ich dich habe. Du bleibst in Ewigkeit, deine Zeit hat kein Ende.

Donnerstag nach dem Sonntag nach Weihnachten

Heute, wenn ihr seine Stimme hören werdet, so verstockt eure Herzen nicht.

(Hebräer 3,7)

Zum Lesen: Hebräer 3,1-19

Man kann sein Herz verstocken (verhärten), sagt der Verfasser des Hebräerbriefs. Noch mehrere Male kommt er auf das Thema zurück. Er muss erschreckende Beispiele für solche Verstockungen miterlebt haben. Und so schärft er seinen Lesern ein, dass es dahin kommen kann, dass ein Mensch nicht mehr zu Gott und zur Vergebung zurückkommen *kann*. Gott kommt uns weit entgegen, er sehnt sich nach seinen Kindern. Er schickt ihnen Boten, die sie nach Hause einladen, und er hat dies nie so eindringlich und bewegend getan wie, als er seinen Sohn in die Welt sandte. Es ist nicht leicht, darauf trotzig »Nein« zu sagen. Aber es ist möglich. Ein »böses, ungläubiges Herz« – das gibt es.

Ein Mensch, der alles gesehen und erfahren hat, was Gott uns an Barmherzigkeit und Vergebung anbietet, kann sich doch wieder davon losreißen und »abfallen von dem lebendigen Gott«. Aber das geht nicht, ohne dass man sich verhärtet. Man kann so hart werden wie ein tiefgefrorener Eisklumpen. Dann ist man in der »Verstockung« angelangt, und dann hilft nichts mehr.

Von solchen Menschen sagt der Hebräerbrief, dass es unmöglich ist, sie zurück auf den rechten Weg zu holen. Solche Menschen meinte Jesus, als er vor der Sünde gegen den Heiligen Geist warnte. Es waren Menschen, die alle seine Taten gesehen hatten, die seine Wunder nicht leugnen konnten. Aber sie sagten: »Das ist Teufelswerk; er steht mit dem Beelzebul im Bund.«

Die ersten Christen waren sich über diese Dinge im Klaren. Gott hatte sein Äußerstes getan, er hatte seinen eigenen Sohn geopfert. Noch mehr konnte er nicht tun. Wer dies partout nicht annehmen wollte, für den gab es keine Hoffnung mehr. Und gab es nicht auch hierfür ein Vorbild im alten Israel? Die Generation, die aus Ägypten gerettet worden war und Gottes mächtige Wunder erlebt hatte und die dann trotzdem am Tag der Versuchung in der Wüste von Gott abfiel, sie kam nicht in das verheißene Land. Und warum nicht? Wegen ihres »Unglaubens«.

So ist es auch mit uns heute. Wenn wir nicht in das Reich Gottes kommen, dann nur wegen unseres Unglaubens. Keine Sünde ist so groß, dass sie nicht vergeben werden könnte; dafür hat Jesus gesorgt. Aber ohne diese Vergebung kommt niemand in Gottes Reich hinein.

Herr, hilf mir, dass ich nie mein Herz verhärte, wenn du redest. Und wenn ich es je versuchen sollte, dann mache deine Stimme noch lauter. Lass sie zu einem Feuer werden, das mich innerlich verbrennt. Gib mir keine Ruhe und keinen Frieden, wenn ich auf falsche, finstere Wege gerate. Lass es mich merken, sofort, in dem Augenblick, wo ich deine Hand loslasse. Erbarme dich über uns alle, über unsere Kirche und über unser Volk. Du hast allen Grund, unser müde zu werden. Du hast selber gesagt, dass man einen Baum, der keine Frucht bringt, schließlich abhaut. Aber vorher hast du viele Male für diesen unfruchtbaren Baum gebetet. Und so bitten wir dich: Gib du ihm noch ein Jahr, und gib uns den Verstand, es recht zu nutzen. Doch dazu brauchen wir deine Gnade und Hilfe. Gib sie uns, um deiner Barmherzigkeit willen. Amen.

Freitag nach dem Sonntag nach Weihnachten

Die Taufe der Buße zur Vergebung der Sünden.
(Lukas 3,3)

Zum Lesen: Lukas 3,1-9

Die Predigt Johannes des Täufers hatte ein ungeheures Aufsehen erregt. Aus allen Himmelsrichtungen strömten die Menschen herbei, um den neuen Propheten zu hören – den ersten, der seit Jahrhunderten in Israel aufgetreten war. Viele glaubten, dass er der Messias war, aber er selber verneinte das. Er war nur ein Wegbereiter, sagte er. Nach ihm würde der kommen, der stärker war als er: der Messias selber. Gottes Reich war nahe.

Das war es, was die Menschen so packte. Der Messias würde ja »die zerfallene Hütte Davids wieder aufrichten« (Amos 9,11). Für viele Juden war es klar, dass dies eine politische Revolution und eine nationale Neugeburt bedeutete. Israel war ja kein selbständiger Staat mehr, man lebte in einem besetzten Land. Der Messias würde sein Volk befreien und die Unterdrücker zum Teufel jagen.

Doch mit diesem Denken ging Johannes hart ins Gericht: Nein, es brachte keine politischen Privilegien, zu Gottes Volk zu gehören. Es reichte nicht, von Abraham abzustammen. Zu Gottes Volk gehören, das bedeutete, Gottes Diener zu sein. Es würde ein Tag des

Gerichts und der Abrechnung kommen. Die Axt war schon an die Wurzel gelegt.

Darum taufte Johannes. Es war eine Taufe der Buße zur Vergebung der Sünden. Mit ihr bekannte man, dass man zu einem sündigen und abgefallenen Volk gehörte, ja, dass man selber den Bund mit Gott gebrochen hatte, aber dass man dies bereute und um die Vergebung seiner Schuld bat. Es war diese Vergebung, auf die man hoffte, wenn nun der Messias kam, um sein Volk zu erlösen.

Nicht alle Taufen sind wie die des Johannes. Die Taufe, die Jesus einsetzte und mit der wir getauft sind, ist etwas anderes. Wenn wir in unserem Leben nach etwas suchen, das der Taufe des Johannes entspricht, dann finden wir es am ehesten in der Beichte, wie sie etwa vor dem Abendmahl geschieht – freilich mit einem großen Unterschied: Johannes und die erweckten Menschen, die sich um ihn scharten, warteten noch auf den Messias. Wir wissen, dass er gekommen ist; wir haben ihn mitten unter uns.

Herr, du kannst Abraham aus Steinen Kinder erwecken. Du hast dich über unser Volk erbarmt, das nicht dein Volk war, und auch uns Teil haben lassen am Evangelium. Und du hast deine Hand auch zu mir ausgestreckt und mich in dein Volk hineingenommen, obwohl ich kein Recht hatte, dazuzugehören. Du hast mein totes, steinernes Herz lebendig gemacht, so dass ich an dich glauben kann. Du hast auch mich zu einem Kind Abrahams gemacht; ich darf wissen, dass ich ein-

geschlossen bin in deine guten Pläne und dein Erlösungswerk. Halte du diesen Glauben lebendig in meinem Herzen und lass mich mein Leben lang mit dir und für dich leben. Amen.

Samstag nach dem Sonntag nach Weihnachten

Zur Beachtung: Falls der Dreikönigstag (Epiphanias) auf den heutigen Tag (also Samstag) fällt, entfällt der folgende »Sonntag nach Neujahr« sowie die ganze auf ihn folgende Woche, und der Andachtsplan geht gleich weiter mit dem »Ersten Sonntag nach Epiphanias«; für heute ist dann die Epiphanias-Andacht am Ende dieses Bandes zu lesen. Fällt der Dreikönigstag auf den morgigen Sonntag, lese man dann den Epiphanias-Abschnitt und fahre darauf mit dem »Montag nach dem Sonntag nach Neujahr« fort. Liegt der Epiphaniastag (wie meistens) irgendwo in der folgenden Woche, so nehme man an dem entsprechenden Wochentag die Epiphaniasandacht und folge im Übrigen der jetzt folgenden Woche.

Es kommt aber einer, der ist stärker als ich, und ich bin nicht wert, dass ich ihm die Riemen seiner Schuhe löse; der wird euch mit dem Heiligen Geist und mit Feuer taufen.

(Lukas 3,16)

Zum Lesen: Lukas 3,10-20

Johannes machte einen Unterschied zwischen seiner Taufe und der, die der Messias bringen würde. »Ich taufe euch mit Wasser, aber ...« Es gab eine bessere Taufe, eine Taufe mit dem Heiligen Geist und mit Feuer, eine Taufe, die ganz und gar Gottes Werk war.

Die Taufe des Johannes war nämlich etwas, das *Menschen* taten – in Buße und Gehorsam, um zu zeigen, dass sie sich unter Gottes Gericht beugten und seine Erlösung suchten. Die Taufe des Johannes war ein Akt des Gehorsams. Die Menschen, die von seiner Bußpredigt getroffen waren, fragten alle: Was sollen wir tun?

Es gibt etwas, das wir Menschen für unsere Erlösung tun können und sollen. Wir können darauf hören, was Gott uns sagt. Wir können im Gebet mit ihm reden. Bibel, Gottesdienst und persönliche Andacht – sie alle sind unverzichtbare Bestandteile des Christenlebens. Und wir können auch etwas tun, um das, was wir gehört haben, in die Tat umzusetzen. Das war es ja, was Johannes den Menschen sagte, die ihn um Rat fragten.

Aber das Allerwichtigste können wir nicht tun. Den Glauben und das neue Leben können wir nicht zuwege bringen. Das kann nur Gott selber.

Herr Jesus, ich bitte dich von Herzen um zwei Dinge: dass du mir hilfst, das zu tun, was ich tun kann, und dass du an mir das tust, was nur du tun kannst. Mache mich treu in dem Wenigen, was ich vermag. Mache mich treu gegenüber deinem Wort und ausdauernd im Gebet, und rüttele du mich auf, wenn ich nachlässig werden will. Hilf mir, gerne das Gute zu tun, das du mir in den Weg legst. Und dann, Herr, tue du all das, was ich nicht kann. Wecke den Glauben in meinem Herzen und halte ihn lebendig. Erneuere meinen Wil-

len. Öffne meine Augen und lass meine verdorrten Zweige aufblühen und Frucht bringen. Und all das zu deiner Ehre. Amen.

Sonntag nach Neujahr

So schaue ich aus nach dir in deinem Heiligtum,
wollte gerne sehen deine Macht und Herrlichkeit.
(Psalm 63,3)

Zum Lesen: Lukas 2,41-52

Dieses Gebet hat Jesus viele Male gebetet, schon von Kind an. Bereits mit zwölf Jahren war für ihn der Tempel der Ort, wo sein Vater wohnte. Womit er bekräftigte, was die Propheten gesagt hatten: »Der HERR ist in seinem heiligen Tempel.«

Man kann sich fragen, wie das zugehen soll, dass Gott an einem besonderen Ort »wohnt«. Ist er denn nicht überall? Aber es ist etwas Besonderes mit dem, was wir die »Offenbarung« Gottes nennen. Gott tritt auf eine Art in unsere Welt hinein, die sichtbar, hörbar, greifbar ist. Wir Christen nennen diese Dinge die »Gnadenmittel«. Wir haben sie in Gottes Wort, in der Taufe, im Abendmahl und in der Zusage der Sündenvergebung. Dass wir unsere Kirchengebäude auch »Gotteshaus« nennen können, liegt daran, dass sie speziell dazu vorgesehen, ja geweiht sind, dass in ihnen Gottes Wort gepredigt und das Abendmahl und die Taufe gehalten werden. Sie sind Stätten der Versammlung und Begegnung, wo Gott zu uns kommt und wir vor sein Angesicht treten. Sie sind Stätten der Andacht und des Gebets. Und deshalb ist es mehr als nur eine gute alte Sitte, wenn wir sie auch als Orte der Stille pflegen. Gott selber will dies; das hat Jesus durch seine Tempelreinigung nachdrücklich demonstriert.

Gott offenbart sich natürlich nicht nur in den Gnadenmitteln. Die ganze Welt ist erfüllt von seiner Herrlichkeit. Es gibt eine Gegenwart Gottes in der Schöpfung. Aber diese Gegenwart verdichtet sich gleichsam im Heiligtum. Die Bibel bezeugt dies eindeutig. David singt davon, wie er sich danach sehnt, »zu schauen die schönen Gottesdienste des HERRN und seinen Tempel zu betrachten« (Psalm 27,4). Er nennt Gottes Haus »den Ort, da deine Ehre wohnt« (Psalm 26,8). In der bloßen Stimmung des Kirchenraumes, in den hohen Gewölben, den himmelwärts strebenden Linien, in dem Licht- und Farbenspiel der Fenster, im Altarschmuck und im Brausen der Orgel kann etwas liegen, das auf eine Weise, die man kaum in Worte fassen kann, dazu beiträgt, dass wir »satt werden von den reichen Gütern deines Hauses« (Psalm 36,9).

Herr, ich danke dir für dieses große Wunder, dass du hier unter uns auf der Erde wohnen kannst. Der Himmel fasst dich nicht, und du hältst die ganze Welt, ja die Unendlichkeit des Universums in deiner Hand. Und doch kommst du zu uns herab, mit all deiner Gnade und Barmherzigkeit. Gib mir ein Herz, das dies spürt. Breche hindurch durch meine Trägheit, öffne meine Augen, hilf mir, deine Gaben anzunehmen. Wenn ich kritisch und kalt und unwillig bin, dann lass den Strom deiner Gnade und Liebe meine Selbstsucht fortspülen, dass ich vor deinem Angesicht jubeln und anderen helfen kann, zu begreifen, wie gut es ist, vor dir zu stehen, deine Nähe zu spüren und sich darüber zu freuen, dass du der bist, der du bist. Amen.

Montag nach dem Sonntag nach Neujahr

Es steht geschrieben: »Mein Haus soll ein Bethaus heißen«; ihr aber macht eine Räuberhöhle daraus.
(Matthäus 21,13)

Zum Lesen: Johannes 2,13-25

So sprach Jesus, als er die Verkäufer aus dem Tempel hinauswarf und die Tische der Geldwechsler und die Bänke, auf denen die Taubenhändler saßen, umstieß. Dass Jesus so hart auftrat, waren die Menschen nicht von ihm gewohnt, und viele reagierten verärgert. Sie waren doch wohl ehrenwerte und nützliche Leute, diese Händler im Tempel. Sie verkauften Opfertiere und wechselten ausländische Währungen in die jüdischen Münzen um, die man zum Bezahlen der Tempelsteuer benötigte. Aber Jesus trieb sie hinaus. Markus fügt hinzu, dass er auch nicht erlaubte, dass man etwas durch den Tempel trug (Markus 11,16) – eine Anspielung darauf, dass die Händler ihre Waren gerne quer durch die weiten Tempelvorhöfe trugen. Jesu Motiv: Gottes Haus soll ein Bethaus sein und keine Räuberhöhle.

Es ist kein Zufall, dass Jesus hier Jesaja zitiert. Im Alten Testament können wir lernen, warum Gott seinem Volk einen Tempel gab. Er ist zwar der Herr der ganzen Schöpfung, und alle Himmel können ihn nicht fassen, aber um unseretwillen hat er einen Ort hier auf der Erde eingerichtet, wo wir ihm begegnen können, wo er sich uns offenbaren und ganz nahe sein will. Darum heißt es: »Der HERR ist in seinem heiligen Tempel. Es sei stille vor ihm alle Welt!« (Habakuk 2,20). Und: »Alles Fleisch sei stille vor dem HERRN; denn er hat sich aufgemacht von seiner heiligen Stätte!« (Sacharja 2,17). Darum sagt der Psalmist: »Eines bitte ich vom HERRN, das hätte ich gerne: dass ich im Hause des HERRN bleiben könne mein Leben lang, zu schauen die schönen Gottesdienste des HERRN und seinen Tempel zu betrachten« (Psalm 27,4). »HERR, ich habe lieb die Stätte deines Hauses und den Ort, da deine Ehre wohnt« (Psalm 26,8).

Das ist damit gemeint, dass Gott in seinem Tempel wohnt. Er wählt sich einen Ort auf der Erde aus und sagt: »Hierhin will ich kommen und mich dir offenbaren.« Darum ist es ein heiliger Ort, der Begegnung mit Gott geweiht.

Und so können auch wir in die Worte des Psalters einstimmen:

Wie lieb sind mir deine Wohnungen, HERR Zebaoth! Meine Seele verlangt und sehnt sich nach den Vorhöfen des HERRN; mein Leib und Seele freuen sich in dem lebendigen Gott. Der Vogel hat ein Haus gefunden und die Schwalbe ein Nest für ihre Jungen – deine Altäre, HERR Zebaoth, mein König und mein Gott. Wohl den Menschen, die dich für ihre Stärke halten und von Herzen dir nachwandeln! Denn ein Tag in deinen Vorhöfen ist besser als sonst tausend. Ich will lieber die Tür hüten in meines Gottes Hause als wohnen in der Gottlosen Hütten. Wie köstlich ist deine Güte, Gott, dass Menschenkinder unter dem Schatten deiner Flügel Zuflucht haben! Sie werden satt von den reichen Gütern deines Hauses, und du tränkst sie mit Wonne wie mit einem Strom. HERR, ich habe lieb die Stätte deines Hauses und den Ort, da deine Ehre wohnt. (Aus Psalm 84; 36 und 26)

Dienstag nach dem Sonntag nach Neujahr

Er ging nach seiner Gewohnheit am Sabbat in die Synagoge und stand auf und wollte lesen.

(Lukas 4,16)

Zum Lesen: Lukas 4,14-30

So heißt es von Jesus, als er »nach Nazareth kam, wo er aufgewachsen war«. Von Kind auf war er am Sabbat in die Synagoge gegangen – eine Gewohnheit, die er auch als Erwachsener beibehielt.

»Das ist doch nur eine Sitte«, heißt es manchmal, wenn die Rede auf solche Dinge wie den Gottesdienstbesuch kommt. Natürlich ist es nicht gut, wenn es *nur* eine Sitte ist. Aber diesen Missstand heilt man nicht dadurch, dass man die Sitte abschafft, sondern nur dadurch, dass man sie wieder mit Inhalt füllt. Das Neue Testament äußert sich nirgends abschätzig über die frommen Sitten. Im Gegenteil: Es hebt hervor, dass Jesu Eltern sich treu an die Sitten ihres Glaubens hielten. So brachten sie den kleinen Jesus in den Tempel, »wie geschrieben steht im Gesetz des Herrn« (Lukas 2,23), und gingen jedes Jahr zum Passafest nach Jerusalem, »nach dem Brauch des Festes« (Lukas 2,42). Nur eine Sitte wird im Neuen Testament kritisiert: nämlich, »unsre Versammlungen zu verlassen, wie einige zu tun pflegen« (Hebräer 10,25). Wer keine guten Sitten hat, der bekommt schlechte, und es ist eine sehr schlechte Sitte, zu keinem Gottesdienst mehr zu gehen.

Jesus ging also in die Synagoge von Nazareth, wie er es schon so oft getan hatte, und stand auf, um aus der Schrift vorzulesen. Der christliche Gottesdienst hat viel von dem alten Synagogengottesdienst übernommen. Jesus und seine Jünger waren ja Juden, und im jüdischen Gottesdienst las man aus dem Gesetz und den Propheten vor, sang Psalmen, bekannte seinen Glauben und betete gewisse festgelegte Gebete, ganz ähnlich wie bei uns heute. Nur einen Pastor gab es nicht. Die Priester des alten Bundes waren Opferpriester, die ihren Dienst im Tempel in Jerusalem taten. Der Synagogengottesdienst wurde von Laien geleitet, und der Synagogenvorsteher entsprach etwa einem heutigen Kirchengemeinderatsvorsitzenden; zu seinen Aufgaben gehörte es, jemanden für die Schriftlesung zu finden. Auf die Lesung folgte die Unterweisung, falls denn jemand da war, der sie geben konnte. Bereits die bloße Schriftlesung war etwas, das große Übung erforderte. Die Texte waren ja auf Hebräisch verfasst, was nicht die Sprache des Alltags war, und der geschriebene Text, der nur aus Konsonanten bestand, musste in einem feierlichen Sprechgesang rezitiert werden, mit ganz bestimmten Betonungen und Intonationen. Wir wissen nicht, wo Jesus diese Kunst erlernt hat – zum Teil sicher durch den fleißigen Gottesdienstbesuch und die lange Übung des Hörens, aber wahrscheinlich hat er auch eine Schule besucht.

All dies war kein Zufall. Auch in seiner Liebe zum Gottesdienst ist Jesus unser Vorbild und Wegweiser.

Herr, du weißt am besten, wie träge ich sein und wie der bloße Gedanke, zur Kirche zu gehen, mir innerlich zuwider sein kann. Irgendwo in mir ist etwas, das keine Lust hat, etwas, das gegen alles ist, was du willst. Du weißt das, Herr, du bist ja selber einmal Mensch gewesen. Auch du hast als kleiner Junge in den langen Gottesdiensten gesessen und so viele Worte gehört, die du nicht verstandest. Und doch hörtest du dort die Stimme deines Vaters. Du wusstest, dass er da war, und wo er war, da wolltest du auch sein. Gib auch mir diesen Sinn und dieses Herz. Wenn die Unlust sich in mir regt, dann lass mich einen Blick auf dich erhaschen, damit ich wieder weiß, was ich tun soll. Und ich bitte dich auch für alle unsere Pastoren: Hilf ihnen, die Menschen richtig zu unterweisen, so dass sie deine Stimme hören. Hilf uns, immer auf deine Worte zu achten und nicht auf das, was die Menschen reden. Amen.

Mittwoch nach dem Sonntag nach Neujahr

Komm und sieh!

(Johannes 1,39.46)

Zum Lesen: Johannes 1,43-51

Wie machte Jesus das, wenn er Menschen zu sich rief? Er fragte sie nicht, was sie glaubten, und untersuchte nicht ihren Lebenswandel. Das wusste er ja alles schon – egal, ob es sich um einen Gerechten wie Nathanael handelte oder um eines von Gottes Problemkindern, wie die Frau am Jakobsbrunnen. Weder der Glaube noch die Taten der Menschen waren entscheidend; Jesus war ja gerade gekommen, um ihnen zu helfen. Er kam zu Kranken, die einen Arzt brauchten. Darum sagte er immer als Erstes: »Folge mir nach!« – oder eben, was auf dasselbe hinausläuft: »Komm und sieh!« Wer Jesus ist, was er will und was er kann, das lernt man nur durch die persönliche Erfahrung mit ihm kennen. Es bringt überhaupt nichts, sich hinzusetzen und lang und breit darüber zu diskutieren, ob dies oder das an Jesus möglich oder wahrscheinlich ist. Mit wem oder was sollte man ihn denn vergleichen? So etwas wie Jesus – das hat es nie gegeben; es gibt keine Schublade, in die man ihn einordnen könnte.

Das scheint auch Philippus begriffen zu haben. Als Nathanael mit ihm diskutieren will und fragt, was denn Gutes kommen kann aus dem Provinznest Nazareth, antwortet er einfach: »Komm und sieh es!« Es gibt bis heute keine bessere Antwort, wenn Menschen mit ihren Einwänden und Theorien kommen, um zu erklären, warum sie keine Zeit für Jesus haben.

Diese Regel »Komm und sieh!«, sie gilt für alle Jünger, und sie gilt ein Leben lang. Bei Jesus gibt es immer wieder Neues zu entdecken. Als Nathanael ganz überrascht ist, dass Jesus schon so viel über ihn weiß, sagt Jesus ihm: »Du wirst noch Größeres als das sehen.« Wir werden nie fertig mit Jesus. Und für dieses »Sehen« braucht es nur eines, und das allerdings unbedingt: dass wir ständig wieder neu »kommen« – zurück zum Evangelium, zu Jesus selber; dass wir auf sein Wort hören und im Gebet mit Gott sprechen. Das Staunen darüber, was es bei Jesus alles zu entdecken gibt, nimmt kein Ende. Und die allergrößte Überraschung wird kommen, wenn wir ihn einst von Angesicht zu Angesicht sehen werden.

Mein Herr und Meister, ich danke dir, dass du auch mich kommen und mit meinen eigenen Augen sehen lässt. Und so komme ich nun, Herr. Aber du musst mir immer wieder die Augen und das Herz öffnen, damit ich sehen kann. So viele Menschen haben dich ja gesehen, ohne etwas zu sehen. Gib mir ein offenes Herz, das dich aufnehmen kann, und Augen, die deine Gestalt erkennen. Lass mich dir folgen, so dass ich mit eigenen Augen sehe und alle Stimmen höre und das erlebe, was damals geschah, und einer von denen werde, die mit dir gehen. Amen.

Donnerstag nach dem Sonntag nach Neujahr

Und sie entsetzten sich über seine Lehre.
(Markus 1,22)

Zum Lesen: Markus 1,14-22

Nein, nicht darüber, dass der Zimmermann aus Nazareth nach vorne trat, um vorzulesen. Es gab viele fromme Männer, die in den heiligen Schriften zu Hause waren, und Jesus von Nazareth war halt einer von ihnen. Der Synagogengottesdienst war ja ein Laiengottesdienst. Hier in Kapernaum war es Jairus, der die Leitung der Gottesdienste unter sich hatte. Es war voll, wie üblich. Die Männer standen auf dem Steinfußboden, die Frauen saßen oben auf der Frauenempore. Ganz vorne im Raum stand der hölzerne Thora-Schrein mit den Schriftrollen. Der Vorleser trat zu diesem Schrein, zog eine der alten Pergamentrollen heraus, wickelte sie auseinander und las – oder besser gesagt: rezitierte; es war eine Art Sprechgesang nach orientalischen Melodien, nicht unähnlich den Gregorianischen Gesängen.

Es war auch weiter nichts Besonderes, dass Jesus, wie andere in der Schrift bewanderte Laien, im Anschluss an die Lesung noch ein paar erbauliche Worte sagte, um der Gemeinde das Gelesene zu erklären. Doch dann kam das Neue: Jesus lehrte die Menschen mit einer Vollmacht, wie sie kein Schriftgelehrter hatte. Er zitierte keine großen Rabbiner, er wiederholte nicht, was andere vor ihm gesagt hatten. Er sprach direkt von Gott her. Er konnte seinen Zuhörern sagen: »*Ich sage euch ...*« Und seine Botschaft war unerhört: Gottes Reich war nahe, die Zeit war da. Jetzt würde alles in Erfüllung gehen, würde Gottes Herrschaft kommen.

Deswegen sagte Jesus: »Tut Buße!« Das hatte bereits Johannes der Täufer gesagt, doch hier hieß es weiter: »Und glaubt an das Evangelium!« Der Täufer hatte von Gottes Zorngericht gesprochen, das vor der Tür stand, von der Axt, die an die Wurzel des Baumes gelegt war. Aber hier war etwas anderes, hier war mehr: eine frohe Botschaft, eine Einladung zu Gott, auch für die Mühseligen und Beladenen, auch für die Missratenen und Gescheiterten, auch für die, die genau wussten, dass sie keine Chance hatten vor den strengen Augen der Schriftgelehrten. Hier war etwas, das leuchtete und strahlte von einer großen Freude.

Diese Freude habe ich geahnt, Herr. Lass sie hineinleuchten in mein Herz und mich wärmen. Ich weiß, dass ich sie nicht verdient habe. Wenn du so vollmächtig redest, dann weiß ich, wie ich eigentlich sein sollte – und du weißt, dass ich nicht so bin. Das ist zu groß für mich, das kann ich nicht fassen. Eigentlich müsste ich sagen: Geh weg von mir, Herr, ich bin ein sündiger Mensch. Aber das kann ich nicht. Nichts in der Welt würde mich so unglücklich machen wie dieses, dass du mir den Rücken zudrehst und mich abschreibst.

Und darum komme ich hier zu dir, mit allem, was ich nicht kann, nicht bin und nicht vermag, und habe nur eine Hoffnung und einen Ausweg – und das bist du, Herr. Sage du meinem feigen, verängstigten Herzen ein vollmächtiges Wort, damit ich so fest und mit einer solchen Freude an dich glauben kann, dass alles andere klein dagegen wird und das Unmögliche möglich wird. Das wage ich dich zu bitten, weil du der bist, der du bist. Amen.

Freitag nach dem Sonntag nach Neujahr

Und alsbald war in ihrer Synagoge ein Mensch, besessen von einem unreinen Geist.

(Markus 1,23)

Zum Lesen: Markus 1,23-28

Wir haben diesen Bericht von Markus. Markus hat Petrus auf seinen Reisen als Dolmetscher begleitet, und was er hier berichtet, wird er von Petrus gehört haben. Petrus war Augenzeuge gewesen bei dieser Szene, die in der Synagoge seiner Heimatstadt Kapernaum spielte. Jesus hatte gerade mit Vollmacht gepredigt und der Gottesdienst war fast zu Ende, als ein Schrei durch die Menge schnitt. Es war ein Besessener, einer jener Geisteskranken, die es in Palästina so zahlreich gab. Die Krankheit ist im Norden Europas nicht sehr verbreitet, in anderen Teilen der Welt dafür um so mehr. Der Kranke wird steif wie ein Brett und bekommt Krämpfe. Er redet plötzlich mit einer fremden Stimme und kann merkwürdig scharfsinnig und unangenehm freimütig sein. Man war allgemein überzeugt, dass hier böse Geistesmächte mit im Spiel waren.

Und jetzt rief dieser Besessene also: »Was willst du von uns? Bist du gekommen, um uns den Garaus zu machen? Ich weiß genau, wer du bist: der Heilige Gottes!« Alle Hälse reckten sich natürlich. Jesus sagte streng: »Schweige und fahre aus von ihm!« Worauf der

Besessene umfiel und sich brüllend auf dem Boden wand. Dann wurde er ganz ruhig, fing an, normal zu sprechen und war gesund. Die Leute waren außer sich: »Was ist das hier? Sogar den unreinen Geistern befiehlt er, und sie gehorchen ihm!«

Dies geschah, wie gesagt, im Synagogengottesdienst, und es war Jesu vollmächtiges Wort, das diese wunderbare Wirkung hatte. Bei uns heute sind es andere Geister, die die Menschen besessen halten, und wir wissen, dass sie großen Schaden anrichten können. Und diese Geister wissen sehr wohl, wer ihr schlimmster Feind ist: dieser wundersame »Heilige Gottes«. Sie spüren die Gefahr, die er für sie bedeutet, und es kommt zu Zusammenstößen, dass man das Schreien manchmal weit hört.

Aber – wie funktioniert das?

Herr, wie funktioniert das? Du weißt doch, wie oft wir Niederlagen erleiden, die bösen Geister nicht austreiben können. Waren wir zu ängstlich? Oder zu selbstsüchtig? Verließen wir uns zu wenig auf dich? Wagten wir es nicht, zu glauben?

Herr, ich weiß, dass dein Wort Kraft und Vollmacht hat. Lass dieses Wort zu mir kommen, hinein in mein Herz, und alles beiseite fegen, das dich hindern will, in ihm zu herrschen. Schaffe dir Diener, Herr, auch in dieser unserer Zeit, die dein Wort mit Vollmacht verkündigen – das Wort, das wirklich von dir kommt und vor dem das Böse weichen muss. Das Wort, vor dem wir nur beschämt dastehen können und doch über-

glücklich, weil wir erleben, wie du eingreifst und uns zurechtweist und uns zeigst, wie gut es ist, dass du die Macht und die Herrlichkeit hast. Amen.

Samstag nach dem Sonntag nach Neujahr

Und alsbald gingen sie aus der Synagoge und kamen in das Haus des Simon und Andreas mit Jakobus und Johannes. Und die Schwiegermutter Simons lag darnieder und hatte das Fieber ...
(Markus 1,29)

Zum Lesen: Markus 1,29-45

Vom Gottesdienst ging es zurück nach Hause, wie immer. Und zu Hause wartete der Alltag mit seinen Schwierigkeiten, auch wie immer. Petrus und die anderen hatten ihren neuen Meister zu sich eingeladen. Aber da gab es ein Problem: Die Schwiegermutter des Petrus lag mit hohem Fieber zu Bett. Gäste im Haus und ein Kranker in der guten Stube (es gab wenig Platz in den Häusern damals) – die Verlegenheit war groß. Aber nach dem, was sie gerade in der Synagoge erlebt hatten, ahnten die Jünger, dass ihr Meister vielleicht auch hier helfen konnte. »Und alsbald sagten sie ihm von ihr.« Direkt um eine Heilung zu bitten, trauten sie sich vielleicht nicht; aber sie legten Jesus die Sache vor. Und er verstand sie. Als sie in das Haus kamen, trat er geradewegs an das Bett der Kranken, nahm sie bei der Hand und stellte sie auf die Beine. »Und das Fieber verließ sie, und sie diente ihnen.« Ende der Verlegenheit.

Die hinter uns liegende Woche steht unter der Überschrift »Im Haus des Vaters«. Wir sind Jesus im Tempel und in der Synagoge begegnet, von den Kindheitsjahren bis zum Beginn seines Wirkens in Galiläa. Ab morgen führen unsere Texte uns zurück zu dem Vorspiel am Jordan, wo Johannes der Täufer predigte und wo auch Jesus sich taufen ließ. Wir werden sehen, wie Jesu Taufe ihn auf das Werk vorbereitete, von dem wir in den letzten Tagen bereits ein Stückchen sehen konnten. Dieses Werk führte Jesus nicht fort von den kleinen Kümmernissen des Alltags. Die Heilung der Schwiegermutter des Petrus will uns daran erinnern, dass Jesu Macht und Herrlichkeit – das große Thema der Epiphaniaszeit – ihn nicht unerreichbar über unseren Alltag erhoben hat, sondern im Gegenteil bedeutet, dass wir mit allen unseren großen und kleinen Sorgen zu ihm kommen können.

Jesus, ich danke dir, dass ich mit dir über alles reden kann. Du weißt schon, was ich meine – auch über das, was mir kaum über die Lippen will, aber das du so gut kennst. Was ich keinem Menschen zu sagen wage, das kann ich dir hinlegen. All die kleinen Hässlichkeiten des Lebens, von denen ich nicht will, das die anderen sie erfahren. Aber du kennst sie, und das ist so gut. Nur du kannst mir hier helfen. Du kannst all das wegnehmen, was wirklich böse ist – das, was meine Schuld ist. Und so bitte ich dich als Erstes darum: dass du mir vergibst. Und dann bitte ich dich, dass du mir bei all dem anderen hilfst – dass du in die Hand nimmst, was ich nicht selber tun kann. Und dass du mein Herz so lenkst, dass ich das tue, was ich tun kann, *und dass ich es willig und mit einem frohen*

Herzen und auf die rechte Weise tue. All das zu deiner Ehre. Amen.

Erster Sonntag nach Epiphanias

Denn so gebührt es uns, alle Gerechtigkeit zu erfüllen.

(Matthäus 3,15)

Zum Lesen: Matthäus 3,13-17

Jesus war aus Galiläa gekommen, um sich von Johannes dem Täufer im Jordan taufen zu lassen. Johannes weigerte sich, und das aus guten Gründen: Seine Taufe war ja eine Taufe der Buße zur Vergebung der Sünden, eine Taufe für Sünder, die auf ihren Erlöser hofften. Das passte auf alle Menschen – außer auf Jesus.

Aber Jesus ließ nicht locker. Auch er wollte getauft werden. Damit die Gerechtigkeit erfüllt würde, sagte er. Was meinte er damit?

Hier werden wir in das Herz des Wirkens Jesu hineingeführt, in das, was uns im Folgenden wieder und wieder beschäftigen wird. Jesus wollte nicht nur ein Lehrer und Vorbild werden; er wollte ein Erlöser und Versöhner werden, der all das erfüllte und tat, was seine Brüder versäumt und gebrochen hatten, und der all ihre Schuld auf sich nahm, um an ihrer Stelle zu leiden und zu sterben. Er würde die Gerechtigkeit, die Gott forderte, ganz erfüllen, und so zeigen, dass Gottes Gesetz gilt – und es gleichzeitig möglich machen, dass die Gesetzesübertreter von aller ihrer Schuld frei wurden.

Deswegen wollte er sich jetzt taufen lassen. Mit dieser Taufe solidarisierte er sich mit uns schuldbeladenen

Menschen. Anstatt uns links liegen zu lassen, was sein gutes Recht gewesen wäre, stellte er sich mit unter Gottes Urteil und nahm Teil an der Buße, machte unsere Last und unsere Schuld zu der seinen.

Und so wurde Jesus also getauft. Es war eine Taufe, die völlig ohne Parallele war. Es war nicht dasselbe wie die Taufe des Johannes, aber auch nicht dasselbe wie die Taufe, die Jesus später selber einsetzte, sondern mit dieser Taufe wurde Jesus zu seinem Erlösungswerk geweiht. Er nahm unsere Schuld auf sich, und als er das tat, verkündete eine Stimme vom Himmel, dass er Gottes eigener, geliebter Sohn war. Gottes Geist kam auf ihn herab – nicht, weil er ihn vorher nicht gehabt hätte, sondern um öffentlich zu demonstrieren, dass er der Messias war, der mit dem Heiligen Geist Gesalbte. Jetzt war er geweiht zu dem Dienst, der nun folgen würde. Und er war auch geweiht zu einer anderen Taufe, von der er später noch reden würde: der Todestaufe, die ihn durch unsägliche Angst und Leiden in den Tod führen würde. All dies gehörte zu seinem Erlösungswerk. Darauf war er nun vorbereitet.

Ich danke dir, mein Herr und Erlöser, dass du damals einer von uns wurdest – du, der als Einziger das Recht hatte, zu sagen, dass er ohne Schuld war und kein Leiden verdient hatte. Du gingst nicht auf Abstand zu uns, sondern wurdest unser Bruder, der alles mit uns teilte. So bitte ich dich nun, dass ich alles mit dir teilen darf. All das Gute, das du errungen hast, und all die Schmach und die Last, die du für mich in diesem Leben vorgesehen hast – wenn es denn so sein muss und wenn es irgendeinem Menschen nützt oder deinem Namen Ehre bringt. Ich gebe mich in deine Hände und bitte nur um eines: dass ich bei dir sein, dir gehören und dir dienen darf. Amen.

Montag nach dem 1. Sonntag nach Epiphanias

Dieser ist Gottes Sohn.

(Johannes 1,34)

Zum Lesen: Johannes 1,29-34

Wir bekommen hier einen Einblick, wie der Täufer selber Jesus erlebte. Die Taufe des Johannes war eine Taufe für Sünder und er wusste, dass sie mithin nichts für Jesus war. Aber Jesus machte ihm klar, dass gerade durch diese Taufe Gottes Gerechtigkeit erfüllt würde. Er, der ohne Sünde war, ging mitten unter die Sünder, um ihre Schuld auf sich zu nehmen.

Das war also die Bedeutung der Taufe Jesu. Sie weihte ihn zu seiner Aufgabe: der Versöhner zu sein, der unsere Sünden trug. Aber sie war noch mehr: Als Jesus zurück aus dem Wasser stieg, sah er, wie der Himmel sich öffnete und der Geist sich auf ihn senkte. Auch Johannes sah es, und da er ein Prophet war, begriff er, dass dies Gottes Bestätigung war, dass Jesus der war, der mit dem Heiligen Geist taufen würde; er war Gottes Sohn.

Die anderen Evangelisten erwähnen die Stimme, die dabei vom Himmel kam: »Du bist mein lieber Sohn, an dir habe ich Wohlgefallen.«

Auch dies gehörte zu dieser Weihetaufe. Es war Gottes Bestätigung, dass dieser Jesus von Nazareth Gottes Sohn war, der jetzt, wo die Zeit erfüllt war, gekommen war, um das Werk, das Gott seit über tausend Jahren vorbereitet hatte, auszuführen. Er, der der Sohn der Maria war, ein Mensch aus Fleisch und Blut wie wir, war gleichzeitig Gottes eingeborener Sohn, nicht erschaffen, sondern gezeugt und eines Wesens mit dem Vater. Er wurde unser Bruder, einer von uns, und blieb doch Gottes Sohn. Darum ist er einzigartig, unvergleichlich, und man kann ihn, seine Geburt, seine Taten, seinen Tod und seine Auferstehung nicht verstehen, solange man ihn nur an den Gesetzen, Kräften und Möglichkeiten misst, die wir aus unserer Alltagswelt kennen. Die Tat, zu der er durch seine Taufe geweiht wurde, war etwas, das nie zuvor geschehen war und nie wieder wird geschehen müssen. Darum ist auch unsere eigene Taufe nicht etwa eine Nachahmung der Taufe Jesu, sondern seine Art, uns teilhaben zu lassen an dem, was er durch sein Lebenswerk, das er im Gehorsam zu seiner Taufe durchführte, für uns gewonnen hat. Jesus wurde durch seine Taufe zum Erlöser geweiht; unsere Taufe weiht uns dazu, Menschen zu werden, die aus dieser Erlösung leben.

Ich danke dir, Herr Jesus, dass du dieses Werk auf dich nahmst und dich mit der Taufe taufen ließest, die dich in den Tod führte, damit ich leben kann. Ich danke dir, dass auch ich eine Stimme vom Himmel hören darf, die sagt: »Du bist mein geliebtes Kind, an dir habe ich Wohlgefallen.« Ich weiß, dass du es bist, dem ich dafür zu danken habe, dass auch ich Sünder mit dabei sein darf in deinem Reich, unter all deinen Brüdern und Schwestern, als Kind desselben Vaters.

Dienstag nach dem 1. Sonntag nach Epiphanias

Siehe, das ist Gottes Lamm, das der Welt Sünde trägt!

(Johannes 1,29)

Zum Lesen: Johannes 1,35-42

Warum nannte Johannes der Täufer Jesus Gottes *Lamm?*

Sehr wahrscheinlich dachte er an die Worte aus Jesaja 53 über den leidenden Gottesknecht, der für unsere Missetaten geschlagen werden und sein Leben als Schuldopfer für uns hingeben würde. Er würde sich willig martern lassen und seinen Mund nicht öffnen, wie ein Lamm, das zur Schlachtbank geführt wird. In Israel konnte man solche Worte nicht hören oder lesen, ohne an den Opferkult im Tempel zu denken. Diese Opfer waren von Gott eingesetzt, zur greifbaren Erinnerung daran, wie ernst es war, Gottes Gebote zu übertreten. Wer sich gegen Gott und sein Gesetz auflehnte, hatte eigentlich selber den Tod verdient; aber Gott erlaubte ihm, stattdessen ein Tier als Sühneopfer darzubringen. Mit diesen Opfern erkannte man seine Schuld und seine Vergebungsbedürftigkeit an. Der Hebräerbrief nennt die Opfergesetze »ein schattenhaftes Abbild der zukünftigen Heilsgüter« (Hebräer 10,1 Menge), »äußerliche Satzungen, die bis zu der Zeit einer besseren Ordnung auferlegt sind« (9,10), eine immer wiederkehrende »Erinnerung an die Sünden«

(10,3) – aber eben noch nicht die endgültige Tilgung der Sünden.

Was Johannes meinte, war nichts weniger, als dass jetzt die Zeit gekommen war für das endgültige Opfer, das ein für alle Mal die Sünden der Welt sühnen würde. Was die alttestamentlichen Opfer nicht hatten geben können, das würde jetzt Jesus der Welt schenken, indem er sich selber opferte. Und der Täufer war der Herold, der ausrief, dass der große König der Versöhnung kam. Selber konnte er, Johannes, nur »mit Wasser taufen«; seine Taufe hatte eine ähnliche vorbereitende Funktion wie der Opferkult im Tempel. Doch jetzt würde der Messias kommen, mit Gottes eigenem Geist, um die Vergebung zu bringen, auf die Johannes und seine Jünger warteten, und er würde mit einer neuen Taufe taufen, mit der des Heiligen Geistes.

Johannes berichtet weiter, wie mehrere der Jünger Jesu diesen dort unten am Jordan kennen lernten. Sie hatten die Bußpredigt des Täufers gehört und waren seine Schüler geworden. Hautnah hatten sie miterlebt, was später in den Evangelien so nachdrücklich betont wird: dass der Täufer gekommen war, um Jesus den Weg zu bereiten. Johannes war streng, er predigte das Gesetz; aber indem er die ganze Zeit auf Christus zeigte, wurde er zum Wegbereiter des Evangeliums. Gesetz und Evangelium gehören genauso zusammen wie der Täufer und Jesus. Das Gesetz bahnt dem Evangelium den Weg.

O du Lamm Gottes, das der Welt Sünden trägt, zu dir komme ich mit all dem, womit ich selber nie fertig werden kann. Mein Stolz verlangt ja eigentlich, dass ich das selber packe. Dass du meine Last tragen und an meiner Stelle sterben musstest, das ist irgendwo so demütigend. Ich wäre doch so gerne als strahlender Sieger vor dich getreten – oder wenigstens als guter, treuer Diener, der alles getan hat, was du befohlen hast. Aber jetzt ist nichts so recht geworden, wie es werden sollte, und so danke ich dir, dass du der bist, der für mich in die Bresche gesprungen ist und meine verlorene Sache zu der seinen gemacht hat. Hilf mir zu einem festen Glauben, der sich so an dir festhält, wie du das willst. Amen.

Mittwoch nach dem 1. Sonntag nach Epiphanias

Er muss wachsen, ich aber muss abnehmen.
(Johannes 3,30)

Zum Lesen: Johannes 3,22-4,3

In der heutigen Bibellese hören wir wieder von einer Taufe. Es die Zeit des allerersten Anfangs von Jesu öffentlichem Wirken. Johannes der Täufer war noch nicht ins Gefängnis geworfen worden, und Jesus hatte noch nicht mit dem Predigen in Galiläa, über das die anderen Evangelisten so viel zu berichten haben, begonnen, sondern hielt sich noch im Süden des Landes auf. Damals tauften auch die Jünger Jesu. Johannes betont, dass Jesus selber nicht taufte; er hatte die Taufe, mit der später die Apostel in die Welt hinausgehen würden, noch nicht eingesetzt. Wir wissen nicht viel über die Taufe, von der hier berichtet wird, aber wahrscheinlich war sie eine Fortsetzung der Taufe des Johannes, eine Vorbereitung auf das, was nun kommen würde.

Auf jeden Fall sammelten sich schon jetzt viele Menschen um Jesus, mehr noch als um den Täufer, und es kam, wie es so oft geht bei den großen Erweckungen: Der menschliche Neid kam ins Spiel. Ein Teil der Anhänger des Johannes fühlte sich zurückgesetzt, und sie klagten Johannes ihr Problem, in der Hoffnung, dass er ihnen Recht geben würde.

Fehlanzeige. Johannes sagt ihnen, dass es alles seine Richtigkeit hat. Er selber ist ja nicht der Messias. Er ist nicht der Bräutigam. Die Braut – das war das Bild für Gottes auserwähltes und geliebtes Volk, und nur der Bräutigam, also der Messias selber, hatte das Recht auf die Liebe dieses Volkes. Aber der Freund und Wegbereiter des Bräutigams konnte dabeistehen und sich darüber freuen, wie die Menschen begannen, sich um ihren rechten Meister und Herrn zu scharen. Und dann sagt Johannes etwas, das für jeden rechten Christen genauso gilt: »Er (Jesus) muss wachsen, ich aber muss abnehmen.«

Wenn ein Christ sich so entwickelt, wie es richtig und gesund ist, wird er selber immer kleiner. Anfangs hat er vielleicht geglaubt, dass er wachsen würde, sich ständig reiner, weiser, besser fühlen würde. Aber in Wirklichkeit geht es gerade anders herum: Man wird immer misstrauischer gegenüber sich selber und den eigenen Möglichkeiten. Man sieht, wie viel Schwachheit, Feigheit und Eigennutz man noch hat. Doch das Vertrauen auf Jesus – das wird immer größer. Man lernt es, immer fester auf ihn zu vertrauen, auf sein Wort, seine Treue, seine Hilfe in allen Lebenslagen. Und damit wird man, objektiv betrachtet, stärker, glaubensgewisser und ausdauernder in Schwierigkeiten. Das liegt daran, dass man Christus immer mehr braucht und dadurch auch immer mehr hat. Meine Glaubensgewissheit wächst in dem Maße, wie ich selber weniger werde und Jesus mehr wird.

Darum bitte ich dich jetzt, lieber Herr Jesus: um immer mehr von dir selber. Nimm alles Eigene, auf das ich mich so verlasse, von mir weg, wenn es mich nur daran hindert, mich auf dich zu verlassen. Fast habe ich Angst, das zu beten, Herr, denn ich weiß, wie weh das tut, wenn du mir den Zahn meines Hochmutes ziehst und meine schönen Pläne zunichte machst. Aber ich weiß auch, dass dies ein gesunder, gesegneter Schmerz ist, wenn er Platz für dich schafft und mir hilft, nicht mehr mein eigener Herr, sondern dein Diener zu sein. Und so bitte ich dich: Erfülle du mein Herz, meine Gedanken, meinen Willen und mein ganzes Leben, damit ich in dir und durch dich und für dich lebe. Amen.

Donnerstag nach dem 1. Sonntag nach Epiphanias

Tut Buße, denn das Himmelreich ist nahe herbeigekommen!

(Matthäus 4,17)

Zum Lesen: Matthäus 4,12-17

Es scheinen vor allem zwei Ereignisse gewesen zu sein, die Jesus dazu brachten, öffentlich vor die Menschen zu treten. Das eine war seine Taufe, die ihn zu seinem Werk weihte; auf sie folgten die Versuchung in der Wüste, die uns noch am Sonntag Invocavit beschäftigen wird, und das stille Wirken am Jordan, auf das Johannes uns ein paar Blicke erhaschen lässt. Und dann kam das zweite Ereignis: Der Täufer wurde ins Gefängnis geworfen. Für Jesus scheint dies das Zeichen gewesen zu sein, dass seine Vorbereitungszeit zu Ende war; jetzt war seine Stunde da. Und so trat er mit seiner Botschaft vor das Volk. Er tat dies in seiner Heimat Galiläa.

Den Bericht, den Markus hiervon gibt, haben wir bereits gelesen (in der vergangenen Woche, aber nur, wenn es in diesem Jahr einen Sonntag nach Neujahr gegeben hat). Matthäus macht eine wichtige Ergänzung. Er muss an eine Stelle aus dem Propheten Jesaja denken – die gleiche, in der er heißt: »Denn es ist uns ein Kind geboren, ein Sohn ist uns gegeben ...« Der Prophet spricht von einem Licht, das über den Menschen aufgeht, die in der Finsternis sitzen, über dem »Land am Meer«, dem »Land jenseits des Jordans«, »dem heidnischen Galiläa«. Es war ein verrufenes Gebiet, für das man in Jerusalem nicht viel übrig hatte. Aber dort sollte das große Licht aufgehen.

Es folgt, gerade wie bei Markus, eine Zusammenfassung der Botschaft, die die Menschen so scharenweise herbeiströmen ließ und die Seelen in Brand setzte. Was sie am bereitwilligsten hörten, war sicher die Zusage, dass das Reich Gottes nahe war. Matthäus sagt, jüdischem Brauch folgend, »Himmelreich«; ein frommer Jude nannte Gottes Namen nicht, sondern sagte stattdessen »Himmel«. Markus und Lukas dagegen sagen »Reich Gottes«, was in der Sache genau dasselbe ist.

Alle wussten, dass es bei dem Reich Gottes um ein einschneidendes Eingreifen Gottes in die Geschichte seines Volkes, ja, der ganzen Welt ging. Wie dieses Eingreifen aussehen würde, darüber gingen die Meinungen auseinander. Viele erwarteten eine Art irdisches Paradies, das gleichzeitig eine jüdische Großmacht war, andere eine völlige Verwandlung der Welt, etwas ganz Neues, das allem Bösen den Garaus machen und Gottes Herrschaft aufrichten würde. (Wo wir »Reich« sagen, sagten die Juden »Herrschaft«.) Aber so viel war klar: Was Jesus hier verkündigte, war ein Handeln Gottes, das Konsequenzen für alle haben würde.

Aber da war noch ein zweiter Punkt in der Predigt Jesu, und den hörte man nicht so gerne. Er war zusammengefasst in den Worten: »Tut Buße!« Im griechischen Urtext der Evangelien steht hier ein Wort, das

»Denkt um!« bedeutet. Der hebräische Ausdruck, den es wiedergibt, bedeutet »umkehren«, in eine völlig neue Richtung gehen.

Das ist die Forderung, vor die Jesus uns stellt, wenn Gott sein großes Werk, sein endgültiges Eingreifen in diese Welt beginnt. Hier geschieht etwas, mit dem man nicht zurechtkommt, wenn man es nur als ein interessantes Phänomen betrachtet, über das man in einer stillen Stunde einmal nachdenken kann; hier ist alles oder nichts gefragt, ein Kurswechsel mit ganzem Einsatz.

Aber was ist denn dieses so Neue und Umwälzende genau? Das erfahren wir, wenn wir Jesus nachfolgen.

So bitte ich dich, Herr, dass ich dir folgen darf, dich sehen darf, dich hören darf. Ich weiß ja: Was du damals in Galiläa tatest, das hast du für uns alle getan. Du wolltest, dass es auch uns erreicht. Darum haben wir ja das Evangelium bekommen, das Wort, das von dir berichtet. Lass es dein lebendiges Wort werden, in welchem du selber zu uns redest. Lass mich das, was damals geschah, sehen und hören und miterleben. Auch ich gehöre ja zu denen, die in der Finsternis wohnen, wenn nicht dein Licht über mir aufgeht. Darum bitte ich dich: Öffne du meine Augen und mein Herz, dass ich das aufnehmen kann, was du mir schenken willst.

Freitag nach dem 1. Sonntag nach Epiphanias

Und alsbald am Sabbat ging er in die Synagoge und lehrte.

(Markus 1,21)

Zum Lesen: Matthäus 4,18-25

Wieder berichtet Matthäus dasselbe wie Markus. Jesus beruft seine ersten Jünger. Einige von ihnen kennen ihn schon von früher, aber jetzt wird ein neues, größeres Kapitel in ihrem Leben aufgeschlagen: Sie sollen Menschenfischer werden. Genaueres sagt Jesus ihnen nicht, nur dieses »Folgt mir nach!« Sie werden es schon sehen, wohin der Weg führt. Für's Erste ahnen sie nur, dass es um etwas Großes, unerhört Wichtiges gehen muss.

Gleich am nächsten Sabbat gehen sie in die Synagoge, berichtet Markus. Jesus beginnt seine Unterweisung sofort; darum mussten sie ja alles liegen und stehen lassen – ihre Netze, ihre Boote und den alten Zebedäus. Da haben wir es heute besser. Wir brauchen nicht unsere Arbeit und unsere Häuser zu verlassen, um Jesus hören zu können. Wir haben ihn überall in unserem Land. Aber noch heute nimmt er uns sofort mit an den Ort, wo er uns lehren kann.

Es hat sich viel verändert seit den ersten Jüngern. Aus dem Sabbat ist der Sonntag geworden, aus der Synagoge die Kirche. Aber dass Jesus uns lehrt – dass er mit einem Wort zu uns kommt, das wir alle hören sollen –, das ist nach wie vor das Gleiche. Hier sagt er immer noch sein »Folge mir nach«. Wer sich mit ihm einlassen will, der muss bereit sein, auf ihn zu hören.

Jesus *lehrte*, heißt es. Es liegt eine besondere Bedeutung in diesem Wort. Die Unterweisung in der Synagoge geschah auf Aramäisch, in der Sprache des Volkes, die alle sprachen und alle verstanden. Die heiligen Schriften selber wurden ja auf Hebräisch verlesen, und Jesus konnte auch diese Sprache; schon als Kind hatte er große Teile der Heiligen Schrift auswendig gelernt. Aber damit jeder die Schrift auch wirklich verstand, wurde sie nach der Lesung in der ganz normalen Alltagssprache ausgelegt, und auch dazu gibt es heute Parallelen. Wer anfängt die Bibel zu lesen, merkt bald, dass sie oft schwer zu verstehen ist. Aber es gibt Hilfe: die Unterweisung im Gottesdienst oder in einem Bibelkreis. Und darum sagt Jesus heute noch: »Folge mir nach.« Und dann führt er uns in den Gottesdienst, wo er uns lehrt.

Herr, bitte nimm du auch mich mit und lehre mich. Du weißt, wie dringend ich das brauche. Es gibt so unendlich viel, was ich nicht verstehe, und ich will doch nur das denken und glauben, was du mir sagst. Ich will mich auf dich verlassen, ich will deine Stimme hören und keine anderen, sollen die Menschen sagen, was sie wollen. Und so bitte ich dich: Lass mich solche Worte hören, die mir die Augen für dich öffnen. Nimm mich mit dorthin, wo ich deine Lehre höre, und dann rühre mein Herz an, dass ich verstehe, was du sagst. Ich möchte so gerne mehr von dir erfahren; hilf mir dazu.

Samstag nach dem 1. Sonntag nach Epiphanias

So entstand seinetwegen Zwietracht im Volk.
(Johannes 7,43)

Zum Lesen: Markus 3,20-35

In seinem dritten Kapitel zeigt Markus uns mit großer Anschaulichkeit, wie die Meinungen sich teilten, als Jesus eine Zeit lang gepredigt hatte. Er weckte ein unerhörtes Aufsehen. Nicht nur aus ganz Galiläa, sondern auch aus Judäa, ja aus den Nachbarländern strömten die Menschen herbei, dass Jesus schließlich seine Jünger bitten musste, ihm ein Boot bereit zu halten, »damit die Menge ihn nicht bedränge« (Markus 3,9). Doch schon bald zeigte sich, dass er in der Tat, wie der greise Simeon gesagt hatte, ein »Zeichen« war, »dem widersprochen wird« (Lukas 2,34). Markus gibt uns drei Beispiele dafür, wie man zu Jesus stehen konnte; sie sind heute noch aktuell.

Einige lehnten ihn rundweg ab. Wie die Schriftgelehrten, die aus Jerusalem gekommen waren, wohl um näher zu untersuchen, was für eine Bewegung das war, die da in Galiläa rumorte. Und sie sahen und hörten Jesus und waren fertig mit ihrem Urteil: Der Mann war ein Betrüger, ein falscher Prophet, eine Gefahr für Israel. Es war allerdings nicht ganz einfach, sich die merkwürdigen Dinge, die unter seinen Händen und Worten geschahen, zu erklären. Anders als so viele

Menschen heute konnten die Schriftgelehrten ja nicht einfach ableugnen, dass diese Dinge tatsächlich geschahen. Sie griffen also zu einer anderen Erklärung: dass Jesus mit dem Teufel im Bund war.

Als Jesus dies hört, warnt er sie vor der Sünde gegen den Heiligen Geist: Wer Gott so nahe kommt, wie das auf dieser Erde überhaupt möglich ist, und mit eigenen Augen seine ganze Liebe sieht und dann sagt: »Das ist vom Teufel«, der demonstriert damit ein so verstocktes und verhärtetes Herz, dass keine Vergebung mehr möglich ist.

Es gab andere Kritiker, die Jesus zu gut kannten, um ihm etwas Böses zu unterschieben. Dazu gehörten unter anderem seine nächsten Verwandten. Sie begannen zu ahnen, was seine Worte und Taten im Tiefsten bedeuten sollten: dass er Gottes Sohn war. Und sie kamen zu dem Schluss, dass er überspannt, verrückt, das Opfer irgendeiner Zwangsvorstellung war, und wollten ihn diskret zurück nach Hause holen. Sie meinten es gut, wie so viele andere nach ihnen auch. Wie viele Menschen haben nicht Jesu Güte und Genie in den höchsten Tönen bewundert – wie schade nur, dass er diesen bizarren jüdischen Messiasträumen zum Opfer fallen musste und den Kontakt mit der Wirklichkeit verlor ... Andere behaupten, dass es Jesu Umgebung war, die diesen Wahnvorstellungen erlag, während ihm selber dergleichen nie in den Sinn gekommen wäre. Welcher geistig gesunde Mensch hält sich schon für Gottes Sohn ...

Aber was dachten denn die Jünger? Markus zeigt uns etwas davon, wie sie mit der Frage kämpften, wer

Jesus war. Jesus hat sich ihnen nicht sofort geoffenbart; er ließ sie erst einmal mit ihren eigenen Ohren hören und mit den eigenen Augen sehen. Seine Worte waren voller Andeutungen und seine Taten waren so, dass sie sich unwillkürlich fragen mussten: Wer ist er? Er vergibt Sünden. Wer kann das, außer Gott? Er nennt sich den »Bräutigam«. Aber der Bräutigam – das ist ja Gott! Er ist der Herr über den Sabbat – aber das ist doch kein Mensch!

Nein, diese Menschen, die täglich mit ihm umgingen, wussten, dass Jesus nicht verrückt war, und schon gar kein Betrüger. Schritt für Schritt wurden sie weitergeführt, bis hin zu dem großen Bekenntnis des Petrus: »Du bist der Messias, der Sohn des lebendigen Gottes!« (Matthäus 16,16).

So ist es immer gewesen mit den Jüngern Jesu. Jesus verlangt kein fertiges Glaubensbekenntnis, wenn er uns ruft. Er bittet uns einfach, ihm zu folgen, zu hören und zu sehen. Auch ein guter Jünger kann ins Fragen kommen, wie einige der Zwölf nach der Stillung des Sturms: *Wer ist er?* Aber es kommt ein Tag, wo wir so viel gehört und gesehen haben, dass wir aus unserer eigenen Erfahrung heraus die Antwort sagen können. Und dann fragt Jesus uns: »Wer sagt ihr, dass ich bin?«

Herr, ich danke dir, dass ich dir nachfolgen darf und dass du mich als deinen Jünger haben willst, selbst wenn ich grübele und frage und die Antwort nicht weiß. Gib mir die Beharrlichkeit, nicht aufzuhören mit dem Hören und Fragen. Und wenn ich dann die Wahrheit erkannt habe, dann gib mir den Mut, sie offen zu bekennen.

Zweiter Sonntag nach Epiphanias

Und als der Wein ausging ...

(Johannes 2,3)

Zum Lesen: Johannes 2,1-12

Es war in Kana, zu Beginn von Jesu Wirken. Man feierte eine Hochzeit, und auch Jesus und seine Jünger waren geladen. Da geschah etwas Peinliches: Der Wein ging aus. Hatten die Gastgeber sich verrechnet mit dem Durst ihrer Gäste oder hatten sie sich einfach nicht mehr Getränke leisten können? Egal, jetzt standen sie vor dem, was für uns Menschen fast das Allerschlimmste ist: einer Blamage bis auf die Knochen. Was würden die Gäste denken? Und was für ein Fest hätten die Klatschbasen im Dorf morgen ...

Wir wissen, wie Jesus eingriff. Es war ein großes Wunder, das uns schier unglaublich erscheint. Aber vergessen wir nicht, dass hier Johannes berichtet, und er war mit dabei in Kana. Damals war er noch ein junger Mann. Er starb in hohem Alter um das Jahr 100 in Ephesus; sein Evangelium war sein Alterswerk. Im Wüstensand Ägyptens hat man Fragmente davon gefunden, die aus den ersten Jahrzehnten des 2. Jahrhunderts stammen, wenn sie nicht noch älter sind. Bereits damals also war das Johannesevangelium in den christlichen Gemeinden wohlbekannt – zu einer Zeit, wo die letzten Augenzeugen oder jedenfalls zahlreiche Personen, die sie gekannt und ihre Berichte aus erster

Hand gehört hatten, noch lebten. Die Augenzeugen des Weinwunders in Kana waren genauso sprachlos wie wir. Was hier geschah, es war unmöglich – aber wahr! Johannes selber kam zu dem Schluss, dass dieses das erste »Zeichen« war, das Jesus tat. Er tat es in Kana in Galiläa und offenbarte so seine Herrlichkeit, und seine Jünger glaubten an ihn.

In der schwedischen Kirche gab man diesem Sonntag früher die Überschrift: »Jesu Gegenwart heiligt Heim und Haus.« Heute heißt es: »Jesus zeigt seine Herrlichkeit.« Beide Überschriften meinen etwas ganz Wesentliches. Wenn Jesus seine Herrlichkeit offenbart, kann das auf eine Art geschehen, die sich hoch über unser normales Leben erhebt, aber es kann auch mitten in den Niederungen des Alltags geschehen. Christi Menschwerdung bedeutet ja, dass er in unseren grauen Alltag hineinkommt. *Hier* zeigt er uns, wer er ist. Er offenbart seine Herrlichkeit nicht nur auf dem Berg der Verklärung, sondern auch als Helfer und Freund in unserem täglichen Einerlei.

Herr, ich möchte sie so gerne lernen, die Kunst, deine Hand zu ergreifen und deine Hilfe entgegenzunehmen, wenn niemand sonst nach dir zu fragen scheint und die Welt ihren Gang geht, als ob es dich nicht gäbe. Lass mich so werden wie deine Mutter damals, die dir sogar sagte, dass der Wein alle war. Erinnere mich daran, dass ich mit allem zu dir kommen kann, gerade mit dem, was mich ärgert oder wo ich mich blamiert habe. Ich brauche es so sehr, was Maria den Dienern sag-

*te: »Was er euch sagt, das tut.« Ich will auf dich hören.
Hilf mir dazu, dass ich dann, wenn ich es am meisten
brauche, nicht das Wichtigste vergesse. Amen.*

Montag nach dem 2. Sonntag nach Epiphanias

Da kommt eine Frau aus Samarien, um Wasser zu schöpfen.

(Johannes 4,7)

Zum Lesen: Johannes 4,5-26

Es war am Jakobsbrunnen bei Sychar, auf dem Weg von Jerusalem nach Galiläa. Jesus hatte sich zum Ausruhen hingesetzt, er war müde. Es war um die sechste Stunde (also um zwölf Uhr mittags; man rechnete die Stunden vom Sonnenaufgang ab), und die Sonne brannte unbarmherzig. Da kam eine Frau aus dem Dorf, um mit ihrem großen Lehmkrug Wasser zu holen.

Jesus knüpfte ein Gespräch mit ihr an. Es machte ihm nichts, dass sie eine Samariterin war, also jemand, mit dem ein anständiger Jude sich nicht gerne abgab. Er redete, wie so oft, in Gleichnissen und Bildern, die den Menschen schlagartig tiefe Wahrheiten aufschlossen. Er sprach von dem Wasser, von dem einem nie mehr dürstet, einem Wasser, das in uns zu einer Quelle des ewigen Lebens wird.

Die Frau hört ihm mit wachsendem Interesse zu. Dieses Wasser muss sie haben! Da sagt Jesus: »Geh und hole deinen Mann.« Es war nur natürlich, dass er das sagte; er lehrte ja, dass Mann und Frau in der Ehe untrennbar zusammengehören. Wenn diese Frau dieses Wasser des Lebens haben wollte, so war es nur logisch, wenn ihr Mann es auch bekam. Aber hinter Jesu Worten lag noch eine andere Absicht. Sie trafen ihr voll ins Gewissen, sie rührten an einen wunden Punkt. Die Frau versucht auszuweichen: »Ich habe keinen Mann.« »Stimmt«, sagt Jesus – nicht vorwurfsvoll, aber entlarvend –: »Fünf Männer hast du gehabt, und der, den du jetzt hast, ist nicht dein Mann.«

Diese Worte genügten; die Frau gab Gott Recht. Vielleicht hatte sie diese Wahrheit schon früher gehört, in ihrem Gewissen oder in ihrer Umgebung, aber nie so recht ernst genommen. Jetzt, aus Jesu Mund, traf sie direkt in ihr Herz – obwohl Jesus sie sicher schonender formulierte als die anderen.

So ist das ja immer. Wenn man Jesus gegenübersteht, wird das mit der Ehe so wunderbar klar und einfach. Gott will, dass Mann und Frau einander lieben und ihr ganzes Leben zusammenbleiben – nicht nur, damit sie jeder selber glücklich werden, sondern als die große Lebensaufgabe, einander glücklich zu machen, zu erfreuen und zu helfen. Die Menschen kommen hier mit tausend Einwänden; Jesus sagt einfach: »So ist das.« Er sagt es mit seiner ganzen göttlichen, gütigen Autorität.

Wir erfahren nicht, wie diese Samariterin ihr Leben in Ordnung brachte. *Dass* sie es tat, setzt dieser Bericht als selbstverständlich voraus, und dies ist typisch für die Evangelien. Sie geben uns nicht lange Listen von Paragraphen und Vorschriften für alle möglichen Zweifelsfälle. Unsere Probleme werden nicht durch neue Vorschriften gelöst, sondern durch eine neue Liebe – eine Liebe zuerst zu Jesus. Jesus kommt nicht mit einem Paragraphenbuch zu uns, sondern mit Barmherzigkeit, und wo die Barmherzigkeit und Freude sich Bahn brechen, da gibt es immer eine Lösung.

Herr, erfülle du uns arme Menschen mit deiner Barmherzigkeit und deiner Freude, so dass wir mitten in all unseren Problemen und Schwierigkeiten vor allem froh darüber sind, dass du bei uns bist. Hilf mir, zu dir zu kommen, wenn ich nicht weiter weiß. Du kennst ja mein Problem, du hast es schon gekannt, bevor ich es hatte. Du kanntest es an dem Tag, wo du mich tauftest, und doch wolltest du, dass ich dir gehöre. Du hast deine Hand auf mich gelegt und mich zu deinem Jünger gemacht. Und so bitte ich dich, Herr: Lass deinen Willen geschehen in meinem Leben. Immer. Lass ihn klar und überzeugend in meinen Gedanken stehen und lass ihn über meinen Willen herrschen, jetzt und allezeit. Amen.

Dienstag nach dem 2. Sonntag nach Epiphanias

Herr, willst du, so kannst du mich reinigen.
(Lukas 5,12)

Zum Lesen: Lukas 5,12-26

Ein Aussätziger kommt zu Jesus. Eigentlich hat er nicht das Recht dazu; er ist als hoch ansteckend aus der Gemeinschaft ausgestoßen und darf sich keinem Gesunden nähern. Aber nun steht er da. Und er fordert Jesus nicht auf: »Mach mich rein!« Das soll Jesus selber entscheiden. Er macht nur eine Feststellung: »Willst du, so kannst du.«

Das ist Glaube. Der Glaube, den Jesus wecken will. Wenn er in den Synagogen sprach, wenn er die Häuser besuchte, mit allem, was er sagte und tat, wollte er die Augen der Menschen öffnen. Hier gab es etwas für sie zu entdecken, etwas, das ihr Leben umkrempeln würde. Er sagte das nicht marktschreierisch, er befahl den Menschen nicht, zu glauben. Es war eine Einladung, eine Möglichkeit, ein Angebot.

Das hatte der Aussätzige verstanden, und an ihm können wir sehen, was echter Glaube ist. Sein Ton und sein ganzes Auftreten zeigten: Dieser Mann fordert nicht, er droht nicht, er pocht nicht auf seine Rechte. Mit seinem »Willst du, so kannst du« meinte er nicht: »Ich weiß, dass du kannst, wenn du nur willst, und wenn du mich nicht heilst, dann gönnst du mir nichts.«

Sondern er meinte: »Ich weiß, dass ich keine Forderungen stellen kann, ich habe das gar nicht verdient. Aber du, der du so unbegreiflich gut bist und ein Herz für uns arme Teufel hast, vielleicht willst du auch an mir ein Wunder tun.«

Und Jesus tat dieses Wunder. »Ich will's tun, sei rein!« Wo solch ein Glaube war, da konnte er helfen.

Es ist dieser Glaube, der in der Begegnung mit Jesus, von seinen Worten und seiner ganzen Art geweckt wird. Hier ist ein tiefer Zusammenhang. Jesus ist gekommen, um uns zu helfen, aber er kann nicht helfen, bevor unser Herz nicht sagt: »Herr, willst du, so kannst du.«

Herr, wenn du willst, dann kannst du auch mich rein machen. Rein von aller meiner Schuld, rein von allem, dessen ich mich so schäme, rein von all den Erinnerungen, die mich anklagen. Ich weiß, dass ich das nicht verdient habe, Herr. Ich kann dir nicht versprechen, das weiße Kleid, das du mir in der Taufe gabst, nie mehr zu beflecken. Aber du kannst blutrote Sünden schneeweiß machen. Du bist treu und gerecht, du vergibst uns alle unsere Sünden und reinigst uns von aller Ungerechtigkeit. Mein Herz sagt, dass es da eine Grenze gibt, dass du mir unmöglich immer wieder und wieder vergeben kannst. Aber du sagst, dass du kannst, dass es keine Grenze für deine Vergebung gibt. Und so wage ich es, wieder zu dir zu kommen mit dem Aussatz meines Herzens, und bitte dich wieder: Mach du mich rein. Um deines Namens willen. Amen.

Mittwoch nach dem 2. Sonntag nach Epiphanias

Und Levi richtete ihm ein großes Mahl zu in seinem Haus, und viele Zöllner und andre saßen mit ihm zu Tisch.

(Lukas 5,29)

Zum Lesen: Lukas 5,27-39

Es wurde gefeiert in Kapernaum. Wie das kam? Am Morgen dieses Tages hatte Levi – man nennt ihn auch Matthäus – wie üblich an seiner Zollschranke gesessen und fleißig kassiert. Die Zollstelle lag an einem wichtigen Handelsweg. Die großen Karawanen aus dem Osten mussten hier vorbei, und König Herodes sahnte seine Steuern ab, und die Zöllner ihre Provision und gerne auch etwas mehr. Da kam auf einmal Jesus, dieser merkwürdige Prophet, der nicht die Nase rümpfte, wenn er einem Sünder begegnete, und er trat – es war nicht zu fassen – geradewegs zu Levi. Nicht um ihm seinen Obulus zu geben, sondern um mit ihm zu reden. Es waren nur ein paar Worte: »Folge mir nach!« Aber diese Worte reichten. Hätte einer der Pharisäer so etwas gesagt, Levi hätte eine satte Moralpredigt erwartet und sich gehütet, mitzugehen. Aber hier stand Gottes eigener Bote vor ihm – der, von dem alle sprachen – und fordert Levi in vollem Ernst auf, ihm nachzufolgen wie einer seiner Jünger. Ein elender Zolleinnehmer, den anständige

Leute als hoffnungslosen Fall abschrieben – bei Jesus zählte er!

Und Levi stand auf und folgte ihm. Noch am gleichen Abend gab er bei sich zu Hause ein großes Fest, zu dem seine Geschäftsfreunde (die anderen Zöllner) und allerlei andere Gäste kamen – Sünder, Huren, Gelichter, wie sie im Wortschatz der Gutbürgerlichen hießen. Es war ein Fest in Kapernaum. Nicht mit Grölen und Johlen, sondern mit einer Freude, die von tief innen kam, aus einem strahlenden Staunen: Ist das möglich? Gibt Gott sich wirklich mit solchen wie uns ab?

Ja, das tut er. Und deshalb darf jeder Tag ein Festtag sein.

Wenn das so ist, Herr, dann darf ich ja auch dabei sein! Ich danke dir, dass du auch mich zu deinem Fest geladen hast. Ich danke dir, dass die Tür offen ist und dass so sonderbare Gäste dabei sind. So willst du es ja haben, der du die Lahmen, die Krüppel, die Blinden und die Gebrechlichen einlädst. Hilf mir, dass ich mich nie für zu fein halte für die Festgesellschaft, die du eingeladen hast, deine Güte nie gering achte. Hilf mir, dass ich so glücklich über deine Liebe bin, dass sie all mein Denken füllt und aus meinen Worten und allem, was ich tue, herausstrahlt. So willst du es haben, und dafür danke ich dir. Amen.

Donnerstag nach dem 2. Sonntag nach Epiphanias

Wer nicht sein Kreuz trägt und mir nachfolgt, der kann nicht mein Jünger sein.

(Lukas 14,27)

Zum Lesen: Lukas 14,25-35

Wenn die Menschen von Gottes großem Fest hören, sagen sie manchmal: Da sieht man's, warum manche Christen werden! Die wissen, wo es was gratis gibt! Das nennt man Raffinesse!

Unser heutiger Text zeigt, warum das nicht stimmt. Fragt man die Leute, warum sie denn nicht auch so »raffiniert« sind, antworten sie, dass man doch nicht so sicher sein kann mit dem Fest; vielleicht ist das doch alles nur Einbildung; und kriegt man nicht oft eine Menge Scherereien, wenn man Christ wird?

Ganz so Unrecht haben sie nicht. Man kann in der Tat nicht »sicher« sein, oder jedenfalls nicht so, wie die Welt das versteht. Man kriegt keine Garantien für den alten Menschen, der immer auf den eigenen Vorteil aus ist. Sicherheit – nein, das gibt es nicht. Aber dafür Gewissheit – aber nur dann, wenn man Gott selber begegnet und sich von seiner Liebe packen lässt und diese Liebe erwidert. Und das fällt unserem alten Menschen im Traum nicht ein.

Und auch das mit den »Scherereien« stimmt. Wer Jesus nachfolgt, muss mit Problemen rechnen. Das hat

Jesus selber gesagt, in aller Deutlichkeit und speziell zu denen, die zu ihm kamen, ohne zu wissen, auf was sie sich einließen. Zu ihnen redete er so wie in unserem heutigen Bibeltext. Es geht um eine Wahl zwischen Gott und der Welt. Wählt man Gott, verliert man die Freundschaft der Welt. Sie findet einen plötzlich komisch oder scheinheilig oder unausstehlich. Alte Freunde wollen nichts mehr von einem wissen, bei den Verwandten ist man der »Fanatiker«. Da wird es ernst: Wen liebe und wen »hasse« ich? Mit »Hassen« meint Jesus hier nicht, dass wir feindselige Gefühle gegen die anderen haben sollen – wir sollen ja ausdrücklich auch unsere Feinde lieben (Matthäus 5,44) –, sondern dass wir uns innerlich von der Art, wie der andere denkt und handelt, distanzieren und nicht mehr einfach »mitmachen« und »zur Clique gehören«. Ich entdecke den Machtbereich des Teufels im Leben meiner Nächsten und sage »Nein« zu ihm, wie ich das ja auch bei mir selber mache, denn auch mich selber soll ich so »hassen«.

Nein, es geht hier nicht um einen frommen Lebensüberdruss, der Gottes gute Gaben verachtet, sondern einfach darum, dass ich das in mir bekämpfe, was ohne Gott sein will. Wenn ich ohne Gott lebe, rede ich andauernd von *meiner* Zeit, *meinem* Körper, *meinem* Geld, *meinem* Besten, gerade so, als ob ich allein darüber zu bestimmen habe. Mit dieser Einstellung muss Schluss sein, wenn ich Jesus nachfolgen und sein Jünger sein will.

Mein lieber Herr und Meister, hilf mir, deinen Willen zu tun und täglich mein Kreuz auf mich zu nehmen und dir zu folgen. Zeige mir, was für ein Kreuz es ist, das ich tragen soll. Wenn ich versuche, mir mein eigenes Kreuz zu zimmern, werde ich nur hart und bitter, das weiß ich. Aber dein Joch ist sanft und deine Last ist leicht. Nicht für meinen alten Menschen, das weiß ich auch. Aber wenn ich dir in dem Wissen folge, dass ich meine Last für dich tragen darf, dann trage ich sie gerne.

Freitag nach dem 2. Sonntag nach Epiphanias

Sorgt euch nicht um euer Leben, was ihr essen und trinken werdet; auch nicht um euren Leib, was ihr anziehen werdet. Ist nicht das Leben mehr als die Nahrung und der Leib mehr als die Kleidung?

(Matthäus 6,25)

Zum Lesen: Lukas 6,17-31

Wo Jesus war, da wurde gefeiert. Seine Feinde nannten ihn einen Prasser und Säufer. Johannes der Täufer und seine Jünger hatten gefastet und in strenger Askese gelebt. Das taten Jesus und seine Freunde nicht, und als man ihn deswegen zur Rede stellte, antwortete er: »Ihr könnt die Hochzeitsgäste nicht fasten lassen, solange der Bräutigam bei ihnen ist« (Lukas 5,34). Wenn Gott sein Volk besucht, wenn sein Gesandter mitten unter uns ist, dann darf gefeiert werden.

Das ist es, was Jesus meint, wenn er sagt, dass wir uns nicht so viel sorgen sollen. Es bedeutet selbstverständlich nicht, dass wir nicht arbeiten und nicht für den nächsten Tag vorsorgen sollen. Aber wir sollen uns nicht *zer*sorgen, nicht ständig darüber nachgrübeln, was morgen oder übermorgen kommen könnte. Das ist die Perspektive des Unglaubens. Das Leben wird schwer, wenn man allein und ohne Gott ist. Dann ruht ja die ganze Last der Verantwortung auf einem selber, und es gibt doch so unendlich viel, das wir nicht im Griff haben.

Aber nun ist Gott mitten unter uns. In dem Augenblick, wo wir seine ausgestreckte Hand ergreifen, wissen wir, dass wir nicht allein sind. Wir können Gott nicht befehlen, was er zu tun hat; er ist es, der bestimmt. Aber wir wissen, dass er unser Bestes will und weiß. Er hat uns ja Leib und Leben gegeben. Er hat gewollt, dass wir als seine Kinder auf dieser Erde leben. Dass wir dies tun dürfen, ist eine so große Gabe, dass alles andere klein dagegen wird. Wir wissen, dass Gott, auf welche Art auch immer, alles lenkt. Jesus konnte mit seinen Jüngern feiern, und er konnte sie ohne Geld und Gepäck aussenden, und als er sie hinterher fragte, ob es ihnen an etwas gefehlt hatte, antworteten sie: »An nichts.«

In jedem Heim gibt es Sorgen. Um das liebe Geld, um die Arbeitsstelle, Gesundheitssorgen, kleine (oder auch größere) Konflikte. Wir kommen nicht vorbei an diesen Sorgen. Aber wir sollen uns keine Sorgen *machen*. Wir sollen so mit ihnen umgehen wie Maria, als der Hochzeitswein zur Neige ging, oder wie Petrus, als seine Schwiegermutter krank im Bett lag und er nicht wusste, was werden sollte. Sie redeten mit Jesus über die Sache. Und das dürfen auch wir, egal, wie klein, alltäglich oder lästig unser Problem ist.

Auf diese deine Verheißung komme ich jetzt zu dir, Herr Jesus, und lege alles vor dir hin. Nimm es in deine Hände. Du weißt, worum es geht, du bist ja selber ein Mensch gewesen, in einem ärmlichen Heim, einer von vielen Geschwistern. Es heißt, dass deine Heimatstadt nicht den besten Ruf hatte. Bestimmt war das Leben dort nicht immer einfach; man fluchte, man schimpfte, es gab Schlägereien auf der Straße. All das kennst du, Herr, so wie wir Menschen auch. Ich danke dir für das Licht, das deine Mutter umstrahlt, obwohl sie es bestimmt nicht immer einfach gehabt hat; ihr wart ja so viele und so arm. Ich danke dir, dass wir wissen dürfen, dass deine eigenen Brüder einmal dachten, du seist von Sinnen. Es scheint nichts zu geben, das du nicht durchgemacht hast und nicht verstehen kannst. Und so wage ich es, mit allem zu dir zu kommen, und danke dir, dass ich das tun darf. Amen.

Samstag nach dem 2. Sonntag nach Epiphanias

Denn die Sünder tun dasselbe auch.

(Lukas 6,33)

Zum Lesen: Lukas 6,32-49

Gestern und heute geht es in unserer Bibellese um, wie man sie manchmal nennt, Jesu »Predigt auf dem Feld«. Bei Matthäus (5-7) haben wir die Bergpredigt (die uns später noch beschäftigen wird). Sie ist bedeutend länger als die »Feldpredigt«, aber das meiste von dem, was wir hier bei Lukas finden, finden wir mehr oder weniger wortgetreu auch bei Matthäus. Wie hängt das zusammen?

Matthäus wie Lukas wollen uns ein Bild davon geben, wie Jesus zu Beginn seines Wirkens in Galiläa »seine Herrlichkeit zeigte«. Sie schildern das Staunen über seine Taten, den gewaltigen Zulauf der Menschen und den tiefen Eindruck, den seine Worte machten. Und sie wollen uns auch eine Zusammenfassung seiner Lehre geben. Beide malen uns ein Bild davon, wie es war, wenn Jesus predigte. Mal tat er es auf einer hoch gelegenen Bergwiese, mal unten am Seeufer. Das Volk nannte ihn »Rabbi« (was meistens mit »Meister« übersetzt wird), und wie bei jedem Rabbi geschah seine Unterweisung mündlich. Ein Rabbi lehrte nicht so, dass er eine Predigt oder einen Vortrag hielt und die Zuhörer sich Notizen machten oder sich das Gehörte einzuprägen versuchten; vielmehr fasste er seine Lehren in kurzen Kernsätzen zusammen, die seine Jünger auswendig lernten und sodann an andere Menschen weitergeben konnten. Die Apostel besaßen einen großen Vorrat solcher Jesusworte, und es ist deutlich, dass sowohl Lukas wie Matthäus aus dieser Quelle schöpften, als sie uns ein Bild davon gaben, was Jesus sagte. Für uns ist es nicht entscheidend, zu wissen, genau wann oder wo oder in welcher Reihenfolge Jesus etwas gesagt hat; das Wichtige ist, dass wir wissen: So sprach Jesus, das ist seine Botschaft.

Es ist überdeutlich, dass Jesus in seiner Predigt mit dem ins Gericht ging, was für die Juden damals – und für uns heute! – der große Fehler war und ist, und der so viele Menschen von Gott fern hält. Es ist die Überzeugung, dass das, was Gott von uns verlangt, ungefähr das ist, was dem allgemeinen Anstand entspricht. Für die Juden war dies das Gesetz des Mose; bei uns geht es um gutbürgerliche Tugenden oder das, was »man« tut und was – politisch oder sonstwie – »korrekt« ist. Wer nach den anerkannten gesellschaftlichen Normen lebt, der ist schon recht und kann sich als etwas Besseres fühlen als die, die das nicht tun.

Aber Gott erwartet etwas ganz anderes von uns, und nehmen wir dieses andere ernst, stehen wir alle als Sünder da. Wir alle brauchen Gottes Vergebung und diese Vergebung ist da – das ist ja der Kern des Evangeliums. Nein, nicht so, dass Gott uns die Kraft geben will, das Gute zu tun, damit wir endlich sein Gesetz bis auf den letzten Buchstaben erfüllen. Die Jünger machten genau die entgegengesetzte Erfahrung: Immer wieder standen sie als Versager da, als Menschen, die nicht konnten, die um mehr Glauben bitten mussten und betroffen fragten: »Wer kann dann selig werden?« – wenn nämlich Gottes Anforderungen so hoch waren. Die Antwort lag in dem, was Gott sich anschickte, durch seinen Sohn zu tun.

Doch darüber konnte Jesus dort in Galiläa nur in Andeutungen reden. Es war eine Tat Gottes, die erst noch kommen sollte. Und es ist diese Gottestat, der wir begegnen, wenn wir jetzt weiter mit Jesus wandern.

Herr, ich fange an zu begreifen, dass das nicht so einfach ist – ein guter Mensch werden. Vergib mir, dass ich so oft gedacht habe, dass du Menschen »brauchst«, die dir helfen und dir nachfolgen und an dich glauben, und dass ich schon ein guter Christ werden kann, wenn ich nur den guten Willen dazu habe. Wenn ich höre, was du über das rechte Leben sagst, verstehe ich, wie weit entfernt ich davon noch bin, und komme mir vor wie ein schlechter Baum, der keine Früchte trägt. Jetzt begreife ich, dass ich auf schlechten Grund gebaut habe, als ich dachte, ich könnte selber bestimmen, was ich glauben und wem ich folgen will. Jetzt sehe ich, dass einzig und allein du mir ein Fundament gibst, auf das ich bauen kann – und selbst das Baumaterial kommt noch von dir. Darum gebe ich mich und meine ganze Zukunft jetzt in deine Hände.

Zur Beachtung: Je nachdem, wie früh oder spät Ostern liegt, kann die Epiphaniaszeit verschieden lang ausfallen. Kommt Ostern bereits früh, gibt es nur zwei Wochen nach Epiphanias, liegt es sehr spät, können es bis zu sechs sein. Vergewissern Sie sich in Ihrem Jahres- oder Losungskalender, wie viele Wochen es in diesem Jahr sind.

Dritter Sonntag nach Epiphanias

Herr, ich bin nicht wert, dass du unter mein Dach gehst, sondern sprich nur ein Wort, so wird mein Knecht gesund.

(Matthäus 8,8)

Zum Lesen: Matthäus 8,1-13

Hier sehen wir wieder den Glauben, den Jesus schafft. Er selber sagt, dass er einen solchen Glauben nirgends in Israel gefunden hat. Wer möchte nicht dieses Zeugnis von Jesus bekommen: Dein Glaube ist groß.

Wie sieht er aus, dieser große Glaube?

Er denkt nicht groß von sich selber, so viel ist klar. »Herr, ich bin nicht wert, dass du unter mein Dach gehst ...« Der Hauptmann meinte das ganz ernst. Die anderen wussten zwar Gutes über ihn zu sagen, sogar die Juden. Sie sagten: »Der ist es wert, dass du ihm hilfst. Er hat unser Volk lieb, sogar die Synagoge hat er uns erbaut« (vgl. Lukas 7,4). Der Hauptmann selber wusste es besser. Er war ein römischer Centurio, ein Berufssoldat, dessen Alltag sich unter rauen Gesellen abspielte und der hart strafen und augenblicklichen Gehorsam fordern musste. Aber er hatte auch dabei gesessen, wenn aus dem Gesetz vorgelesen wurde. Er wusste, was Gott forderte. Er glaubte nicht an sich selber.

Aber er glaubte an Jesus. »Sprich nur ein Wort ...« Er hatte begriffen, was dieses Wort vermochte. Vielleicht hatte er es selber in Kapernaum gehört, in der Synagoge, die er selber hatte bauen lassen. Er ahnte, dass hier eine Barmherzigkeit und eine Macht war, die alle normalen Gesetze des Verdienstes und Lohnes durchkreuzte. Deshalb wagte er es, mit seiner Bitte zu kommen.

Und Jesus erhörte ihn. »Dir geschehe, wie du geglaubt hast.«

Wie du geglaubt hast ... Wo Glaube ist, steht der Weg zur Hilfe offen. Darum will Jesus unseren Glauben wecken. Er redet eigentlich nicht viel über den Glauben, aber in allem, was er sagt, liegt ein Appell, eine Einladung. Dann und wann sagt er frei heraus, wie zu Marta, der Schwester des Lazarus: »Wenn du glaubst, wirst du die Herrlichkeit Gottes sehen« (Johannes 11,40). Doch meistens belässt er es dabei, diese Herrlichkeit in seinen Worten und Taten nur verhalten aufleuchten zu lassen, in Andeutungen und Gleichnissen. Man kann einen Menschen ja nicht zum Glauben zwingen, weder durch Angst noch durch noch so viele Worte und Argumente, sondern der

Glaube muss allein wachsen, als ein innerliches Überzeugtsein von etwas, das man selber entdeckt hat. Und genau dabei will Jesus uns helfen.

Ja, hilf du auch mir, Herr. Hilf mir, groß von dir zu denken und nicht von mir selber. Wie oft habe ich mir schon einen »großen« Glauben gewünscht – einen, der sich auf sich selbst verlässt, der sich stark fühlt, der alles zu wissen meint und nicht zu grübeln und zu fragen und zu kämpfen und nach Antworten zu suchen braucht. Den darfst du mir gerne wegnehmen, Herr, wenn ich nur lerne, mich ganz und immer auf dich zu verlassen. Herr, ich weiß: Du kannst, du hast alle Macht. Und darum will ich um nichts bitten als um das, was du tun willst. Ich weiß, dass das das Beste ist. Du siehst so viel weiter, du weißt so viel mehr. Nimm du alles in deine Hände. Wenn du es willst, dann kannst du auch. Und wenn du nicht willst, dann ist es besser, dass es nicht geschieht. Ich bitte nur um eines: dich selber. Amen.

Montag nach dem 3. Sonntag nach Epiphanias

Wenn ich nur seine Kleider berühren könnte ...
(Markus 5,28)

Zum Lesen: Markus 5,21-34

Wieder ein Beispiel für den Glauben. Diesmal ist es die blutflüssige Frau. Markus malt uns ein lebhaftes Bild ihres Leidenswegs. Alle Ärzte hat sie ausprobiert, für teures Geld, und es ist nur immer schlimmer geworden. Aber jetzt hat sie von Jesus gehört. Vielleicht hat sie ihn sogar predigen gehört, eingeklemmt zwischen den anderen Menschen in dem Gedränge am Seeufer oder am Berghang. Und sie hat begonnen, an ihn zu glauben.

Was glaubte sie? Sicher, dass er von Gott kam, als Helfer in der Not, auch für die, denen kein anderer helfen wollte oder konnte.

Und jetzt ist ihre Gelegenheit da. Jesus ist gerade vom anderen Ufer des Sees zurückgekommen. Jairus, der Vorsteher der Synagoge, hat schon auf ihn gewartet und ihn sofort mitgenommen durch die engen Gassen der Stadt. Das Volk strömt hinterher. Es war das übliche Gedränge, wo alle gleichzeitig alles hören und sehen wollten. Die Frau wartete auf ihre Chance, und dann schob sie sich mit dem Mut der Verzweiflung nach vorne, und es gelang ihr, Jesu Gewand zu berühren.

Und augenblicklich spürte sie: Es ist geschehen, ich bin geheilt.

Aber auch Jesus hatte etwas gespürt. Niemand, der ihn braucht, kann ihn berühren, und sei es nur mit einem Gedanken und für den Bruchteil eines Augenblicks, ohne dass er es merkt. Solche Augenblicke sind für ihn die großen Stunden des Lebens.

Das kann also Glaube sein ... eine schüchterne Frage, eine zitternde Hand, die den Helfer anrührt. So war der Glaube bei dem Schächer am Kreuz, bei dem römischen Centurio, bei dem Aussätzigen und bei vielen anderen. Eine einzige kleine Hoffnung, eine letzte Möglichkeit in einer Situation, die ganz und gar verzweifelt ist. Der Glaube ist also nicht »gewiss« auf die Art, dass er die Hilfe als Selbstverständlichkeit betrachtet und gleichsam seine Schäfchen auf dem Trockenen hat. Er sieht es nicht als sein gutes Recht, dass Jesus hilft. Aber er weiß, dass bei Jesus Hilfe ist. Er weiß, dass Jesus barmherzig über alle Vernunft ist. Und darum, und nur darum, wagt er, auf ein Wunder zu hoffen – ein Wunder, das genauso groß ist, wenn Jesus uns wieder vergibt, als wenn er Aussätzige heilt und Tote auferweckt.

Herr, so stelle auch ich mich an den Weg, auf dem du kommst. Auch ich will es wagen, mich durch die Menge hindurchzudrängen und um einen Tropfen der Kraft zu bitten, die von dir ausgeht. Sage nur ein Wort, Herr. Sage es, wo ich es am meisten brauche. Zeige mir, ob ich auf falschem Wege bin, und dann versperre du diesen Weg, dass ich ihn nicht weitergehen kann. Gib mir die Hilfe, die ich am meisten brauche. Du weißt, wo es am meisten klemmt bei mir, und nur du kannst mich da heilen. Nur du kannst sagen, dass ich dir trotz allem folgen darf. Dich brauche ich, und auf dich baue ich. Herr, erbarme dich über mich. Amen.

Dienstag nach dem 3. Sonntag nach Epiphanias

Fürchte dich nicht, glaube nur!

(Markus 5,36)

Zum Lesen: Markus 5,35-43

Glaube nur? Wenn man soeben gehört hat, dass sein geliebtes Kind gestorben ist? Das war wirklich nicht einfach!

Jairus hatte bestimmt die ganze Nacht kein Auge zugetan. Ausgerechnet jetzt, wo Jesus weit weg auf der anderen Seite des Sees war, war seine Tochter so todkrank geworden. Er schickte Boten zum Hafen, und endlich, als der Morgen graute, kam die Nachricht: Die Boote kommen!

Jairus läuft in aller Hast zum Hafen, und mitten unter all den Menschen am Kai fällt er auf die Knie, verneigt sich bis zum Boden und fleht den Meister an, zu ihm in sein Haus zu kommen und dem fiebernden Kind die Hände aufzulegen, damit es gesund wird.

Und dann, schon auf dem Weg, kommt die furchtbare Nachricht: Dein Kind ist tot, du brauchst den Meister nicht weiter zu bemühen.

Wie immer merkt Jesus sofort, was los ist. Und da sagt er diese seltsamen Worte: »Fürchte dich nicht, glaube nur.«

Anders als die blutflüssige Frau war Jairus einer von denen, die Jesus schon oft gehört, ja ihn persönlich getroffen und mit ihm gesprochen hatten. Vielleicht war das der Grund, weshalb er weiter mitging, ohne zu fragen, ohne Einwände zu machen, mit einer Hoffnung, die gegen alle Vernunft war.

Jesus lässt die Haustür verriegeln und nimmt nur die drei Jünger mit, die ihm überallhin folgten: Petrus, Jakobus und Johannes. Sie kommen in den Hof von Jairus' Haus, wo die Begräbnisvorbereitungen schon in vollem Gang sind. (Ein Verstorbener musste bis zum Sonnenuntergang des gleichen Tages begraben werden.) Die Berufsklageweiber haben bereits mit der Totenklage begonnen. Jesus gebietet ihnen, zu schweigen: Schluss mit dem Lärm, das Kind schläft nur.

Sie lachen ihn aus. Es klingt makaber hier in diesem Trauerhaus, aber sie haben ja Recht: Das Kind ist tot, das hat man auf alle nur denkbaren Arten festgestellt; man will schließlich niemanden begraben, der noch am Leben ist.

Jesus wirft sie hinaus, mit einer Autorität, der sich niemand widersetzen kann. Was danach folgt, berichtet Markus mit Worten, die wahrscheinlich von Petrus stammen, dem Augenzeugen, der an der Tür stand und erst nicht wusste, ob er wachte oder träumte, als Jesus das tote Mädchen bei der Hand nahm und zu ihm sagte: »Talita kum!« Noch heute sind die Worte auf Aramäisch in unseren Ohren. Petrus hat sie nie vergessen, und seine Zuhörer auch nicht, und so sind sie erhalten geblieben, auch als dieser Bericht dann ins Griechische und andere Sprachen übersetzt wurde.

Der Glaube des Jairus und Petrus ist nicht enttäuscht worden. Sie haben sie wohl kaum für möglich gehalten, diese Totenauferweckung, und es wäre ihnen im Traum nicht eingefallen, Jesus rundheraus darum zu bitten. Aber sie glauben, dass Jesus helfen konnte. Wie das zugehen sollte, wussten sie nicht, aber sie folgten ihm, gehorchten ihm und überließen alles ihm. Vielleicht war es das, was er meinte mit seinem »Glaube nur«.

Herr Jesus, hilf du, dass auch ich so glauben kann. Du siehst doch, dass ich genauso denke wie Petrus und Jairus gedacht haben müssen: Das ist nicht möglich. Aber du machtest es möglich, vor ihren Augen. Du lehrtest sie, in allem auf dich zu vertrauen. Und um dieses Vertrauen bitte ich dich jetzt; nur du kannst es in meinem Herzen wecken. Hilf mir, mich so völlig auf dich zu verlassen, dass ich keine Forderungen stelle, dir nie vorschreiben will, was du tun sollst. Ich weiß, dass dir nichts unmöglich ist. Du kannst alles und du weißt, was das Beste ist. Und darum bitte ich dich jetzt nur darum, dass dein Wille geschehe. Ich weiß, dass dein Wille das Beste ist, das mir geschehen kann. Wenn es so wird, wie du willst, brauche ich keine Angst zu haben, und dafür danke ich dir. Amen.

Mittwoch nach dem 3. Sonntag nach Epiphanias

Wie große Dinge haben wir gehört, die in Kapernaum geschehen sind! Tu so auch hier in deiner Vaterstadt!

(Lukas 4,23)

Zum Lesen: Markus 6,1-16

Das war es also, was seine Landsleute von Jesus erwarteten. Sie hatten gehört, wie berühmt er geworden war. Allerhand – den Mann konnte man gebrauchen. Wenn er wirklich solche Wunder tun konnte, hatten sie in Nazareth doch wohl als Erste einen Anspruch darauf!

Hier sehen wir etwas vom Wesen des Unglaubens: Er will sich Gott verfügbar machen. Er leugnet nicht unbedingt, dass Gott existiert. Aber mit Gottes Existenz rechnen ist nicht dasselbe wie an ihn glauben. Glaube – das ist nämlich das rechte Verhältnis des Herzens zu Gott. Zum Glauben gehört immer auch die Liebe, die Ehrfurcht, der Gehorsam, das kindliche Vertrauen. Der Ungläubige dagegen ist sich selbst der Nächste; er macht sich selber zum Nabel der Welt, der alles andere nur noch als Mittel zum Zweck sieht, als Möglichkeiten, die seinem persönlichen Fortkommen nützen oder schaden. Auch Gott sieht er so. Wenn an Gott etwas dran ist, muss er mir doch wohl helfen, mein Leben so zu gestalten, wie ich das für richtig halte …

Und so wusste man in Nazareth genau, was man erwartete von Jesus, dem Sohn Marias, wenn er denn wirklich solch ein Gottesmann war, wie die Menschen das behaupteten. Und wenn er nicht mitmachte – nun, dann wäre man fertig mit ihm.

Und nun kommt etwas Merkwürdiges. Markus berichtet ausdrücklich: »Und er konnte dort nicht eine einzige Tat tun, außer dass er wenigen Kranken die Hände auflegte und sie heilte.« Mit aller Nüchternheit stellt Markus fest, dass Jesus dort, wo er keinen Glauben fand, nicht helfen konnte. Was nicht bedeutet, dass Gott in seiner Allmacht nicht auch einen unbußfertigen Egoisten heilen kann. (Und im Grunde sind ja alle Reparaturmechanismen, über die unser Körper verfügt, damit wir wieder gesund werden, Gottes Werk.) Aber es bedeutet, dass der große Helfer, den Gott uns sendet, nicht mit einer Hilfe kommt, die nur unserem Leib gilt. Sie gilt dem ganzen Menschen, mit Leib und Seele, und diese Hilfe ist nicht möglich, wo unser Herz immer noch seinen eigenen Weg gehen will und sich Gott widersetzt oder ihn ausnutzen will. Jesus war mehr als ein Heiler; er war der Heiland und Erlöser. Er kam, um die Krankheit zu heilen, die Trennung von Gott heißt.

Und so stehen wir vor diesem seltsamen Zusammenhang: Jesus ist der Helfer, den wir alle brauchen, aber er kann nicht helfen, wenn wir nicht glauben. Aber wir können gar nicht glauben, wenn er nicht diesen Glauben in unser Herz hineinlegt. Und genau daran können wir ihn hindern.

Herr, allmählich ahne ich es, beides: meine Hilflosigkeit und meine Verantwortung. Ich weiß, dass ich nicht glauben kann, wenn du nicht diesen Glauben in mir weckst, und darum danke ich dir, dass du zu mir gekommen bist, damit auch ich dich sehen und kennen lernen kann. Und nun bitte ich dich: Öffne du mir mein Herz. Ich weiß ja, dass ich es fertig bringen kann, dass du vergebens vor meiner Tür stehst und anklopfst. Lass dein Feuer mich versengen, wenn ich versuche, die Tür zu verrammeln. Gib mir keine Ruhe, bis ich Frieden in dir habe. Ich weiß, dass in mir etwas ist, dass so gerne ohne dich sein will, und du weißt, dass ich nicht will, dass es mich beherrscht. Aber ich brauche deine Hilfe, und um die bitte ich dich jetzt, mein Herr Jesus. Amen.

Donnerstag nach dem 3. Sonntag nach Epiphanias

Ein böses und abtrünniges Geschlecht fordert ein Zeichen, aber es wird ihm kein Zeichen gegeben werden, es sei denn das Zeichen des Propheten Jona.

(Matthäus 12,39)

Zum Lesen: Markus 8,11-26

So antwortete Jesus, als die Pharisäer und Sadduzäer zu ihm kamen, um ihn auf die Probe zu stellen und ein Zeichen zu fordern, mit dem er beweisen sollte, dass er wirklich von Gott kam. Sie verlangten ein Schauwunder – jetzt, sofort. Dann würden auch sie an ihn glauben – vielleicht.

Aber diese Art Wunder hat Jesus nie getan, einen solchen »Glauben« wollte er nicht. Echter Glaube ist nie ein Rechenexempel oder eine Beweiskette, mit der man den Verstand eines in sich selbst verschlossenen Menschen davon überzeugen kann, dass Gott eine Realität ist oder dass es sich lohnt, auf Jesus zu setzen. Sondern glauben heißt, von der Liebe zu Gott ergriffen werden und sich von all dem wegsehnen, was uns daran hindern will, volle Gemeinschaft mit ihm zu bekommen. Echter Glaube ist eine Entdeckungsreise in das Herz Gottes, und solcher Glaube kann nicht durch irgendwelche Imponierwunder geweckt werden, sondern nur dadurch, dass wir einen Blick auf die Liebe

Gottes erhaschen – wie er uns sucht und sich nach uns sehnt.

Diese Liebe ließ Gott in Jesus Christus zu uns herabsteigen und all das Verlorene, Verachtete und Gescheiterte suchen. Und die einen ließen sich packen von dieser Liebe und sammelten sich um Jesus. Andere ärgerten sich an ihm; sie konnten Gottes Liebe zum Sünder nicht teilen. Aber dass Jesus erstaunliche Dinge tat, war ja nicht zu leugnen, und so wollten sie jetzt also einen Beweis, um auch ganz sicher zu gehen. Doch diesen Beweis verweigerte Jesus ihnen. Sie würden kein Zeichen bekommen als nur das des Propheten Jona. Sie würden es miterleben, wie der Menschensohn vom Tod verschlungen wurde und wieder auferstand. Und selbst dieses Zeichen würden nur die verstehen, die mit all ihrer Schuld, ihrer Lieblosigkeit und ihren Niederlagen zu Jesus gekommen waren, um die Vergebung und die Hilfe zu erhalten, die nur er geben konnte.

Mein Herr Jesus, du bist zu uns herabgestiegen, damit ich sehen kann, wer Gott ist. Du hast mir gezeigt, dass er wie ein Vater ist, der sich nach seinem verlorenen Kind sehnt. Du hast gesagt, dass dort zu Hause bei Gott großer Jubel ist für jeden armen Sünder, der zurückkommt. Und du hast mir auch gezeigt, wie weit weg von dir ich bin. Ich bin nicht so wie du. Ich liebe meine Feinde nicht, ich bitte nicht für die, die mich verfolgen; und wenn ich es versuche, ist doch noch Bitterkeit in meinem Herzen. Und doch sagst du, dass ich kommen darf, und das ist das größte aller Zeichen und Wunder. Auf dein Wort komme ich, Herr.

Freitag nach dem 3. Sonntag nach Epiphanias

Wer sagt denn *ihr*, dass ich sei?

(Matthäus 16,15)

Zum Lesen: Matthäus 16,1-20

Dies war die entscheidende Frage. Jesus hatte lange mit ihr gewartet, wie er das immer tut. Als er seine Jünger berief, ging es zunächst nur um eines: Folge mir nach! Sie sollten mit ihm gehen, sollten selber sehen und hören. Das ist bei uns heute nicht anders. Der Weg mit Jesus beginnt nicht mit einer Aufforderung, dies und das und jenes zu glauben, sondern der Glaube ist etwas, das in unserem Herzen geweckt wird, wenn wir mit Jesus gehen.

Aber jetzt waren die Jünger genügend lange mit ihrem Meister gegangen, und er führte sie beiseite, in die Gegend von Cäsarea Philippi, am Fuße des Hermon, schon jenseits der Grenzen des Landes. Und dort kam er auf ein Thema zu sprechen, das hochinteressant war und zu dem jeder etwas sagen konnte: Wer sagen die Leute, dass ich bin?

Es war so recht eine Frage für eine zünftige religiöse Diskussion, denn an Jesus schieden sich schon damals die Geister. Die Jünger brauchten nicht lange nach Antworten zu suchen, es gab ja so viele.

Aber dann dreht Jesus den Spieß plötzlich um und fragt die Jünger: »Wer sagt denn *ihr*, dass ich sei?«

Niemand braucht zu glauben, bevor er glauben kann, aber es kommt der Tag, wo er kann, und dann muss er diesen Glauben bekennen. Irgendwann muss man Stellung beziehen; es hat Konsequenzen, wenn man mit Jesus geht.

Es war Petrus, der die Antwort wagte. Er sprach sie, die alles entscheidenden Worte: »Du bist der Messias, der Sohn des lebendigen Gottes!«

Dieses Bekenntnis war eine Weichenstellung für alle Zeiten. »Meister« gab es ja viele in Israel. Man konnte eine Zeit lang dem einen folgen und dann zu einem anderen gehen. Aber in dem Augenblick, wo man erkannte, dass Jesus der *Messias* war, Gottes eigener Sohn, der zur Erlösung der Welt gesandt war, da gab es keine Wahl mehr, da gab es nur noch *einen*, dem man folgen, gehorchen, glauben und dienen konnte. An ihm hing die ganze Zukunft, die eigene wie die der ganzen Welt.

Wir merken, wie Jesus sich über die Antwort des Petrus freute. Das hatte Petrus sich nicht selber ausgedacht, das war Gottes Werk, dieses Wissen kam von Gott selber!

Es kann also geschehen, dass Gott in unserem Herzen zu wirken beginnt, wenn wir mit Jesus zu tun haben, wenn wir seine Worte hören, seine Taten sehen und anfangen, seinen Willen zu verstehen. Zum Glauben kommen, das bedeutet nicht nur, dass man bestimmte Zusammenhänge begreift oder sich ein bestimmtes Bild von Gott und Jesus zu eigen macht, sondern ich komme in Verbindung mit Gott. Es hat nicht nur etwas mit meinem Denken zu tun, sondern auch mit meinem Willen, meinem innersten Fühlen, meinem ganzen Sein. Ich sage nicht nur Ja zu einer Theorie oder Lehre, ich sage Ja zu einem neuen Leben.

Das war es, was Petrus dort bei Cäsarea Philippi tat. Und Jesus freute sich: Selig bist du ...

Herr, du hast dich über Petrus gefreut. Freust du dich auch, wenn ich glaube? Ich möchte dir so gerne diese Freude machen. Und doch kannst eigentlich nur du das möglich machen, Herr. Aber hilf mir, das Wenige zu tun, das ich tun kann. Ich will hören und sehen, dir folgen und all das miterleben, was deine Jünger erlebten. Hilf mir, nicht zurückzubleiben. Hilf, dass ich verstehe, was ich höre, mit offenen Augen sehe, Stückchen für Stückchen von dir entgegennehme, wie deine Jünger damals auch. Lass es eine Kraft in meinem Herzen werden, die in mir arbeitet und wirkt und die macht, dass auch ich glauben kann. Herr, ich glaube; hilf meinem Unglauben! Amen.

Samstag nach dem 3. Sonntag nach Epiphanias

Wenn ihr nicht Zeichen und Wunder seht, so glaubt ihr nicht.

(Johannes 4,48)

Zum Lesen: Johannes 4,46-53

Manche Ausleger sehen in diesem Text aus dem Johannesevangelium einfach eine andere Version des Berichts von dem römischen Hauptmann in Kapernaum. Aber die in der Kirche von alters her vorherrschende Meinung ist, dass es sich um zwei verschiedene Begebenheiten handelt.

Jesus ist von Jerusalem nach Galiläa zurückgekommen. Bis nach Kapernaum am See Genezareth verbreitet sich die Meldung: Der Meister ist wieder da! Ein königlicher Beamter – sicher ein Jude –, der auch davon hört, eilt in das Hügelland, um Jesus zu finden. Er hat ein dringendes Anliegen: Sein Sohn ist todkrank.

Jesu Antwort ist abweisend. »Die Juden fordern Zeichen«, konstatiert Paulus später (1. Korinther 1,22). Sie wollten, dass Jesus sich zuerst legitimierte, dann würden sie glauben. Über diese Sorte Wahrheitssucher sagte Jesus: »Ein böses und abtrünniges Geschlecht fordert ein Zeichen, aber es wird ihm kein Zeichen gegeben werden, es sei denn das Zeichen des Propheten Jona« (Matthäus 12,39). Wie einst Jona rief Jesus zur

Buße und zum Glauben auf. Wer das nicht hören wollte, dem halfen auch keine Zeichen. Und als jetzt also dieser Mann kommt, der nicht nach dem Weg des Lebens zu fragen scheint, sondern nur will, dass sein Kind gesund wird, reagiert Jesus abweisend.

Aber der königliche Beamte antwortet mit einer Demut, die zeigt, dass sein Glaube an Jesus doch tiefer geht. Und Jesus sagt ihm: »Geh hin, dein Sohn lebt!« Und der Mann glaubt ihm und geht.

So fängt das oft an. Man hat ein kleines Stückchen von Jesu Botschaft gehört, ist von einem Wort getroffen worden, das einem keine Ruhe mehr lässt. Aber diesem Wort glaubt man, und da öffnet sich auf einmal der Weg nach vorne. So wie bei dem hohen Beamten. Als er sah, was Jesus getan hatte, »glaubte er mit seinem ganzen Haus«. Was glaubte er? Dass Jesus Gottes Sohn und unser Erlöser war. Er wurde Christ.

Es kann also geschehen, dass die Not einen zu Jesus treibt. Solange alles gut gegangen ist, hat man nicht nach ihm gefragt. Erst als man nicht mehr aus noch ein wusste, hat man ihn um seine Hilfe gebeten. Und die Hilfe sollte vielleicht ganz einfach darin bestehen, dass die eigenen Pläne und Wünsche in Erfüllung gingen. Man kann verschiedene Antworten bekommen in solch einer Situation. Wer die Hilfe als sein gutes Recht *verlangt*, als etwas, das Christus tun *muss,* wenn er der ist, der er sagt, der wird abgewiesen. Ganz anders, wenn es einen Funken echten Glauben gibt; und dieser Glaube zeigt sich darin, dass man eben das Wort glaubt, das Jesus sagt, und die Antwort akzeptiert, die er gibt.

Oft meint Jesu Antwort etwas ganz anderes als das, worum es uns ging. Es kann so gehen wie bei dem Gelähmten aus Lukas 5: Jesus beginnt von der Vergebung der Sünden zu reden, von Buße und vom Evangelium und davon, dass wir zuerst Gottes Reich suchen sollen. Und da ist die große Frage: Diese Worte, die Jesus uns sagt – glauben wir ihnen?

Herr, komme ich nur aus bloßem Eigennutz zu dir, damit du mir meine Wünsche erfüllst? Herr, du weißt alles, du weißt, dass ich dich lieb habe. Du weißt, dass ich mit der Not anderer Menschen zu dir komme und für sie bitte, weil sie mir am Herzen liegen und sehr lieb sind. Und doch ist in all diesem so viel, das nur Eigenliebe und Eigennutz ist. Aber jetzt lege ich das alles vor dich hin und bitte dich um deine Hilfe. Vergib mit alle Selbstsucht und allen Unglauben. Und hilf uns in deiner Gnade in all unserer Not. Dein Wille geschehe. Amen.

Vierter Sonntag nach Epiphanias

... und bedrohte den Wind und das Meer.
(Matthäus 8,26)

Zum Lesen: Matthäus 8,23-27

So berichtet uns Matthäus über diese Sturmnacht auf dem See. Der See Genezareth hat seine Tücken. Er liegt wie ein blaues Auge zwischen den Bergen, tief in der Jordansenke. Mitten im Sommer kann man von hier aus den Schnee auf dem Gipfel des Hermon leuchten sehen. Doch dann und wann stürzen Fallwinde von den kalten Höhen auf den spiegelblanken See, und dann verwandelt sich dieser binnen weniger Minuten in einen Hexenkessel, der die kleinen Fischerboote wie hilflose Korken tanzen lässt.

Das war es, was in dieser Nacht geschah. Jesus schlief in dem Boot. Er muss müde gewesen sein und an ungewöhnliche Schlafplätze gewöhnt, denn seine Jünger mussten ihn erst wecken. Er stillte den Sturm. Die Jünger wussten sich nicht zu fassen, dass er solch eine Macht hatte. Wir auch nicht. Aber vielleicht noch erstaunlicher sind diese Worte des Evangelisten: Jesus »bedrohte den Wind und das Meer«. Er redete mit ihnen, wie ein Mensch mit echter Autorität zu aufmüpfigen Dienern spricht. Offenbar gibt es auch in der Natur Dinge, die nicht nach Gottes Willen geschehen. Am Anfang, als Gott die Welt erschuf, war alles sehr gut. Aber seit dem Sündenfall, als das Böse in die

Schöpfung kam, ist die Harmonie zerbrochen. Immer wieder passieren Dinge, die Gott nicht will. Hier tobt ein Kampf, und mitten in diesem Kampf steht Jesus. Darum kämpft er auch gegen die Krankheiten.

Nun ist es deutlich, dass Jesu Werk in dieser Welt nicht darin bestand, dass er all dieses Böse abschaffte. Oft wünschen wir uns, er hätte es getan. Aber damit hätte er den Bösen selber vernichten müssen, und der hat auf geheimnisvolle Weise die ganze Schöpfung durchdrungen und kann nicht von ihr getrennt werden. Darum sagt Jesus, dass Fleisch und Blut das Reich Gottes nicht erben können, sondern dieses Vergängliche muss mit Unsterblichkeit überkleidet werden (1. Korinther 15,53). Auch wir Menschen tragen in uns etwas von diesem Bösen, das uns gleichsam in Fleisch und Blut übergegangen ist. Darum brauchen wir eine neue Schöpfung – einen neuen Himmel und eine neue Erde. Alles muss neu geboren werden. Aber weil dieser Tag gleichzeitig den Tag des Gerichts für alles Böse bedeutet, wartet Gott noch mit ihm und kämpft, um seine Kinder zurückzugewinnen und zu retten, was sich retten lässt. Und mitten in diesem Kampf steht Jesus als unser Helfer.

Herr, ich weiß nicht, ob ich mich trauen würde, in dieser Welt zu leben, wenn es dich nicht gäbe. Die Menschen können so unbeschreiblich böse sein. Es geschieht so viel, das mehr die Macht des Bösen als die Liebe deines Vaters zeigt, und ich spüre, wie in mir selber mein alter Mensch sich regt. Ich weiß nicht, was für Scheuß-

lichkeiten er tun würde, wenn er so könnte, wie er will. Aber jetzt bist du zu uns gekommen, mitten hinein in diese böse Welt. Du wurdest in einem Stall geboren, du musstest in die Fremde fliehen, Undankbarkeit war dein Lohn, du wurdest betrogen und verraten, misshandelt und gefoltert. Wie einen Schwerverbrecher haben sie dich getötet. Und in all dem hast du einen gewaltigen Sieg errungen. Ich danke dir, dass du es bist, der die Macht hat. Und dass du diese Macht nicht so einsetzt, wie wir das gerne hätten, sondern so, wie dein Vater es bestimmt hat. Hilf mir, stets auf dich zu vertrauen, am meisten dann, wenn es am schwersten ist. Amen.

Montag nach dem 4. Sonntag nach Epiphanias

Sollte dann nicht diese, die doch Abrahams Tochter ist, die der Satan schon achtzehn Jahre gebunden hatte, am Sabbat von dieser Fessel gelöst werden?

(Lukas 13,16)

Zum Lesen: Matthäus 9,27-38

Das war Jesu Frage an seine Gegner. Es war Sabbat, und er war wie immer in der Synagoge. Dort war eine Frau, »die hatte seit achtzehn Jahren einen Geist, der sie krank machte; und sie war verkrümmt und konnte sich nicht mehr aufrichten« (Lukas 13,11). Jesus rief sie zu sich, legte ihr die Hände auf und heilte sie. Große Freude. Aber der Vorsteher der Synagoge protestiert: Am Sabbat heilen gehört sich nicht. Jesu Antwort: Wenn man am Sabbat sein Vieh losbinden darf, um es zur Tränke zu führen, darf man dann nicht erst recht eine arme Frau aus dem eigenen Volk, die der Satan seit 18 Jahren gebunden hält, von dieser Fessel losmachen?

Der Satan hatte sie gebunden, sagt Jesus. Ihre Krankheit war eines der vielen Beispiele dafür, wie der Böse Gottes gute Schöpfung entstellt hatte. Und die Erlösung, so zeigt Jesus weiter, ist eine Erlösung von allen bösen Folgen des Sündenfalls. Sie gilt nicht nur unserer Seele, sondern die ganze Schöpfung soll einmal erlöst werden und wieder so werden, wie Gott sie von Anfang an haben wollte. Darum heilte Jesus Kranke, speiste Hungrige, weckte Tote auf.

Aber dies waren, wie wir es heute nennen würden, nur punktuelle Aktionen. Nur eine Minderheit von Menschen konnte durch diese Hilfe erreicht werden. Jesu Auftrag war ja in gewissem Sinne begrenzt. Wie er selbst einmal sagte: »Ich bin nur gesandt zu den verlorenen Schafen das Hauses Israel« (Matthäus 15,24). Und selbst von diesen zog er sich manchmal zurück, wenn die Menschen von überall her zusammenströmten und ihn gar zu sehr bedrängten. Nein, die endgültige Hilfe, die Jesus brachte, sollte ganz anders aussehen. Die ganze Menschheit, die ganze Welt sollte einen Neuanfang bekommen.

Jesu Heilungswunder waren lediglich Vorboten, Beispiele zum Anfassen, die zeigen sollten, wer hier am Werk war. Sie waren Zeichen, Symbole, wie so vieles andere, was Jesus tat. Als er zwölf Apostel auswählte, sollte die Zahl an die Zahl der Stämme Israels anknüpfen: Diese Jünger waren der Kern eines neuen Bundes. Als er in Jerusalem einzog, tat er das auf eine Weise, die zeigte, dass er der verheißene König und doch kein irdischer Herrscher war. Und so vollbrachte er auch eine große Zahl von Krafttaten, die nicht nur bestimmten Menschen Hilfe brachten und seine Barmherzigkeit zu den Leidenden demonstrierten, sondern die Zeichen seiner Macht über das Böse waren. Sie zeigen uns, was sein Auftrag war: diese Welt aus all der Zerstörung und all dem Leid, in das ihr Aufstand gegen Gott sie gestürzt hat, herauszuretten. Doch sie zeigen uns auch, dass er diesen Auftrag nicht dadurch erfüllen konnte, dass er weiter durch Galiläa wanderte und viel Gutes tat. Auf Jesus wartete etwas anderes, Größeres.

Wenn ich so mit dir gehe, mein Meister, und all das sehe, was du getan hast, dann beginne ich zu verstehen, dass es hier nicht nur um etwas geht, das vor zweitausend Jahren geschah; sondern was du damals tatest, das gilt auch uns heute. Als du zu uns auf die Erde kamst, kamst du herab in unsere Menschlichkeit, und dein Weg galt allen Zeiten und allen Völkern. Mein Verstand kann das nicht fassen, aber mein Herz spürt, dass du uns alle und, ja, auch mich hineingenommen hast in das, was du da tatest. Und so bitte ich dich, Herr: Hilf mir, recht zu sehen und zu verstehen, was du getan hast. Wie du mit dem Leiden fertig wurdest. Wie du das Böse besiegtest. Wie du es uns, die wir dir folgen, möglich gemacht hast, mitten in dem, was die Menschen Niederlage nennen, als Sieger dazustehen. Und wie ich ohne Furcht sein kann, obwohl das Leben oft so furchtbar ist. Öffne du meine Augen zum Sehen und mein Herz zum Verstehen und Empfangen. Um deines Namens willen. Amen.

Dienstag nach dem 4. Sonntag nach Epiphanias

Macht Kranke gesund, weckt Tote auf, macht Aussätzige rein, treibt böse Geister aus. Umsonst habt ihr's empfangen, umsonst gebt es auch.
(Matthäus 10,8)

Zum Lesen: Matthäus 10,1-15

So gebot Jesus seinen Aposteln, als er sie jeweils zu zweit aussandte, um von Dorf zu Dorf zu gehen und das Evangelium zu predigen. Wir staunen, wenn wir das lesen, und der eine oder andere hält diese Sätze vielleicht für eine schöne Legende, eine übertriebene Ausschmückung. Aber wir haben es schwarz auf weiß, dass dem nicht so ist. Wir haben nämlich einen Brief des Paulus, wo er an einer Stelle sagt, dass er unter den Korinthern »die Zeichen eines Apostels« tat, »in Zeichen und Wundern und Machttaten« (2. Korinther 12,12 Elbf). Dies war eine Behauptung, die jeder prüfen konnte. Paulus wusste, dass er die Wahrheit sprach und nicht übertrieb.

Die Apostel hatten also etwas von Jesu eigener Macht bekommen. Dies gehörte zu ihrem Auftrag dazu, es war ein Teil des Evangeliums. Und nicht nur die Apostel hatten diese Macht in der frühen Christenheit. An mehreren Stellen erwähnt Paulus, als allgemein bekanntes Faktum, dass es Menschen gab, die von Gott die Gabe bekommen hatten, Wunder zu tun und Kranke zu heilen.

Wieder sehen wir hier, dass das Evangelium dem ganzen Menschen gilt. Es ist nicht nur etwas für die Seele. Wenn wir im Vaterunser beten: »Erlöse uns von dem Übel«, dürfen wir dabei auch an Krankheiten denken, an Krieg, an die Unterdrückung rassischer Minderheiten und alles andere Böse.

Aber warum merken wir dann heute so wenig von dieser Macht Jesu über das Böse? Warum geschehen heute die Wunder, die es in der Urgemeinde gab, so selten? Hat Jesus nicht gesagt, dass wir, wenn wir Glauben haben, und sei er auch nur so groß wie ein Senfkorn, Berge versetzen können? Aber wir können es nicht – oder glauben zumindest nicht, dass wir es können.

Nun müssen wir hier zwei Arten von Glauben unterscheiden. Es gibt etwas, das man den *selig machenden* Glauben nennen kann; dies ist ein armer, oft schwacher und gebrechlicher Glaube, der sich aber ganz auf Jesus verlässt und alles von ihm erwartet. Und daneben gibt es als zweiten Glauben den *Wunder wirkenden* Glauben; Paulus zählt ihn unter die Geistesgaben, die Gott jeweils nur bestimmten Menschen gibt. Doch gerade auch der erste, schwache, alles von Jesus erwartende Glaube zeigt sich in den Evangelien als der Glaube, der Christi Wunder wirkende Kraft entgegennehmen und wirken lassen kann, und darum nennt Jesus ihn einen *großen* Glauben.

Herr, warum können wir nicht? Beschämt stehen wir da, wie deine ersten Jünger, und fragen: Warum konn-

ten wir das nicht? Und du antwortest uns vielleicht dasselbe wie ihnen damals: wegen eures Unglaubens. So lehre uns, Herr, Großes von dir zu erwarten. Hilf uns, Großes zu wagen, wenn dies dein Wille ist. Was wir brauchen, bist allein du – deine Gegenwart und deine Hilfe, deine Kraft und deine Führung. So hilf uns, dass wir unsere Lampen am Brennen halten und nicht die Stunde, wo du uns gebrauchen willst, verschlafen. Es geht ja um das Heil der Menschen. Und um deine Ehre. Ja, hilf uns, Herr. Amen.

Mittwoch nach dem 4. Sonntag nach Epiphanias

Siehe, ich sende euch wie Schafe mitten unter die Wölfe.

(Matthäus 10,16)

Zum Lesen: Matthäus 10,16-25

»Wie Schafe mitten unter die Wölfe ...« Das heißt: Ihr werdet wehrlos und den anderen ausgeliefert sein. Sie werden euch hassen und verfolgen. Einige von euch wird man vor Gericht stellen. Und doch braucht ihr keine Angst zu haben. Es fällt kein Spatz auf die Erde ohne den Willen eures Vaters, ja die Haare auf eurem Kopf hat er alle gezählt.

Das ist das Merkwürdige an Jesu Macht über das Böse in dieser Welt. Es sieht ganz so aus, als ob er gerade macht*los* ist. Und er ruft uns auf, an ihn zu glauben und uns ihn zum Vorbild zu nehmen. Der Jünger steht nicht über seinem Lehrer, der Diener kann nicht erwarten, dass es ihm besser geht als seinem Herrn. Und unser Herr wurde vor Gericht gestellt und zum Tode verurteilt. Die Feinde triumphierten: Schaut her, er kann sich selber nicht helfen!

Aber gerade hier lag ja seine Hilfe. Wenn wir verstehen wollen, wie Christus das Böse überwand, kommen wir nicht los vom Kreuz und von der Versöhnung. Das Böse war ja zu allererst die Schuld, all das, was uns von Gott trennt, und hier musste die Hilfe ansetzen. Darum sagte Jesus dem Lahmen, den man durch das Dach zu ihm hinabgelassen hatte, sein merkwürdiges: »Sei getrost, mein Sohn, deine Sünden sind dir vergeben« (Matthäus 9,2). Brauchte dieser Gelähmte nicht eine ganz andere Hilfe, wollte er nicht gesund werden? Aber der Punkt, wo alle wirkliche Hilfe beginnen muss, ist unsere Schuld. Unser Verhältnis zu Gott muss in Ordnung kommen.

Darum ist das Evangelium vor allem anderen die Botschaft von der Vergebung der Sünden. Das Evangelium ist Gottes Angebot an uns; durch seinen Gesandten, Jesus, lässt er uns ausrichten, dass alles bereit ist – trotz all dem, was wir getan haben. Es ist zweitens eine Verheißung, dass Gott früher oder später alles in Ordnung bringen wird. Und es ist drittens ein Aufruf an uns, mitzuhelfen, das in Ordnung zu bringen, was schon hier auf dieser Erde in Ordnung gebracht werden kann, auch dort, wo es um Krankenhäuser, Wohnungen, Essen, Gerechtigkeit und Freiheit geht.

Herr, du weißt, wie ich mir eingebildet habe, dass ich in Ruhe und Frieden leben kann, wenn ich Christ geworden bin. Es regt mich so auf, wenn die Menschen Böses über mich reden, nur weil ich mein Bestes tun will. Solange ich nur an meine eigene Bequemlichkeit dachte, ließen sie mich in Frieden. Aber genau das hast du mir ja vorausgesagt! Hilf mir, dass ich nicht verbittert werde. Hilf mir, diesen Widerstand als etwas Natürliches zu akzeptieren. Er ist ja nur ein erneuter Beweis dafür, dass du Recht hast. Hilf mir, so froh und frei zu leben, dass die Menschen begreifen, wie gut es ist, dich lieben und dir dienen zu dürfen. Amen.

Donnerstag nach dem 4. Sonntag nach Epiphanias

Kauft man nicht zwei Sperlinge für einen Groschen? Dennoch fällt keiner von ihnen auf die Erde ohne euren Vater.

(Matthäus 10,29)

Zum Lesen: Matthäus 10,26-42

So vieles in unserer Welt kommt uns grausam und sinnlos vor. Die Natur ist oft so erschreckend: Lawinen und Giftschlangen, Erdbeben und Vulkanausbrüche. Wir fühlen uns dem »blinden Wüten der Elemente« ausgeliefert. Aber hier sagt Jesus also, dass es nichts gibt, das nicht an Gott vorbei müsste. Die Formulierung »ohne euren Vater« entspricht dem Urtext; sie bedeutet nicht, dass alles ein Ausdruck von Gottes gutem Schöpferwillen ist, denn es ist auch ein böser Wille am Werk in dieser Welt. Aber sie bedeutet, dass nichts geschieht, das Gott nicht irgendwo in seiner Hand halten und in seine Pläne einbauen würde. Wenn er etwas zulässt, dann wendet er es letztlich zum Besten für seine Kinder. Wir sind mehr wert als ein paar Spatzen …

In der Schöpfung hat Gott uns die Natur zur Verwaltung übergeben. Der Sündenfall hat auch dies zerstört. Wir müssen mit Disteln und Unkraut kämpfen, mit Stürmen und Überschwemmungen, mit Krankheiten und Seuchen. Mit unserer Intelligenz können wir uns die Naturgewalten zwar immer noch dienstbar machen, aber sie auch – und dies geschieht täglich – auf zerstörerische Weise missbrauchen. Aber wo der Mensch an Christus glaubt und durch die Vergebung der Sünden wieder Gottes Kind wird, da hält der Erlöser seine Hand über ihn, und alle Mächte des Bösen können ihm nicht wirklich schaden. Sie können ihn züchtigen und prüfen, aber in all dem liegt ein Segen. »Warum habt ihr Angst?«, fragte Jesus seine Jünger bei der Stillung des Sturmes. Sie hatten doch keinen Grund dazu, er war ja bei ihnen. Finsternis und Stürme, Krankheiten und Seuchen, Gefängnis und Tod haben letztlich keine Macht über den Menschen, der in Jesu Hand ist. Zum Schluss steuert Jesus das Schiff durch die Brandung des Todes sicher in den Hafen, in welchem es keine Gefahr mehr gibt. Die Rollen sind vertauscht: In dem Boot auf dem See Genezareth war es der Erlöser, der sich zum Schlafen hingelegt hatte, geborgen mitten im Sturm. Jetzt sind wir Menschen es, die sich endlich hinlegen können – müde, erschöpft und machtlos und doch vollkommen geborgen, denn ein Schiff, in dem Jesus ist, kann nicht sinken.

Wir haben es alle schon erlebt, wie etwas uns einen Strich durch die Rechnung machte, unsere Pläne über den Haufen warf. Einige sehen darin ein blindes, sinnloses Schicksal, andere klagen Gott an oder fühlen sich von finsteren Mächten verfolgt. Aber wir sind nicht verfolgt, sondern Jesus ist hinter uns her, wie er damals hinter Saulus her war. Mitten in all dem Wirrwarr ist eine lenkende und fügende Hand. Eine starke, gute Hand, die weiß, was sie will.

Herr, ich weiß, dass ich eigentlich nichts zu fürchten habe, und doch habe ich solche Angst. Ich will mein Boot selber lenken; ich habe den Kurs berechnet und weiß, wohin ich fahren will. Und jetzt kommen die Stürme, und ich kenne meine Verantwortung und all die Risiken, und plötzlich komme ich mir so klein und schutzlos vor. Das kommt alles nur von meinem Unglauben. Du hast mich ja in dein Boot hineingenommen. Als du mich tauftest, hast du mich in das große Schiff deiner Gemeinde aufgenommen, und den Kurs dieses Schiffes bestimmst du. Ich weiß doch, wohin wir fahren. All meine Tage sind in deinem Buch aufgeschrieben. Mit all meinen Sorgen kann ich mein Leben nicht um einen Tag verlängern. Und alle Mächte des Bösen können mir nicht wirklich schaden, solange du da bist. Darum will ich deine Hand nicht loslassen. Und wenn ich es je doch tun sollte, dann lass mich nicht fahren, sondern halte mich fest bei dir, für immer, Herr. Amen.

Freitag nach dem 4. Sonntag nach Epiphanias

Siehe, dieser ist gesetzt zum Fall und zum Aufstehen für viele in Israel und zu einem Zeichen, dem widersprochen wird.

(Lukas 2,34)

Zum Lesen: Matthäus 11,16-30

Das hatte der alte Simeon einst über das Jesuskind gesagt. Und die Worte wurden wahr, als der erwachsene Jesus anfing, das Evangelium zu predigen und Menschen in Gottes Reich einzuladen. Die Leute strömten nur so herbei, bis aus Jerusalem und den Küstengebieten bei Tyrus und Sidon. So etwas hatte man noch nie gesehen oder gehört. Es lag eine Erweckung in der Luft.

Aber dann kam die große Scheidung. Alle konnten sehen, dass hier große Dinge geschahen, aber es gab Menschen, die sagten: »Er treibt die bösen Geister nicht anders aus als durch Beelzebul, ihren Obersten« (Matthäus 12,24). Niemandem entging die Vollmacht in Jesu Worten, aber es gab Menschen, die sagten: »Das ist eine harte Rede; wer kann sie hören?« (Johannes 6,60) Die Evangelien lassen keinen Zweifel: An Jesus schieden sich die Meinungen.

Jesus muss selber über die Ursache davon nachgegrübelt haben. Und nicht nur das, er hat über sie gesprochen. Hier war etwas, das Gott den Weisen und

Klugen verborgen, aber den Einfältigen geoffenbart hatte. Es gab eine Mentalität, die die Menschen unempfindlich für das Evangelium machte. Jesus beschreibt sie mit dem Bild von trotzigen, quengeligen Kindern, denen man nichts recht machen kann. Ihre Kameraden laden sie ein, Hochzeit zu spielen, und spielen ihnen auf, aber sie wollen nicht tanzen. Darauf schlagen sie ihnen vor, Beerdigung zu spielen, und fangen an, Klagelieder zu singen, aber auch das wollen sie nicht. Was man ihnen auch vorschlägt, sie machen nicht mit.

Gerade so kann es auch bei Menschen sein, die eigentlich Gottes Kinder sein sollten. Gott sendet ihnen einen Bußprediger wie Johannes den Täufer, einen Asketen, der in der Wüste lebt und so predigt, dass es dem ganzen Volk durchs Mark geht, und sie sagen: »Er ist von Sinnen.« Darauf schickt Gott ihnen einen Messias, der sich in grenzenlosem Erbarmen der Verlorenen annimmt und die Sünder sucht, und sie sagen: »Schaut her, was für ein Fresser und Säufer!« Es gibt eine Herzenseinstellung, die sich von nichts ansprechen lässt; Gott kann machen, was er will, immer sagt sie Nein. Diese Einstellung kann mit großer Intelligenz und Wissen gepaart sein; auf jedes Argument weiß sie gleich die passende Antwort.

Aber es gibt auch eine andere Einstellung, für die Jesus ein nur schwer übersetzbares Wort benutzt, das in älteren Bibelübersetzungen manchmal mit »einfältig« wiedergegeben wird; die Lutherübersetzung sagt »unmündig« (Vers 25). Sie bedeutet ein einfaches, ungekünsteltes, ehrliches Herz ohne Hintergedanken und doppelten Boden. Ein Mensch mit solch einem Herzen ist offen und lässt Gott an sich heran, auch wenn dies dazu führt, dass er einen neuen Herrn und ein neues Lebensziel bekommt.

Herr, bin ich so? Hilf mir, meine Tricks zu durchschauen. Zeige es mir, wenn ich nur deshalb zweifle, weil mir das Glauben zu unbequem wäre. Hilf mir, all die Argumente zu durchschauen, die nur daher rühren, dass ich zu feige und zu träge bin. Lass mich so werden wie ein Kind, das sagt, was Sache ist, das das Geschenk, das es bekommt, freudig annimmt und noch nicht so weit denkt, dass es Angst vor dem hat, was »man« denkt und tut. Hilf mir, dich so zu sehen, wie du bist, und den Glauben zu wagen, wenn du mir die Wahrheit zeigst. Amen.

Samstag nach dem 4. Sonntag nach Epiphanias

Da gingen die Pharisäer hinaus und hielten Rat über ihn, wie sie ihn umbrächten.
(Matthäus 12,14)

Zum Lesen: Matthäus 12,1-14

Das ist die tragische Konsequenz, wenn man Jesus nicht annehmen will: Man muss versuchen, ihn zum Schweigen zu bringen. Solange er da ist, hat man keinen Frieden. Die Pharisäer wussten das nur zu gut. Wenn dieser Mann Recht hatte, bedeutete das die Revolution in ihrem Leben. Er *durfte* nicht Recht haben! Und da er auf gewisse Menschen einen geradezu gefährlichen Einfluss ausübte, beschloss man, ihn aus dem Weg zu räumen. Natürlich aus guten Motiven und ganz legal! Man kämpfte ja für die Ordnung, die Gerechtigkeit, die Vernunft und das Beste des Volkes.

Wo man heute Jesus abschaffen will, besteht die einfachste Methode in der Behauptung, es habe ihn nie gegeben. Aber hat man ihn auf diese Art aus der Geschichtsschreibung hinausgezaubert, bleibt ja immer noch seine Kirche. Auch sie kann so unangenehm werden, dass man sie am liebsten ausrotten will. Manchmal versucht man dies mit Gesetzen und staatlichen Maßnahmen; das 20. Jahrhundert hat mehr Christenverfolgungen gesehen als alle vorangehenden Jahrhunderte. Aber die häufigere Variante ist der kleine Privatkrieg.

Konsequent schirmt man sich von allem ab, was mit Jesus und seiner Gemeinde zu tun hat. Die gläubige Tante, der christliche Kollege wird zur Zielscheibe hochfahrender Herablassung oder eisigen Spotts.

Das ist der Grund, warum jemand, der ehrlich versucht, als Christ zu glauben und zu leben, in den unerwartetsten Ecken auf Widerstand stoßen und zum Opfer von Schikanen werden kann, die er als Ungläubiger nie zu befürchten hatte. Aber dergleichen kann auch ein gutes Zeichen sein. Es zeigt nicht nur, dass Jesus lebt und dass der Glaube eine Realität ist; es kann auch bedeuten, dass der Spötter oder Verfolger nicht wahrhaben will, dass er innerlich bereits von Gott getroffen und gar nicht mehr so weit von Gottes Reich entfernt ist.

Herr Jesus, ich danke dir, dass dein Licht in der Dunkelheit leuchtet und dass keine Finsternis der Welt es auslöschen kann. Ich danke dir, dass ich dieses Licht sehen durfte. Und ich bitte dich für alle, die es noch nicht sehen. Du hast gesagt, dass wir unser Licht vor den Menschen leuchten lassen sollen, damit sie unsere guten Taten sehen und unseren Vater im Himmel preisen. Wenn du dies auch durch mich geschehen lässt, so will ich dich dafür preisen, Herr. Und wenn die Menschen stattdessen böse und voller Hohn werden, so lass mich mich darüber freuen, dass du sie nicht in Frieden lässt und dass sie nicht gleichgültig bleiben können. Lass meine Fehler kein Hindernis für sie sein. Gib mir deine Freude, damit ich aller Kälte mit Wärme und aller

Bitterkeit mit einem Lächeln begegnen kann, und lass die anderen ahnen, was für eine Freude es ist, dass es dich gibt.

Zur Beachtung: In Jahren, in denen Ostern sehr spät liegt, kann es noch eine fünfte oder sogar sechste Woche nach Epiphanias geben. Für diese Wochen sind in diesem Buch keine gesonderten Andachten vorgesehen, da in diesen Jahren durch die Verlängerung der Vorosterzeit die Zeit nach Trinitatis entsprechend kürzer wird.

Sonntag Septuagesimae

Da kamen, die um die elfte Stunde eingestellt waren, und jeder empfing seinen Silbergroschen. Als aber die Ersten kamen, meinten sie, sie würden mehr empfangen.

(Matthäus 20,9-10)

Zum Lesen: Matthäus 20,1-16

Jesu Gleichnisse gehen immer auf eine ganz bestimmte Pointe hinaus, einen konkreten Punkt, den sie illustrieren wollen. Ein Gleichnis ist ja eine kurze Erzählung, deren Stoff gewöhnlich aus dem Alltagsleben stammt. Sie kann so lebendig sein, dass sie sich durchaus im realen Leben hätte zutragen können. Aber dann kommt meist eine Überraschung, etwas, das man überhaupt nicht erwartet hatte. Und das kommt daher, dass die Gleichnisse von Gottes Reich handeln, davon, wie Gott handelt oder was geschieht, wenn Jesus sein Wort aussät.

Mit der Geschichte von dem Hausherrn, der seinen sämtlichen Tagelöhnern den gleichen Lohn auszahlt, egal ob sie eine Stunde oder zwölf gearbeitet hatten, malt Jesus ein Bild von sich selber. Was er zu geben hat, das gibt er nicht stückchenweise und in Rationen. Wer zu Christus gehört, der bekommt Teil an allem, was er hat. Dies fängt schon hier auf der Erde an, wo Jesus uns die Vergebung der Sünden schenkt und das Recht, Gottes Kinder zu sein. Jeder, der an ihn glaubt, bekommt dieses Geschenk, und das zu hundert Prozent, ohne Einschränkungen. Es gibt charakterstarke Christen und es gibt schwache Christen, aber alle haben sie alle ihre Sünden vergeben bekommen, alle sind sie Gottes Herz gleich nahe.

Und in Gottes Reich, in der neuen Welt, die Gott einmal schaffen wird, gelten die gleichen Regeln. Alle haben den gleichen Anteil an den Schätzen des Himmelreiches, an Gottes grenzenloser Güte, an der niemals aufhörenden Freude und dem ständig neuen Glück, bei Gott sein zu dürfen.

Es ist merkwürdig, aber manche Menschen ärgert das. Oder ist es vielleicht doch nicht so merkwürdig? Wir sind ja alle geborene Pharisäer, Moralisten und Besserwisser. Wir wissen, was wir geleistet haben, und erwarten die uns zustehende Anerkennung. Es stößt uns vor den Kopf, wenn wir kein Dankeschön bekommen. Wir finden es ungerecht, wenn andere, die weniger geleistet haben, uns vorgezogen werden. Und da Gott doch wohl gerecht ist, erwarten wir, dass bei ihm alles schön nach Verdienst und Leistung geht.

Aber so ist Gott eben nicht. Und das ist auch besser so. Denn wenn er uns nach *seinem* Maßstab beurteilen würde, stünde es schlimm um uns.

Herr, ich weiß das nur zu gut. Wenn du Sünden zurechnen willst, wer kann dann bestehen? Wenn du anfängst, mein Herz zu prüfen und nachzusehen, wie tief meine Liebe und wie rein meine Motive sind und ob ich wirklich nie an mich selber gedacht habe, dann habe ich nicht viel vorzuweisen. Und trotzdem gibst du dich mit mir ab, lässt du mich in deinem Weinberg arbeiten, und das nicht nur als Tagelöhner, sondern als dein Freund. Lass mich nicht vergessen, wie gut du zu mir bist, damit ich nie mit schiefen Augen darauf sehe, wie gut du zu anderen bist. Und wenn ich der Letzte sein werde, der in dein Reich kommen darf, so ist das unendlich mehr, als ich verdient habe.

Montag nach Septuagesimae

Ich sage euch aber, dass die Menschen Rechenschaft geben müssen am Tage des Gerichts von jedem nichtsnutzigen Wort, das sie geredet haben.

(Matthäus 12,36)

Zum Lesen: Matthäus 12,22-37

Geht das nicht ein bisschen weit? Wie oft reden wir nicht Worte, die gedankenlos sind, unnötig, unbedacht, schwatzhaft, prahlerisch oder, nun ja, nicht ganz wahr? Mit ein bisschen mehr Nachdenken hätten wir sie nicht gesagt. Hätten wir gewusst, dass jemand sie ernst nehmen oder auf die Goldwaage legen würde, wir hätten uns vielleicht vorsichtiger ausgedrückt. Aber wir haben halt nicht nachgedacht, die Worte sind uns herausgerutscht.

Aber gerade darum sind sie ja so entlarvend, sagt Jesus. Ein guter Mensch bringt Gutes hervor aus dem guten Schatz seines Herzens, und ein böser Mensch Böses aus seinem bösen Schatz. Und so verurteilen uns gerade unsere spontanen, unüberlegten Worte, denn sie decken auf, wie es in uns aussieht. Man erkennt den Baum an seiner Frucht.

Und nicht nur Worte »rutschen uns heraus«, sondern auch Handlungen. Oft sind es ungute Handlungen. Wir handeln »aus dem Bauch heraus«, wir werden heftig, wir tun Dinge, die uns hinterher Leid tun – oder die wir auch stur verteidigen, obwohl wir sie am liebsten ungeschehen machen würden. Oder wir reagieren mit einer spontanen Unwilligkeit; wir haben keine Lust, zu helfen, etwas von uns selber, unserer Zeit, unserem Geld abzugeben. Es ist, als ob in uns ein Hemmschuh gegen das Gute eingebaut ist.

Und diesen Hemmschuh haben wir wirklich. Die Bibel nennt ihn unser »Fleisch« oder den »alten Menschen« oder »unsere sündige Natur«.

Darum brauchen wir so dringend die Erlösung. Und deshalb besteht die Erlösung zuallererst in Vergebung und Versöhnung. Unsere sündige Natur ist nicht etwas, das man wegoperieren kann. Wir können sie nicht ausrotten, auch nicht durch die strikteste Selbsterziehung. Das Böse heilen, das kann nur Gott. Und darum hat er uns Christus geschickt.

Herr, du hast es selber gesagt: Ist der Baum gut, so muss auch seine Frucht gut sein. Aber mein Baum trägt so oft schlechte Früchte. Oder überhaupt keine. Und ich kann mich nicht dazu zwingen, gute Frucht zu bringen, sondern diese Frucht kannst nur du selber schaffen, Herr. Wenn ich eine Rebe an deinem Weinstock bin, wenn deine Kraft in mir wirkt. Und so bitte ich dich um diese geheimnisvolle Kraft, die wie der Saft im Weinstock hochsteigt. Lass sie mein Wesen und mein ganzes Herz erfüllen. Lass sie in mir wirken, damit ich endlich solche Frucht tragen kann wie die, von der du sprichst – Frucht, die bleibt und die die Menschen erfreut und deinen Vater ehrt. Wenn du aus lauter Gna-

de ein großes Wunder an mir tun willst, dann lass dies geschehen. Um deines Namens willen. Amen.

Dienstag nach Septuagesimae

Es wird mit diesem Menschen hernach ärger, als es vorher war.

(Matthäus 12,45)

Zum Lesen: Matthäus 12,38-45

Christus ist die Hilfe, hörten wir gestern. Aber kann man da wirklich so sicher sein? Gibt es da Beweise?

So fragten die Menschen schon, als Jesus noch auf der Erde war. Sie kamen zu ihm und verlangten ein Zeichen vom Himmel. Er antwortete ihnen, dass sie kein anderes Zeichen bekommen würden als das des Propheten Jona. Jona hatte machtvoll Buße gepredigt, und die Bewohner von Ninive hatten dieses Zeichen verstanden und waren zu Gott umgekehrt.

Das war das Zeichen, das Jesus den Menschen versprach: eine vollmächtige Predigt, die ihnen ins Gewissen gehen würde. Wer auf sie hörte, der begegnete Gott und bekam die Erlösung, und dann wusste er ein für alle Male, dass Jesus der Helfer war. Aber wer nicht hören wollte, dem half auch nichts anderes.

Und noch ein Zeichen würde Gott geben: So wie Jona drei Tage und Nächte im Bauch des großen Fisches gewesen war, würde der Menschensohn drei Tage und Nächte im Schoß der Erde liegen. Dieses große Zeichen war Jesu Tod und Auferstehung, und wer sich auch davon nicht überzeugen ließ, dem half es nichts, wenn er ein anderes Zeichen forderte.

Vielleicht ist das der tiefste Grund dafür, warum die Menschen ihre Probleme so gerne selber lösen wollen. Viele wollen ja wirklich das Böse aus der Gesellschaft, ja vielleicht sogar aus ihrem eigenen Herzen vertreiben, und manchmal sieht es fast so aus, als hätte man es geschafft. Zum Beispiel so: Man trinkt nicht mehr, man geht einer ordentlichen Arbeit nach, die Ehe ist wieder im Lot. Oder auch so: Das soziale Netz ist vorbildlich, die Profitgier gezügelt, es gibt kostenlose Schulen, Medizin und Rente für alle. Das Haus der Gesellschaft steht sauber gefegt und geschmückt da.

Das Problem ist nur, dass das Haus leer ist, sagt Jesus. Es ist ein Vakuum entstanden, Gott ist fort. Man weiß nicht mehr, wem man dient, man hat keine festen Begriffe von »recht« und »unrecht« mehr, das Wertesystem ist durcheinander geraten. Ein solcher Leerraum wird automatisch von anderen Geistern und Mächten gefüllt – und es sind keine guten. Die guten Geister muss man einladen, die bösen kommen ungeladen. Und so wird es bei diesen Menschen zum Schluss noch schlimmer als zuvor.

Darum brauchen wir Christus.

Und darum bitte ich dich, Herr: Komm! Komm zu uns allen, auch zu denen, die nicht begreifen, wie sehr sie dich brauchen. Fülle du unsere Herzen, damit alle sehen, wie gut es ist, dich zum Herrn zu haben. Ich kenne so viele, die ehrlich das Gute wollen, die die Welt besser machen wollen. Aber sie haben dich nicht, und das Böse kommt durch die Hintertür wieder zurück und es wird nur noch schlimmer. Herr, hilf uns, der Welt zu zeigen, dass es wirklich hilft, an dich zu glauben. Amen.

Mittwoch nach Septuagesimae

Das hat ein Feind getan.

(Matthäus 13,28)

Zum Lesen: Matthäus 13,24-43

Dies ist Jesu Antwort auf unsere Fragen, warum es in einer Welt, die doch von einem guten Gott geschaffen ist, so viel Böses gibt. »Herr, hast du nicht guten Samen auf deinen Acker gesät? Woher kommt dann dieses Unkraut?« All die Kriege und Grausamkeiten, all die Ungerechtigkeit und Unterdrückung …

»Das hat ein Feind getan«, sagt Jesus. Es gibt eine Macht, eine persönliche Macht, die das tut, was Gott nicht will. Darum geschieht so vieles, das geradewegs gegen Gottes Willen ist.

Aber was unternimmt Gott dagegen? Klar, wir wissen, was er tun müsste, gerade so wie die Diener in dem Gleichnis: das Unkraut ausreißen, mit Stumpf und Stiel. Je eher, desto besser.

Aber genau das tut er nicht. Er hat Angst um die zarten Pflanzen, die er gesät hat. Wir begreifen, was Jesus meint: Bei dem großen Ausjäten würde so viel verloren gehen, was doch noch gerettet werden könnte. Wenn Gott jetzt schon Schluss machen würde mit all denen, die »zum Abfall verführen« und »Unrecht tun«, müsste er viele opfern, die er zum Schluss doch noch retten kann. Und darum macht er weiter mit dem Weg, der uns so oft halbherzig erscheinen will, aber der

der einzige Weg zur wirklichen Hilfe ist: Er erhält diese böse Welt. Er besiegt das Böse nicht, indem er es kurzerhand vernichtet. Er hat ein anderes Heilmittel, und das heißt Vergebung, Buße und Wiedergeburt. Er lädt Lahme und Krüppel, Zöllner und Sünder und Huren in sein Reich ein. In diesem Reich ist Platz für Herodes und Kaiphas, für Napoleon und Hitler – wenn sie nur kommen wollten.

Und so wie Gott selber geduldig wartet, auch wenn die Menschen sich sträuben und sperren, so will er auch, dass seine Kinder geduldig sind. Sie müssen mit dem Unkraut leben und damit, dass sie diskriminiert und vielleicht verfolgt und getötet werden. Es ist gewissermaßen der Preis, den Gott bezahlt, um weiter Menschen retten zu können. Aber einmal wird sie kommen, die große Ernte, wo Gott für immer den Weizen vom Unkraut trennt.

Herr, ich bitte dich um ein kleines Stück von deiner Geduld. Zeige mir, dass kein Tag sinnlos ist, solange du dein Werk weiterführst. Meine blinden Augen begreifen manchmal nicht, wie du das Unkraut so wachsen und gedeihen lassen kannst. Mein enges Herz hat nicht genügend Liebe, um zu hoffen und zu glauben, dass es sich lohnen kann, weiterzumachen. Aber solange du weitermachen willst, kann ich nur meinen Kopf neigen und bitten, dass dein Wille geschehe und dass auch ich ein geringes Werkzeug in deinem Dienst sein darf. Darum bitte ich dich jetzt: Ja, dein Reich komme, mitten hinein in diese böse Welt, auch dort, wo ich das nicht für möglich halte. Denn dein ist das Reich und die Macht und die Herrlichkeit in Ewigkeit. Amen.

Donnerstag nach Septuagesimae

In seiner Freude ging er hin und verkaufte alles, was er hatte, und kaufte den Acker.
(Matthäus 13,44)

Zum Lesen: Matthäus 13,44-58

In seinen Gleichnissen porträtiert Jesus Menschen aus dem Alltag. Oft sind sie keine moralischen Vorbilder, aber mit all ihrem menschlichen Egoismus illustrieren sie doch etwas, das sein Gegenstück in Gottes Reich hat. So auch bei diesem Mann, der in dem Acker eines anderen gräbt und dort auf einen Schatz stößt. Eigentlich müsste er seinen Fund dem Besitzer des Ackers melden. Stattdessen deichselt er es so, dass er selber der Besitzer wird – nicht ganz die anständige Masche. Aber in seiner kindlichen Freude über den Schatz ist er ein Bild für etwas, das gut und richtig ist, etwas, das bei jedem zu finden sein sollte, der auf Gottes Reich stößt. Dieser Mann hatte begriffen, dass er reich werden konnte. Er hatte nur noch einen Gedanken: Das darf ich mir nicht durch die Lappen gehen lassen!

Genau dieses Gefühl ist das richtige, wenn man entdeckt, was man eigentlich bekommt, wenn man Jesus begegnet. Es ist etwas schier Unglaubliches, dass einem schwindlig werden will, etwas, das man sich in seinen wildesten Träumen nicht vorgestellt hat.

Man versteht das vielleicht nicht sofort. Viele Menschen bilden sich ja ein, dass sie Gott einen Gefallen tun, wenn sie Christen werden. Oder doch zumindest der Kirche oder der Gemeinde, die ein so tolles neues Mitglied bekommt. Aber es dauert nicht lange – wenn man die Sache denn wirklich ernst nimmt –, bis man entdeckt, dass nicht Gott der Beschenkte ist, wenn ich ihm mein Herz gebe. Das Problem ist ja, dass in meinem Herzen etwas ist, das absolut nicht mit Gottes Willen zusammenpasst. Ich kann so viel in dem Acker meines Herzens graben, wie ich will, um all die Steine wegzubekommen – zum Schluss stoße ich auf das nackte Grundgestein meiner Sündhaftigkeit, das ich mit keinem Werkzeug der Welt herausbrechen oder fortschaffen kann.

Aber dann kratzt mein Spaten plötzlich gegen eine Kiste, die voller klingender Goldmünzen ist. Auf jeder ist das Bild des großen Königs, das Angesicht Jesu Christi, aus dem Gottes Herrlichkeit und Vaterherz hervorstrahlt. Und es dämmert mir: Hier ist ein Lösegeld, das für die Bezahlung meiner sämtlichen Schuld reicht. Hier ist die Garantie dafür, dass ich Gottes Kind werden kann. Der Wert dieses Schatzes, er ist unermesslich. Und im Gegensatz zu dem Gleichnis brauche ich den Acker, in dem der Schatz liegt, noch nicht einmal zu kaufen. Der Schatz ist mein, ich bekomme ihn umsonst. Wen wundert es da, wenn ich mich unbändig freue?

Und auch diese Freude ist dein Werk, Herr. Mein träges Herz hat die Erlösung oft für so selbstverständlich genommen. Hast du mir vielleicht deshalb gezeigt, dass sie eigentlich gegen alle Vernunft ist? Dass ich eigentlich vor verschlossener Türe stehen müsste? Dass du jeden Grund hättest, mit mir ins Gericht zu gehen wegen all meiner hohlen Worte, wegen des Unkrauts, das auf meinem Herzensacker wächst, wegen meinem Murren und Jammern bei der kleinsten Schwierigkeit? Aber du öffnest mir die Tür zu jubelnder Freude, du schenkst mir die kostbare Perle und den unermesslichen Schatz. Du hast meine ganze Last getragen, und du wirst nie müde, mir zu vergeben. Herr, lass mein Herz voll werden von deiner Freude. Einer hellen, ansteckenden Freude über deine Liebe zu uns. Einer Freude, die überfließt und auch für andere reicht. Amen.

Freitag nach Septuagesimae

... und baten ihn, dass sie nur den Saum seines Gewandes berühren dürften. Und alle, die ihn berührten, wurden gesund.

(Matthäus 14,36)

Zum Lesen: Matthäus 14,22-36

Nur den Saum von Jesu Gewand berühren – das kann schon helfen. Die blutflüssige Frau war überzeugt, dass sie gesund würde, wenn sie nur seinen Mantel berührte. Mütter trugen ihre Kinder herbei und baten Jesus, sie anzurühren. Und in dem seltsamen Bericht über den sinkenden Petrus haben wir es wieder: Er griff nach Jesu ausgestreckter Hand und wurde gerettet.

Das ist keine Hexerei oder Magie. Es gibt ja einen Aberglauben an übernatürliche Mächte, die man sich zunutze machen will, ähnlich wie wir die Elektrizität in unseren Dienst stellen. Sie sind launisch, ja gefährlich, diese Mächte, aber mit den richtigen Tricks kann man sie in den Griff bekommen. Das ist Magie, die Kunst des klassischen Medizinmannes und Zauberers. Im Evangelium geht es um etwas ganz anderes.

Auch bei Jesus finden wir eine Macht, eine übermenschliche Macht, die den Jüngern zeigte, dass er Gottes Sohn war. Bei Gott ist kein Ding unmöglich, er ist der Herr über die Natur, die er schließlich selber geschaffen hat. Und diese Herrschermacht finden wir auch bei Jesus. Aber kontrollieren kann man diese

Macht nicht. Wir können uns von ihr helfen lassen, aber nur, wenn wir diese Hilfe im Glauben annehmen. Hier sind keine Zauberkünste nötig, aber dafür ein Herz, das sich Gottes Macht und damit Gott selber öffnet und sich in seine Hände gibt. Die Hilfe, die Jesus gab, hing mit der Vergebung der Sünden und einem neuen Verhältnis zu Gott zusammen. Gottes Hilfe erfahren, das bedeutet nicht nur, dass ich gesund werde; es bedeutet, dass ich wieder Gottes Kind werden darf.

Und hier reicht es schon, auch nur den Zipfel von Jesu Gewand zu berühren. Wir stehen hier vor der gleichen Wahrheit wie am vergangenen Sonntag: Jesus gibt uns den vollen Lohn. Dem, der im Glauben zu ihm kommt, schenkt er *alles* das, was der bekommt, der ihm gehört. Es braucht kein bestimmtes Mindestmaß an Wissen oder Glauben, an Heiligung oder Charakterstärke. Die Vergebung und die Kindschaft sind unteilbar; wer sie hat, der hat sie ganz.

Wie freue ich mich, Herr Jesus, dass das so ist. Du weißt, wie oft es mir so geht wie dem sinkenden Petrus. Du heißt mich zu dir kommen und ich versuche, die Glaubenswege zu gehen und große Dinge für dich zu wagen. Aber dann sehe ich den Sturm und die Wellen und das Meer, und ich bekomme Angst und fange an zu sinken, bin kleingläubig und komme ins Zweifeln. Darum bitte ich dich jetzt: Strecke deine Hand aus, dass ich sie berühren kann und wieder ruhig werde und weiß, dass es ja immer einen Ausweg gibt. An deiner Hand kann ich mitten ins Dunkel gehen, ohne zu sehen oder zu begreifen. Mache mit mir, was du willst, nur lass mich nicht los.

Samstag nach Septuagesimae

Dein Glaube hat dir geholfen.

(Lukas 7,50)

Zum Lesen: Lukas 7, 36-50

Diese Worte hören wir in den Evangelien immer wieder. Es ist gerade so, als ob Jesus sie absichtlich wiederholt, um uns etwas sehr Wichtiges einzuschärfen. Was Jesus uns geben will, kann man nur im Glauben annehmen – aber wenn man glaubt, bekommt man es ohne Wenn und Aber.

Glauben – das bedeutet mehr, als dass ich etwas als wahr akzeptiere. Selbstverständlich bedeutet es auch das – ich glaube, dass Jesus Gottes Sohn ist, den der Vater zu mir gesandt hat, um mir das Heil anzubieten. Aber an Jesus glauben bedeutet noch mehr. Es bedeutet, dass ich mich auf ihn verlasse, ihm vertraue, ihm Recht gebe. Wer an Jesus glaubt, der will sich an ihn halten und nach ihm richten. Darum konnte Jesus sagen: »Geh hin und sündige hinfort nicht mehr« (Johannes 8,11). Er wusste, dass das genau das ist, was der Mensch, der an ihn glaubt, will. Und die gleiche Bedeutung liegt in den Worten: »Geh hin in Frieden.« Sie sind mehr als ein Zuspruch von Ruhe und Frieden; »Friede« bedeutet in der Bibel Gottes gute Schöpfung, eine Welt, in der Gottes Wille geschieht. Wer Frieden im Herzen hat, der hat sein Leben in Gottes Hände und Willen gelegt.

Das ist Glaube. Und die Erlösung, die wir durch diesen Glauben bekommen? Sie wird uns noch oft beschäftigen in den kommenden Wochen, in denen wir Jesus nach Jerusalem folgen.

Herr, du weißt, wie viel Kleinglaube noch in mir ist. Du weißt auch, dass es die Wahrheit ist, wenn ich sage, dass ich nicht weiß, zu wem ich gehen sollte, wenn nicht zu dir. Mein Glaube mag nur ein kleiner Funke sein, aber dieser Funke glüht, weil du ihn angeblasen hast. Ich brauche deine Hilfe, ich will nicht ohne dich sein. Darum komme ich zu dir, und du hast gesagt, dass du den, der zu dir kommt, nicht hinausstößt. Ich will mich gerne mit dem letzten Platz in deinem Reich begnügen, wenn ich nur einen kleinen Blick auf dein Angesicht erhaschen und wissen darf, dass du mich nicht fallen lässt. Amen.

Sonntag Sexagesimae

Es ging ein Sämann aus zu säen seinen Samen.
… Der Same ist das Wort Gottes.

(Lukas 8,5+11)

Zum Lesen: Lukas 8,4-15

Das Gleichnis vom Sämann gibt uns ein realistisches Bild vom Ackerbau in dem steinigen, gebirgigen Galiläa. Und von uns Menschen. Ja, so geht es, wenn Jesus sein Wort aussät.

Einiges fiel auf den Weg. Auf den Maultiersteig, der sich zum See Genezareth hinabschlängelt. Da er quer durch das Feld verläuft, ohne Zaun oder Graben, ist es nicht verwunderlich, dass ein Teil der Saat auf den blanken Steinen des Weges landet, wo sie bald zertreten und dann von den Vögeln gefressen wird. So geht es oft mit Gottes gutem Wort: Es landet in innerlich festgetretenen Herzen, in denen in einer pausenlosen Reizüberflutung tausend Eindrücke und Gefühle vorbeiziehen. Anstatt in die Erde zu sinken, wird es zertreten. Die Vögel des Feindes unserer Seele picken es auf, bevor es eine Chance hat, aufzugehen.

Einiges fiel auf den Fels. Gemeint ist der Kalksteinboden, der sich unter jedem Acker in den Bergen Palästinas findet und an manchen Stellen bis zur Oberfläche durchbricht. Hier ist die Ackerkrume dünn. Im Frühjahr wärmt sich dieser Steinboden wie ein Treibbeet auf. Hier geht die Saat zuerst auf, es sieht vielversprechend aus. Aber sobald die Sommerhitze kommt, vertrocknet alles. Dies ist das Bild für die Sorte Mensch, die sich leicht »erwärmen« und begeistern lässt. Auch für Jesus. Aber die Begeisterung hält nicht lange.

Einiges fiel auf die Dornen. Disteln und Dornen sind die große Plage des Bauern in Galiläa. Sie können mannshoch werden und sich zu einem undurchdringlichen Dickicht verfilzen. Je trockener es wird, um so härter und spitzer werden sie. Niemand versucht ein solches Feld abzumähen. Man lässt alles stehen, bis man es abbrennt. Diese alles erstickenden Dornen nimmt Jesus als Bild für unser Hasten und Jagen, für die tausend Beschäftigungen und Pflichten und Ziele, die uns auf Trab halten, und die Vergnügungen und Freizeittermine, die den Rest des Tages ausfüllen – und die zusammen all das Leben ersticken, das durch Gottes Wort in uns aufgekeimt war.

Und dann schließlich der gute Boden, wo die Saat Wurzel fasst, aufgeht und Frucht trägt. Eigentlich sollte ja dies das Normale sein in unseren Herzen. Aber – und hier verlässt das Gleichnis ein Stück weit den Boden des Alltags – Jesus spricht hier aus seiner eigenen Erfahrung als Gottes Sämann. Kein vernünftiger Bauer geht nämlich so verschwenderisch mit seinem Samen um, dass er ihn auch auf den Weg, den Fels und die Dornen fallen lässt. Aber Jesus tut es.

Wie ist das in *meinem* Leben mit Gottes Wort? Ist es an mir verschwendet? Oder trägt es Frucht?

Du säst dein gutes Wort aus, Herr. Auch in mein Herz hinein, und ich ahne, wie viel davon schon zertrampelt worden ist. Ich schäme mich, wenn ich daran denke, wie viel vertrocknet und erstickt ist. Und doch bist du, Herr, nicht müde geworden, immer wieder neu zu säen. Und da doch du es bist, der das Wachsen und Gedeihen schenkt, bitte ich dich, dass du deine Hand über deine Saat hältst, dass du die Vögel des Feindes fortjagst und das Unkraut jätest und dein Wort in mir Wurzel fassen und wachsen lässt, so dass es Frucht bringen kann – Frucht, die dich ehrt und meinen Mitmenschen nützt.

Montag nach Sexagesimae

So seht nun darauf, wie ihr zuhört.

(Lukas 8,18)

Zum Lesen: Lukas 8,16-39

Jesus sät sein Wort unter uns aus. Wir hören es. Aber das Ergebnis fällt so himmelweit unterschiedlich aus. Deshalb müssen wir darauf achten, *wie* wir hören.

Da gibt es erstens die Menschen, die zwar Ohren haben, aber rein nichts hören. Vielleicht *wollen* sie auch nicht hören. Sie machen es gerne so wie die Brüder Jesu, als sie kamen, um ihren offensichtlich verwirrten Bruder nach Hause zu holen. Sie blieben draußen. Sie spürten die Macht seines Wortes schon von weitem. Da war eine Ergriffenheit, ein Ernst, eine Sehnsucht nach mehr von diesem Wort, die weit ausstrahlte. Da war es am sichersten, draußen auf der Straße zu bleiben und Jesus nur ausrichten zu lassen, dass man ihn sprechen wollte. Aber auf diese Art findet man ihn nie. Will man mit ihm zu tun haben, so muss man auf sein Wort hören. Wirklich hören.

Man kann zweitens das Wort hören und seine Wirkungen sehen und doch ganz falsch reagieren, weil man gleich nur daran denkt, was das alles für seine (finanziellen oder sonstigen) privaten Interessen bedeuten kann. So machten es die Menschen im Gebiet der Gerasener, auf der anderen Seite des Sees Genezareth. Dort gab es kleine griechische Städte mit römischen

Kolonisten, mit Theatern und Bädern und moderner Kultur. Man konnte ihre Tempel bis Tiberias und Kapernaum sehen. In diesem Gebiet begegnete Jesus dem Besessenen. Man hatte diesen Mann mit jenen primitiv-brutalen Methoden behandelt, die im Orient noch bis ins 20. Jahrhundert gang und gäbe waren. Man hatte ihn buchstäblich in Ketten gelegt. Aber er hatte sich losgerissen und lebte nun bei den Gräbern, nackt und wild, der Schrecken der ganzen Umgegend.

Jesus heilte ihn. Die bösen Geistermächte mussten ihr Opfer loslassen. In der merkwürdigen Episode mit den Schweinen scheinen Jesu Jünger einen Akt der Barmherzigkeit gesehen zu haben: Die bösen Geister mussten nicht sofort in den Abgrund fahren, Jesus gewährte ihnen eine Galgenfrist. Aber hier zeigt sich das ganze Wesen des Bösen. Es ist destruktiv, es hat eine eingefleischte Lust, zu verderben und zu zerstören. Es begreift sein eigenes Bestes nicht. Gibt man ihm eine neue Chance, so nützt es sie nur zum Negativen. So ging es auch hier. Die Schweineherde, die sich in ihr Verderben stürzt, ist leider kein einmaliges Ereignis; dergleichen geschieht auch unter uns Menschen.

Die Bewohner der Gegend waren tief beeindruckt von dem, was mit dem Wahnsinnigen geschehen war. Da saß er nun zu Jesu Füßen, ordentlich gekleidet und bei Verstand. Sie begriffen: Hier war ein Gottesmann, mächtig in Wort und Tat. Und gerade darum baten sie Jesus – höflich, aber bestimmt – zu gehen. Sie wollten ihre Ruhe haben. Man konnte nie wissen, was alles passieren konnte, wenn man diesem Jesus freie Bahn ließ.

Und Jesus ging.

Herr, auch ich habe schon oft Angst vor dir gehabt. Ich habe mich gefragt, ob es nicht falsch war, dich bestimmen zu lassen. Es gibt Dinge, über die ich mit dir am liebsten nicht reden will. Und darum bitte ich dich jetzt: Lass mir solche Manöver nie durchgehen. Wenn ich nicht über etwas mit dir reden will, dann erinnere mich daran, dass du mein Bestes willst und weißt. Habe ich denn einen Grund, vor dir Angst zu haben? Du bist ja gekommen, um mir zu helfen. Wenn ich Angst habe, etwas zu verlieren, dann lass mich nur einen Blick auf dich erhaschen, damit ich wieder weiß, dass es keinen anderen Verlust gibt, als dich zu verlieren, und dass alles, was du tust und willst, alles, was du gibst oder nimmst, nur Gewinn und Segen für mich ist.

Dienstag nach Sexagesimae

Wer seine Hand an den Pflug legt und sieht zurück, der ist nicht geschickt für das Reich Gottes.

(Lukas 9,62)

Zum Lesen: Lukas 9,46-62

Jesus konnte erstaunlich streng sein. Da wollten Menschen ihm nachfolgen, aber sie mussten nur schnell noch etwas erledigen. Etwas sehr Wichtiges. Aber wenn jemand so kam und sagte: »Lass mich *zuerst* ...«, antwortete Jesus mit seinem unnachgiebigen: »Trachtet *zuerst* nach dem Reich Gottes und nach seiner Gerechtigkeit, so wird euch das alles zufallen« (Matthäus 6,33). Nur so bekam es seinen richtigen Platz. Kam es auf den falschen Platz, vor Gottes Reich, dann ging alles schief.

Wir erinnern uns vielleicht an Jesu Worte über den Samen, der unter die Dornen fiel. Es sind nicht nur Laster und Sünden, die einen von Gott fern halten können; es können auch sehr wohlanständige Beschäftigungen sein, Pflichten des Alltags, von denen wir meinen, dass wir sie ja nicht versäumen dürfen.

Das Entscheidende ist die Frage: Was kommt bei mir zuerst? Gott hat uns Menschen dazu geschaffen, dass wir von ihm, durch ihn, für ihn und zu ihm hin leben. Das können wir nicht ohne sein Wort. Durch das Wort tritt Gott in Verbindung mit uns. Das Wort aber braucht Zeit. Man kann es nicht hören, lesen oder lernen, ohne ihm ein gewisses Maß an Zeit zu widmen. Diese Zeit müssen wir uns nehmen, diese Stunden dürfen wir uns von nichts und niemand nehmen lassen. Aber es gibt so vieles, was hier stören will. Jesus spricht von den »Sorgen der Welt« (Matthäus 13,22). Sie nehmen auch ihre Zeit in Anspruch, sie füllen unseren Tag. Schon am Morgen stehen sie neben unserem Bett, klopfen an unsere Seelentür, brüllen uns die Aufgaben des Tages entgegen: Wie willst du das nur schaffen? Und schon ist die Versuchung groß, die Morgenandacht abzukürzen oder ganz ausfallen zu lassen. *Dafür habe ich heute keine Zeit,* denken wir – und schon beginnen die Dornen uns über den Kopf zu wachsen, bis wir eines Tages den Himmel nicht mehr sehen.

Herr, sage mir das jeden Tag aufs Neue, dass ich zuerst dein Reich suchen soll. Ich brauche das. O ja, ich weiß genau, was das Wichtigste ist, und doch lasse ich alles mögliche andere sich nach vorne drängeln. Ich weiß, dass ich ohne dein Wort nicht leben kann, und doch versuche ich immer wieder genau dies. Es fiele mir im Traum nicht ein, eine Mahlzeit einfach ausfallen zu lassen. Herr, mache mich genauso gewissenhaft, wo es um meine Seele geht, damit sie regelmäßig das Brot des Lebens bekommt, das sie so sehr braucht. Lass es mir zur Selbstverständlichkeit werden, dass du zuerst kommst, dass du wichtiger bist, dass ich auf das meiste in dieser Welt verzichten kann, aber nicht auf dich.

Mittwoch nach Sexagesimae

Was steht im Gesetz geschrieben? Was liest du?
(Lukas 10,26)

Zum Lesen: Lukas 10,23-42

Ein Schriftgelehrter will Jesus mit einer Frage auf den Zahn fühlen: Wie bekomme ich das ewige Leben?

Jesus antwortet – wie so oft – mit einem Hinweis auf die Heilige Schrift. Dort steht ja, wie man das ewige Leben bekommt. Niemand braucht im Ungewissen zu sein, wir haben Gottes Wort. Die Frage ist nur: Wie lesen wir es?

Wir Christen sollten besser über die Erlösung Bescheid wissen als jener Schriftgelehrte. Jesus konnte seinen Jüngern sagen, dass viele Propheten und Könige gerne das gewusst hätten, was sie wussten. Wir haben das volle Evangelium, wir kennen die Wahrheit. Aber wie lesen wir?

Mit anderen Worten: Was sagt die Bibel denn wirklich? Wir haben es vielleicht so oft gehört, dass wir allein aus Gnade erlöst sind, dass Gott uns gratis das ewige Leben schenkt und dass wir nichts dazu tun können, dass wir schließlich versucht sind, die Hände in den Schoß zu legen oder uns dem Trott des Alltags hinzugeben und schön darauf zu warten, dass es eines Tages in uns mystisch »Klick« macht und wir gläubig geworden sind.

Aber so funktioniert das bei Gott nicht. Es gibt etwas, was wir Menschen tun *können*, ja tun *müssen*, wenn es um unsere Erlösung geht. Was das ist, können wir – unter anderem – in dem Bericht über Marta und Maria lernen. Nur eines ist notwendig, sagt Jesus zu Marta, und das hatte Maria begriffen. Sie hatte »das gute Teil erwählt«, das ihr keiner mehr wegnehmen konnte. Und worin bestand dieses »gute Teil«? Sie »setzte sich dem Herrn zu Füßen und hörte seiner Rede zu«.

Was wir tun können und sollen, ist also schlicht dieses: das Wort aufnehmen. Gottes Wort ist das Erlösungsmittel. Es bewirkt etwas in unserem Herzen. Reue über unsere Sünden und Glaube an den Heiland. Es lässt den lebendigen Glauben wachsen, der in der Liebe tätig ist. Das ganze Christenleben hängt am Wort. Und man kann dieses Wort nicht ein für alle Mal aufnehmen. Es geht ja hier nicht nur um Kenntnisse und Ansichten, es geht um eine schaffende Kraft, die ständig von neuem in unser Leben eingreift. Wir brauchen sie so dringend wie das tägliche Brot.

Wir müssen also Gottes Wort »gebrauchen« – es hören, lesen, uns einprägen, anwenden. Dieser Gebrauch des Wortes ist kein Verdienst, mit dem wir bei Gott Punkte sammeln können; er ist der Schlüssel, mit dem wir unser Herz und unser Leben für die Gnade, die wir uns nie und nimmer verdienen können, öffnen; er ist die Methode, mit der wir Gottes Gnade entgegennehmen.

Herr, ich danke dir für diese Gabe. Hilf mir, dein Wort recht zu lesen, wie einen Brief von dir, wie einen

Gruß, den du mir schickst. Hilf mir, es zu hören, wie du zu mir redest – heute, jetzt, in diesem Augenblick. Lass mich sehen, was du da extra für mich hast aufschreiben lassen. Ich weiß, dass du dein Wort zu allen Zeiten und Menschen ausgeschickt hast, auch zu unserer Zeit und zu mir. Hilf mir, zu hören, dass du es bist, der da redet. Mache dein Wort lebendig, auch für mich. Du hast es ausgesandt, um dein Werk auszurichten; lass dieses Werk auch in mir geschehen. Amen.

Donnerstag nach Sexagesimae

Weh euch Schriftgelehrten! Denn ihr habt den Schlüssel der Erkenntnis weggenommen.
(Lukas 11,52)

Zum Lesen: Lukas 11,37-54

Wir haben in dieser Woche gehört, dass man darauf achten muss, *wie* man hört und *wie* man liest. Im heutigen Bibeltext treffen wir das warnende Beispiel schlechthin für den falschen Umgang mit Gottes Wort. Die Pharisäer und Schriftgelehrten waren fleißige Bibelleser. Sie waren tatsächlich gelehrt – wenn man unter »gelehrt« das Ansammeln von Wissen versteht. Sie hielten sich auch an das Wort – oder jedenfalls an die Buchstaben, die da auf dem Papier standen. Sie gaben pingelig den Zehnten sogar von ihren Gewürzen, sie nahmen es pedantisch genau mit den Waschungen und Reinigungsvorschriften. Sie hatten minutiöse Ausführungsbestimmungen zu den Gesetzen des Mose ausgearbeitet und wussten bis aufs I-Tüpfelchen, was ein frommer Mensch alles zu tun und zu lassen hatte.

Es waren diese detaillierten Regeln, die man damals »die Satzungen der Ältesten« nannte (Markus 7,3). Es war nicht einfach, sie alle zu kennen, geschweige denn sie einzuhalten. Für einen wohlsituierten Privatmann, wie die Schriftgelehrten selber es oft waren, mochte es vielleicht noch angehen, aber für einen Kleinbauern oder Tagelöhner war es ganz und gar unmöglich. Doch danach fragten die Schriftgelehrten nicht. Sie legten den Menschen schwere Bürden auf und rührten keinen Finger, um sie ihnen tragen zu helfen. Vor lauter Gesetzeseifer hatten sie die Liebe zu Gott und den Schlüssel zu aller echten Erkenntnis verloren.

Was ist dieser Schlüssel? Eine Einstellung der Demut und Aufrichtigkeit, die einen Gottes Wort auf die rechte Art aufnehmen lässt. Da merkt man, dass man ja *selber* unter Gottes Urteil steht. Man sieht, wie grenzenlos erlösungsbedürftig man ist. Man merkt, dass man sich mit all seinen Anstrengungen Gottes Liebe nicht verdienen kann. Man wird das, was Jesus in der Bergpredigt »geistlich arm« genannt hat. Man fängt an, nach der Gerechtigkeit zu dürsten, wie ein Wanderer in der Wüste nach Wasser.

Wer diesen Schlüssel verloren hat, für den ist es eine ausgemachte Sache, dass Gottes Wort dazu da ist, um uns zu zeigen, wie wir bessere Menschen werden und Punkte bei Gott sammeln können. Gottes Gesetz wird zur Anleitung, wie man es fertig bringt, in der Gesellschaft und in Gottes Reich einen guten Platz zu bekommen. Man sorgt dafür, dass das Gesetz erfüllbar wird. Man kann es dabei so wie die Pharisäer machen: alles bis ins Kleinste regeln. Heutzutage wählt man allerdings öfter das andere Extrem: Man vereinfacht alles, reduziert es auf ein paar hohe, allgemeine Prinzipien wie zum Beispiel Liebe und Mitmenschlichkeit, die man anschließend jeweils »situationsangemessen« interpretieren kann. Mit beiden Methoden mogelt man sich an dem, was Gott wirklich will, und an seinem

Anruf an unser Herz vorbei und erreicht nie den Punkt, wo man seine Erlösungsbedürftigkeit durch Christus einsieht.

Herr Jesus, hilf mir, dass ich mich selber verurteile und nicht die anderen. Lass dein Wort so zu mir reden, dass ich begreife, wie weit entfernt von deiner Liebe ich bin und wie viel mir noch fehlt, bis ich so liebe wie du. Wenn ich Schlechtes von den Menschen denke, dann hilf mir, zu sehen, dass wir ja alle zusammengehören, dass wir Brüder und Schwestern sind, die gleich viel Vergebung brauchen. Niemand von uns hat sie verdient, aber du bietest sie uns allen an. Es ist nicht mein Verdienst, dass ich das erkannt habe. Hilf, dass auch die anderen es erkennen, Herr. Um deines Namens willen. Amen.

Freitag nach Sexagesimae

Denn wo euer Schatz ist, da wird auch euer Herz sein.

(Lukas 12,34)

Zum Lesen: Lukas 12,13-34

Es gibt Menschen, die Gottes Wort am liebsten auf die anderen anwenden. Man kann doch nicht alles durchgehen lassen, sagen sie, die Kirche sollte wirklich einmal ein klares Wort sagen zu Pornografie und Drogen und all dem Elend in unserem Land. Und mein Pastor sollte meiner Frau/meinem Mann einmal richtig den Kopf waschen. Gott ist doch wohl mit denen, die im Recht sind.

Ein solcher Mensch kam zu Jesus. Er hatte einen Erbstreit mit seinem Bruder und erwartete, dass Jesus Partei für ihn ergriff.

Aber Jesus antwortete ihm, dass er nicht als Erbschlichter zur Verfügung stand. Bestimmt hatte Gott auch in dieser Sache ein Wort zu sagen, denn Gottes Wort behandelt auch diese Dinge. Aber es geht in Gottes Wort immer zuerst um uns selber. Es spricht geradewegs in unser Gewissen hinein. Weigern wir uns, es auf uns selber anzuwenden, können wir es auch nicht auf die anderen anwenden. Wir können nicht über Gott verfügen, ihn nicht als Rechtsanwalt oder Gerichtsvollzieher in unsere Dienste nehmen.

Nach dieser Szene wandte Jesus sich den Umstehenden zu, die vielleicht etwas verwundert waren, und erklärte ihnen, wie das ist mit unserem Leben und mit all dem, was wir zum Leben brauchen. Er erzählte ein Gleichnis von einem reichen Großbauern, der prächtige Ernten einfuhr und große Pläne zur Vergrößerung seines Hofes hatte – bis Gott ihn zu sich zitierte, damit er Rechenschaft ablege.

Und Jesus sprach weiter, über die Sorgen, die wir uns um unser Essen, unsere Kleider, unser Einkommen und unsere Gesundheit machen. Unser himmlischer Vater weiß, dass wir das alles brauchen; er hat uns ja dieses Leben geschenkt und hat vor, uns alles zu geben, was wir dazu brauchen. Aber er hat uns nicht aufgetragen, dass wir uns und unseren Lieben ein narrensicheres Vorsorgenetz für alle Eventualitäten des Lebens basteln. Es war nie so von ihm gedacht, dass wir unser Leben darauf verwenden, uns die hundertprozentige Unabhängigkeit aufzubauen. Wir wissen ja buchstäblich nicht, was morgen kommen wird. Das Wichtigste haben wir eben nicht im Griff, und alles andere hat Gott versprochen, uns zu geben, wenn wir nur zuerst nach seinem Willen fragen und als seine Kinder leben.

Gerade das zielstrebige und vielleicht sogar ganz erfolgreiche Arbeiten an der eigenen Existenzsicherung hier auf dieser Erde kann zu einer großen Gefahr werden. Jesus vergleicht es mit Disteln und Dornen auf einem Acker, die die Saat überwuchern und ihr Licht und Nahrung wegnehmen. Menschen, die in solch einer Lage waren, konnte Jesus den Rat geben, den er dem reichen Jüngling gab: »Verkaufe alles, was du hast, und komm und folge mir nach!« (Lukas 18,22). Andere durften behalten, was sie hatten, aber ihnen zeigte Jesus, dass sie nur Verwalter waren, ohne eigenes Besitzrecht und ihm selber verantwortlich.

Ein solcher Verwalter kann nur jemand sein, der treu und demütig auf Jesu Wort hört.

Herr, vielleicht wird man auch meine Seele noch in der nächsten Nacht von mir fordern. Mein Leben steht in deinen Händen. Wenn ich morgen auf meine Arbeit gehe, habe ich keine Garantie, dass ich wieder zurückkommen werde. Herr, hilf mir, dass ich mich darüber freuen und dafür dankbar sein kann. Du bestimmst mein Leben – weil du etwas mit ihm vorhast. Lass deinen Plan für mich täglich Wirklichkeit werden. Hilf mir, nicht Zeit und Kraft auf das zu verschwenden, was sinnlos ist. Nur du kannst mein Leben mit dem rechten Sinn erfüllen, so dass es ein freudiges, ein nützliches, ein gesegnetes Leben wird. Herr, führe mich so, dass es Menschen gibt, die dir danken, dass du mich zur Ehre deines Namens gebraucht hast.

Samstag nach Sexagesimae

Aber ich muss mich zuvor taufen lassen mit einer Taufe, und wie ist mir so bange, bis sie vollbracht ist!

(Lukas 12,50)

Zum Lesen: Lukas 12,35-59

Wir sind Jesus durch Galiläa gefolgt. Wir haben seine Predigt gehört. Jetzt lenkt er seine Schritte nach Jerusalem, und in der vor uns liegenden Passionszeit wollen wir ihm auf diesem Weg folgen.

Vieles deutet darauf hin, dass die Jünger ein ungutes Gefühl beschlich, als Jesus beschloss, hinauf nach Jerusalem zu gehen. Er war schon öfter dort gewesen, aber inzwischen war die Lage anders geworden. Der Widerstand war stärker, jeder konnte sehen, was die Feinde Jesu im Schilde führten. Sie lauerten dem Meister auf, suchten nach einer Gelegenheit, ihn anzuklagen. Sobald ihre Stunde da war, würden sie zuschlagen, gnadenlos. Sie waren Fanatiker, die ihre Prinzipien unerbittlich durchsetzten.

Nein, es war kein Wunder, dass die Jünger Angst hatten, als sie nach Jerusalem zogen. Aber Jesus hatte auch Angst; er sagte es selber. Er war ja ein Mensch, der in allem wie wir versucht wurde, und das bedeutet, dass er auch wusste, was Angst ist. Leiden und Schmerz waren ihm nicht egal, er erlebte sie genauso wie wir.

Aber was ihm solche Angst bereitete, war sicher nicht nur der Gedanke an seinen eigenen Tod, sondern es war auch die Unbußfertigkeit und Verhärtung, die er bei den Menschen sah. Als Freudenbote war er gekommen, um sie alle in Gottes Reich einzuladen, und solange er heilte, tröstete und half, strömten die Menschen auch zu ihm. Aber als er anfing, von dem Leben als Gottes Kind zu reden, in Vergebung und Versöhnung, einem Leben, wo man nicht mehr der Herr sein wollte, sondern gerne anderen diente, da lichteten sich die Reihen zusehends. Es war offenbar, dass die Menschen sich nicht ändern wollten. Er war in sein Eigentum gekommen, und die Seinen hatten ihn nicht aufgenommen.

Und nun lag also eine »Taufe« vor ihm, durch die er hindurchmusste. Getauft werden – das bedeutete ja, dass man hineingetaucht wurde in eine Tiefe, in der alles Alte starb, damit etwas Neues geboren werden konnte. Jesus hat das in einem anderen Bild so ausgedrückt: Soll ein Weizenkorn Frucht bringen, muss es zuerst in die Erde und sterben (Johannes 12,24).

Er würde also sterben, vernichtet, aufgelöst werden. Das Triumphgeschrei der Feinde, der Zorn des Volkes, das Gejohle des Hasses würde wie eine schwarze Welle über ihm zusammenschlagen. Und er würde es geschehen lassen, im Vertrauen auf etwas gänzlich Unerhörtes, etwas, das noch nie zuvor geschehen war. Gott würde sterben. Was würde geschehen, wenn Gott starb?

Auf diesem Weg wollen wir unserem Erlöser jetzt folgen.

Mein Herr Jesus, wie leicht vergesse ich das – dass du, der du wahrhaftig Gott bist, auch wirklich ein Mensch wurdest. So gerne bilde ich mir ein, dass das eigentlich alles ganz einfach und selbstverständlich für dich war, dass du doch die ganze Zeit schon wusstest, wie es ausgehen würde. Hilf mir, zu erkennen, dass auch du glauben musstest, dass auch du an der Hand deines Vaters in die Finsternis gehen musstest und dass du zum Schluss auch diese Hand loslassen musstest, als du meine Schuld auf dich nahmst und am Kreuz von deinem Vater verlassen wurdest. Du, der du weißt, was Angst und Bangesein ist, hilf du mir, wenn ich Angst habe, wenn mir die Zweifel kommen vor all dem Widerstand und den Risiken, und die Mächte dieser Welt mir so viel stärker und hautnäher erscheinen als Gott und sein Reich. Nimm mich hinein in dein Leiden und deinen Sieg und lass mich Teil haben an all dem, was du für mich getan hast. Amen.

Sonntag Estomihi

Und sie verstanden nicht, was damit gesagt war.
(Lukas 18,34)

Zum Lesen: Lukas 18,31-43

Den Jüngern ging es also nicht besser als uns; auch sie waren schwer von Begriff. Und das, was sie da nicht begreifen konnten, war ja gerade das Allerwichtigste: dass der Menschensohn leiden und sterben musste, damit wir erlöst werden können. Wir Menschen haben oft unsere Schwierigkeiten, das zu verstehen. Wir ahnen wohl, dass es Gott gibt, wir spüren lebhaft, dass er das Gute liebt, wir glauben zu wissen, was er von uns erwartet. Und wir ziehen den Schluss, dass wir, wenn wir ernst mit ihm machen wollen, wohl besser rechtschaffen leben. Begegnen wir dann Christus und sehen, wie er die große Verkörperung von allem ist, was Liebe und Güte heißt, folgen wir ihm gerne; das ist doch wohl das, was er will: dass wir so leben wir er. Jawohl, das muss der Weg zu Gott sein!

So ungefähr müssen die Jünger gedacht haben auf dem Weg nach Jerusalem. Sie hatten dieses merkwürdige Wort, dass Jesus sein Leben als Lösegeld für viele geben würde, nicht verstanden. Aber sie wussten, dass sie ihm folgen wollten, was auch geschehen würde. Und weil sie ihm so folgten, konnten sie schließlich auch das begreifen, was sie zunächst überhaupt nicht begriffen hatten. Sie sahen mit eigenen Augen, wie es Jesus erging. Sie erlebten all das, was auch wir miterleben dürfen in der vor uns liegenden Passions- und Osterzeit. Sie erlebten auch, wie wenig sie auf ihre eigenen guten Vorsätze geben konnten. Wie hatten sie sich vorgenommen, Jesus treu zu bleiben bis in den Tod – und dann verließen sie ihn alle und flohen. Sie erlebten, wie sie selber eine Schuld hatten, die sie nie und nimmer bezahlen konnten – und dass ihr Meister auch diese Schuld trug.

Dies ist etwas, was auch wir erleben, wenn wir Jesus nachfolgen, wenn unsere Nachfolge denn ehrlich ist und wir wirklich von ihm lernen und so wie er leben wollen. Wenn wir ohne Wenn und Aber versuchen, Liebe und Güte zur Richtschnur unseres Lebens zu machen, dann beginnen wir zu verstehen, warum *unsere* Güte und Liebe nicht der Weg zu Gott ist. Dieser Weg endet in einer Sackgasse, vor einem Abgrund, der uns von Gott trennt. Diesen Abgrund kann allein Jesus überbrücken, aber das begreifen wir erst dann, wenn unsere Augen geöffnet werden und wir beides sehen – unser eigenes Unvermögen und das, was Jesus getan hat, um unseretwillen und an unserer Stelle.

Herr Jesus, erbarme dich über mich. Hier sitze ich wie der Blinde am Weg bei Jericho und bitte dich: Öffne meine Augen. Herr, hilf mir, das zu sehen, was ich nie sehen und begreifen kann, wenn du nicht meine Augen anrührst. Hilf mir, mich selber zu sehen, in dem Licht, das vom Thron deines Vaters kommt. Und hilf mir, dass ich dich und all das, was du getan hast, im klaren Licht der Schrift sehe und begreife, was es be-

deutet, warum es notwendig war und was du getan hast. Ich verlange nicht, es alles auf einmal zu sehen. Lass mich einfach dir folgen und als dein Jünger Tag um Tag das hören und sehen, was ich am meisten brauche. Jesus, Davids Sohn, erbarme dich über mich. Amen.

Montag nach Estomihi

Wer das Reich Gottes nicht empfängt wie ein Kind, der wird nicht hineinkommen.

(Markus 10,15)

Zum Lesen: Markus 10,1-16

Auf seiner Wanderung nach Jerusalem benutzte Jesus den normalen Pilgerweg am Ostufer des Jordans. Der direkte Weg von Galiläa nach Jerusalem führte durch Samarien, aber dort waren Juden nicht willkommen, und so nahmen sie den Umweg über Peräa, auf der anderen Seite des Jordantals, in Kauf.

Wieder merken wir die Spannung, die in der Luft lag. Die Pharisäer versuchen, Jesus eine Falle zu stellen. Sie kommen mit einer Frage über die Ehescheidung, und Jesus sagt ihnen, worauf sie heimlich gehofft haben: dass das Gesetz des Mose nicht Gottes letztes Wort in dieser Sache ist. Für einen Juden war es damals genauso leicht, sich scheiden zu lassen, wie es das heute in vielen säkularisierten Ländern ist. Aber Jesus sagt: Wer nach einem solchen Gesetz handelt, der verstößt gegen Gottes Willen. Jesus diktiert hier keine Paragraphen aus dem Bürgerlichen Gesetzbuch. Das bürgerliche Gesetz kann die Ehescheidung durchaus erlauben, »um eures Herzens Härte willen«. Aber jemand, der Gottes Kind sein und in Frieden mit Gott leben will, folgt *Gottes* gutem Willen und *seinem* Gesetz. Die Ehe bedeutet, dass Mann und Frau eins werden. Gott hat sie zusammengefügt. Die Ehe ist nicht eine menschliche Übereinkunft, bis auf weiteres zusammenzubleiben, sondern eine Lebensgemeinschaft zwischen einem Mann und einer Frau, die die beiden unauflöslich zusammenbindet.

Matthäus berichtet, wie die Jünger reagierten. Sie sagten: Wenn das so ist, sollte man besser nicht heiraten (vgl. Matthäus 19,10). Eine sehr menschliche Reaktion, die jeder von uns ein Stück weit nachvollziehen kann. Wir nehmen das mit der Ehe – wie so vieles andere – ja oft nicht so genau.

Kurz danach kamen mehrere Mütter mit ihren Kindern zu Jesus – Säuglinge und Kleinkinder, wie Lukas sagt. Die Jünger wollten sie fortschicken. Sie hatten gerade eben gehört, wie schwer es war, in Gottes Reich zu kommen und begannen zu ahnen, wie viel Gott von ihnen verlangte. Sie würden alle ihre Kraft brauchen, um würdig zu werden, dabei zu sein. Und jetzt kamen diese Leute mit ihren Kleinkindern daher – was wollten die hier?

Wieder hatten sie nichts begriffen. Jesus scheint mehr von ihnen erwartet zu haben. Er nimmt die Kinder auf seine Arme und legt die Hände auf sie, zum Zeichen, dass er sie in sein Reich aufnimmt. Er sagt, dass das Reich Gottes auch ihnen gehört und dass jemand, der es nicht wie solch ein Kind aufnimmt, nie hineinkommen wird.

So merkwürdig ist das also mit Gottes Reich. Manchmal sieht es so aus, als ob es keinem Menschen gelingen kann, hineinzukommen; und dann heißt es wieder, dass wir alle wie kleine Kinder werden müssen, die nichts vermögen und nichts begreifen, wenn wir Mitbürger in diesem Reich werden wollen. Wie passt das zusammen?

Um das zu verstehen, müssen wir Jesus weiter nach Jerusalem folgen.

Herr Jesus, es fällt mir so unendlich schwer, das zu tun, was ich doch als richtig erkannt habe. Wenn ich höre, wie du über Gottes Willen sprichst, dann verstehe ich, wie unser Leben sein müsste – und was wir daraus gemacht haben. Herr, ich möchte so gerne, dass wenigstens mein Leben so wird, wie du es haben willst, aber ich spüre, wie wenig Kraft ich dazu habe. Als ich ein hilfloses kleines Kind war, hast du mich auf deinen Schoß genommen und gesegnet, und ich merke, wie das jetzt wieder so wird. Willst du vielleicht, dass ich so zu dir komme – als jemand, der nichts kann und nichts versteht? Herr, du weißt alles, und du vermagst alles. Darum setze ich meine Hoffnung auf dich, nur auf dich. Amen.

Dienstag nach Estomihi

Wer kann dann selig werden?

(Markus 10,26)

Zum Lesen: Markus 10,17-31

In der kirchlichen – vor allem katholischen – Tradition war der so genannte Fastnachtsdienstag früher der letzte Tag vor der langen Fastenzeit, die bis Ostern ging. Es war auf Wochen hinaus der letzte Tag, an dem man so richtig schlemmen konnte – was man dann auch weidlich tat. Heute ist in den Wohlstandsländern jeder Tag des Jahres Fastnachtsdienstag. Wir können uns jeden Tag satt essen, und dafür dürfen wir dankbar sein. Aber eines sollten wir darüber nicht vergessen.

Die heutige Bibellese handelt von dem »reichen Jüngling«, der zu Jesus kam. Sein Besitz hinderte ihn nicht daran, ein guter, rechtschaffener Mensch zu sein. Unter seinen Bekannten galt er bestimmt als mustergültig. Seine Sehnsucht nach Gott war so stark, dass er Jesus aufsuchte. Es war etwas in ihm, das ihm keine Ruhe ließ.

Jesus sah ihn an und »gewann ihn lieb«, heißt es in unserem Text. Und gerade darum sagte er ihm mit aller Klarheit, was ihm noch fehlte: Er musste sich frei machen von allem, was ihn festhielt, und das war sein Wohlstand und Reichtum.

Ja, es kann sein, dass der Wohlstand, das Ausgesorgthaben, der Lebensstandard zu einem Abgott wird, der uns von Gott fern hält. Ist dies so, dann müssen wir ein radikales Nein zu diesem Götzen sagen. Dies ist ein harter Text für Menschen, die »alles haben« – mehr, als sie eigentlich brauchen und viel mehr als der Großteil der Menschheit.

Kein Wunder, dass die Jünger fragten: »Wer kann dann selig (gerettet) werden?« Und Jesu Antwort zeigt, vor was für einem schweren Problem wir hier stehen. Für Menschen ist dies unmöglich – erlöst zu werden, zu Gott zu kommen, los zu werden von allem, was uns bindet und von Gottes Reich fern hält. Aber bei Gott sind alle Dinge möglich – auch dieses eigentlich Unmögliche, dass auch *ich* selig werde.

Herr, lieber himmlischer Vater, hier sagst du selber, was ich schon lange geahnt und wovor ich Angst gehabt habe: Es ist unmöglich. Es ist unmöglich, dass wir Menschen uns Erlösung schaffen. Um in dein Reich hineinzupassen, müsste ich ja so ganz anders sein – und so werde ich nie im Leben werden! Wenn ich daran denke, was ich alles besitze, was ich alles für lebensnotwendig halte, was ich um nichts in der Welt aufgeben möchte, dann merke ich, wie viel ich an mich selber denke, wie viel Zeit ich auf meine eigenen Interessen, mein eigenes Bestes verwende. Aber bei dir sind alle Dinge möglich. Allmählich ahne ich, dass es gerade dieses Unmögliche ist, das du möglich gemacht hast, als du deinen Sohn sterben ließest, damit jeder, der an ihn glaubt, das ewige Leben bekommt. Hilf mir, das zu sehen und zu glauben, und tue du das Wunder an mir, das nur du tun kannst. Um deines lieben Sohnes willen. Amen.

Mittwoch nach Estomihi

Wenn ihr fastet …
                                    (Matthäus 6,16)

Zum Lesen: Matthäus 6,16-21

Am Aschermittwoch begann früher die Fastenzeit vor Ostern. Sie dauerte vierzig Tage, in bewusster Erinnerung an die vierzig Tage, die Jesus fastete, bevor er in der Wüste vom Teufel versucht wurde. Da man am Sonntag, dem großen Tag der Auferstehung und Freude, grundsätzlich nicht fastete, musste man die Fastenzeit genau an diesem Mittwoch beginnen, um bis Ostern die vierzig Tage voll zu haben.

Die evangelischen Kirchen schreiben keine besonderen Fastenzeiten vor. Aus dem Leben vieler Christen ist das Fasten gänzlich verschwunden, und dies ist eine höchst zweifelhafte Entwicklung. In dem Abschnitt aus der Bergpredigt, den wir heute gelesen haben, sagt Jesus mit der größten Selbstverständlichkeit: »Wenn ihr fastet …« Er selber fastete, und er beschrieb Fasten und Beten als mächtige Waffe im Kampf gegen den Bösen. Aber er machte kein Gesetz daraus, und schon gar nicht wollte er, dass man sein Fasten an die große Glocke hänge. Als er einmal gefragt wurde, warum seine Jünger nicht so fasteten wie die Pharisäer, antwortete er, dass die Hochzeitsgäste ja wohl nicht fasten, solange der Bräutigam noch unter ihnen ist; doch es kommt eine Zeit, wo der Bräutigam von ihnen genommen wird, und dann werden sie fasten (vgl. Matthäus 9,14-15). In der Apostelgeschichte wird das Fasten als etwas Selbstverständliches betrachtet.

Aber was ist denn das – Fasten? Es ist der freiwillige Verzicht auf etwas, das an sich erlaubt und gut ist, und man verzichtet, um ganz frei zum Dienst für Christus zu sein. Man zeigt sich selber und seinem Herrn, dass man auch einmal ohne eine bestimmte Sache sein kann. Das ist ja der rechte christliche Lebensstil – dass wir die Gaben dieser Welt so gebrauchen, als besäßen wir sie nicht. Es gibt viele gute Dinge, über die wir uns mit vollem Recht freuen dürfen, aber es sollte nichts Macht über uns bekommen. Nichts darf uns wichtiger werden als Gott selber. Durch die zumindest zeitweilige Enthaltsamkeit von etwas können wir Geld oder auch Zeit einsparen, mit der wir einen besonderen Dienst für Christus tun können. Es kann eine gute Fastensitte sein, das so ersparte Geld in eine Fastenbüchse zu tun oder für einen bestimmten Zweck zu spenden. Es ist auch eine Form des Fastens, wenn ich regelmäßig einen Teil meines Einkommens Gott zur Verfügung stelle; ich verzichte so auf etwas, das ich mir an sich leisten könnte, und ich tue dies um Christi willen.

Unser Fasten soll fröhlich sein, sagt Jesus, aber wir sollen es nicht hinausposaunen; es sollte etwas nur zwischen mir und dem Herrn sein, etwas, das nur er weiß.

Herr Jesus, auch dies musst du mich lehren. Zeige mir deinen Willen, und dann hilf mir, ihn auf die rechte Art zu tun, mit der richtigen Freude im Herzen. Lass mich fröhlich sein, wenn du mir die guten Gaben dieser Welt gibst, und doppelt fröhlich, wenn ich ohne sie sein darf, damit sie andere erfreuen. Lenke du meinen Willen und herrsche du über mein Herz, damit ich immer das tun kann, was du willst, ob ich nun etwas entgegennehme oder es abgebe. Herr, dein Wille geschehe in allem. Amen.

Donnerstag nach Estomihi

Der Menschensohn ist nicht gekommen, dass er sich dienen lasse, sondern dass er diene und sein Leben gebe als Lösegeld für viele.

(Markus 10,45)

Zum Lesen: Markus 10,32-45

Jesus ging ihnen voran, berichtet Markus, und sie hatten Angst. Die Jünger wussten, wie riskant dieser Weg war. Schon sah man, hoch auf der anderen Seite des Jordantals, die Häuser auf dem Kamm des Ölbergs. Hinter ihnen, noch zwei Tagereisen entfernt, lag Jerusalem, die Stadt, die ihre Propheten tötete. Die Luft roch nach Entscheidung. Was konnte man den mächtigen Feinden schon entgegenstellen? Hier musste ein Wunder her. Die Jünger zweifelten nicht, dass ihr Meister zum Schluss doch noch siegen würde. Aber was würde dieser Sieg kosten? Sie waren doch auch nur Menschen, und sie hatten Angst.

Aber sie folgten Jesus weiter. Sie hatten sich entschieden. Durch dick und dünn würden sie ihm folgen. Und dann seinen Sieg mit ihm teilen.

Das waren so die Gedanken, die den beiden Jüngern durch den Kopf gingen, die man auch die »Donnersöhne« nannte (vgl. Markus 3,17), weil in ihrem Wesen etwas wie Blitz und Donner war. Sie traten zu Jesus und fragten ihn, ob er ihnen wohl die beiden Ehrenplätze in seinem Reich geben würde.

Jesus muss sie traurig angelächelt haben. So wenig hatten sie also verstanden – von dem, was auf sie wartete, und von dem, was er von ihnen erwartete. Er fragt sie, ob sie den Kelch trinken können, den er trinken wird, und sie antworten wie aus der Pistole geschossen: »Ja, das können wir.« Und Jesus antwortet – vielleicht wieder mit einem wehmütigen Lächeln –, dass sie ihm schon noch nachfolgen werden in Leiden, Tod und Martyrium, aber dass er ihnen keine Ehrenplätze versprechen kann. Und dann ruft er die Zwölf zusammen und gibt ihnen eine Lektion, die sie nie vergessen werden. Macht und Rang und Namen – das ist etwas, was zu den Reichen dieser Welt gehört. In Christi Reich herrschen andere Gesetze; da ist der der Größte, der am meisten dient, ja, der Herr dieses Reiches, der Menschensohn, ist selber auf die Erde gekommen, um zu dienen. Und genau das wird er bald tun – indem er sein Leben gibt zum Lösegeld für viele.

Es war eine geheimnisvolle Rede, die sie erst später verstanden, als Jesus sie mit seinem Leiden und Sterben in die Tat umgesetzt hatte. In diesen Worten liegt nämlich das Geheimnis Christi: dass er sein Leben gab als Lösegeld für viele.

Mein Herr und Meister, ich weiß das so gut, dass der am größten ist, der dient. Ich habe das so viele Male gehört. Hilf mir, dass dieses Wissen in mir lebendig wird, meinen Willen und mein Wesen bestimmt. Wenn du jemand anderem einen Auftrag gibst und nicht mir, dann lass mich dies als etwas ganz Natürli-

ches sehen. Und wenn du ihn mir gibst, dann hilf mir, dass ich ihn als Auftrag zum Dienen verstehe. Lass mich begreifen, dass das, was die Menschen Macht nennen, in Wirklichkeit Mühe und Arbeit und Verantwortung ist, etwas, für das wir einmal Rechenschaft werden ablegen müssen. Aber lass mich auch begreifen, dass es eine Freude und ein Reichtum ist, wenn ich es in deinem Dienst tun kann, und wenn ich aller Diener sein muss dabei. Mache mich dir ähnlicher – dir, der du kamst, um zu dienen, und nicht, um dir dienen zu lassen.

Freitag nach Estomihi

Herr, lass ihn noch dies Jahr.

(Lukas 13,8)

Zum Lesen: Lukas 13,1-9

Die beiden Begebnisse in unserem heutigen Bibeltext finden sich nur bei Lukas. Sie trugen sich irgendwann während der Wanderung nach Jerusalem zu. Es waren schlimme Nachrichten aus der Stadt gekommen. Pilatus hatte eine neue Untat begangen; er hatte mehrere Galiläer, die zum Opfern in den Tempel gekommen waren, niedermachen lassen, wohl weil er sie für Aufständische hielt. Die Menschen, die Jesus diese Neuigkeit erzählten, wollten wahrscheinlich hören, was er darauf zu sagen hatte. Seine herbe Antwort: Es wird euch allen einmal nicht besser gehen, wenn ihr nicht Buße tut. Und er erinnerte sie an einen anderen Vorfall, als ein einstürzender Turm in Jerusalem achtzehn Menschen unter sich begraben hatte. Die Menschen hatten sich damals gefragt, warum das geschehen war; waren die Todesopfer vielleicht besonders schlimme Sünder gewesen? Nein, nicht mehr als die anderen auch, sagt Jesus. Wenn ihr nicht Buße tut, werdet ihr alle umkommen.

Von Gott abfallen bedeutet von ihm getrennt werden, und diese Trennung bringt unweigerlich Verderben und Untergang. Dies gilt nicht nur für ein paar Schwerverbrecher, dies gilt für alle. Von Gott abgefallen ist ja jeder, der Gott nicht über alles liebt und ihn nicht Herr über sein Herz sein lässt.

Der Abfall von Gott legt eine schwarze Decke des Verhängnisses über die Menschheit, und nie war dieses Verhängnis so bedrohlich nahe gewesen wie damals. Das meint Jesus mit seinem Gleichnis vom unfruchtbaren Feigenbaum. Es handelt von ihm selber und seinem Volk. Er war von Gott gekommen, er war Gottes Messias, der Freudenbote, der den Menschen die Vergebung brachte und sie in Gottes Reich einlud. Drei Jahre lang war er unter ihnen umhergewandert. Gott konnte sagen: Drei Jahre lang bin ich gekommen und habe Frucht gesucht an diesem Baum, aber ich habe keine gefunden. Die logische Folge wäre eigentlich, den Baum abzuhauen. Genauso hatte es ja Johannes der Täufer gesagt: »Es ist schon die Axt den Bäumen an die Wurzel gelegt; jeder Baum, der nicht gute Frucht bringt, wird abgehauen und ins Feuer geworfen« (Lukas 3,9).

Aber jetzt ist hier einer, der für den armen Feigenbaum bittet. Wir begreifen, dass Jesus damit sich selber meint. Er ist der Weingärtner, der den Herrn des Weinbergs bittet, den Baum noch ein Jahr stehen zu lassen, damit er um ihn umgraben und düngen kann; vielleicht bringt er dann doch noch Frucht.

Als Jesus hinauf nach Jerusalem ging, wollte er einen letzten Versuch machen. Das Volk hatte noch eine Gnadenfrist. Jesus trug sein Volk, ja die ganze Menschheit auf seinem Herzen. Er sah die Gefahr und wollte sein Äußerstes tun, um sie abzuwehren.

Herr, lieber himmlischer Vater, wie oft hast du schon mich untauglichen Feigenbaum abhauen wollen? Wie viele Male bist du gekommen und hast Frucht gesucht und keine gefunden? Und doch hast du mich stehen lassen. Herr Jesus Christus, ich danke dir für deine Fürbitte für mich. Ich weiß, was geschehen wäre, wenn du nicht für mich eingetreten wärest. Hilf mir, den Tag, den du mir heute schenkst, und den, der morgen kommt, als Tag der Gnade, als Geschenk von dir entgegenzunehmen. Ich weiß ja, dass es einen guten Sinn hat, wenn du ihn mir schenkst. Hilf mir, das zu tun und zu sein, was du wolltest, als du mir diesen Tag gabst.

Samstag nach Estomihi

Wenn das Weizenkorn nicht in die Erde fällt und erstirbt, bleibt es allein; wenn es aber erstirbt, bringt es viel Frucht.

(Johannes 12,24)

Zum Lesen: Johannes 12,20-33

Der heutige Bibeltext lässt uns einen Blick in Jesu Herz werfen. Wie der gestrige Text lässt er uns etwas davon ahnen, warum Jesus hinauf nach Jerusalem ging. Er berichtet von einem Geschehnis, das sich bereits nach Jesu Einzug in die Stadt zutrug. Er hatte im Tempel zu den Menschen gesprochen, und es wurde immer deutlicher, dass sie auch Gottes letztes Vergebungsangebot abweisen würden.

Da kommen eines Tages einige Griechen und wollen Jesus sprechen. Wir wissen nicht den Anlass, erhalten auch keine weiteren Informationen über diese Griechen. Wie immer interessiert Johannes sich nur für das, was Jesus und uns angeht, das, was Bedeutung für alle Zeiten hat. Jesu Antwort auf die Bitte der Griechen: Jetzt wird es sich zeigen, wer der Menschensohn ist. Die Stunde ist gekommen, wo er verherrlicht wird, und dies wird durch seinen Tod geschehen.

Jesus sagt frei heraus, dass er Angst hat. Soll er seinen Vater bitten, dass ihm diese Stunde erspart bleibt? Aber er ist ja gerade deswegen in sie hineingekommen, um das zu demonstrieren, was der letzte Ausweg ist, der letzte Beweis für Gottes Barmherzigkeit. Jetzt ergeht das Gericht über diese Welt, sagt er, jetzt wird der Fürst dieser Welt hinausgestoßen. Gott kann sich nie und nimmer mit dem Bösen arrangieren, der ewige Abgrund zwischen ihm und dem Satan kann durch nichts überbrückt werden. Aber die armen Menschen, die auf der falschen Seite dieses Abgrunds gelandet sind, sie sollen gerettet werden, und dies kann nur dadurch geschehen, dass Gottes Sohn sein eigenes Leben für sie gibt.

Er ist das Weizenkorn, das in die Erde fallen und sterben muss. Tut er dies nicht, wird er allein bleiben wie ein einzelnes Korn; dann wird er der einzige Gerechte gewesen sein, der Einzige, der Gott je treu war, der Einzige, der sich einen Platz in seinem Reich verdient hat. Wenn aber das Korn stirbt, wird es viel Frucht bringen. Genau dies hatte der Prophet Jesaja geahnt, als er sagte: »Wenn er sein Leben zum Schuldopfer gegeben hat, wird er Nachkommen haben und in die Länge leben, und des HERRN Plan wird durch seine Hand gelingen. Weil seine Seele sich abgemüht hat, wird er das Licht schauen und die Fülle haben. Und durch seine Erkenntnis wird er, mein Knecht, der Gerechte, den Vielen Gerechtigkeit schaffen; denn er trägt ihre Sünden« (Jesaja 53,10-11).

Mein Herr und Erlöser, du hast nicht an deinem Leben gehangen, sondern gabst es hin, damit wir leben können. Du ließest dich martern und töten, und es war so schwer für dich, wie es für einen Menschen sein kann, und doch gingst du diesen Weg. Ich begreife: Einen anderen Weg gab es nicht, sonst hätte dein Vater dir diesen Weg erspart. Wenn du ihn nicht gegangen wärest, wir hätten es nicht besser verdient gehabt. Aber du hast es alles auf dich genommen, für uns. Wie kann ich dir das je danken? Nimm mein Leben und mache daraus etwas nach deinem Willen, zu deinem Dienst und deiner Ehre. Amen.

Sonntag Invocavit

… der versucht worden ist in allem wie wir, doch ohne Sünde.

(Hebräer 4,15)

Zum Lesen: Matthäus 4,1-11

Nach seiner Taufe im Jordan wurde Jesus vom Heiligen Geist in die Wüste geführt, berichtet Matthäus. Gemeint ist die judäische Bergwüste, die sich mit ihren schroffen Hängen hoch über das Jordantal erhebt. Durch tief eingeschnittene Schluchten betritt man diese Bergeinöde. Wie einst der Täufer sich eine Zeit lang in der Wüste aufhielt, bevor er öffentlich auftrat, zog sich nun Jesus zurück, um allein mit seinem Vater zu sein, bevor er das Werk, zu dem er durch die Taufe geweiht worden war, beginnen würde.

Und dort begegnet ihm der Versucher. Woher kommt der Teufel? In Israel antwortete man, dass er am Anfang einer von Gottes Engeln gewesen war, eines der Wesen, denen Gott Leben, Freiheit und einen eigenen Willen geschenkt hatte. Doch dann missbrauchte er diese Gaben, um sich gegen Gott zu erheben. Zur Zeit Jesu las man das 14. Kapitel des Jesajabuches als Andeutung auf diese Begebenheit: »Du aber gedachtest in deinem Herzen: Ich will in den Himmel steigen und meinen Thron über die Sterne Gottes erhöhen … Ich will auffahren über die hohen Wolken und gleich sein dem Allerhöchsten« (Jesaja 14,13-14). Der Satan wollte wie Gott werden und selber alles bestimmen. Er wählte das, was Gott nicht wollte: das Böse. Und es gelang ihm, einen Teil der Schöpfung mit in seinen Abfall hineinzuziehen. Auch die ersten Menschen konnte er dazu verführen, auf seine Stimme zu hören und nicht auf Gott. Seitdem herrscht eine unüberbrückbare Kluft zwischen Gott und dem Satan, dem Licht und der Finsternis, der Liebe und dem Eigenwillen.

Der Teufel ist also eine persönliche Macht, ein lebendiger Wille. Der Böse denkt. Er hat seine Pläne, er ergreift die Initiative. Er kämpft, um die Macht über uns Menschen zu behalten.

Dieser Kampf trat in seine entscheidende Phase ein, als Christus in die Welt kam. Der Satan wusste, was auf dem Spiel stand. Durch Herodes versuchte er, das Jesuskind zu töten. Der Plan misslang. Da verlegte er sich auf einen anderen Plan: Jesus auf seine Seite zu ziehen. Gottes Sohn war ja Mensch geworden. Er lebte in dem gleichen Verhältnis zu Gott wie die allerersten Menschen, in vollkommenem Vertrauen und kindlicher Offenheit. Im Garten Eden war es dem Satan gelungen, dieses Verhältnis zu zerstören. Warum sollte er diesen Sieg nicht wiederholen können?

Und er ging an die Arbeit. Vergessen wir nicht: Jesu Versuchung war echt. Dies war keine Spiegelfechterei. Christus wurde in allen Dingen so wie wir versucht. Er hätte seinen eigenen Weg gehen können, hätte all das bekommen können, was uns Menschen so lockt. Darum ging es ja dort in der Wüste: dass er sich doch Hunger und Beschwerlichkeiten vom Leib halten konnte, dass er seine Macht dazu gebrauchen sollte, unter den Menschen angesehen zu sein, dass er mit den Mitteln, die ihm doch zur Verfügung standen, ein weltliches Reich errichten sollte.

Aber er sagte Nein. Er blieb seinem Vater treu. Er war der Erste seit dem Beginn der Menschheit, der nicht dem Verführer erlag.

So hast du also mit dem Verführer gekämpft, Herr Jesus. Nicht nur damals in der Wüste, sondern dein ganzes Leben lang. Und ich dachte früher glatt, dass es ihn gar nicht gibt! Wie konnten wir Menschen so blind sein, Herr? Wie konnten wir deinem Vater die Schuld geben an all dem, was der Feind getan hat? Herr, hilf mir, den ganzen Ernst deines Kampfes mit dem Bösen zu sehen. Ich danke dir für deinen Sieg und dass auch ich teil an ihm haben darf. Ich stelle mich unter deinen Schutz. Danke, dass ich an deiner Seite stehen darf.

Montag nach Invocavit

Geh weg von mir, Satan!
(Matthäus 16,23)

Zum Lesen: Matthäus 16,21-28

Lukas berichtet, dass der Teufel, nachdem er vergeblich versucht hatte, Jesus zu verführen, »eine Zeit lang« von ihm wich (Lukas 4,13). Er wartete auf eine neue Gelegenheit.

Diese Gelegenheit kam bei Cäsarea Philippi. Petrus hatte gerade sein Messias-Bekenntnis abgelegt, und Jesus hatte sich darüber gefreut, Petrus selig gepriesen und von der Gemeinde gesprochen, die er auf diesem Bekenntnis erbauen würde. Das Verhältnis zwischen dem Meister und seinem Jünger war noch nie besser gewesen.

Doch dann fängt Jesus an, von seinem kommenden Leiden zu reden. Petrus, hell entsetzt, nimmt ihn beiseite und versucht ihn umzustimmen. Sein Motiv ist Liebe zu seinem Herrn. Er glaubt ehrlich, Gott auf seiner Seite zu haben: »Gott bewahre dich, Herr! Das widerfahre dir nur nicht!«

Aber Jesus antwortet ihm: »Geh weg von mir, Satan!« Das klang hart, aber es war die Wahrheit. Hier trat wieder der Versucher auf, derselbe, dem Jesus in der Wüste gesagt hatte: »Weg mit dir, Satan!«, und seine Masche war ganz ähnlich wie damals. So fängt er es immer an, wenn er uns von Gott trennen will. Was er vorschlug, war ja nicht geradeheraus böse, nichts, was Gott ausdrücklich verboten hatte. Es sah völlig vernünftig und wohlmotiviert aus. Wenn Jesus Gottes Sohn war, warum wanderte er dann in der Wüste herum wie ein halb verhungerter Landstreicher? Und wenn er einen guten und barmherzigen Vater im Himmel hatte, was sollte er dann leiden und sich töten lassen?

Dies ist eine der großen Strategien des Versuchers: dass er an das appelliert, was unseren kurzsichtigen Menschenaugen als das Vernünftige und Richtige erscheint. Genau diese Methode wandte er beim Sündenfall an. Der Baum, der da mitten im Garten stand, war doch ein guter Baum, es machte keinen Sinn, dass seine Früchte verboten waren. Aber Jesus antwortete Petrus: »Deine Gedanken sind nicht Gottes Gedanken, sondern Menschengedanken.« Und dem Versucher in der Wüste sagte er: »Der Mensch lebt nicht von Brot allein, sondern von einem jeden Wort, das aus dem Mund Gottes geht.« Die erste und wichtigste Frage ist nicht, ob uns etwas vernünftig erscheint oder vorteilhaft oder rational oder lohnend oder auch »liebevoll«, sondern es gibt etwas, das aus Gottes Mund kommt: das, was Gott gesagt hat, seine Gedanken, sein ewiger Wille.

Hieraus ergibt sich alles andere. Wie leben wir richtig? Wenn wir uns nach Gottes Willen richten, auch dann, wenn wir meinen, es besser zu wissen.

Herr, wie oft denke ich, dass ich es besser weiß! Ich tue mir selber Leid und die anderen auch, und so bilde ich mir ein, dass es schon nicht so ernst gemeint sein wird mit dem Weg, den du uns gewiesen hast. Es tut so weh, seinen alten Menschen zu kreuzigen. Vielleicht bin ich noch bereit, das bei mir selber zu tun – aber muss man es auch von den anderen verlangen? Ich sehe doch, wie schwer es ihnen fällt, zu vergeben, nicht auf ihr Recht zu pochen, alle möglichen Gebote zu halten, von ihrem Geld und ihrer Freizeit abzugeben. Du weißt, wie schwer es mir fällt, ihnen ins Gewissen zu reden – und oft willst du das ja auch gar nicht. Aber hilf mir, dass ich immer in deinem Willen lebe und dass ich das so gerne tue, dass meine Mitmenschen einen Hunger danach bekommen, bei dir zu sein und deinen Willen zu tun, weil dies das Beste und Klügste in der Welt ist.

Dienstag nach Invocavit

… sie haben ihn nicht erkannt, sondern haben mit ihm getan, was sie wollten.

(Matthäus 17,12)

Zum Lesen: Matthäus 17,1-13

So ist es dem Täufer ergangen, sagt Jesus. So geht es oft mit denen, die auf Gottes Wegen gehen. Jesus machte sich keine Illusionen, dass es ihm selber besser ergehen würde.

Darum kann der Versucher eine solche Macht über uns bekommen. An diesem Punkt versuchte er Jesus zu packen: Nimm es doch nicht so tierisch genau mit Gottes Willen … Und er stellte ihn hoch oben auf die Tempelmauer, von wo aus die Menschen im Kidrontal wie kleine Puppen aussahen, und schlug ihm vor, sich hinabzustürzen, mitten in das Menschengewimmel, und so seine Wundermacht für alle sichtbar zu machen. Dann würden ihnen die Augen geöffnet, dann würden sie ihm folgen, wohin er sie führen würde! Hatte er nicht Gottes eigenes Wort dafür?

Johannes der Täufer hatte Buße gepredigt, und es hatte nicht geholfen. Die Kirche tut seit zweitausend Jahren das Gleiche, und es scheint immer noch nicht zu helfen. Braucht es nicht ganz andere Methoden, damit die Menschen endlich auf Gott hören? Müssten wir ihnen nicht mit tollen Aktionen demonstrieren, was wir alles können? Diese Versuchung ist der Kirche durch ihre ganze Geschichte hindurch gefolgt. Oft war es eine Versuchung zu politischem Engagement: Tut etwas für die Gesellschaft, etwas, das den Christen Goodwill und Sympathien und Anhänger schafft ...

Wieder holt Jesus seine Antwort aus der Schrift: »Du sollst den Herrn, deinen Gott, nicht versuchen.« Gott weiß, was er will. Er hat sein Revier abgesteckt. Es gibt Dinge, die er sich selber vorbehalten hat. Seine Gedanken sind höher als die unseren, und wir können sie nicht kontrollieren. Darum verzichtete Jesus auf so vieles, was er nach Meinung der Jünger wie seiner Gegner hätte tun müssen. Seine Jünger durften nicht darum kämpfen, dass er nicht den Feinden überliefert wurde; er befahl Petrus, sein Schwert wieder einzustecken. Er stieg nicht herab vom Kreuz. Er bat seinen Vater nicht um die Engelheere, die ihm sofort zu Hilfe geeilt wären. Und so muss auch die Kirche Christi weiter Buße und Glauben predigen, auch wenn die Welt ihr vortönt, dass sie doch viel besser dastehen könnte, wenn sie mit der Zeit gehen und mit aller Kraft sich für die Dinge engagieren würde, die den Menschen viel mehr am Herzen liegen als die Sache mit dem Seelenheil.

Herr Jesus, gib mir den rechten Durchblick, wenn der Versucher Gottes Wort zitiert, um mich auf seine Seite zu ziehen! Du hast ihn damals sofort durchschaut, hattest sofort das richtige Wort von deinem Vater parat. Lass dieses Wort in mein Herz hineinreden, wo ich es am nötigsten habe. Hilf mir, dass ich nie Gott versu-

che. Ich weiß, dass ich genau das tue, wenn ich nachlässig und leichtsinnig werde und hoffe, dass es schon irgendwie gut gehen wird. Ich weiß, dass ich es tue, wenn ich meine Gebete und mein Leben schleifen lasse und darauf baue, dass du schon Fünfe gerade sein lassen wirst. Hilf mir, dich so zu lieben, dass dein Wille meine größte Freude wird und dein Wort in meinem Herzen lebt und deine Stimme zu mir redet, stark und unüberhörbar, auch in der Stunde der Versuchung und wenn ich auf die Probe gestellt werde.

Mittwoch nach Invocavit

Warum konnten *wir* ihn nicht austreiben? –
Wegen eures Kleinglaubens.
(Matthäus 17,19-20)

Zum Lesen: Matthäus 17,14-27

Es hatte nicht geklappt. Während Jesus auf dem Berg der Verklärung war, hatten die Jünger versucht, einen besessenen Jungen zu heilen. Der enttäuschte Vater wendet sich an Jesus. Markus berichtet, dass er sagte: »Wenn du aber etwas kannst, so erbarme dich unser und hilf uns!« Worauf Jesus antwortete: »Alle Dinge sind möglich dem, der da glaubt.« Und der Vater rief aus: »Ich glaube; hilf meinem Unglauben!« (Markus 9,23-25)

Als Jesus den Jungen geheilt hat und die Menge sich verlaufen hat, fragen die betretenen Jünger, warum sie dem Kind nicht helfen konnten. Jesus antwortet ihnen, dass es an ihrem Unglauben liegt. Und dann fügt er etwas hinzu, das uns alle als Versager dastehen lässt: Wenn wir auch nur einen Glauben von der Größe eines Senfkorns hätten, wir könnten Berge versetzen, nichts wäre uns unmöglich.

Jesus meint hier den Wunder wirkenden Glauben. Wir haben bereits gelernt, dass man ihn von dem selig machenden Glauben unterscheiden muss und dass er eine besondere Geistesgabe ist. Aber auch wenn er nicht zu unserer Erlösung nötig ist, müssen wir uns doch fragen, warum dieser Glaube so selten unter uns ist. Muss Christus nicht auch uns ein »ungläubiges und verkehrtes Geschlecht« nennen? Ist es nicht so, dass uns das meiste unmöglich geworden ist – weil wir so viel mehr Unglauben als Glauben haben?

Vergessen wir freilich auch dies nicht: Wir dürfen Gott nicht versuchen. Gott versuchen heißt, dass ich weiter gehe und mehr erwarte, als es Gottes Willen entspricht. Man kann Gott dadurch versuchen, dass man gefährliche Risiken eingeht in der Hoffnung, dass schon alles gut gehen wird. Oder dadurch, dass man meint, er müsse eingreifen und uns helfen, obwohl wir die ganze Zeit unsere eigenen Wege gehen, und nicht seine. Der Hilfe Gottes gewiss sein kann nur der, der ganz in seiner Hand ist. Man kann Großes für Gott tun und Großes von ihm erwarten, wenn man sein Werkzeug ist und treu seinen Willen tut.

Herr, hier merke ich, wie blind ich bin. Es fällt mir so schwer, zwischen meinen und deinen Plänen zu unterscheiden. Manchmal glaube ich, dass ich in deinem Dienst stehe, und dann scheitere ich doch wieder, wegen meines Unglaubens. Und wie oft bleibt das liegen, was du getan haben wolltest. Hilf mir, auf dein Wort Acht zu geben und es immer richtig zu verstehen. Lass mich wachsam sein, so dass ich dann, wenn deine Stunde kommt, zum Handeln oder Reden bereit bin. Mache mich jeden Morgen neu bereit, die Gelegenheiten zu sehen und zu nutzen, die du mir an diesem Tag geben wirst. Und hilf mir, treu zu sein in der Arbeit und in den Pflichten meines Alltags; ich weiß ja, dass auch sie ein Geschenk von dir sind und dass ich zuallererst dort dein Diener sein soll. Mache mich im Kleinsten treu. Und wenn du mir etwas Größeres anvertrauen willst, dann mache mich auch dort treu. Und demütig. Um deines Namens willen, Herr Jesus. Amen.

Donnerstag nach Invocavit

Weh der Welt der Verführungen wegen!
(Matthäus 18,7)

Zum Lesen: Matthäus 18,1-14

Es müssen Verführungen kommen, sagt Jesus. Den Grund kennen wir bereits: Es gibt einen Verführer, eine gottfeindliche Macht, die auch unseren menschlichen Willen beeinflusst.

Darum sagt Jesus hier: Weh der Welt! Es geht um etwas Unheilvolles, Verderben Bringendes, unendlich Tragisches. Das Wort »Verführung« übersetzt hier das gleiche griechische Wort, das an anderer Stelle mit »Ärgernis« wiedergegeben wird, so wenn Jesus zu Petrus sagt: »Du bist mir ein Ärgernis« (Matthäus 16,23), in der Bedeutung: »Du willst mir eine Falle stellen« (so Hoffnung für Alle). Gemeint ist wörtlich der Teil einer Falle, der bewirkt, dass diese in dem kritischen Augenblick über dem Opfer zuschnappt. »Verführung« – das ist etwas, das die Menschen zu Boden schlägt und ins Verderben stößt.

Verführungen kommen also nicht von Gott. Der Apostel Jakobus schreibt: »Niemand sage, wenn er versucht wird, dass er von Gott versucht werde. Denn Gott kann nicht versucht werden zum Bösen, und er selbst versucht niemand. Sondern ein jeder, der versucht wird, wird von seinen eigenen Begierden gereizt und gelockt« (Jakobus 1,13-14). Jakobus denkt hier an die angeborene

Neigung zum Sündigen, die in uns allen wohnt. Auch sie kommt nicht von Gott; sie ist gleichsam der schmutzige Fingerabdruck, den der Teufel in unserem Wesen hinterlassen hat. Es gibt eine eingefleischte Selbstsucht, ein Eigennutz-Denken, das uns natürlich und selbstverständlich erscheint. Das ist der Grund, warum bei jeder Verführung etwas in uns ist, das Ja zu ihr sagt. Darum kann der Teufel uns so leicht in seinen Dienst nehmen. Umso ernster ist da Jesu Wort: Weh dem Menschen, der zum Abfall verführt! Weh dem, der einen von diesen Kleinen, die an mich glauben, zum Abfall verführt! Unser himmlischer Vater will nicht, dass auch nur einer von ihnen verloren geht. Und doch gehen so viele verloren. Weh der Welt der Verführungen wegen!

Herr, meinst du da mich? Ich weiß doch: Wenn du nicht deine schützende Hand über mich hältst, bin ich all den Mächten der Finsternis ausgeliefert, die mir jeden Tag entgegentreten und die einen Stützpunkt in meinem eigenen Herzen haben. Und darum bitte ich dich: Übernimm du das Kommando in mir! Nur du kannst meinen alten Menschen in Schach halten. Was auch geschehen mag, lass es nicht zu, dass ich eine Macht zur Verführung werde, ein böses Beispiel, das andere ins Verderben bringt, ein Anlass dafür, dass Menschen dich verlassen und das Böse wählen. Und wenn etwas mir zur Verführung werden will, dann lege deine Hand darauf und mache mich willig, es fahren zu lassen, wie lieb es mir auch sein mag. Du bist mir doch lieber, Herr, das weißt du. Amen.

Freitag nach Invocavit

Und führe uns nicht in Versuchung, sondern erlöse uns von dem Bösen.

(Matthäus 6,13)

Zum Lesen: Matthäus 18,15-22

Die zweitletzte Bitte im Vaterunser macht vielen Menschen Schwierigkeiten. Sie klingt gerade so, als ob Gott uns manchmal absichtlich in Versuchung führt. Aber das ist hier nicht gemeint. Gott versucht niemanden. Aber wie sollen wir diese Bitte dann verstehen?

Als Erstes müssen wir uns klarmachen, dass das griechische Wort für »Versuchung« auch »Prüfung« bedeuten kann. In dieser Bedeutung benutzt Jesus es beispielsweise, als er beim Abendmahl seinen Jüngern sagt: »In allen meinen Prüfungen habt ihr bei mir ausgeharrt« (Lukas 22,28 Einheitsübers.).

Eine Prüfung ist etwas, das von Gott kommt und die Möglichkeit in sich trägt, dass ich Gott näher komme und in meinem Glauben gestärkt werde. Eine Versuchung dagegen kommt vom Teufel und will mich von Gott wegziehen. Aber Gottes Gnade kann eine Versuchung in eine Prüfung umfunktionieren, die unseren Glauben und Willen stärkt. So kann der Apostel Jakobus schreiben: »Selig ist der Mann, der die Anfechtung erduldet; denn nachdem er bewährt ist, wird er die Krone des Lebens empfangen, die Gott verheißen hat denen, die ihn lieb haben« (Jakobus 1,12).

In unserer Schwachheit können wir Gott darum bitten, dass uns Prüfungen erspart bleiben. Wir wissen ja, dass sie dem Teufel einen Ansatzpunkt geben können. Aber wir wissen auch, dass Gott mit den Prüfungen, die er zulässt, etwas Gutes bezweckt, und mit den Jahren lernen wir, ihm auch für unsere Prüfungen zu danken.

Dagegen sollten wir immer darum beten, dass Gott es so führt, dass wir nicht in Versuchung geraten. Das ist die Bedeutung jener Bitte im Vaterunser. Wir können sie auch so ausdrücken: Führe uns so, dass wir nicht in Versuchung kommen. Und doch wissen wir, dass Versuchungen kommen werden; ganz ohne sie wird unser Leben nicht sein. Und darum folgt im Vaterunser gleich die nächste Bitte: »Erlöse uns von dem Bösen.« Der »Böse«, das ist der Teufel und all das Böse, das von ihm kommt.

Herr, führe uns so, dass wir nicht in Versuchung kommen. Führe uns auf deinen Wegen und an deiner Hand. Führe uns um die Gefahren herum. Gib, dass wir sie schon von weitem sehen, und wenn wir blindlings in sie hineinlaufen wollen, dann wecke du uns auf und halte uns zurück. Und wenn der Weg mitten durch die Gefahr und Versuchung hindurchgeht, dann halte uns ganz fest an deiner Hand, dass wir sie nicht loslassen und vor allem Bösen bewahrt bleiben. Führe uns nicht in Versuchung, sondern erlöse uns von dem Bösen. Amen.

Samstag nach Invocavit

Aber der HERR warf unser aller Sünde auf ihn.
(Jesaja 53,6)

Zum Lesen: Jesaja 53,1-12

Warum ging Jesus nach Jerusalem?

Die Jünger ahnten, dass er wohl vorhatte, mit den Feinden abzurechnen. Aber wie er das machen würde, das ahnten sie nicht. Noch heute sind viele Menschen genauso schwer von Begriff wie damals die Jünger, als sie über die Ebene auf Jerusalem zu wanderten.

Das liegt daran, dass sie nicht begreifen, in was für einem Griff das – oder der – Böse uns hält. Das Böse ist ja nicht nur ein bedauerlicher Fehler, den man mit etwas gutem Willen korrigieren kann. Es prägt unser ganzes Wesen. In uns ist etwas, das gegen Gott ist und das, um mit Paulus zu reden, Gottes Gesetz nicht gehorcht und das auch gar nicht kann (vgl. Römer 8,7). »Wir gingen alle in die Irre wie Schafe, ein jeder sah auf seinen Weg.« Wenn es so wäre, wie viele Menschen glauben – dass wir uns halt »bessern« und »unsere Fehler ablegen« müssen –, unsere Lage wäre hoffnungslos. Das Böse, dieser unversöhnliche Feind Gottes, der niemals in sein Reich hineinkommen kann, ist ja immer noch in uns, und unsere Erlösung kann nicht darin bestehen, dass Gott großzügig die Augen vor ihm zudrückt. Würde er den Himmel für solche Leute öffnen, wie wir es sind, der Himmel wäre bald genauso wie die

Erde schon jetzt: ein Ort, wo es Gutes und Böses gibt, Gott und den Teufel, eine Welt des Kampfes und Leides, des Schmerzes und der Tragik. Die Folgen des Bösen kleben wie Kletten an uns.

Was sollte Gott also machen? Er wollte nicht, dass seine Kinder verloren gehen. Er konnte aber auch nicht so tun, als ob es das Böse nicht gab. Das Böse und der Böse sind ja genauso real wie Gott.

Da tat Gott etwas, was Paulus Gottes »Ratschluss« nennt, »den er zuvor in Christus gefasst hatte, um ihn auszuführen, wenn die Zeit erfüllt wäre« (Epheser 1,9-10). Diesen Plan hatte er seine Propheten ahnen lassen. Am deutlichsten hat es Jesaja gesagt: »Der HERR warf unser aller Sünde auf ihn.« In Jesus Christus nahm Gott die unausweichlichen Konsequenzen des Abfalls von ihm selber auf sich. Er trug unsere Krankheit, er wurde um unserer Missetaten willen verwundet. Die Strafe liegt auf ihm, er wurde ein Schuldopfer für uns.

Darum ging Jesus hinauf nach Jerusalem. Und in dieses Geheimnis Gottes dürfen wir hineingehen, wenn wir ihm jetzt folgen.

Lieber Herr Jesus, das hast du also getan. Für mich. Hier stehe ich mit meiner Scham und meiner Schuld. So schlimm war es also mit mir. Allmählich begreife ich das – jetzt, wo ich so gerne in allem dein Diener sein will, jemand, der ein neues Herz hat, einen selbstlosen Willen und eine Liebe, die für alle reicht. Aber auch mit Freude und Dankbarkeit stehe ich hier. Danke, dass du all das auch für mich tatest. Wäre ich der

Einzige gewesen, den du so erlösen musstest, du hättest es immer noch getan. Herr, ich danke dir, und ich bitte dich, dass ich etwas tun kann für dich. Zeige mir, wem ich dienen und helfen kann, so wie du mir gedient hast, und lass mich es für dich tun, zur Ehre deines Namens. Amen.

Sonntag Reminiscere

Frau, dein Glaube ist groß.

(Matthäus 15,28)

Zum Lesen: Matthäus 15,21-28

Zum zweiten Mal hören wir, wie Jesus von einem »großen Glauben« spricht, und wieder geht es um einen Menschen, der nicht zu Israel gehörte. Beim ersten Mal war es ein römischer Offizier, jetzt ist es eine kanaanitische Frau, die zeigt, wie der »große Glaube« aussieht.

Der große Glaube setzt all seine Hoffnung auf Jesus. Er ist überzeugt, dass Jesus helfen kann und will. Die Frau zeigt das dadurch, dass sie ihn aufsucht, ihm folgt, ihn um Erbarmen anfleht und auch noch dann weiter bittet, als er sich nicht um sie zu kümmern scheint. So ist das mit allem echten Glauben an Jesus.

Der große Glaube denkt nicht groß von sich selber. Die Frau muss sich anhören, dass sie kein Recht hat, etwas zu erbitten oder zu verlangen, und sie akzeptiert das. Sie muss sich anhören, dass sie zu den Menschen gehört, die die Juden »Hunde« nannten. Die »Kinder«, das war Gottes Volk, die Auserwählten, die, denen die Verheißungen galten. Zu ihnen war der Messias gekommen, ihnen galt sein Auftrag – und zu ihnen gehörte sie nicht. Auch das akzeptiert sie: »Ja, Herr.« So ist das immer mit dem wahren Glauben: Er weiß, dass dann, *wenn* Gott hilft, dies eine unverdiente Gnade ist.

Und noch ein Kennzeichen des wahren Glaubens finden wir in dieser Szene. Er hält sich an Jesus, auch dann, wenn Jesus nicht zu reagieren scheint. Die Frau bekommt erst überhaupt keine Antwort, aber sie verfolgt Jesus mit ihrem Rufen. Er erklärt ihr, dass er nicht zu den Heiden gesandt ist; deren Stunde ist noch nicht gekommen. Sie wird noch kommen, aber solange er noch auf der Erde wandert, muss er zu den verlorenen Schafen aus dem Hause Israel gehen. Er hatte sich in die Gegend von Tyrus und Sidon zurückgezogen, um Kraft zu sammeln für seinen Weg nach Jerusalem. Markus berichtet, dass er nicht wollte, dass jemand wusste, in welchem Haus er sich aufhielt (Markus 7, 24). Warum? Auch er brauchte Ruhe, um zu sich zu kommen und zu beten. Auch er hatte eine menschliche Natur, auch seine Kraft hatte Grenzen. Aber als die Frau ihm in all dem Recht gibt und doch um einen kleinen Brocken vom Tisch der Kinder bittet, da erfüllt Jesus ihre Bitte. Der Bericht zeigt, dass die Apostel begriffen, dass dies eine Ausnahme war, aber eine wichtige Ausnahme, aus der sie – und wir – eine zentrale Lehre ziehen sollten: Diese Frau hatte einen großen, einen echten Glauben an Jesus.

Herr, erbarme dich über mich. Ich danke dir, dass auch ich so rufen darf wie diese Frau, auch dann, wenn ich keine Antwort höre, auch dann, wenn ich weiß, dass ich keine Antwort verdiene. Ich danke dir, dass dieser Grund ausreicht, um zu dir zu rufen: dass ich dich brauche, dass ich nicht ohne dich sein kann. Ich danke dir und preise dich, dass es nicht auf die Kraft meines Gebets ankommt, nicht auf die richtigen Worte oder Gefühle, sondern allein auf dies: dass ich dich brauche. Darum will ich nicht aufhören, sondern dich immer und immer wieder bitten: Herr, Davids Sohn, erbarme dich über mich!

Montag nach Reminiscere

… dass dir nicht etwas Schlimmeres widerfahre.
(Johannes 5,14)

Zum Lesen: Johannes 5,1-18

Das Besondere an der Heilung des Kranken am Teich Betesda ist, dass dieser Mann überhaupt nicht wusste, wer Jesus war. Es wird nichts über seinen Glauben gesagt. Aber Jesus hatte die Macht, die Gott hat – eine Macht auch über die Natur, und diese Macht kann Gott auch für den in Bewegung setzen, der nicht glaubt. Er kann in den Gang einer Krankheit eingreifen und Heilung schenken, wo die Ärzte alle Hoffnung aufgegeben haben. Er kann einen Menschen unbeschadet aus einer Gefahr retten, wo die Chancen, es zu schaffen, gleich Null standen. Die Menschen sagen in solch einem Fall oft: »Schwein gehabt«, ohne zu wissen, wer ihnen da geholfen hat. Keiner von uns weiß, wie oft Gott ihn schon vor Unfällen, Krankheiten oder Gewalttaten bewahrt hat.

Auch Christus hatte die Macht, auf diese Weise einzugreifen. Er sagt es seinen jüdischen Gegnern ausdrücklich: Was der Vater tut, das tut auch der Sohn. Sie reagieren verbittert und wollen ihn töten, weil sie – völlig korrekt – begreifen, dass er »sich selbst Gott gleich« macht.

Aber wenn Christus also helfen *kann*, warum tut er es dann nicht – oder jedenfalls längst nicht immer?

Weil er uns eine *wirkliche* Hilfe bringen will. Er will uns aus dem herausretten, was die eigentliche Gefahr ist. Darum sagt er dem Geheilten: »Siehe, du bist gesund geworden; sündige hinfort nicht mehr, dass dir nicht etwas Schlimmeres widerfahre.«

Es gibt also etwas »Schlimmeres«, etwas noch viel Ernsteres als alle Krankheiten und Unglücksfälle, die unser leibliches Leben bedrohen. Das eigentliche Unglück ist unsere Trennung von Gott, und diese Trennung kann ewig und irreparabel werden. Und alles, was Gott tut, geht darauf hinaus, *diese* Krankheit zu heilen. Darum bekommen wir nicht immer die Hilfe, die wir gerne hätten: Es könnte sein, dass sie uns noch weiter weg von Gott führen würde. Es liegt eine tiefe Pädagogik in Gottes Art, uns zu helfen oder mit der Hilfe zu zögern. Er ist die ganze Zeit dabei, das Allerwichtigste zu tun: Er versucht, uns zu helfen, ihn selber zu finden. Die Frage ist nur, ob wir diese Hilfe annehmen. Ohne Glauben geht das nicht.

Herr, du hast alle Macht und vermagst alles. Das ist meine große Geborgenheit und erfüllt mein Herz mit Freude. Es liegt also alles in deinen Händen. Du bist es, der mir das Leben gegeben hat, und du bestimmst, wann ich sterbe. Du überblickst das Ganze und weißt, was alles kommen wird. Ich brauche keine Verantwortung für das zu übernehmen, was ich noch nicht durchschaue oder vorhersehen kann. Du hast mir gesagt, dass ich dir alle meine Wünsche sagen darf. Um alles darf ich dich bitten. Und wenn ich um etwas bitte, das nicht gut für mich ist, dann gib mir in deiner Barmherzigkeit etwas, das besser ist. Ich danke dir, dass du es bist, der alles führt und leitet, und dass das Risiko dein ist, und die Macht und die Herrlichkeit, in Ewigkeit. Amen.

Dienstag nach Reminiscere

Denn wie der Vater das Leben hat in sich selber, so hat er auch dem Sohn gegeben, das Leben zu haben in sich selber.

(Johannes 5,26)

Zum Lesen: Johannes 5,19-30

Johannes hat eine andere Art, zu berichten als die übrigen Evangelisten. Sie schildern anschaulich-konkret die eine Begebenheit nach der anderen, und wo sie Jesu Worte wiedergeben, geschieht dies kurz und knapp. Man merkt, dass es Worte sind, die die Jünger auswendig lernen mussten. Jesu Art, zu unterweisen, folgte ja der Methode der anderen jüdischen Lehrer und Rabbis: Die Jünger hatten sich die Worte ihres Meisters einzuprägen.

Johannes erzählt anders. Als »der Jünger, den Jesus lieb hatte« (Johannes 13,23) hatte er seinem Herrn besonders nahe gestanden und verstanden, was er im Tiefsten meinte und dachte. Später leitete er bis in sein hohes Alter die Gemeinde in Ephesus, wo er selber Jünger unterwies, und diese Unterweisung klingt in seinem Evangelium an. Er berichtet, was Jesus im Kreis der Zwölf sagte oder im Gespräch mit seinen Gegnern, und lässt diese Worte ein Licht auf Jesu Taten werfen. Was die anderen Evangelisten bereits berichtet haben, lässt er in der Regel aus; dafür bringt er ein paar andere Begebnisse – nur eine Hand voll, die er aber umso gründlicher beleuchtet, indem er Jesu Worte wiedergibt. So gibt er uns einen Einblick in Jesu Denken, in sein Verhältnis zum Vater und in die Bedeutung seiner Worte und Taten, wie wir ihn in dieser Tiefe bei den anderen Evangelisten nicht finden.

Er bleibt dabei immer wieder bei bestimmten zentralen Leitwörtern stehen. Mehrere von ihnen sind uns in der heutigen Bibellese begegnet, und jedes hat seine besondere Bedeutung.

Fangen wir an mit *Leben* und *Tod*. *Leben* meint hier das richtige, das eigentliche Leben, eine Existenz voller Glück und Sinn. Dieses Leben gab es am Anfang nur bei Gott, aber Gott schenkte es auch uns Menschen. *Tod* bedeutet das genaue Gegenteil: ein Leben, das man zerstört hat, eine Existenz ohne Gott, die sich selber zerfrisst und in Leid und Unglück führt. So ist das Leben in unserer gefallenen Welt. Der Tod hat auch die erfasst, die in der biologischen Bedeutung des Wortes am »Leben« sind. Darum konnte Jesus sagen: »Lass die Toten ihre Toten begraben« (Matthäus 8,22). Und wenn er davon spricht, dass die »Toten« Gottes Stimme hören werden, meint er damit die Menschen, die auf der Erde leben und zu denen das Evangelium kommt. (Wir haben es sicher gemerkt, dass er zwischen diesen Menschen und denen, »die in den Gräbern sind«, unterscheidet.)

Wer glaubt, sagt Jesus weiter, der hat das ewige Leben und ist vom Tod zum Leben durchgedrungen. Der Glaube bewirkt also, dass wir von neuem das wirkliche, ewige Leben, das Leben Gottes bekommen können und nicht in das Gericht kommen. Das Wort

Gericht bedeutet im Johannesevangelium immer die Trennung von Gott. Aber Gott will uns nicht richten. Darum hat er alles Gericht seinem Sohn übergeben, und der Sohn ist nicht in die Welt gekommen, um sie zu richten, sondern um ihr das Leben zu geben. Sein eigenes Leben hat er hingegeben, damit die Menschen das Leben bekommen. Aber wenn jemand sich weigert, dieses Leben entgegenzunehmen, dann kann Gott nichts mehr für ihn tun. Es gibt etwas in Gottes Wesen, das ein unerbittliches »Nein« zum Bösen sagt. Es ist dieser unversöhnliche Gegensatz, dieses absolute Nein, das die Bibel Gottes *Zorn* nennt. »Wer an den Sohn glaubt, der hat das ewige Leben. Wer aber dem Sohn nicht gehorsam ist, der wird das Leben nicht sehen, sondern der Zorn Gottes bleibt über ihm« (Johannes 3,36).

Herr, eigentlich muss ich dir auch für deinen Eifer und deinen Zorn danken. Wenn du nicht so unerbittlich fest und anders wärest als all das Böse, es gäbe keine Hoffnung; die Grundfesten von Recht und Unrecht würden ins Wanken geraten, die schlimmsten Dinge könnten geschehen und es gäbe keine Aussicht, dass es je anders würde. Es ist so gut, dass du so bist, wie du bist. Und doch zittere ich, denn ich weiß, dass dein Eifer und Zorn ja auch mich treffen könnte, und dann wäre es aus mit mir. Darum danke ich dir, dass du es auch für mich möglich gemacht hast, vom Tod zum Leben durchzudringen und die Gewissheit zu haben, dass ich nie mehr in das Gericht komme. Danke, dass auch ich an deinen Sohn glauben darf.

Mittwoch nach Reminiscere

Eben diese Werke, die ich tue, bezeugen von mir, dass mich der Vater gesandt hat. ... Ihr sucht in der Schrift, ... und sie ist's, die von mir zeugt.
(Johannes 5,36.39)

Zum Lesen: Johannes 5,31-47

Wie kann man sicher sein, dass Jesus so entscheidend wichtig für jeden von uns ist? Die Bibel wird ja nicht müde, uns zu sagen, dass es keinen anderen Namen gibt, durch den wir erlöst werden können. Aber woher wissen wir das? Darüber redet Jesus in unserem heutigen Text.

Die Juden, die Jesus ablehnten, wollten wissen, wie er denn beweisen konnte, dass er Recht hatte. Jesus antwortet, indem er auf dreierlei hinweist.

Erstens auf Johannes den Täufer. Er war von Gott gesandt. In einer Zeit, wo die Propheten ausgestorben zu sein schienen, trat er als der größte aller Propheten auf und verkündete, dass jetzt der Messias kommen würde. Und der Messias kam.

Zweitens weist Jesus auf »die Werke« hin, »die mir der Vater gegeben hat, damit ich sie vollende«. Es konnte ja niemand leugnen, dass Jesus Wunder tat, und seine Gegner waren in Erklärungsnot. Sie versuchten, seine Taten als Zauberei und schwarze Magie abzutun.

Und schließlich weist Jesus auf die Schrift hin. Seit über tausend Jahren hatte Gott sein Volk auf das vorbereitet, was jetzt geschah. Schon Mose hatte von dem geschrieben, der kommen würde. All diese alten Verheißungen gingen jetzt in Erfüllung.

Nun ist all dies nicht das, was man einen »schlüssigen Beweis« nennt. Geistliche Zusammenhänge kann man nie wirklich »beweisen«. Aber sie können unser Gewissen überführen. Das Herz kann auch von Dingen überzeugt werden, die man nicht sehen und messen kann. Es kann von Wahrheiten getroffen werden, die ewig gültig sind, obwohl man sie nicht fotografieren oder mit dem Mikroskop nachweisen kann.

Darum geht es dort, wo wir Jesus gegenüberstehen, immer um eine Herzensentscheidung. Er konnte seinen Gegnern sagen: Ihr wolltet nicht zu mir kommen, um das Leben zu bekommen. Wie könnt ihr glauben, die ihr doch nur an eure eigene Ehre und Prestige und an euren Vorteil denkt, aber Gott nicht Recht geben wollt?

Beim Glauben geht es letztlich immer darum, Gott Recht zu geben. Will ich das oder will ich das nicht?

Mein Herr und Meister, du weißt, dass ich will und doch nicht will. Trotzdem wage ich es, jetzt zu sagen: Herr, ich will. Du bist es, der Recht hat, du bist die Wahrheit. Darum sage ich jetzt Nein zu all dem in mir, was Nein zu dir sagt. Ich weiß, dass es unter einem gerechten Gericht liegt. Aber du hast es alles auf dich genommen, und das Gericht darüber ist ein Gericht über dich geworden. Es ist zum Tode verurteilt worden, und zu diesem Urteil sage ich Ja. Ja, es soll jeden Tag aufs

Neue zum Tod verurteilt werden, denn es hat das Leben nicht verdient, und ich will nichts mehr davon wissen. Du allein sollst jetzt mein Leben sein – du, der du mit dem Leben zu mir gekommen bist, dem ewigen Leben von deinem Vater.

Donnerstag nach Reminiscere

Meine Lehre ist nicht von mir, sondern von dem, der mich gesandt hat. Wenn jemand dessen Willen tun will, wird er innewerden, ob diese Lehre von Gott ist oder ob ich von mir selbst aus rede.

(Johannes 7,16-17)

Zum Lesen: Johannes 7, 1-24

Wir haben gesehen, dass der Glaube darauf beruht, dass man innerlich überzeugt und überführt wird, aber nicht so sehr von äußerlichen, mit unserer bloßen Vernunft feststellbaren Fakten, sondern vielmehr durch Realitäten, die einen im Herzen und Gewissen treffen. Ebendies sagt Jesus hier.

Jesus war das Diskussionsthema Nummer eins. Seine Gegner waren mächtig – geradeso wie heute –, und die, die es zu Jesus hinzog, hatten oft Angst, dies zu zeigen – ebenfalls wie heute. Einige fanden, dass er auf jeden Fall »ein guter Mensch« war, von dem man einiges lernen konnte – auch das kennen wir. Aber es blieb dieser Stachel in seiner Lehre. Er behauptete, dass er der Sohn Gottes war, den dieser zur Rettung der Welt gesandt hatte. Wie konnte man wissen, ob das stimmte oder nicht?

Hier zeigt uns Jesus nun den Weg zur Gewissheit. Er führt nicht durch Diskussionen. Hier geht es um etwas, das die meisten Menschen nicht beurteilen können, weil es außerhalb ihres Erfahrungshorizontes liegt. Aber es ist möglich, diesen Horizont zu erweitern. Wir können in Verbindung treten mit etwas, das wir bisher noch nicht kannten. Darum fing Jesus nie damit an, dass er die Menschen fragte, was sie über ihn glaubten oder dachten, sondern sagte ihnen einfach: »Folge mir nach! Komm und sieh!« Und hier sagt er also: »Wenn jemand Gottes Willen tun will, wird er merken, ob diese Lehre von Gott ist.« Hier ist etwas völlig Neues in die Welt eingebrochen, und wir können nur herausbekommen, was es ist, wenn wir es selber ausprobieren. Und wir können es nicht ausprobieren, wenn wir nicht Gottes Willen tun wollen. Wohlgemerkt: nicht den Willen irgendeines Allerweltsgottes, sondern den Willen des Gottes, der Jesus gesandt hat. Auch dieser Wille Gottes ist etwas, das die Menschen nicht von Natur aus kennen. In Jesus begegnen wir etwas völlig Neuem, das Gott uns zeigen und schenken will.

Man braucht kein fertiges Glaubensbekenntnis, um ein Jünger Jesu zu werden. Aber man muss so viel Vertrauen zu Jesus haben, dass man bereit ist, auf ihn zu hören. Es muss einem ein Stück seiner Zeit und Kraft wert sein, Jesus kennen zu lernen. So war es damals, und so ist es noch heute.

Mein Herr und Meister, mein Lehrer und Wegweiser, lass mich so viel lernen und begreifen, wie ich brauche, um so fest zu glauben, wie du willst. Hilf mir, das zu tun, was mir zu diesem Begreifen hilft. Ich weiß, dass ich mich nicht zu der Wahrheit herangrübeln kann. Ich kann nicht dadurch in deine Geheimnisse eindringen, dass ich einfach dasitze und abwarte. Hilf mir, zu beten und zu kämpfen, zu handeln und zu gehorchen, zu bekennen und Verantwortung zu übernehmen, in deinem Dienst und um deinetwillen, damit ich selber sehen und erleben kann, wie es ist, dir nachzufolgen. Lass mich in deinem Reich leben, auf seinen Wegen gehen und seine Luft atmen, so dass ich weiß, dass es Wirklichkeit ist, und bezeugen kann, dass meine Augen dein Heil gesehen haben. Amen.

Freitag nach Reminiscere

Ich glaube; hilf meinem Unglauben!
(Markus 9,24)

Zum Lesen: Johannes 7, 25-36

Glauben kann schwer sein.

Manchmal sind die Hindernisse von uns selber gemacht. Wer meint, dass man durch Denken, rein logisch, aufgrund von allgemein anerkannten und nachvollziehbaren Tatsachen feststellen kann, ob Jesus Gottes Sohn ist, der wird nie zur Wahrheit kommen. Diesen Fehler begingen viele der Juden zur Zeit Jesu. Sie glaubten, genau zu wissen, wie der Messias zu sein hatte. Einige sagten, dass niemand wissen würde, woher er kam. Aber jeder wusste, dass Jesus aus Nazareth kam, und folglich konnte er nicht der Messias sei. Andere behaupteten, dass der Messias aus Bethlehem kommen würde, und nachdem sie wussten, dass Jesus aus Nazareth kam, fragten sie gar nicht weiter, ob er denn auch dort *geboren* war. Nein, Jesus kennen lernen kann man nur dadurch, dass man ihm nachfolgt, auf ihn hört und selber sieht, wer er ist.

Doch selbst wenn man all das tut, kann es noch schwer sein, zu glauben. Das liegt daran, dass in uns etwas ist, das nicht glauben *will*. Wir haben dies schon mehrere Male erwähnt. Wir tragen in uns etwas, das die Bibel den alten Menschen nennt. Auch ein echter Christ hat ihn noch. Ein Christ besteht nämlich nicht nur aus dem neuen Menschen, der sein Leben von Christus hat, sondern der alte Mensch ist auch noch da. Und so kommt es, dass ein Christ sagen kann, geradeso wie der Vater des besessenen Knaben: »Ich glaube; hilf meinem Unglauben!«

Es gibt also etwas in uns, das ständig zweifelt. Der alte Mensch kann sich vielleicht dazu aufraffen, mit Gott zu rechnen, wenn alle anderen in seiner Umgebung glauben, dass es ihn gibt. Es gab ja Zeiten, da gehörte es zum normalen Anstand, an Gott zu glauben. Aber in diesem Fall versucht der alte Mensch, Gott und seine Gemeinde für seine Privatinteressen einzuspannen. Es rechnet sich, sich zur Kirche zu halten oder ein Amt in ihr zu bekleiden. Etwas Religion kann ein treffliches Mittel sein, Untergebene in ihre Schranken zu weisen. Oder Politiker entdecken, dass eine Einheitskirche gut für den nationalen Zusammenhalt ist (eine Entdeckung, die in der Geschichte zu vielen schweren religiösen Verfolgungen geführt hat).

Das war einmal. Heute lautet die Devise, dass es Gott nicht gibt. Oder jedenfalls nicht so, wie das in der Bibel steht. Er ist erfinderisch, der alte Adam; ständig kommt er mit neuen Argumenten. Er ist nicht bereit, sich auf Gott einzulassen, solange er nicht absolut sicher ist, dass sich das lohnt. Und wenn er doch mitmacht, dann bitte sehr so vorsichtig wie möglich und nur dort, wo es ihm greifbaren Gewinn in Form von Ansehen, guten Freunden, Beförderung oder finanziellen Vorteilen bringt.

Erschrecken wir also nicht darüber, dass da etwas in uns ist, das nicht glauben will. Letztlich kann es uns nicht daran hindern, trotzdem an Christus zu glauben, ja es kann uns sogar dazu helfen, auf die richtige Art zu glauben.

Du bist mein Helfer, Herr Jesus, auch gegen meinen Unglauben, das weiß ich. Du bist der Einzige, der mir helfen kann. Auch wenn weder mein Glaube noch meine Liebe so sind, wie sie sein sollten, darf ich doch immer wieder zu dir kommen, ja, du sagst, dass gerade das Glaube ist – dass ich mit meiner Schwäche und meinem Kleinglauben zu dir komme. Wenn das so ist, Herr, dann kann selbst mein Unglaube etwas sein, das mich zu dir hintreibt und macht, dass ich mich an dich halte. Und so komme ich nun und sage: Lieber Herr, ich glaube; hilf meinem Unglauben!

Samstag nach Reminiscere

Ich lasse dich nicht, du segnest mich denn.

(1. Mose 32,26)

Zum Lesen: Johannes 7, 37-52

So sprach Jakob in der Nacht, als er an der Furt des Jabbok mit dem Fremden kämpfte. Während des langen Ringens beginnt er zu ahnen, dass es Gott selber ist, den er da vor sich hat, und er weigert sich, ihn loszulassen, bevor er nicht von ihm gesegnet worden ist.

Dieses Wort und diesen Bericht hat Gott all denen gegeben, die den Kampf des Glaubens kämpfen. Und in diesen Kampf müssen wir alle hinein, auf welche Art auch immer.

Wir haben schon viele Beispiele für einen kämpfenden Glauben gesehen, und unser heutiger Bibeltext zeigt uns weitere. Es kann ein ganz frischer, neu geweckter Glaube sein wie bei den Männern von der Tempelwache, die Jesus verhaften sollten, aber es nicht fertig brachten, Hand an ihn zu legen. Es kann ein vorsichtig tastender Glaube sein wie bei Nikodemus, der in der Nacht zu Jesus kam und jetzt lediglich zu bedenken gibt, dass man Jesus nicht verurteilen sollte, ohne ihn vorher anzuhören. Er kann auf hundert Arten bedrängt sein, dieser Glaube, von Zweifel, von Angst, vom Dunkel der Sinnlosigkeit, von Herzklopfen und schwachen Nerven. Aber er sucht und er kämpft.

Er sucht. Er weiß, wo die Hilfe ist. Darum kommt er zu Jesus. Er betet und lauscht. Nicht nur hin und wieder einmal, in der Angst vor einer schweren Operation oder in der Freude über einen unerwarteten Erfolg, sondern er sucht Gott, weil er nicht ohne ihn sein kann. Er sucht die Gemeinde, um Gott dort näher zu sein. Er kann mit dem Dichter des 63. Psalms sagen: »Gott, du bist mein Gott, den ich suche. Es dürstet meine Seele nach dir, mein ganzer Mensch verlangt nach dir aus trockenem, dürrem Land, wo kein Wasser ist. So schaue ich aus nach dir in deinem Heiligtum, wollte gerne sehen deine Macht und Herrlichkeit. Denn deine Güte ist besser als Leben« (Psalm 63,3-4).

Er lässt Jesus nicht los. Dies ist vielleicht das typischste Kennzeichen des kämpfenden Glaubens. Er hört nie auf, zu hoffen und zu bitten. Er findet immer etwas, worauf er sich berufen kann. Der Hauptmann von Kapernaum sagte: »Sage nur ein Wort, Herr. Ich weiß, dass du die Macht hast, zu befehlen.« Die kanaanitische Frau sagte: »Selbst den Hunden wirft man ein paar Brocken hin.« Die Hunde gehören ja zum Haus und stehen unter der Fürsorge ihres Herrn. Und ich selber, ich gehöre zu dem gefallenen Menschengeschlecht, das Jesus mit seinem Blut erlöst hat. Er ist auch für mich gestorben, er hat auch mich getauft.

Der kämpfende Glaube ist also ein Glaube, der Christus nicht loslässt. Und diesen Glauben segnet Gott. Er lässt ihn weiterkämpfen, weil er dadurch wächst, stärker wird, die Verheißungen, ja Gott selber fester ergreifen kann. Selbst wenn Gott nicht zu antworten scheint, kann darin ein Segen liegen. Er lehrt uns, nicht zu sehen und doch zu glauben. Er lehrt uns, uns nicht auf unsere Gefühle und Erlebnisse zu verlassen, noch nicht einmal auf unseren eigenen Glauben, sondern nur auf Gottes Wort und Verheißung. Mitten in der Not und gerade durch Prüfungen und Anfechtungen wird der kämpfende Glaube zu einem großen Glauben.

Herr, höre meine Stimme, wenn ich rufe; sei mir gnädig und erhöre mich! Mein Herz hält dir vor dein Wort: »Ihr sollt mein Antlitz suchen.« Darum suche ich auch, HERR, dein Antlitz. Verbirg dein Antlitz nicht vor mir, verstoße nicht im Zorn deinen Knecht! Denn du bist meine Hilfe; verlass mich nicht und tu die Hand nicht von mir ab, Gott, mein Heil! Denn mein Vater und meine Mutter verlassen mich, aber der HERR nimmt mich auf. Ich glaube aber doch, dass ich sehen werde die Güte des HERRN im Lande der Lebendigen. Harre des HERRN! Sei getrost und unverzagt und harre des HERRN! (Aus Psalm 27)

Sonntag Oculi

Der Feind, der es sät, ist der Teufel.
(Matthäus 13,39)

Zum Lesen: Lukas 11,14-28

Viele Menschen sind schockiert, wenn sie vom Teufel hören. Aber Jesus redet mit der gleichen Selbstverständlichkeit über ihn wie über Gott. Er nennt ihn *Satan* (ein hebräisches Wort, das »Feind«, »Widersacher« bedeutet) oder *Teufel* (griechisch *diabolos*, »Ankläger«), aber auch »Mörder«, »Vater der Lüge«, »Fürst dieser Welt«.

Jesus sagt sogar, dass der Teufel ein Reich hat. Er vergleicht ihn mit einem Machthaber, der in seiner gut befestigten Burg sitzt, in dem Wissen, dass sein Reich in Sicherheit ist. Nein, es ist nicht so, wie der Teufel es gerne hätte und bei der Versuchung in der Wüste Jesus vorgaukeln wollte: dass die Welt mit all ihren Reichen und ihrer Herrlichkeit ihm überlassen worden ist und er sie geben kann, wem er will. Jesus antwortete ihm: »Du sollst anbeten den Herrn, deinen Gott, und ihm allein dienen« (Matthäus 4,10). Gott allein ist der rechtmäßige Herr der Welt, nur er hat Anspruch auf unsere Loyalität. Der Teufel ist ein Usurpator, jemand, der fremdes Eigentum an sich gerissen und mit ihm eine Machtstellung, ein Reich aufgebaut hat, und dieses Reich befindet sich hier in dieser Welt (aber nicht nur hier).

Aber nun kann es geschehen, sagt Jesus, dass »ein Stärkerer« den Teufel angreift und besiegt und ihm seine Waffen und seinen Raub abnimmt.

Dies ist das Werk, das Christus in dieser Welt vollbracht hat und noch vollbringt. »Dazu ist erschienen der Sohn Gottes, dass er die Werke des Teufels zerstöre«, sagt Johannes (1. Johannes 3,8). Und das schlimmste dieser Werke bestand darin, dass der Teufel unser Verhältnis zu Gott vergiftet hat. Er hat unserem Innersten seinen Stempel aufgedrückt, er hat es fertig gebracht, dass in uns etwas ist, das genauso unvereinbar mit Gott ist wie der Teufel selber. Es schien sein endgültiger Sieg zu sein. Aber genau diesen Sieg machte Christus zunichte, als er unser Los, unsere Schuld und all die Folgen unseres Abfalls von Gott auf sich nahm und für uns starb.

Herr Jesus, hilf mir, auch diese Dinge so zu sehen, wie du es mich gelehrt hast. Gib mir das rechte Maß an Furcht, so dass ich das Risiko verstehe und die Gefahren sehe, aber gib mir auch die Geborgenheit, die es nur bei dir gibt, das Wissen darum, dass du der Stärkere bist, stärker als alle Macht der Finsternis und alles, was der Böse mir androhen kann. Bewahre mich davor, die Mächte der Finsternis auf die leichte Schulter zu nehmen. Wenn sie dich ans Kreuz brachten, was können sie dann mit mir machen? Und doch bin ich wie in Abrahams Schoß, wenn ich dich habe, denn gegen dich ist der Böse machtlos. Wenn ich unter deinem Schutz stehe und dir gehöre, vermag er nichts. Darum gebe ich mich in deine Hand. Du hast mich erlöst und erkauft, auch von der Gewalt des Teufels.

Montag nach Oculi

Jesus von Nazareth ... ist umhergezogen und hat Gutes getan und alle gesund gemacht, die in der Gewalt des Teufels waren, denn Gott war mit ihm.

(Apostelgeschichte 10,38)

Zum Lesen: Johannes 8,1-11

Der Teufel, eine böse Macht, die gegen Gott steht – ist das nicht Schnee von gestern? Kann man das noch glauben? Aber wenn es keinen Teufel gibt, woher kommt dann das Böse in der Welt? Tatsache ist, dass viele Menschen gerade deswegen ihren Glauben verlieren, weil sie sich einbilden, dass allein Gott in dieser Welt wirkt und dass folglich er es ist, der hinter allem steht, was geschieht. Dann passiert etwas, das man unmöglich mit dem Glauben an einen »guten und allmächtigen Gott« vereinbaren kann, und schon ist die Sache klar: Es gibt keinen Gott. Was in gewissem Sinne sogar stimmt, denn *diesen* Gott – einen, der keinen Gegenspieler hat und allein für alles, was geschieht, verantwortlich ist – gibt es tatsächlich nicht.

Der heutige Bibeltext handelt von der Ehebrecherin, die Jesus vor der Steinigung bewahrt. Er malt kein schönes Bild von den Menschen. Da stehen die Pharisäer mit ihren harten Augen, die sich auf ein doppeltes Vergnügen freuen: ein Exempel an dieser Frau statuieren zu können und eine Handhabe gegen Jesus zu bekommen. Da steht der gierige Haufe, die Steine schon in der Hand; gleich wird das Blut fließen ... Wie können Menschen so werden? Kann das von Gott kommen? Hat er uns so geschaffen? Das Evangelium antwortet »Nein«. Nein, das hat ein Feind getan.

Es gehört zum Christsein dazu, dass man auch etwas über die Macht der Finsternis und den Fürsten der Finsternis weiß. Darum hören wir in der Passionszeit so viel über den Kampf mit den Mächten des Bösen. In der alten Kirche erhielten die Taufkandidaten, die in der Osternacht getauft werden sollten, in diesen Wochen eine letzte, gründliche Vorbereitung, in der man einige wichtige Punkte des Christenlebens noch einmal durchging. Dazu gehörte auch das Wissen, dass man als Christ »nicht mit Fleisch und Blut« zu kämpfen hat, »sondern mit Mächtigen und Gewaltigen«, »mit den bösen Geistern unter dem Himmel« (Epheser 6,12). Auch wir heutigen Christen müssen uns klar darüber sein, dass wir es täglich mit dieser Macht zu tun haben, die in allem das Gegenteil von Gottes Willen will. Genauso wie die ersten Christen müssen wir es lernen, ihr Wirken zu erkennen und so nahe bei Christus zu leben, dass nur er und kein anderer über uns bestimmt.

Herr, manchmal merke ich schon, dass es den Bösen gibt. Wenn die Menschen so richtig besessen werden von ihrer Geltungssucht oder ihrer Habgier oder ihrem Hass. Oder wenn ich plötzlich Dinge will, von denen ich genau weiß, dass du sie nicht willst. Aber ich fürchte, dass es noch öfter so ist, dass ich gar nichts merke, sondern halt in dem großen Strom mitschwimme. Darum bitte ich dich, Herr: Gib mir wachere Augen, mehr Wissen, ein besseres Urteilsvermögen. Aber vor allem: Sei du mir so nahe, dass mir alles, was nicht von dir kommt, so schmutzig und hässlich erscheint, wie es in Wirklichkeit ist. Lass mich alles in deinem Licht sehen, auch wenn ich am liebsten die Augen schließen möchte.

Dienstag nach Oculi

Ich bin das Licht der Welt.

(Johannes 8,12)

Zum Lesen: Johannes 8,12-27

Im 7. Kapitel hat Johannes berichtet, dass Jesus zum Laubhüttenfest nach Jerusalem gekommen war. Dieses Fest wurde im Herbst gefeiert, kurz nach dem großen Versöhnungstag (Jom Kippur), Israels jährlichem Bußtag. Auf das Fasten und Bußetun folgte jetzt das große Erntedankfest, bei dem man zur Erinnerung an die Wüstenwanderung in aus Laubzweigen errichteten Hütten wohnte. Das Fest dauerte eine Woche, und an jedem Tag zogen der Hohepriester und das ganze Volk in einer prächtigen Prozession mit Wasser aus dem Teich Siloah zum Tempel hinauf, wo einer der Priester das Wasser aus einem vergoldeten Gefäß als Trankopfer auf den Altar goss, während das Volk jubelte und Worte des Propheten Jesaja sang: »Ihr werdet mit Freuden Wasser schöpfen aus den Heilsbrunnen« (Jesaja 12,3). Auf diesem Fest sprach Jesus seine berühmten Worte von den »Strömen lebendigen Wassers«, die aus dem Inneren des Menschen fließen werden, der zu ihm kommt, um zu trinken. Der letzte Tag des Laubhüttenfestes mündete in ein nächtliches Fest im Frauenvorhof des Tempels, in dem die Opferkästen standen und zu dem jeder Israelit Zutritt hatte. Große Leuchter wurden entzündet, auf der Treppe zum inneren Vorhof standen Leviten und musizierten, und das Volk tanzte mit Fackeln in den Händen. Es war ein beliebtes, ausgelassenes Volksfest, und es ist nicht unmöglich, dass es der Morgen nach diesem Fest war, als die Ehebrecherin zu Jesus geführt wurde. Und sehr wahrscheinlich spielte Jesus auf all die Lichter an, die das Dunkel der Festnacht erleuchtet hatten, als er sagte: »Ich bin das Licht der Welt. Wer mir nachfolgt, der wird nicht wandeln in der Finsternis, sondern wird das Licht des Lebens haben.«

Gott ist Licht, sagt Johannes, und Paulus schreibt, dass Gott in einem Licht wohnt, in das niemand hineinkommen kann (1. Timotheus 6,16). Dieses Licht gibt den Menschen das Leben, aber die Menschen haben die Finsternis gewählt. In uns allen ist etwas, das die Finsternis mehr liebt als das Licht. Mit Christus ist nun das wahre Licht, das über allen Menschen leuchtet, in die Welt gekommen, sagt Johannes (Johannes 1,9). Wer diesem Licht folgt, braucht nicht mehr im Dunkeln zu gehen, sondern hat das Licht des Lebens wiederbekommen. Aber wer nicht diesem Licht folgt, der bleibt in der Finsternis und wird in seiner Sünde sterben. Denn alles, was Christus über Licht und Leben, über Freude und Frieden sagt, hat seinen »dunklen« Hintergrund. Es ist nicht etwas, das jeder automatisch bekommt, weil es ja einen Gott gibt, sondern es ist etwas, zu dem wir erlöst werden – erlöst aus der Finsternis, aus dem Tod und aus dem Bösen.

Jesus sagt uns, dass wir in der Finsternis bleiben, »wenn ihr nicht glaubt, dass ich es bin«. Der gleiche eigentümliche Ausdruck kommt in Johannes 8 noch zweimal vor. Die Juden fragten sich, was Jesus wohl mit ihm meinte, und als sie es endlich begriffen, wollten sie ihn steinigen. Jesus spielt hier nämlich auf nichts anderes an als auf Gottes Namen, den dieser Mose an dem brennenden Busch offenbarte, als er ihm befahl, zu den Israeliten zu gehen und ihnen zu sagen: »ICH BIN hat mich zu euch gesandt« (2. Mose 3,14 Elbf.).

In diesem Namen liegt, dass Gott der Einzige ist, der in sich selber Leben hat, der Einzige, der in alle Ewigkeit besteht, der Anfang und Ursprung alles anderen, was existiert. Zu sein, zu existieren, zu bestehen ist etwas, das Gott gehört und als Gabe von ihm kommt. Wir sind nur Diener, die er erwählt hat, »damit ihr wisst und mir glaubt und erkennt, dass ICH'S BIN« (Jesaja 43,10).

Herr, ich danke dir, ich preise dich, ich ehre dich, ich bete dich an, dass du der bist, der du bist. Dass es dich gibt. Dass du Wirklichkeit bist, der, der von Ewigkeit an ist, das wahre Leben und das Licht, das nie erlischt. Ich danke dir, dass du dein Leben nicht für dich selber behalten hast, sondern es auch uns geben wolltest. Ich danke dir, dass du mein Ursprung und Anfang bist, mein Grund und Sinn und die gute Absicht hinter meiner Existenz. Ich danke dir, dass dies das Erste, das Innerste, das Wahrste und das Letzte und Endgültige im Dasein ist: dass DU BIST.

Mittwoch nach Oculi

Wer Sünde tut, der ist der Sünde Knecht.
(Johannes 8,34)

Zum Lesen: Johannes 8,28-45

Wenn Gott der Ursprung aller Dinge ist, woher kommt dann der Satan?

Die Antwort der Bibel haben wir bereits gehört. Auch der Teufel ist ursprünglich von Gott geschaffen. Die Bibel spricht von den »Engeln, die gesündigt haben« (2. Petrus 2,4), und von Engeln, »die ihren himmlischen Rang nicht bewahrten, sondern ihre Behausung verließen« (Judas 6). Irgendwo in der Geisterwelt, die Gott geschaffen hat, ist es zu einem Abfall und Aufstand gekommen, und dies bereits, bevor wir Menschen geschaffen wurden, denn der Böse trat schon den allerersten Menschen entgegen. Aber es heißt von der Schlange im Paradies ausdrücklich, dass auch sie zu den von Gott geschaffenen Wesen gehörte.

Der Satan ist Punkt für Punkt der große Gegenspieler Gottes. Er ist »ein Mörder von Anfang an«, seine große Lust besteht darin, das Gute, das Gott geschaffen hat, zu zerstören, zu verdrehen und zu verderben. Er »steht nicht in der Wahrheit; denn die Wahrheit ist nicht in ihm«. Man beachte, dass das Wort *Wahrheit* in der Bibel mehr bedeutet als »den Tatsachen entsprechend«. Gemeinheiten und Grausamkeiten können sehr wohl reale Tatsachen sein, aber sie stehen gegen

Gottes Wahrheit. Wenn der Teufel »Lügen redet«, bedeutet dies nicht nur, dass er Dinge sagt, die nicht wahr sind, sondern dass er Dinge ersinnt und tut, die das Gegenteil von Gottes Güte sind; dann »spricht er aus dem Eigenen«.

Oft bilden die Menschen sich ein, es bedeute die große Freiheit, wenn sie sich über Gottes Gebote und Willen hinwegsetzen. In Wirklichkeit unterwerfen sie sich damit nur einem anderen Willen und einer anderen Macht. Es gibt nur *einen* Weg zu wirklicher Freiheit, sagt Jesus: dass wir in seinem Wort bleiben, auf es hören, es aufnehmen und verstehen. *Dann* erkennen wir die Wahrheit, und diese Wahrheit macht uns frei – wirklich frei.

Mein Herr und Erlöser, du, der du uns wirklich frei machen kannst: Schaffe in mir ein Herz, das deine Freiheit erleben kann und sich wie ein Kind freut über alles, was von deinem himmlischen Vater kommt, über alles, was gut ist und erfüllt von seiner Freude und von dem Glück des wahren Lebens, das es nur in ihm gibt. Lass mich erkennen, dass seine Gebote nicht schwer sind, dass sein Wille immer ein Segen ist und dass es ein Glück, ein Reichtum, eine Quelle immer neuer Freude ist, als sein Kind bei ihm leben zu dürfen.

Donnerstag nach Oculi

Und nichts wird euch schaden.

(Lukas 10,19)

Zum Lesen: Johannes 8,46-59

Die Zweiundsiebzig, die Jesus ausgesandt hatte, kamen zurück, tief bewegt von dem Gewaltigen, das sie erlebt hatten. Sogar die bösen Geister waren ihnen untertan. Es war wirklich so: Hier war einer, der stärker war.

Doch da sagt Jesus etwas Sonderbares, das man nur verstehen kann, wenn man weiß, wie gut die Juden ihr Altes Testament kannten. Er spielt auf eine Prophezeiung des Propheten Jesaja an, die wir bereits erwähnt haben. Sie handelt von dem Wesen, das wie der Höchste werden und sich über Gott aufschwingen wollte. Im Garten Eden lockte die Schlange ja genau damit: »Ihr werdet sein wie Gott ...« Bei Jesaja heißt es nun weiter: »Wie bist du vom Himmel gefallen, du schöner Morgenstern! ... Ja, hinunter zu den Toten fuhrst du, zur tiefsten Grube!«

Und nun sagt Jesus also diese merkwürdigen Worte: »Ich sah den Satan vom Himmel fallen wie einen Blitz.« Der Teufel, dieser von Gott geschaffene Engel, der sich Gott gleich machen und sein eigenes Reich gründen wollte, wird also aus dem Himmel gestoßen und verliert die Waffen, auf die er sich so verlassen hatte. Dass Christus in die Welt kommt und sein Evangelium zu den Menschen hinausgeht, bedeutet das Ende der Herrschaft des Satans. Er hatte die Menschen dazu verführt, seinem Beispiel zu folgen und wie Gott sein zu wollen, ihre eigenen Gesetze zu schreiben und selber über das Leben zu bestimmen, das sie zur Gemeinschaft mit Gott bekommen hatten. Gegen dieses Selbstverherrlichungsprogramm stellt Christus jetzt ein ganz anderes: »Ich habe euch Macht gegeben, zu treten auf Schlangen und Skorpione«, sagt er.

Um ihn hier recht zu verstehen, muss man wieder sein Altes Testament kennen. Jesus zitiert hier nämlich Worte aus einem bekannten Psalm, der so beginnt: »Wer unter dem Schirm des Höchsten sitzt und unter dem Schatten des Allmächtigen bleibt ...« (Psalm 91,1) Jesu Lebensprogramm lautet: sich nicht neben Gottes Thron setzen zu wollen, sondern unter seinen Schutz. *Dann* bekommt man die »Macht über alle Gewalt des Feindes«, von der er hier spricht. *Dann* gilt die Verheißung: »Nichts wird euch schaden.« Der Selbstverwirklichungs-Trip macht uns einsam und den Mächten der Finsternis ausgeliefert. Aber im Schatten des Allmächtigen sitzen, das bedeutet Geborgenheit total. Wenn all unsere Sünde vergeben ist und wir unser Leben in Gottes Hand gelegt haben, kann der Teufel uns keinen wirklichen Schaden mehr zufügen. Er hat kein Recht auf uns, er hat keine Macht über uns. Er kann uns plagen und versuchen, aber er kann uns nicht aus Gottes Hand reißen.

Mein Herr Jesus, du bist der Stärkere. Du schließt auf, dass niemand mehr zuschließen kann, du vergibst, dass keiner mehr verurteilen kann. Du bist unsere Hoffnung, unsere Stärke, unsere Hilfe und unsere Geborgenheit. Auf dich hofften die Frommen des alten Bundes, die von ferne deinen Tag sahen. Abraham durfte ihn sehen und freute sich. Und wir haben sehen dürfen, was viele Könige und Propheten gerne gesehen hätten und nicht sehen konnten in dieser Welt. Und doch wollten die Menschen dich steinigen; so groß ist die Macht der Blindheit und Lüge. Sie kreuzigten dich, und du ließest es geschehen – und hast gerade damit alle Macht des Teufels zerstört. Preis sei dir, o Jesus!

Freitag nach Oculi

Es sollen die Werke Gottes offenbar werden an ihm.

(Johannes 9,3)

Zum Lesen: Johannes 9,1-21

Jesus sagte dies über einen Kranken. Die Jünger hatten wissen wollen, ob dieser Mann selber oder seine Eltern gesündigt hatten und somit Schuld an seiner Blindheit waren. Sie dachten so, wie die Juden damals allgemein dachten und wie viele Menschen noch heute denken: Wenn jemand von einem Unglück getroffen wird, hat er bestimmt irgendetwas verbrochen; das muss ein Gottesgericht sein! Gott ist schließlich dafür verantwortlich, dass Recht und Ordnung herrschen in der Welt, und so greift er mit seinen Strafen ein, die selbstverständlich immer den Schuldigen treffen, denn sonst wäre es ja keine Gerechtigkeit …

Diese Milchmädchenrechnung ist schuld daran, dass man so viele Klagen darüber hört, dass Gott »ungerecht«, »unbegreiflich«, »grausam« oder »parteiisch« sei. Der Fehler besteht darin, dass man den Teufel aus der Rechnung herausgelassen hat. Man hat ein falsches Weltbild, man sieht nicht, dass hier ein permanenter Kampf tobt zwischen dem Schöpfer und dem Verderber, zwischen dem Erlöser und dem Mörder. Es ist ein weltumspannender Kampf, den wir nicht überblicken können; wir wissen nur, dass er unser ganzes Sein prägt. Selbst in der Natur ist der Böse am Werk; wir treffen ihn in Form von Krankheiten, Giften, Strahlenschäden, Missbildungen.

Wir haben bereits gesehen, dass Gott das Böse einmal abschaffen wird, aber erst in dem großen Endgericht. Solange er diese Welt noch erhält, bleibt auch das Böse bestehen. Aber Gott hat die Lage unter Kontrolle. Er lenkt den Lauf der Welt zu seinem großen Endsieg hin. Es geschieht nichts, das Gott nicht auf irgendeine Weise in seine Pläne einbauen und zum Besten wenden kann für die, die seine Hilfe suchen. Und darum können wir mitten in all dem Wirken des Teufels nach Gottes Sinn und Absicht fragen.

Das war es, was Jesus über den Blindgeborenen sagte. Gott hatte dieses geschehen lassen, damit seine Werke offenbar würden. Später in diesem Bericht erfahren wir, wie dieser Blinde zum Glauben kam, und mit ihm viele andere. Immer wieder zeigt sich dieses Muster: Krankheiten und Behinderungen, Kriegsgefangenschaft und Vertreibung, Verkehrsunfälle und der finanzielle Ruin, sie können dem Menschen zum Gewinn und Segen werden, der mitten in allem Unglück fragt: Was willst du mit mir, Herr? Schon viele Menschen haben Gottes Taten entdeckt und den eigentlichen Sinn ihres Lebens gefunden in Situationen, die äußerlich wie ein blindes, sinnloses Schicksal aussahen.

Lieber Vater im Himmel, deine Wege sind um so viel höher als unsere Wege, wie der Himmel höher ist als diese Erde. Ich danke dir, dass ich nicht alles begreifen muss. Für mich ist diese Welt ein einziges wirres Knäuel aus Eigennutz und Torheit, aus Ungerechtigkeit und Dingen, die ich nicht verstehe. Und doch begegne ich überall dir. Ich kenne das so gut aus meinem Leben. Wenn ich nach deinem Sinn frage, wenn ich dich um eine Gelegenheit bitte, helfen oder dienen zu dürfen, bist du immer da. Ich danke dir, dass ich nicht das begreifen muss, was zu schwer für mich ist, und nicht zu überblicken brauche, was zu kompliziert ist. Ich bitte dich einfach, dass ich jeden Tag aus deiner Hand nehmen kann und dass du in allem, was mir begegnet, dabei bist. Hilf mir, deinen Finger zu sehen. Und lass mich einem anderen Menschen, der es schwer hat, helfen, ihn auch zu sehen.

Samstag nach Oculi

Der Verkläger unserer Brüder ist verworfen, der sie verklagte Tag und Nacht vor unserm Gott.
(Offenbarung 12,10)

Zum Lesen: Johannes 9,22-41

Auf den ersten Seiten des Buches Hiob wird berichtet, wie dieser »Verkläger« (also der Satan) vor Gott tritt und großspurig behauptet, dass selbst der gerechte Hiob versagen wird, wenn er auf die Probe gestellt wird. Und im Buch der Offenbarung wird der Teufel »der Verkläger unserer Brüder« genannt, »der sie verklagte Tag und Nacht vor unserm Gott«. Es liegt ein großer Ernst in diesen Worten. Wenn der Vater der Lüge zum Ankläger wird, braucht er gar nicht zu lügen. Er kann schreckliche Dinge sagen, die faktisch wahr sind, und sich dabei auf Gottes eigene Gebote berufen. Die, die er da anklagt, haben sich gegen Gott versündigt. Sie sind nicht länger Gottes Kinder, und wenn Gott die Augen zudrückt und sie in sein Reich lässt, kann der Ankläger mit ihnen kommen, denn er ist ja ein Teil ihres Wesens geworden.

Das also ist die Geheimwaffe, auf die der Widersacher Gottes setzt: Gottes eigenes Gesetz und eigenes Wesen, das mit allem Bösen unvereinbar ist. Der Böse weiß, dass wir ihm gehören. Er hat ein Recht auf uns, und dieses Recht macht er vor Gott geltend. Gott kann sein eigenes Gesetz nicht brechen.

Aber dann berichtet die Offenbarung dieses Unerhörte, dass der Satan »verworfen« (Elbf.: »hinabgeworfen«) worden ist. Wir haben bereits gehört, wie Jesus das Gleiche sagte: dass er den Satan wie einen Blitz vom Himmel fallen sah. Es ist etwas geschehen, dass dem großen Verkläger sein Zutrittsrecht vor Gott genommen hat.

Was ist geschehen? Gott hat einen Weg gefunden, seine Kinder zu retten, ohne sein Gesetz zu brechen. Die Sünde und Gott sind unvereinbar miteinander. Das Böse kann nicht Gemeinschaft mit Gott und seinem Reich bekommen. Hier scheint es nur eine Lösung zu geben: das Böse auszusperren. Doch dies würde bedeuten, dass wir alle »draußen«, in der Finsternis der Gottferne bleiben müssen. Als die Menschen nicht Buße tun wollten, hätte Jesus jedes Recht gehabt, zurück in den Himmel zu gehen; dann wäre die Menschheit weiter ihrem selbst gewählten Weg gefolgt. Aber nun ist Jesus stattdessen nach Jerusalem gegangen, um endgültig mit dem Bösen abzurechnen. Diese Abrechnung geschah nicht so, wie die Jünger das erwartet hatten. Jesus vernichtete seine Feinde nicht, sondern gab sein Leben als Lösegeld hin. Er nahm unsere Sünden auf sich. Das Böse und Gott wurden vereint – aber auf die unerhörte Art, dass Gottes Sohn all unsere Schuld, unsere Vergehen und Versäumnisse, unsere Gemeinheit, Schluderei und Gleichgültigkeit auf sich nahm und zu *seiner* Schuld machte. *Er* trug all die Konsequenzen, die entstehen, wenn unsere Sündhaftigkeit mit Gottes Heiligkeit zusammenstößt.

Am Kreuz Jesu hat der große Verkläger alle Macht über uns und alles Recht auf uns verloren. Wenn er jetzt vor Gott tritt, begegnet er dem Versöhner – und muss schweigen. Seine Geheimwaffe fällt ihm aus der Hand. »Wenn jemand sündigt, so haben wir einen Fürsprecher bei dem Vater, Jesus Christus, der gerecht ist. Und er ist die Versöhnung für unsre Sünden, nicht allein aber für die unseren, sondern auch für die der ganzen Welt« (1. Johannes 1,1-2).

Wer kann dir je genug danken, Herr, dass du dies für uns getan hast? Wenn ich dich nicht hätte, mein Herr und Erlöser, wie sollte ich es je wagen können, Gott vor die Augen zu treten? Ich weiß ja, was der Verkläger alles gegen mich vorbringen kann. So viel Gutes habe ich bekommen in all den Jahren, so viel Vergebung, und immer noch ist so viel in mir, das das direkte Gegenteil deiner Liebe ist. Aber jetzt weiß ich, dass du für mich eintrittst, dass du der bist, der für alle meine Schuld geradesteht und sich meiner verlorenen Sache angenommen hat. Ich kann dir nur danken, Herr, und dich bitten, dass ich irgendwann einmal zeigen darf, welch ein Glück es ist, an dich zu glauben und dir zu gehören.

Sonntag Laetare

Wo kaufen wir Brot, damit diese zu essen haben?
(Johannes 6,5)

Zum Lesen: Johannes 6,1-15

So fragte Jesus einen seiner Jünger. Wir können dankbar sein für diese Frage, zeigt sie doch, dass Jesus ein Interesse an dem hat, was man die sozialen Fragen nennt. Und dass er will, dass auch seine Jünger an dergleichen denken. Eine riesige Menschenmenge war ihm gefolgt, als er sich auf die andere Seite des Sees Genezareth zurückzog. Jetzt waren sie oben auf der Hochebene. Es war Frühling, und das Gras und die Blumen tauchten die Berghänge in ihr buntes Meer. Aber es gab nichts zu essen. Ein kleiner Junge war wohl da, der mit ein paar Gerstenbroten und Fischen ein Geschäft machen wollte, aber das reichte bei weitem nicht.

Und dann griff Jesus ein und tat sein großes Wunder. Er benutzte dazu Gottes Schöpfermacht. Als er selber in der Wüste hungrig gewesen war, hatte er sich geweigert, diese Macht zu gebrauchen. Aber jetzt setzte er sie ein – für diese Tausende hungriger Menschen. Eigentlich ist es ja ein genauso großes Wunder, wenn Gott das »Gras wachsen lässt für das Vieh und Saat zu Nutz den Menschen« und »Brot aus der Erde hervorbringt«, wie es in Psalm 104 heißt. Dieses Wunder vollbringt Gott jedes Jahr vor unseren Augen, so dass wir es ganz »natürlich« finden. Aber auch dies könnte nicht geschehen, wenn der Schöpfer nicht eingriffe.

Jesus machte also fünftausend Menschen satt. Was Wunder, dass die Begeisterung groß war. Hier war er endlich, der große starke Mann, der all ihre Probleme lösen konnte. Sie wollten ihn im Triumphzug fortführen und zum Diktator machen, ob er nun wollte oder nicht.

Aber da zog er sich zurück. *Das* war nicht sein Auftrag. Er war nicht gekommen, um »die Weltprobleme zu lösen«, indem er den Menschen alles gab, was sie brauchten, um satt zu werden und ihre Bedürfnisse als Konsumenten zu stillen. Diese »Lösung« löste das eigentliche Problem überhaupt nicht, denn das sitzt tiefer und hängt mit unserem bösen, selbstsüchtigen und selbstherrlichen Willen zusammen, der immer neue Konflikte und Leiden verursacht, egal, wie viel materiellen Besitz wir uns verschaffen. Je mehr wir haben, je mehr wir streiten.

Was nun nicht heißt, dass wir unsere Hände in den Schoß legen sollen vor der Not und Ungerechtigkeit in der Welt. Was wir in Ordnung bringen *können*, das *sollen* wir in Ordnung bringen. Ein Christ hat auch eine Verantwortung in Gesellschaft und Politik. Soweit es auf dieser Welt möglich ist, sollen wir für Recht und Barmherzigkeit eintreten, und die Kirche hat hier ihren speziellen eigenen Auftrag in ihrer diakonischen Tätigkeit.

Aber die Kirche darf niemals das werden, wozu das Volk Jesus machen wollte: eine innerweltliche Wohlfahrtsinstitution. Was Christus uns anbietet, können wir erst dann annehmen, wenn wir damit aufhören, auf unsere Rechte zu pochen und das Meistmögliche aus diesem Leben herauszuholen. Die sozialen Fragen sind wichtig, aber es gibt Fragen, die noch wichtiger sind, und wenn wir uns ihnen nicht stellen, geht es schlimm mit uns – oft schon hier auf dieser Erde und mit Sicherheit in der Ewigkeit. Aber wenn wir sie angehen, regelt sich auch alles andere.

Herr Jesus, du wolltest deinen Jünger auf die Probe stellen, als du ihn fragtest, woher man genügend Brot für diese vielen Menschen nehmen sollte. Willst du auch uns prüfen mit dieser Frage? Ich habe Angst, Herr, dass ich diese Prüfung nicht gut bestanden habe. Es sind ja so ungeheuer viele, die Brot brauchen, und was wir ihnen geben können, reicht vorne und hinten nicht. Wie oft nehmen wir dies als Entschuldigung dafür, gar nichts zu tun! Vergib uns, Herr. Hilf uns, unsere Köpfe und unsere Hände anzustrengen, um Brot auf der Erde zu schaffen, das für alle reicht. Aber zum Schluss müssen wir doch wieder zu dir kommen, denn nur du kannst helfen. Tue ein Wunder an uns allen, dass wir Werkzeuge deines Willens werden. Werde du unser König – aber so, wie du das willst, so, dass dein Wille unsere Herzen und Gedanken, unsere Arbeit, unsere Gesetze und unsere Gesellschaft lenkt. Herr, tu ein Wunder an uns. Um deines Namens willen. Amen.

Montag nach Laetare

Ich bin das Brot des Lebens.

(Johannes 6,35)

Zum Lesen: Johannes 6,24-47

Es kam zum Bruch zwischen Jesus und seinen galiläischen Landsleuten. Sie wollten ihn für ihre politischen Ziele einspannen. Sie waren Nationalisten, Revolutionäre, die Jesus als Gallionsfigur für ihren Kampf um Freiheit und Brot haben wollten. Jesus legt den Finger auf ihre wunde Stelle, als er ihnen sagt, dass sie nur zu ihm gekommen sind, weil sie von dem Brot satt geworden sind, und nicht, weil sie ein »Zeichen« gesehen haben. Die Speisung der Fünftausend war ja ein Zeichen für etwas ganz anderes und Größeres: dass Gottes Reich nahe war, dass es Zeit war, Buße zu tun und an das Evangelium zu glauben. Und über dieses Thema beginnt Jesus nun zu ihnen zu reden.

Sie fragen – wie alle Menschen, die ahnen, dass Gott etwas von ihnen will –, was sie denn *tun* sollen. Jesus antwortet, dass sie *glauben* sollen und dass dies ein Werk *Gottes* ist. Es gibt nur einen Weg zu einer neuen, besseren Welt: dass Gott etwas Neues in unseren Herzen schafft. Das Höchste, was diese Menschen sich vorstellen konnten, war etwas im Stil des Manna in der Wüste – etwas, das machte, dass man nicht mehr zu hungern brauchte. Aber Jesus sagt ihnen, dass »das wahre Brot vom Himmel« uns mehr gibt. Es gibt der

Welt Leben, ein Leben, das nie sterben kann, denn es kommt aus der Quelle des Lebens, aus Gott selber, und garantiert, dass man nie mehr den eigentlichen Hunger haben wird, den Hunger nach Sinn in der Sinnlosigkeit, nach Leben in der Todesnot, nach einem neuen Morgen, wenn man sieht, wie es für immer dunkel werden will.

Um uns dieses Leben zu schenken, ist Jesus in die Welt gekommen. Er ist das Brot des Lebens. Darum muss man an ihn glauben und zu ihm kommen.

Für die Galiläer in Kapernaum war das gerade so anstößig wie für viele von uns heute. War Jesus denn nicht ihr Landsmann, ein Mensch wie sie auch? Aber seine Jünger hatten begriffen, wer er war. Sie hatten die Zeichen verstanden, hatten gesehen, was es war, das hinter seinen Krankenheilungen, Totenerweckungen und Brotvermehrungen lag. Sie konnten mit Johannes sagen: Das Leben ist erschienen, und wir haben es gesehen. Was wir mit unseren eigenen Augen gesehen haben, was wir betrachtet und unsere Hände berührt haben, das verkündigen wir euch – das Wort des Lebens (vgl. 1. Johannes 1, 1-3).

Du Herr des Lebens, der in die Welt gekommen ist, um uns das Leben zu schenken, du, der selber das Brot des Lebens ist: Ich danke dir für das Leben hier auf dieser Erde. Ich danke dir für das große Wunder, das ich nicht begreifen kann, dass du jeden Tag meinen Leib leben, mein Herz schlagen und mein Gehirn denken lässt. Ich setze mich zu Tisch, ich esse und trinke, die Speise wird eins mit meinem Leib und verwandelt sich in Arbeit, Bewusstsein, Gedanken, Gebete. Ich begreife nicht, wie das zugeht, aber ich weiß, dass es geschieht, solange du willst. Und dann schenkst du mir auch das Brot des Lebens. Du kommst, Herr Jesus, und ich darf dich aufnehmen, dass du ein Stück von mir wirst. Dein Leben lebt in mir, und wie das zugeht, begreife ich auch nicht, aber ich weiß, du bist mein Leben und in dir habe ich etwas, das nie vergeht. Ich danke dir, dass du das Brot des Lebens bist – auch für mich. Amen.

Dienstag nach Laetare

Der gesegnete Kelch, den wir segnen, ist der nicht die Gemeinschaft des Blutes Christi? Das Brot, das wir brechen, ist das nicht die Gemeinschaft des Leibes Christi?
(1. Korinther 10,16)

Zum Lesen: Johannes 6,48-71

Als Paulus diese Worte schrieb, war ein Vierteljahrhundert vergangen, seit die Juden in Kapernaum mit Jesus gestritten hatten, und inzwischen konnte Paulus auf unbestreitbare Wahrheiten hinweisen, die alle Christen kannten. Aber als Jesus zum ersten Mal über diese Wahrheiten sprach, stießen sie die Menschen kräftig vor den Kopf. Johannes war vielleicht einer der Ersten, die den Meister verstanden hatten. Darum bemüht er sich in seinem Evangelium auch so, zu erklären, was Jesus meinte.

Johannes hatte begriffen, dass die Speisung der Fünftausend ein Zeichen war, das auf das kommende Gottesreich hindeuten sollte. Dort würde Christus Tausenden und Abertausenden von Menschen Speise und Leben geben. Nein, er würde ihnen nicht ein zweites Manna in der Wüste geben; die Menschen, die das Manna gegessen hatten, waren trotzdem alle gestorben. Er würde ein Brot des Lebens schenken, das ewiges Leben gab, und dieses Brot war er selber: »Dieses Brot ist mein Fleisch, das ich geben werde für das Leben der Welt.«

Johannes hatte erkannt, dass Jesus mit diesem Satz zweierlei meinte. Zum einen dachte er an seinen Kreuzestod. Aber er dachte auch an das Abendmahl, das er vor diesem Tod einsetzen würde, und darum sprach er hier nicht nur von seinem Fleisch, sondern auch von seinem Blut. Mit dem Brot und Wein würde er seinen Jüngern die unsichtbare Gabe schenken – sich selber, mit allem, was er zu geben hatte. Paulus würde es später das Teilhaben an Christi Leib und Blut nennen.

Die Menschen in Kapernaum missverstanden seine Worte in einem wörtlich-materiellen Sinn: »Wie kann der uns sein Fleisch zu essen geben?« Aber das Geschaffene, Materielle ist nicht das Brot des Lebens. Und doch geht es hier um eine wirkliche Nahrung, nämlich etwas, das man immer wieder neu zu sich nehmen muss. Man kann ja das Brot, das man zum körperlichen Leben braucht, nicht *einmal* essen und ist dann für den Rest seines Lebens satt, sondern man braucht es jeden Tag neu. So müssen wir auch das Leben von Christus immer wieder von neuem aufnehmen. Man kann dies mit dem Saft vergleichen, der im Weinstock hochsteigt, oder mit dem Blut, das durch unsere Adern fließt. Oder eben mit dem Brot, das wir täglich zu uns nehmen.

Und hier hat Jesus uns mehr als nur ein Gleichnis gegeben. Er hat uns ein äußeres Zeichen gegeben, ein Sakrament, ein Gnadenmittel, durch das wir ihn selber und sein Leben entgegennehmen. Die unsichtbare Gabe ist in dem Brot, das wir essen, und dem Wein, den wir trinken. Äußerlich bleiben das Brot und der Wein eben dies – Brot und Wein. Aber unter der sichtbaren Oberfläche verbirgt sich die Gabe, die nur Christus geben kann.

Herr, die Menschen sagten damals, dass das eine harte Rede ist, und viele haben dich verlassen. Aber ich will mit Petrus sagen: Herr, wohin soll ich gehen? Du hast Worte des ewigen Lebens. Ich danke dir, dass du so viel mehr zu geben hast, als man sich je ausdenken kann. Ich danke dir, dass deine Wirklichkeit so viel größer ist, als meine Vernunft ergründen kann. Alles, was du mir geben willst, will ich dankbar annehmen. Ich preise dich, dass du so zu uns kommst, dass wir deine Gabe mit unseren eigenen Augen sehen und dich aufnehmen und eins werden können mit dir, der du das Brot des Lebens bist und der du zu uns gekommen ist, damit wir in dir bleiben und du in uns. Gepriesen seist du für deine unaussprechlich und unbegreiflich große Gabe. Amen.

Mittwoch nach Laetare

Es war aber nahe das Fest der ungesäuerten Brote, das Passa heißt.

(Lukas 22,1)

Zum Lesen: Matthäus 26,1-16

Die lange Wanderung nach Jerusalem war zu Ende. Jesus hatte bei seinen Freunden in Betanien, nahe dem Gipfel des Ölbergs, Rast gemacht und war dann unter dem Jubel des Volkes in die Stadt eingezogen; wir werden auf diese Ereignisse am Palmsonntag noch zurückkommen. Danach – am Montag und Dienstag der Karwoche – lehrte er jeden Tag im Tempel; zum Übernachten kehrte er jedes Mal nach Betanien zurück, worauf er zeitig am Morgen durch das Kidrontal wieder zum Tempel hinaufging. Während dieser Tage schlug die Stimmung des Volkes um. Jesu Feinde, die der Jubel bei seinem Einzug in die Stadt tief getroffen hatte, hatten beschlossen, dass er sterben musste. Aber noch wagten sie es nicht, Hand an ihn zu legen, noch nicht einmal, als er die Händler aus dem Tempel trieb. Es konnte zu Tumulten kommen, und wenn die Römer erst einmal eingriffen, war alles möglich. Man lebte in einem besetzten Land und musste vorsichtig vorgehen, um das bisschen Freiheit, das man noch hatte, nicht zu verspielen.

Zu den politischen Motiven kamen die religiösen. Die Führer Israels konnten unmöglich einen Propheten dulden, der das Frömmigkeitssystem, das sie so minutiös aufgebaut hatten, so radikal in Frage stellte. Immer wieder verwickelten sie Jesus auf dem Tempelplatz in Diskussionen, um ihn als Irrlehrer zu entlarven und zu erreichen, dass er sich in den Augen des Volkes unmöglich machte. Jedes Mal zogen sie den Kürzeren. Über diese Szenen wird an den Sonntagen nach Trinitatis noch so viel die Rede sein, dass wir sie hier beiseite lassen können.

Kommen wir stattdessen zum Mittwoch und Donnerstag der Karwoche. Dort überschlagen sich die Ereignisse derart, dass wir schon jetzt, so lange vor Ostern, mit ihrer Lektüre anfangen müssen, um wenigstens das Wichtigste mitzubekommen.

Das Passafest war also nahe. Die Stadt war voll von Pilgern. Pontius Pilatus war aus seiner Residenz am Meer herbeigekommen, die römische Garnison war verstärkt worden. Das Passafest war so etwas wie das jüdische Weihnachten. Im Tempel wurden Tausende Passalämmer geschlachtet, und alle Häuser waren voll von Fröhlichkeit und Gesang in dieser Nacht, wo man den Auszug aus Ägypten feierte, als der Herr mit ausgestrecktem Arm sein Volk aus dem Land der Knechtschaft herausgeführt hatte.

Auch die Jünger bereiteten das Passamahl vor. Aber über ihnen hing eine schwarze Wolke der Angst, die ihnen die Feststimmung verdarb. Die Feinde Jesu hatten schlimme Pläne, das Volk war enttäuscht von einem Propheten, der nur Buße, aber nicht Revolution predigte. Der Meister selber sagte, dass seine Zeit nahe

war. Als in Betanien eine Frau ihn mit kostbarem Öl salbte, sagte er: »Das hat sie für mein Begräbnis getan.«
Was würde jetzt kommen?

Das hast nur du gewusst, Herr. Du gingst den Weg, der dir bestimmt war – von uns. Wegen unserem Abfall, unserer Sünde, unserem Egoismus musstest du diesen Weg gehen. Nicht nur Judas hat dich damals verraten, sondern wir alle. Wir haben mehr an die Menschen geglaubt als an dich. Wir wollten lieber den Frieden der Welt haben als mit dir zu leiden. Aber du gingst deinen Weg, weil wir unsere Abwege gegangen waren. Preis sei dir, o Jesus.

Donnerstag nach Laetare

Mich hat herzlich verlangt, dies Passalamm mit euch zu essen, ehe ich leide.

(Lukas 22,15)

Zum Lesen: Lukas 22,7-23

Der Meister hatte sich mit seinen Jüngern zu Tisch gelegt. In den alten Zeiten hatte man das Passalamm im Stehen gegessen, mit einem Wanderstab in der einen Hand, zur Erinnerung an den so plötzlichen Aufbruch in der Nacht, wo die Väter aus Ägypten auszogen. Inzwischen lag man zu Tisch, wie es allgemein Sitte war. An dem höchsten Feiertag Israels lag auch der Niedrigste wie ein großer Herr zu Tisch, zum Zeichen dafür, dass er zu dem Volk gehörte, das Gott selber erwählt und aus der Knechtschaft errettet hatte.

Auf dem Tisch war das Passalamm. Man aß es mit Salz und bitteren Gewürzen, zur Erinnerung an die Bitterkeit der Knechtschaftsjahre, und mit einem ziegelroten Teig aus Datteln und Feigen, der an die Sklavenarbeit an den ägyptischen Ziegelöfen erinnern sollte.

Doch dieses Passamahl sollte anders werden. Zwei Dinge geschahen, die die Jünger nicht recht verstehen, aber nie mehr vergessen konnten. Erstens sagte Jesus ihnen, dass dies das letzte Mal war, dass er zusammen mit ihnen aß. Zum letzten Mal sprach er vor ihnen das Tischgebet über dem Wein und dankte Gott. Das nächste Mal würden sie dies erst dann erleben, wenn Gottes Reich gekommen und alles neu geworden war.

Konnte Gottes Reich so nahe sein? Aber was sollte denn da geschehen? Wieder hatte der Meister von seinem Leiden gesprochen, und das war etwas, das keiner von ihnen fassen konnte. Leiden – *er*?

Jesus nahm das ungesäuerte Brot, wie die Sitte es vorschrieb. Er dankte Gott nochmals und pries ihn für all seine Wohltaten. Dann riss er das zähe, dünne Brot auseinander, teilte es unter die Jünger aus und sagte, dass dies sein Leib war, der jetzt für sie gegeben wurde. Dies sollten sie zu seinem Gedächtnis tun.

Er gab ihnen also sich selber. Was er ihnen schenkte, war sein eigener Leib. Dieser Leib sollte hingegeben, gebrochen ausgeteilt werden, wie das Brot in seinen Händen. Und dies würde *für sie* geschehen. Sollte das heißen, dass er auch für sie leiden würde? Aber würden seine Prüfungen denn nicht durch seine Feinde kommen?

In dieser Stunde müssen ihnen das lauter Rätsel gewesen sein. Aber auch wenn sie es nicht begriffen, eines wussten sie: dass sie nun sein waren, dass sie Teil hatten an all dem, was er von seinem Vater auf diese Erde mitgebracht hatte, dass sie Erben waren von dem, was durch ihn erfüllt werden würde.

Nachdem sie gegessen hatten, nahm Jesus den letzten Becher von dem Wein, der der Segensbecher genannt wurde, reichte ihnen den und sagte, dass dies der neue Bund in seinem Blut war, das jetzt für viele zur Vergebung der Sünden vergossen würde.

Den alten Bund kannten sie alle, und von dem neuen hatten sie bei den Propheten gelesen. Jetzt sollte also kommen, und wie der alte würde er durch ein Opfer eingesetzt werden. Und es war Jesus selber, der geopfert werden sollte.

Wieder lauter Rätsel. Aber mitten darin eine große Geborgenheit. Was auch geschehen würde, er war ihr Herr, sie gehörten zu ihm.

Herr, ich danke dir für dein Abendmahl. Ich danke dir, dass ich nicht mit meinem Verstand begreifen muss, was kein Gedanke fassen kann. Wie sollte mein armes menschliches Gehirn die Unendlichkeit deines Wesens fassen können? Wie sollte ich je deine Geheimnisse ergründen? Und doch kann ein Kind dich kennen lernen. Mein Herz kann anbeten und sich freuen und die Gabe entgegennehmen, auch wenn sie zu groß für mein Denken ist. Darum knie ich jetzt nieder vor deinem Tisch und bitte dich um das, was du mir schenken willst – um dich selber, dein Leben, die Teilhabe an deiner seligen Erlösung. Ich danke dir, dass du mir so viel mehr gibst, als ich fassen kann, und dass ich auch das ergreifen kann, was ich nur zum Teil verstehe. Gepriesen und gesegnet sei dein Name in Ewigkeit. Amen.

Freitag nach Laetare

Wenn ich dich nicht wasche, so hast du kein Teil an mir.

(Johannes 13,8)

Zum Lesen: Johannes 13,1-20

Es ist Johannes, der uns von der Fußwaschung berichtet. Wie so oft übergeht er das, was die anderen Evangelisten bereits berichtet haben, und ergänzt und kommentiert es stattdessen, um uns seine tiefere Bedeutung aufzuschließen. So auch hier. Er erwähnt das Abendmahl nicht direkt, aber er erklärt, was Jesus mit ihm meinte, indem er daran erinnert, dass Jesus an diesem Abend seinen Jüngern die Füße wusch. Die Füße waschen – das war eine der niedrigsten Arbeiten, die man einem Sklaven auftragen konnte, und darum wollte Petrus Jesus nicht lassen. Aber da sagt Jesus ihm: »Wenn ich dich nicht wasche, hast du keinen Anteil an mir.« Die Worte zeigen, dass Jesus den Jüngern nicht nur eine Lektion in Sachen Demut geben wollte; er wollte ihnen auch erklären, was das bedeutete, was er ihnen gesagt hatte, als er das Brot brach und den Kelch nahm: Er würde auch für sie leiden und sterben. Wenn er sie nicht durch sein Opfer von ihren Sünden rein wusch, gehörten sie ihm nicht wirklich.

Sie selber werden das ganz anders gesehen haben. Hatten sie nicht seinen Ruf gehört, waren sie ihm nicht treu nachgefolgt, bis zu diesem Tag? Dass er für das unbußfertige Volk leiden und sterben musste, das mochte noch angehen – aber für sie? Sie waren doch seine Jünger, seine Getreuen, die ihm durch dick und dünn gefolgt waren. Aber er hatte keinen Unterschied zwischen ihnen und den anderen Sündern gemacht, als er von seinem Leiden sprach. Sein Blut würde vergossen werden für viele zur Vergebung der Sünden, hatte er gesagt. Und die »Vielen«, das bedeutete ganz Israel, das sündige Volk, die verlorenen Schafe des Hauses Israel.

Petrus hatte das alles nicht verstanden. Und doch besaß er einen tiefen und aufrichtigen Glauben an seinen Herrn, und so widersprach er Jesus nicht, als der ihm sagte, dass er diese Waschung brauchte, um zu ihm zu gehören; im Gegenteil, auf einmal konnte er gar nicht genug davon bekommen …

So ist das auch mit dem Abendmahl. So zeigt sich der Glaube. Er sagt nicht: Muss das wirklich sein? Sondern er dankt und nimmt das Geschenk mit Freuden an.

Herr, das will ich jetzt auch tun. Nichts soll mich daran hindern, Teil an dir zu bekommen. Ich will dir keine Grenzen mehr setzen, keine Fragen mehr stellen, sondern mich ganz auf dich verlassen. Ich bitte dich: Komm zu mir mit all dem, was du mir zu geben hast. Ich weiß, dass ich es brauche – ja, auch ich. Ich schäme mich, dass du mir dienen musst, aber ich danke dir auch dafür. Und bitte lehre du mich, selber mit Freuden zu dienen, überall dort, wo du mir Gelegenheit dazu gibst.

Samstag nach Laetare

Einer unter euch wird mich verraten.

(Johannes 13,21)

Zum Lesen: Johannes 13,21-30

Wie war das möglich? Einer von denen, die er selber erwählt hatte? Der die ganze Zeit mit ihm gegangen und mit eigenen Augen seine Güte und Macht gesehen hatte? Wenn *das* passieren konnte, dann konnte alles passieren. Mit jedem.

Die Jünger begriffen das sofort. Sie versuchten gar nicht erst, ihre Unschuld zu beteuern. Sie wussten: Wenn ihr Meister dies sagte, dann war es so. Sie standen vor dem unfassbaren Mysterium des Bösen. Hier war keiner sicher, hier mussten alle sich prüfen. Und dazu waren sie bereit. Einer nach dem anderen fragten sie: »Herr, bin ich's?« (Matthäus 26,22).

Das ist die erste Frage, die ein Jünger stellen muss, wenn er das Wort »Verrat« hört, auch mitten im innersten Kreis. Und er stellt diese Frage seinem Herrn, denn er weiß, dass es nur *eine* Gewissheit, *eine* Rettung gibt: sich ganz nah an den Herrn zu halten.

Aber Petrus wollte mehr wissen. Er winkte Johannes zu, der Jesus am nächsten zu Tisch lag. Und wieder tat Jesus etwas, das eine tiefere Bedeutung hatte. Er riss ein Stück von dem weichen, ungesäuerten Brot ab, formte es, wie das Sitte war, zu einer Art Löffel, den man in die Schüssel tauchte, um ein Stück von dem Fleisch herauszuholen, und reichte es Judas. Dies war eine Ehrenbezeigung; so etwas tat ein Gastgeber, um einen Gast seiner besonderen Wertschätzung zu versichern.

Judas muss verstanden haben, was die Geste bedeutete: Jesus bot ihm Vergebung, Freundschaft, Gemeinschaft an. Es konnte alles wieder so werden wie früher. Aber Judas war fest entschlossen, seinen bösen Weg zu gehen. Er nahm das Brotstück – aber nicht die Hand, die Jesus ihm hinstreckte. Er wies sein letztes Angebot der Versöhnung und Vergebung zurück. Genau in diesem Augenblick, berichtet Johannes, fuhr der Satan in ihn. Seine letzte Chance war vertan.

Jesus wusste das, aber er ließ es sich nicht anmerken, sondern sagte nur: »Was du tust, das tue bald!« Er sagte es so natürlich, dass die anderen glaubten, dass er Judas darum bat, noch etwas für das Fest zu kaufen oder aus ihrer kleinen Kasse eine Spende für die Armen zu geben.

Und Judas ging hinaus. Die Tür öffnete sich für einen Augenblick. »Und es war Nacht«, sagt Johannes. Die Worte bedeuten mehr, als dass die Stunde schon vorgerückt war. Judas war in das äußerste Dunkel hinausgegangen, in die Trennung von Gott.

Das kann also geschehen, selbst wenn man Jesus ganz nahe gekommen ist. Man kann sein letztes Angebot abweisen. Man kann sich verhärten gegen seinen äußersten Versuch, den zurückzuholen, der dabei ist, verloren zu gehen.

Dieses Begebnis kann uns auch zeigen, was es heißt, das Abendmahl unwürdig entgegenzunehmen. Nein, die

Bibel redet nicht von »würdigen« und »unwürdigen« Abendmahlsgästen. Niemand von uns ist wirklich würdig, Christus und seine Gaben anzunehmen. Aber man kann sie auf eine unwürdige *Weise* annehmen. Und das tut man, wenn man wie Judas handelt – wenn man mit Jesus zu Tisch sitzt mit dem festen Vorsatz im Herzen, ihm nicht zu gehorchen, sondern seinen – jedenfalls in einem bestimmten Punkt – eigenen Weg zu gehen. Dann geht man im Unglauben und Trotz gegen Gott zum Abendmahl, oder vielleicht auch in der totalen Gleichgültigkeit.

Und wie geht man auf die rechte Art zum Abendmahl? Indem man so kommt wie die anderen Jünger. Sie wollten Jesus folgen, sie bauten auf ihn. Es gab vieles, was sie nicht verstanden, aber sie wussten, dass bei ihm die Wahrheit war. Sie waren voller Schwachheit; noch am selben Abend würden sie ihre sämtlichen guten Vorsätze vergessen. Aber sie wussten, dass Jesus Recht hatte. Und sie wussten, wohin sie gehen konnten, um Hilfe zu bekommen. Für solche Menschen hat Christus sein Abendmahl eingesetzt.

Herr, du weißt alles. Du weißt, dass ich dich lieb habe. Du weißt, dass ich niemand anderen habe, zu dem ich gehen könnte. Andere können meine Fehler entschuldigen. Oder auch sie verurteilen. Aber nur du kannst meine Schuld wegnehmen, ohne zu entschuldigen, was nicht entschuldigt werden kann. Nur du kannst mich freimachen. Meine eigenen Gedanken und mein eigener Wille können mich überall hintreiben, das weiß ich, Herr. Aber wenn ich dich habe, habe ich einen Felsen, der nie schwankt und den nichts erschüttern kann. Auf dich setze ich meine Hoffnung. Du hast gesagt: Niemand kann sie aus meiner Hand reißen. So lege ich denn alles in deine Hand – mein Leben, meine Zukunft und meine Ewigkeit. Amen.

Sonntag Judica

Sie erkannten, dass er von ihnen redete.
(Matthäus 21,45)

Zum Lesen: Matthäus 21,33-46

Zuerst hatten sie es nicht begriffen. Sie hatten gedacht, dass Jesus hier mit einer juristischen Fangfrage kam und dass sie sie mit Leichtigkeit beantworten konnten. Die Schriftgelehrten waren ja gleichzeitig Theologen und Juristen. Das Gesetz des Mose galt auch als bürgerliches Gesetzbuch, und sie waren es gewohnt, sich zu allen möglichen Streitfällen zu äußern. Das taten sie auch jetzt, mit ihrer gewöhnlichen Schärfe. Mit Weinbergspächtern, die sich so benahmen, machte man kurzen Prozess. Aber da sagte Jesus – so deutlich, dass alle es verstehen mussten –, dass der Weinberg Israel war, die Pächter sie, die Schriftgelehrten, selber und der rechtmäßige Besitzer, dem solch ein Unrecht zugefügt worden war, kein anderer als Gott.

Wir könnten es uns jetzt bequem machen und auf die bösen Pharisäer und Schriftgelehrten von damals schimpfen. Aber das Gleichnis handelt ja auch von uns! Die Jünger und die Urgemeinde haben das verstanden. Sie vergaßen sie nicht, die Worte Jesu, dass Gottes Reich den blinden Bauleuten weggenommen und einem Volk gegeben würde, »das seine Früchte bringt«. Hier kann keiner sich in Sicherheit wiegen. Das Reich wird denen gegeben, die seine Früchte bringen.

Wir fühlen uns so leicht erhaben über die Pharisäer. Wir vergessen, dass sie ja die geistige und geistliche Elite ihrer Zeit waren, die Träger und Bewahrer einer uralten Kultur, deren hohe Moral von Landsleuten wie Fremden bewundert wurden. Sie waren »Bauleute«, zu denen man hoch aufschaute. Sie hatten nur einen Fehler: Sie verwarfen den Eckstein.

Auch unsere Zeit hat ihre »Bauleute«: Politiker und Wissenschaftler, Buchautoren und Journalisten, Unternehmer und Gewerkschaftsbosse, die Träger von Bildung und Kultur, Menschen, die verantwortungsbewusst, hart arbeitend, umsichtig, human, progressiv sind, usw. usw. Wir verlassen uns gerne auf unsere gesellschaftlichen Bauleute und auf die Kultur, den Lebensstil und die Werte, die sie vertreten.

Aber was machen wir mit dem Eckstein?

Warum haben sie dich verworfen, Herr? Warum haben sie dich nicht aufgenommen? Warum nehmen wir dich nicht auf? Du hast uns deinen Weinberg gegeben. Der Boden, auf dem wir stehen, gehört dir. Alles, was du in unsere Hände gibst, kommt von dir. Und du hast deinen edlen Weinstock unter uns gepflanzt und uns selber zu seinen Reben gemacht, damit wir Frucht bringen. Aber was für Frucht bekommst du von uns, Herr? Dieser Frage weichen wir so gerne aus. Verwerfen wir dich vielleicht darum so oft, weil wir sie nicht mehr hören wollen? Höre nicht auf, sie uns zu stellen, Herr. Lass uns begreifen, dass du hier von uns redest.

Montag nach Judica

Jetzt ist der Menschensohn verherrlicht.
(Johannes 13,31)

Zum Lesen: Matthäus 26,30-35; Lukas 22,28-38

Ein merkwürdiges Wort! Judas ist gerade hinaus in die Nacht gegangen, der Schlussakt hat begonnen. Jesus weiß, was jetzt geschehen wird und dass es bald geschehen wird – und redet davon, dass sich jetzt Gottes Herrlichkeit offenbaren wird.

Drei Tage danach wird er den beiden Jüngern auf dem Weg nach Emmaus erklären, dass der Messias leiden musste, um in seine Herrlichkeit zu gehen, und die Jünger beginnen zu ahnen, was Gott getan hat. Aber jetzt war es ihnen noch alles dunkel. Den Weg, den Jesus nach dem Abendmahl gehen musste, musste er ganz allein gehen. Es war sein Werk, sein Werk allein. Dass er dieses Werk tat, diesen Kelch trank, sein Kreuz trug – es hing allein an ihm.

Auf diesem Weg konnte ihm niemand folgen. Er wusste, dass sie ihn alle verlassen würden, er sagte es ihnen geradeheraus. Sie beteuerten – durchaus ehrlich –, dass sie bereit waren, ihm in Gefangenschaft und Tod zu folgen. Er wusste, dass sie wie eine panische Schafherde auseinander laufen würden. Er allein würde das tragen, was alle anderen, auch seine treuesten Freunde, versäumt, verbockt und gesündigt hatten. Er hatte für sie gebetet. Nun würde er für sie sterben.

Und doch waren es genau diese so jämmerlichen Menschen, die ihm in seine Herrlichkeit folgen und die Ersten in seinem Reich werden würden. Aber noch nicht jetzt. Zuerst musste er ihre Schuld bezahlen, ihre Sünden sühnen und sie durch seinen Tod heil machen.

Sie sangen den Lobgesang. Das waren die Psalmen 113 – 118, die Hallel-Psalmen, die man seit Menschengedenken zum Passafest sang. An diesem Abend bekamen die Worte zum ersten Mal ihre volle Bedeutung. Sie reden nämlich von Christus und seinem Leiden, von den Fesseln des Todes und dem Rachen des Totenreiches, von dem Tod, der kostbar ist in den Augen des Herrn, vom Abendmahlskelch, dem Becher des Heils, von dem, der nicht sterben, sondern leben und des Herrn Taten verkündigen wird, von dem Eckstein, den die Bauleute verworfen haben und vom Jubel der Erlösung, der die Hütten der Gerechten füllt, wenn die Rechte des Herrn große Dinge tut.

So gingen sie hinaus in die leeren Gassen, durch das Stadttor, hinab in das mondbeschienene Kidrontal und den Hang zum Ölberg hinauf. Während dieser Wanderung begann Jesus von dem zu reden, was kommen würde. Einst hatte er die Jünger ohne Geldbeutel, Tasche und Schuhe ausgesandt, und es hatte ihnen an nichts gefehlt. Sie hatten es gelernt, sich ganz auf sein Wort zu verlassen. Jetzt würden sie ein anderes, größeres Werk beginnen, jetzt durften sie Geldbeutel und Tasche mitnehmen. Was er damit meinte, verstanden sie erst später: Sie sollten weiterleben in dieser Welt, im Warten auf die neue Welt. Sie würden die Mittel benutzen müssen, die man braucht, um in der irdischen Welt zu leben. Selbst ein Schwert konnte nötig sein. Nicht um das Evangelium mit Gewalt auszubreiten, sondern um das Recht gegen Böse und Übeltäter zu verteidigen. Auch ein Jünger sollte sich unter den Schutz des Gesetzes stellen und sein Recht gegen Gewalt und Unrecht einklagen können. Paulus hat dies mehrfach getan; er wusste, dass sein Herr dies wollte.

Aber in dieser Nacht begriffen sie von alledem nichts. Einsam und unverstanden ging der Meister seinen Weg nach Gethsemane.

Mein Herr und Meister, mein Herz sagt, dass ich bereit bin, dir in Kerker und Tod zu folgen, wenn es denn sein muss. Aber du hast mir gezeigt, dass dergleichen gute Vorsätze kein zuverlässiger Baugrund sind. Das wahre Fundament hast du selber gelegt, als du einsam den Leidensweg gingst. Du hast es auch für deine Jünger, die so versagt haben, möglich gemacht, dir in dein Reich zu folgen und teilzuhaben an deiner Herrlichkeit. Herr, wenn der Tag kommt, an dem ich vom Satan gesiebt werde, dann bete du auch für mich. Halte deine Hand über meinen Glauben, dass er nicht zuschanden wird. Ich danke dir, dass es letztlich nicht auf meinen Mut und mein Gelingen und mein Kämpfen ankommt, sondern darauf, dass du gekämpft und alles vollbracht hast. Gepriesen seist du, der du unter die Übeltäter gerechnet wurdest, damit ich zu den Gerechten in deinem Reich gehören kann. Amen.

Dienstag nach Judica

Und er rang mit dem Tode und betete heftiger.
(Lukas 22,44)

Zum Lesen: Matthäus 26,36-46

Da lag der Garten Gethsemane. Hinter der Mauer stand der große Ölbaum im Mondlicht und warf seine blauen Schatten auf den steinigen Boden. Auf der anderen Talseite erhob sich schwer und massig der Tempel, dahinter lag die Stadt. In allen Häusern brannten die Lichter des Festes. Die Türme der Burg Antonia und des Palastes des Herodes ragten hoch und schweigend in den Himmel. In ihren gepflasterten Höfen warteten die römischen Wachsoldaten. Und irgendwo im Dunkel war Judas unterwegs.

Jesus war mit drei seiner Jünger ein Stück abseits gegangen. Er trennte sich auch von ihnen, um ganz allein zu beten. Da er wie immer laut betete, konnten sie seine Worte hören. Es war ein seltsames Gebet – eine Bitte darum, dass ihm dieses Los erspart bleiben sollte, dass er den Kelch, der ihm da gereicht wurde, nicht zu trinken brauchte. Er kämpfte mit etwas, das so übermenschlich schwer war, dass es ihn zu Boden drückte.

Was war es, das so schwer war? Die Angst vor Folter und Tod? Sicher auch das. Jesus war ja ein wirklicher Mensch. Aber er war kein Angsthase. Er war mitten durch die wütenden Massen in Nazareth hindurchgegangen (Lukas 4,30). Auch jetzt brauchte er nicht zu sterben, wenn er nicht wollte. Er musste nicht hier sitzen und auf den Verräter und die Soldaten warten. In ein paar Minuten konnte man auf dem Kamm des Ölbergs sein, hinter dem gleich die Judäische Bergwüste begann. Es war kein Problem, sich in Sicherheit zu bringen. Aber Jesus blieb. Er betete immer heftiger. Das, was er jetzt auf sich nehmen musste, es war schlimmer als der Tod. Was war das für ein »Kelch«, den zu trinken ihm so unbeschreiblich schwer fiel?

Das sollten die Jünger erst später verstehen. Petrus, der in dieser Nacht schlicht einschlief, konnte viele Jahre später schreiben, dass Christus unsere Sünden an seinem Leib auf das Kreuz getragen hat (1. Petrus 2,24). Und Paulus konnte sagen, dass Christus für uns »zur Sünde gemacht« wurde (2. Korinther 5,21), ja zum »Fluch« (Galater 3,13), also zu jemandem, der unter Gottes gerechtem Urteil stand.

Der »Kelch«, den Christus trinken musste, war randvoll von allen Sünden der Welt – von allem, was schändlich und böse, grausam und gehässig, schmutzig und gemein ist, von den schlimmsten Verbrechen bis zu den kleinlichsten Bosheiten des Alltags. All dies befand sich gleichsam konzentriert in diesem Kelch, und Jesus musste ihn bis zum letzten Tropfen leeren. Der ganze Inhalt kam in ihn hinein, er trug ihn »an seinem Leib«, wie Petrus sagt. Dass er, der seinen Vater über alles liebte, der stets seinen Willen getan hatte und in allem versucht worden war, ohne ein einziges Mal von seinem Weg abzuweichen, nun all diesen Schmutz zu einem Stück von sich selber machen sollte, *das* war es, was so schwer und furchtbar war, dass er seinen Vater bat, es ihm zu ersparen, wenn es denn möglich wäre.

Aber es war nicht möglich. Nicht, wenn die Welt erlöst werden sollte. Nicht, wenn die große Katastrophe, die uns Menschen einst von Gott trennte, geheilt und alles wieder gut werden sollte.

Alles hast du getragen, mein Erlöser, auch meine Schuld. Alle meine Sünden, alles, was ich je getan habe oder noch tun werde, all das, was vor das Angesicht deines Vaters steigt und seine Anklagen gegen mich schleudert. Wenn ich dein Bild am Kreuz sehe, weiß ich, dass du mit deinem gemarterten Leib auch meine Schuld getragen hast, all das, was mich von dir trennt. Und dann weiß ich auch, dass es mich nicht mehr von dir trennen kann, und ich beuge meinen Kopf vor Scham – und darf ihn wieder heben und dir jubelnd dafür danken, dass du diesen Weg gingst und *dieses Werk vollbrachtest – auch für mich. Amen.*

Mittwoch nach Judica

Aber dies ist eure Stunde und die Macht der Finsternis.

(Lukas 22,53)

Zum Lesen: Lukas 22,47-53; Johannes 18,3-11

Die Jünger sind eingeschlafen in Gethsemane. Der Meister hat sie gebeten, zu wachen. Zweimal hat er sie geweckt. Aber ihre Augen sind wie Blei, sie hören ihn kaum. Sie haben einen langen Tag hinter sich. Sie haben das Passalamm geschlachtet, das Passamahl gerichtet, während des Mahls den Worten ihres Meister gelauscht. Sie sind müde und betrübt, sie können nicht mehr.

Als er sie zum dritten Mal weckt, sind die Feinde schon da. Der Rauch der Fackeln sieht rot aus, ihr Feuerschein spiegelt sich in den Helmen der Soldaten. An der Spitze geht Judas. Er tritt zu dem Meister und küsst ihn übertrieben fest – das Zeichen für die Soldaten, Jesus zu packen. Doch die Soldaten zögern. Jesus tritt auf sie zu, und sie weichen zurück, mehrere stolpern, fallen zu Boden. Sie verstehen sie selber nicht, diese plötzliche Furcht vor diesem merkwürdigen Propheten. Dann reißen sie sich zusammen und treten wieder zu ihm, um ihn gefangen zu nehmen.

Petrus, plötzlich hellwach, zieht sein Schwert und schlägt zu. Jesus stoppt ihn. Soll jemand für ihn kämpfen, dann stehen über zwölf Legionen Engel bereit, sich mit Wonne auf die zu stürzen, die sich da an Gottes Sohn vergreifen wollen. Aber die Schrift muss erfüllt werden. Dies ist die Stunde der Finsternis. Die Finsternis, die sich über die Erde senkte, als die ersten Menschen dem Versucher folgten und von seiner Hand gezeichnet wurden, sie verdichtet sich jetzt, schließt sich um Gottes eigenen Sohn, um ihn zu vernichten.

Der Selbsterhaltungsinstinkt der Jünger fordert sein Recht. Kopflos rennen sie davon, in den Schatten der Bäume, klettern über die Gartenmauer und werden von der Nacht verschluckt.

»Sucht ihr mich, so lasst diese gehen!«, sagte Jesus. Wieder lag eine tiefe Bedeutung in seinen Worten. Diese Jünger, die so jämmerlich die Flucht ergriffen, wurden ein Bild für das, was Gott hier vorhatte, für das Einzige, das uns aus der Finsternis retten konnte. Allein Jesus wurde gefesselt abgeführt, um alle Folgen des Bösen, das er auf sich genommen hatte, zu tragen. Die anderen entkamen. Zu ihnen gehören auch wir.

Herr, wie oft bin ich schon wie Petrus gewesen. Ich schlage zu, wo du heilen willst, ich schlafe, wo ich wachen müsste, und dann rennen mir die Ereignisse davon. Ich wollte dir dienen, wollte dem Bösen wehren – und habe es gerade falsch gemacht. Ich danke dir, dass du alles heilst, auch das, was deine Jünger verbockt haben. Erbarme dich über uns, wenn wir dir so schlecht dienen. Und erbarme dich über alle, auf die wir loshauen, weil wir sie für deine Feinde halten. Hilf uns, zu wachen und zu beten und so nah bei dir zu sein, dass wir in der dunklen Stunde merken, was du von uns willst. Hilf, dass dein Name nicht wegen uns verlästert wird. Lass in all dem Unvollkommenen, das wir tun, doch manchmal deine Herrlichkeit aufleuchten. Tu dies zur Ehre deines Namens. Amen.

Donnerstag nach Judica

Petrus aber folgte von ferne.

(Lukas 22,54)

Zum Lesen: Lukas 22,54-62; Johannes 18,15-18

Er war stehen geblieben, hatte sich gesammelt und seinen Entschluss gefasst. Er würde es riskieren und sich zurück in die Stadt schleichen. Er folgte dem Schein der Fackeln, durch das Stadttor hindurch und die Gassen hinauf bis hin zum Palast des Hohenpriesters. Dort blieb er vor dem Tor stehen, unschlüssig, wie es weitergehen sollte. Er wollte nicht feige sein, aber jetzt war er von seinem Meister getrennt, konnte niemanden um Rat fragen.

Da kam einer der anderen Jünger, der mit dem Hohenpriester bekannt war. Wahrscheinlich war es Johannes. Wenn Johannes über Geschehnisse berichtet, bei denen er selber dabei war, lässt er sich immer anonym auftreten, ohne seinen Namen zu nennen. Er winkte Petrus zu sich, und Petrus riss sich zusammen. Jetzt nur ja nichts falsch machen, jetzt ging es in die Höhle des Löwen.

Schon im Halbdunkel des Toreingangs passiert es. Ein misstrauisches Augenpaar mustert Petrus, und dann kommt die anklagende Frage. Aber auf so etwas ist man vorbereitet. Nein, mit dem Verhafteten habe ich nichts zu tun ...

Petrus versucht, sich unter die Menschen im Innenhof zu mischen, stellt sich mit vor das Kohlenfeuer.

Aber auch hier beginnt man ihn zu mustern, und sie kommt zum zweiten Mal, die fatale Frage. Wieder verneint Petrus. Aber dann kommt einer, der den wieder erkennt, der vorhin in dem Garten sein Schwert gezogen hat. Die anderen treten näher, jetzt sehen ihn alle an, der Kreis will sich schließen. Petrus hebt hastig die eine Hand und schwört, dass er den Nazarener nicht kennt.

Irgendwo in der Nähe kräht ein Hahn.

Da drehte Jesus sich um, berichtet Lukas. Plötzlich war er wieder ganz nahe. Er hatte die ganze Zeit in der Dunkelheit gestanden, gefesselt, vielleicht oben auf der Galerie, vor den Räumen im Obergeschoss. Er dreht sich um und sieht Petrus an. Mehr braucht es nicht, die richtigen Proportionen sind wiederhergestellt: Das Wichtigste ist ja gar nicht, dass Petrus entkommt, das Wichtigste ist, wie er zu seinem Meister steht. Als Jesus ihn ansieht, erkennt er, was er getan hat. Plötzlich kommt er sich wie nackt vor, auf frischer Tat ertappt in seiner tiefsten Erniedrigung. Und gleichzeitig – so geliebt. Es ist keine Schadenfreude im Blick des Meisters, kein Triumph darüber, dass er Recht gehabt hat, nur ein großer Schmerz und eine große Liebe – trotz allem.

Und Petrus schlägt die Hände vor das Gesicht und beginnt zu weinen. Er geht hinaus, niemand hindert ihn. Die Gefahr war gar nicht so groß, wie er gedacht hatte, als er in den Hof schlich, einsam und verlassen – und doch nicht einsam.

Herr, wie oft bin ich dir nur von ferne gefolgt, in sicherem Abstand, voller Angst davor, was die Men-

schen sagen werden und wie ich ihnen antworten soll. Und die ganze Zeit warst du bei mir, hast alles gesehen. Hilf mir, dass ich dich immer sehe, deine Nähe spüre. Nimm mir meine Angst weg, die doch gar nicht nötig ist. Hilf mir, die anderen ruhig spotten und lachen zu lassen. Hilf, dass ich mich freuen kann, wenn jemand mich fragt, ob ich dein Jünger bin. Lass mich ihm zeigen, was für ein Glück das ist. Du, der du auch deine feigen Jünger liebst, hilf uns, dich so wiederzulieben, dass diese Liebe unsere Feigheit überwindet und uns das gelingt, was nicht gelingen kann, wenn wir dir nur von ferne folgen.

Freitag nach Judica

Er aber schwieg still und antwortete nichts.
(Markus 14,61)

Zum Lesen: Markus 14,53-65

Der Hohe Rat ist zu einer Sondersitzung zusammengerufen worden, mitten in der Nacht. Es gilt, schnell zu handeln. Die Zeugen stehen schon bereit. In dem großen Saal sitzen die Ratsmitglieder wie üblich in einem Halbkreis, der Hohepriester in der Mitte. Man stellt den Gefangenen vor sie, und das Verhör beginnt. Aber merkwürdig, der Angeklagte schweigt und verteidigt sich nicht. Das meiste von dem, was die Zeugen vorbringen, passt vorne und hinten nicht zusammen. Es wäre Jesus ein Leichtes, es zu zerpflücken, die schreienden Widersprüche aufzudecken. Er könnte seine Richter zur Rede stellen für diesen so durchsichtigen Versuch, einen Unschuldigen zu verurteilen. Aber er schweigt.

Warum schweigt Jesus? Fast scheint es, als ob er bereit ist, sich ohne jeden Widerstand zum Tod verurteilen zu lassen. Akzeptiert er etwa, dass er wegen etwas verurteilt wird, das er nie und nimmer getan hat?

Aber das Seltsame ist, dass dieses Urteil, das ungerechteste, das je auf Erden gefällt wurde, gleichzeitig vollkommen gerecht war. Jesus trug ein Geheimnis in sich, von dem der Hohepriester nichts ahnte. Er trug in dieser Stunde alle Sünden der Welt. Die ganze Schuldenlast der Menschheit hatte er auf sich genommen – auch die der Männer, die da über ihn zu Gericht saßen, auch ihren Neid und ihre Machtgier, ihre Falschheit und Herzlosigkeit. Alle Sünden und Vergehen der vergangenen wie der kommenden Generationen lagen auf ihm. Und diese gesammelte Schuld, sie verdiente den Tod. Ohne es zu ahnen, verurteilte Kaiphas seine eigene und aller Sünde zu der Strafe, die seit Anbeginn der Welt über dem Bösen und über dem Nein der Ichsucht gegen Gottes Liebe schwebt: zum Tod.

In seiner Beweisnot stellt der Hohepriester schließlich eine Frage, die er lieber vermieden hätte, weil sie so kitzlig ist. Er fragt Jesus, ob er der Messias ist, Gottes Sohn. Und Jesus, der bis jetzt immer gewartet hatte, bis die Menschen von selber auf die Antwort zu dieser Frage kamen, tut ihm den Gefallen und sagt frei heraus seine Antwort. Worauf der Hohepriester in gut gespieltem Entsetzen sein Gewand zerreißt. Man braucht keine Zeugen mehr, der Angeklagte hat Gott gelästert! Oder die Wahrheit gesagt – aber nein, das kann, das darf nicht die Wahrheit sein, darüber sind sich die Richter einig. Und sie verurteilen Jesus zum Tod.

Der Ordnung halber warteten sie mit dem formellen Urteilsspruch bis zum Morgengrauen; sie waren die Wächter von Recht und Gesetz, bei denen alles korrekt zugehen musste. Auch wenn sie Gottes Sohn zum Tode verurteilten.

Dein Urteil war also mein Urteil. Dass sie dich zum Tod verurteilten, mein Herr und Meister, musste so ge-

schehen, weil du in dieser Stunde auch meine Schuld trugst. Du musstest büßen, was wir verschuldet hatten. Du nahmst all das Böse und trugst es auf deinem Herzen – dem Herzen, in welchem Gottes ganze Heiligkeit und Liebe wohnte. Dort begegnete unsere Schuld Gott, und es ging so, wie es immer geht, wenn das Böse und Schändliche nackt und bloß vor Gottes Eifer daliegt: Es muss verzehrt, verbrannt, vernichtet werden. Aber all das nahmst du auf dich. Es geschah mit dir und nicht mit mir. Die Strafe lag auf dir, damit auch ich Frieden hätte. Preis sei dir, o Jesus!

Samstag nach Judica

Da sieh du zu!

(Matthäus 27,4)

Zum Lesen: Matthäus 27,3-10

Judas' Reue war echt. Der Katechismus nennt uns drei Merkmale echter Reue: dass wir von Herzen unsere Sünden erkennen, dass sie uns leid sind und dass wir gerne von ihnen frei werden möchten. All das traf bei Judas zu. Er sah ein, was er getan hatte, er versuchte nicht, seine Tat zu entschuldigen oder zu beschönigen. Er sagte das sogar den Hohenpriestern. Er wollte ihnen das Geld zurückgeben, und als sie es nicht annahmen, warf er es fort. Er wollte alles los sein, was mit seiner Tat zusammenhing. Sie war ihm leid – so verzweifelt leid, dass er nicht mehr leben wollte. Noch tiefer kann Reue nicht sein.

Und doch ging er verloren. Reue allein, so tief und ehrlich sie auch sein mag, kann einen Menschen nicht retten. Das Furchtbare an ihr ist ja gerade das, was die herzlosen Priester Judas sagten: Das ist deine Sache, damit musst du selber fertig werden. Der Mensch, der bereut, erkennt, was er getan hat. Er ist sich seiner Schuld bewusst. Aber er kann sich nicht von ihr freimachen.

Die anderen Jünger hatten Jesus auch im Stich gelassen. Am schlimmsten war das bei Petrus. Auch er trug eine Schuld mit sich herum, wie sie schwerer fast nicht sein konnte. Aber da war ein Unterschied: Judas ging fort und erhängte sich. Von Petrus heißt es, dass er hinausging und bitterlich weinte. Wenn er sich etwas wünschte, dann dies, dass er seinen Meister noch einmal treffen und um Vergebung bitten konnte. Darum blieb er trotz allem ein Jünger Jesu und durfte erleben, dass Jesus zu ihm kam und ihm alles vergab.

Diesen Weg hätte auch Judas gehen können. Stattdessen ging er hinaus in seine schwarze Verzweiflung. Was war es, was ihm fehlte?

Der Glaube. Er hoffte nichts, wartete auf nichts, bat um nichts.

Um zu Jesus zu kommen, reicht es nicht, dass man etwas bereut. Es braucht auch Glauben. Wenn ein Mensch verloren geht, liegt das nicht daran, dass seine Sünde größer wäre als die der anderen, sondern daran, dass er die Hilfe nicht dort sucht, wo sie ist. Wir verstehen jetzt besser, warum Jesus Petrus vor dessen Verleugnung sagte, dass er für ihn gebetet hatte, dass sein *Glaube* nicht aufhören würde (Lukas 22,32). Wenn ein Mensch nur im Glauben zu Jesus kommt, kann alles wieder gut werden. Sogar für einen Judas.

Herr, bete du auch für mich, dass mein Glaube nicht aufhört. Was auch mit mir geschieht, hilf mir, dass ich immer wieder zu dir komme. Lass keine Schande und keine Scham mich daran hindern, auch keine Trägheit oder die Versuchung, noch etwas zu warten, bevor ich es wage, mit meinen Sünden vor dich zu treten.

Herr, ich bitte dich für all die, die etwas bereuen, aber die nicht wissen, dass sie zu dir gehen dürfen. Ich bitte für alle, die sich für Versager und Verräter halten und sich bitter vorwerfen, was sie getan haben. Lass sie sehen, was du getan hast. Schicke ihnen deinen Gnadengruß, so wie bei Petrus. Lass sie solchen Menschen oder Ereignissen oder Gedanken oder Worten begegnen, die ihre Gedanken und Herz zu dir wenden. Erbarme dich über uns und lass keinen von uns hinaus in die Finsternis gehen.

Palmsonntag

Sie hat meinen Leib im Voraus gesalbt für mein Begräbnis.

(Markus 14,8)

Zum Lesen: Johannes 12,1-16

Heute ist der Tag, an dem Jesus unter dem Jubel des Volkes in Jerusalem einzog. Wir haben dieses Ereignis schon am Ersten Advent gefeiert. Aber wie sind sie so völlig verschieden, der Erste Advent und der Palmsonntag! Am Ersten Advent waren wir die Jünger, die ihren Herrn mit Jubelrufen willkommen hießen. Christus zog als König unter uns ein, um uns ein Gnadenjahr zu bringen. Jetzt sind wir ihm nach Jerusalem gefolgt und beginnen die Karwoche, die Woche, in der er verworfen, verraten, geschmäht und getötet wurde. Darum rufen wir heute kein Hosianna. Wir beginnen diese Woche in einer Atmosphäre des Aufbruchs und Abschieds, um unseren Meister in Betanien versammelt.

Maria war diejenige, die dies am besten begriff. In ihrer Liebe zu Jesus gab sie ihm das Kostbarste, das sie hatte. Es war eine ungeheure Verschwendung, aber es gibt eine Verschwendung, die Gott liebt. Sie kommt aus einem Herzen, das alles für ihn tun möchte. Es ist eine Liebe, die größer ist als jene berechnende Klugheit, die immer nach dem »Nutzen« fragt. Judas erhob die Stimme der Vernunft. Aus niedrigen Motiven, mag sein, aber mit Argumenten, wie sie viele gute Christen auch anwenden. Doch Jesus gab Maria Recht.

Es gibt eine Verschwendung der Liebe, einen Übermut der Freude, der sein Bestes für Jesus gibt. Wir tun recht, wenn wir nicht mit unserer Zeit knausern, wenn es darum geht, Jesu Wort zu hören, obwohl zu Hause so viele unerledigte Dinge liegen. Wir tun recht, wenn wir ihn reichlich mit unseren Gaben beschenken. Als die Soldaten, die Jesus gekreuzigt hatten, seine Kleider unter sich aufteilten, entdeckten sie zu ihrer Überraschung, dass der arme Prophet ein teures Gewand besaß, das ohne Naht in einem Stück gewebt war (Johannes 19,23) – sicher das Geschenk von jemandem, der Jesus das Beste geben wollte, das er besaß; und Jesus hatte es angenommen. Solche Geschenke können wir ihm auch heute machen. Es ist vollkommen in Ordnung, wenn wir unsere Gotteshäuser schmücken, solange dies aus einer aufrichtigen Liebe zu Jesus geschieht und aus dem Wunsch, ihn zu ehren und die Menschen etwas von der himmlischen Freude des Gottesdienstes spüren zu lassen.

»Arme habt ihr allezeit bei euch«, sagte Jesus. Die Liebe zu ihm muss letztlich immer auch eine Liebe zu denen sein, die hier auf dieser Erde leiden, und auch hier ist Raum für eine Verschwendung des Segens, die gibt, ohne zu rechnen und abzuwägen und ohne ständig Garantien zu suchen, dass es sich auch »lohnt«, zu helfen.

Jesus nahm Marias Gabe als Vorbereitung seines Begräbnisses entgegen. Keiner von den anderen ahnte, wie nahe dieses Begräbnis war. Aber er brach auf, um nach Jerusalem einzuziehen, im vollen Bewusstsein, dass seine Stunde nahe war. Wenn wir ihm heute folgen, wissen wir es besser als seine ersten Jünger. Es fällt uns nicht so leicht, in den Jubel des Volkes einzustimmen. Aber wir verstehen Maria, die das Beste, was sie besaß, dem schenkte, der sein Leben für sie und für uns alle geben sollte.

Mein Herr und Erlöser, heute also bist du in die Stadt eingezogen, die ihre Propheten tötet und Gottes Boten steinigt. In dieser Stadt sind wir alle Bürger, wir, die wir schon so oft deine Stimme zum Schweigen bringen und deine Worte nicht hören wollten. Wir alle haben dir schon zugejubelt, weil alle das taten und weil wir hofften, dass du uns bei unseren Plänen und Wünschen helfen würdest. Lass uns nun stattdessen dir folgen, um zu sehen, wie du den Willen deines Vaters erfülltest und das tatest, was nur du tun konntest. Du hast es alles für uns getan. Hilf uns, dass auch wir etwas für dich tun. Amen.

Montag nach Palmsonntag

Wer aus der Wahrheit ist, der hört meine Stimme.
(Johannes 18,37)

Zum Lesen: Lukas 23,1-12; Johannes 18,28-40

Jesus wurde von dem obersten Gericht seines eigenen Volkes zum Tode verurteilt. Aber da das Land von den Römern besetzt war, mussten Todesurteile von diesen bestätigt werden. Man zog also mit dem Gefangenen zu Pontius Pilatus. Wie viele andere römische Statthalter war er ebenso brutal wie habgierig, aber ein Dummkopf war er nicht. Er spürte, dass hinter diesem Urteil Neid und Intrigen standen. Nach einem kurzen Gespräch mit dem Gefangenen war ihm klar, dass er einen ungefährlichen Prediger vor sich hatte, der irgendeine neue Lehre verkündigte. Ein Galiläer war er auch, und das hieß, dass er den Fall an König Herodes überweisen konnte, der formell über Galiläa herrschte, aber zur Zeit zum Passafest in Jerusalem weilte.

Einen Augenblick lang hatten Pilatus' Finger die Wahrheit gestreift. Dieser seltsame Prophet war König in einem Reich, das nicht von dieser Welt war. Er war gekommen, um von der Wahrheit zu zeugen, der großen Wahrheit über den Sinn des Lebens, über Gott und über uns. Pilatus konnte diese Wahrheit kennen lernen, wenn er wollte. Aber er wollte nicht. Er zuckte die Achseln und sagte: »Was ist Wahrheit?« Es war keine echte Frage, kein Wunsch, mehr zu erfahren. Es bedeutete einfach, dass Pilatus mit dergleichen Fragen in Ruhe gelassen zu werden wünschte, wie so viele andere auch.

Und da schwieg Jesus. Zu dem Menschen, der nicht aus der Wahrheit ist und nicht hören will, lohnt es sich nicht, zu reden.

Genauso war es mit Herodes. Eigentlich wollte er Jesus gerne einmal sehen. Er hatte von seinen Wundern gehört und wäre einem Schauwunder nicht abgeneigt gewesen. Aber auch er war nicht offen für die Wahrheit. In der Zeit, als Johannes der Täufer auf seiner Burg gefangen gewesen war, hatte er sich ihr verschlossen. Er hatte den Täufer mehrfach zu sich gerufen und ihm gern zugehört (Markus 6,20) und war anschließend immer sehr nachdenklich gewesen. Er spürte, dass Johannes Recht hatte. Herodes hatte seine Schwägerin geheiratet, was gegen Gottes Gebote war. Er hätte die Sache vielleicht in Ordnung gebracht, wenn das nicht so demütigend gewesen wäre. Und so schob er es immer weiter vor sich hin, bis der fatale Tag kam, wo er seiner Tochter einen beliebigen Wunsch freistellte und diese auf den Rat ihrer Mutter um den Kopf des Täufers bat. Herodes hatte ihr den Wunsch gewährt und damit die einzige Stimme, die ihm die Wahrheit gesagt hatte, zum Schweigen gebracht – Gottes Stimme, die ihn zur Buße und Vergebung rief.

Aber jetzt hätte er nichts gegen ein anständiges Wunder einzuwenden gehabt. Vielleicht sagte er sich, dass er dann – vielleicht – sich wieder mit Gott beschäftigen würde. Aber es gibt keine Abkürzungen zu

Gott, die an der Buße vorbeiführen. Wer einmal von Gott in seinem Gewissen getroffen worden ist, kommt an der Begegnung mit ihm nicht mehr vorbei. Herodes wollte sich vorbeimogeln, und darum hatte Jesus ihm nichts zu sagen. Herodes kannte das Wort der Wahrheit bereits. Jetzt schwieg Gott.

Herr Jesus, lass mich nicht vergessen, dass ein Tag kommen kann, wo du schweigst. Hilf mir, stets der Wahrheit Raum zu geben in meinem Herzen, auch wenn sie demütigend ist oder wie Feuer brennt. Hilf mir, dass ich mich nie damit herausrede, dass die Menschen doch so uneins über dich sind und dass es so viele Religionen gibt. Alle unsere menschlichen Fehler können ja die Wahrheit nicht auslöschen, und du bist zu uns gekommen, damit wir sie kennen lernen. Hilf uns, sie gerne anzunehmen. Die Menschen haben ihre Meinungen und Theorien über die Wahrheit. Du kennst sie, besser als alle Propheten, Weisen und Denker zusammen. Darum will ich dich nach der Wahrheit fragen, dich, der du selber die Wahrheit bist.

Dienstag nach Palmsonntag

Hinweg mit diesem, gib uns Barabbas los!
(Lukas 23,18)

Zum Lesen: Matthäus 27, 15-26

Barabbas, nicht Jesus! Das war die Stimme des Volkes vor Pilatus' Palast. Die Menschen, die so riefen, waren nicht schlimmer als wir anderen auch. Barabbas war so etwas wie ein Volksheld. Matthäus nennt ihn einen »berüchtigten« Gefangenen. Es war zu Krawallen gekommen, wohl aus nationalen oder sonstigen politischen Ursachen. Blut war geflossen, und jetzt saßen Barabbas und einige andere im Gefängnis. Das Volk wusste, wen es da frei haben wollte. Die Hohenpriester und Ältesten hatten leichtes Spiel. Dieser Jesus, der einfach nicht zur Tat schritt, sondern immer nur von Gottes Reich, Buße und Vergebung redete, man war seiner überdrüssig. Man kam sich ja wie ein Angeklagter vor ihm vor. Da zog man Barabbas vor; der klagte nur die an, die man selber hasste.

Als Pilatus trotzdem Schwierigkeiten machte und den einen Ausweg nach dem anderen versuchte, geriet die Menge in Aufruhr. Man schrie und lärmte und machte Druck, hetzte einander auf. Und schließlich gab Pilatus nach und ließ den Aufrührer und Totschläger Barabbas frei, und Jesus ließ er geißeln.

Wieder liegt ein tiefer Sinn in diesem beklemmenden Schauspiel. Was hier geschah, war mehr, als dass ein

Unschuldiger bestraft wurde und der Schuldige freikam. Die ganze schuldige Menschheit ging frei aus. Oder genauer: Sie bekam eine offene Tür zur Freiheit, eine Möglichkeit, den ewigen Folgen ihrer Schuld zu entkommen. Was eigentlich Barabbas und den schreienden Pöbel, den feigen Pilatus und die berechnenden Hohenpriester hätte treffen müssen, die selbstgerechten Pharisäer und uns alle, es traf Jesus. Wir, die wir Gott und Jesus am liebsten los geworden wären, bekamen ihn stattdessen als Bruder, der all die Last unserer Feindschaft gegen Gott, unserer Ichsucht und unserer Grausamkeit auf sich nahm, damit sie uns nie mehr auf ewig von Gott trennen kann.

Dich, Herr Jesus, haben sie gegeißelt und ans Kreuz genagelt, und mich freigelassen. Eigentlich müsste ich im Gefängnis sitzen für meinen Aufstand gegen Gott, für meine vielen Unterschlagungen in der Verwaltung seines Eigentums, für die Art, wie ich mit dem Leben, das er mir gab, umgegangen bin, und dafür, dass ich so oft auf der Seite seiner Feinde stand und immer noch ein Stück vom Geist des Abfalls in meinem Herzen trage. Aber du bist für mich in den Tod gegangen. Die Menschen haben dich gehasst, haben sich heiser geschrien, wollten dein Blut sehen. Und sie haben es gesehen. Und auch ich, und ich weiß, dass es für mich geflossen ist. Das Urteil, das dich traf, Herr, ist ein Urteil über all das Böse in uns. Und über mich. Ja, ich kenne meine Schuld, und ich danke dir, Herr Jesus, dass du sie für mich getragen hast. Amen.

Mittwoch nach Palmsonntag

Seht, das ist euer König!

(Johannes 19,14)

Zum Lesen: Johannes 19,1-16

Jesus hat die Geißelung überlebt, was keine Selbstverständlichkeit war. Die langen Lederriemen waren mit Bleistücken und Tonscherben versehen, die tief in die Haut und das Fleisch schnitten.

Die Soldaten, die die Geißelung vollzogen haben, rufen ihre Kameraden herbei. Man will sich etwas amüsieren, bevor man den Gefangenen zurückführt. Sie werfen einen alten Soldatenmantel über seine blutigen Schultern. Er ist dunkelrot, wie ein Königspurpur. Irgendjemand nimmt ein Bündel von dem Dornenreisig, das als Brennholz aufgestapelt liegt, und flechtet daraus eine Krone, die er dem Gefangenen auf den Kopf drückt. Ein Stock dient als improvisiertes Zepter. Fertig. Man fällt auf die Knie, um dem Judenkönig höhnisch seine Reverenz zu erzeigen. Diese Legionäre, die selber arme Hunde sind, kommen sich auf einmal wie große Herren vor, Repräsentanten der Imperialmacht. Sie spucken den Gefangenen, der sich nicht wehren kann, an. Sie machen es wie Schulkinder, die einen Kameraden quälen, oder wie Kollegen im Büro, die mit Wonne ihr Mobbing betreiben.

Und auch in diesem widerwärtigen Schauspiel liegt eine tiefe Bedeutung, etwas, das immer wieder die

Künstler inspiriert und die Menschen in dankbarer Anbetung hat innehalten lassen. Wenn wir dieses Bild vor uns sehen, sagen wir mit Pilatus: So bist du dennoch ein König! Diese Soldaten wussten nicht, dass sie das taten, was die himmlischen Heerscharen und Millionen Menschen auf dieser Erde heute auch tun. Nicht im Spott, sondern im Ernst. Sie wussten nicht, dass sie ihre Knie beugten vor dem, vor welchem »sich beugen sollen aller derer Knie, die im Himmel und auf Erden und unter der Erde sind« (Philipper 2,10). Sie wussten nicht, dass der, den sie da anspuckten, unter dem Soldatenmantel auch ihre Grausamkeit und Schuld trug und dass er sie hinauf ans Kreuz tragen würde, damit sie und all die anderen großen und kleinen Gemeinheiten dieser Welt vergeben werden konnten.

Und auch Pilatus ahnte nicht, wie wahr er sprach, als er den Gefangenen hinausführen ließ und sagte: »Seht, das ist euer König!« Da stand er, so zerschunden und misshandelt wie es ein Mensch auf dieser Welt sein kann – doch ohne Bitterkeit und Hass und mit dem einen großen Wunsch, auch seine Peiniger zu Gott zu führen. Das Volk reagierte auf diesen Anblick so, wie man reagieren muss, wenn man sich nicht von dieser Liebe ergreifen und überwältigen lassen will; es schrie: »Weg mit ihm!« Das hier war zu viel für sie – wie für uns alle. Dass es mitten in dieser Welt des Bösen eine solche Liebe gibt und dass diese Liebe uns nicht loslassen will – es ist unerträglich, solange es uns nicht aufgeht, dass wir hier vor dem stehen, was unser Leben im Innersten zusammenhält und ihm Sinn gibt.

Mein Herr und mein König, auch ich will meine Knie vor dir beugen. Ich weiß, dass auch ich zu denen gehöre, die dich ans Kreuz gebracht haben. Aber damit bin ich auch einer von denen, für die du gestorben bist, einer der vielen, die du in deine Liebe eingeschlossen hast, einer von denen, die du nie gehasst hast und denen du alles vergeben willst. Wenn ich meine Sünden sehe, muss ich eigentlich sagen: Geh weg von mir, Herr. Aber um deiner Liebe willen wage ich es, zu sagen: Bleibe bei mir, geh nicht weg. Du hast ja auch mich gemeint, als du in die Welt kamst, um das Verlorene zu retten. Mein König, ich bete dich an. Lass mich unter deinem Zepter leben. Jetzt und in Ewigkeit. Amen.

Gründonnerstag

Er hat andern geholfen und kann sich selber nicht helfen.

(Markus 15,31)

Zum Lesen: Matthäus 27, 31-43; Lukas 22,32-43

Wieder sind es die Spötter, die eine der großen Wahrheiten über Jesus sagen. Anderen hat er geholfen. Ohne zu bedenken, was sie da sagten, bezeugten sie vor ihren Zeitgenossen und vor der ganzen Nachwelt, dass Jesus »umhergezogen ist und hat Gutes getan und alle gesund gemacht« (Apostelgeschichte 10,38). Jetzt verhöhnten sie ihn deswegen. Für die menschliche Selbstsucht ist es selbstverständlich, dass man seine Mittel und Möglichkeiten zum eigenen Gewinn einsetzt und dass jemand, der das nicht tut, ein armer Irrer ist. Aber das war ja mit das Geheimnis von Jesu Wesen, dass er anderen half, aber nicht sich selbst. Er speiste die Fünftausend, aber selber hungerte er in der Wüste. Er benutzte seine Macht immer nur für die anderen, nie um sich selber das Leben leichter zu machen. Sein ganzes Leben lebte er für uns.

An einem Punkt freilich lagen die Spötter falsch: Jesus hätte durchaus die Macht gehabt, sich selber zu helfen und vom Kreuz herabzusteigen. Aber er wollte es nicht, denn dann wäre alles verloren gewesen; er hing ja für uns dort.

Auch einer der Verbrecher, die mit ihm gekreuzigt wurden, schmähte ihn. Aber der andere beginnt zu ahnen, wie es sich verhält mit der Macht dieses seltsamen Königs. Er hat mitgehört, wie Jesus für die betete, die die Nägel in seine Hände schlugen, und er ahnt, dass hier vielleicht Hilfe für ihn ist, jenseits aller normalen Gerechtigkeit und gegen all das, was er normalerweise noch erwarten kann. Vielleicht gibt es im Herzen dieses Messias, der anderen, aber nicht sich selber hilft, einen Platz für so jemanden wie mich, dessen Leben verpfuscht und kaputt ist?

Er wagte sein Gebet. Und er bekam eine Heilszusage, die so fest und vorbehaltlos war wie nur irgendetwas: »Heute wirst du mit mir im Paradies sein.«

Ich danke dir für dieses Wort, mein Heiland. Weil du das gesagt hast, wage ich es, zu kommen. Auch dann, wenn ich das leide, was meine Taten mir eingebrockt haben. Auch wenn mein Gewissen mich verurteilt und die Menschen sich fragen, wie so einer wie ich zu dir kommen kann. Für mich hingst du so hilflos am Kreuz. Du nutztest sie nicht, deine grenzenlose Macht, dein Vater musste die Engelheere, die dir zu Hilfe eilen wollten, zurückhalten. Darum wage ich es jetzt, zu kommen. Herr, denke auch an mich, wenn du in dein Reich kommst! Amen.

Karfreitag

Mein Gott, mein Gott, warum hast du mich verlassen?

(Markus 15,34)

Zum Lesen: Matthäus 27, 45-56; Lukas 23,44-49

Er muss sich im Gedächtnis der Jünger festgebrannt haben, dieser Schrei. Darum ist er in der Bibel in seiner ursprünglichen Form bewahrt worden, so wie er über Jesu Lippen kam, auf Aramäisch. Der Satz ist ein Zitat aus den Psalmen; so fängt der 22. Psalm an.

Ein frommer Jude kannte den Psalter zum Großteil auswendig, denn Gesangbücher gab es damals keine. Von Kind auf lernte man es, die Psalmen mitzusingen – jeden Sabbat im Synagogengottesdienst und alltags in den Andachten zu Hause. Es genügte, einen Vers zu zitieren, und der Inhalt des ganzen Psalms trat einem vor das innere Auge. Dies galt besonders für den ersten Vers.

Das müssen wir wissen, wenn wir auf Jesu Schrei am Kreuz hören. Er war wirklich von Gott verlassen. Er trug ja auf seinem Herzen all die Sünde und all das Schlechte, das sich in Ewigkeit nicht mit Gott vereinen lässt. Die Finsternis, die sich über das Land senkte, war nur ein schwaches Bild der äußersten Finsternis, in der das Böse zu Hause ist und in welcher es zum Schluss für immer eingesperrt sein wird, auf ewig von Gott getrennt. In diesem Dunkel hing Jesus jetzt – ganz allein.

Er erlebte es, was es heißt, von Gott und von all dem Guten, womit Gott in dieser Welt selbst die umgibt, die ihn verleugnen und verspotten, getrennt zu sein. Keiner von uns kann sich vorstellen, was der Erlöser in dieser Stunde durchlitt. Er war ja Gottes Sohn, er konnte wie Gott in einem einzigen Augenblick die Ewigkeit erleben. Und jetzt war er getrennt von all dem Guten, dem Trost, der Gemeinschaft mit Gott, die wir auch im schwersten Leiden haben können. Er war allein – allein mit dem Bösen und der Finsternis.

Und doch war dieser Gebetsruf nicht ein Schrei der Verzweiflung, nicht eine Anklage gegen Gott. Es war nicht ein Aufschrei der Enttäuschung, dass die Hilfe, auf die Jesus bis zuletzt gehofft hatte, ausgeblieben war. Das begreift man sofort, wenn man den 22. Psalm ganz liest und sieht, wovon er handelt. Man merkt: Hier ruft ein Mensch in seiner größten Not zu Gott – einer Not, die auf schlagende Weise an das erinnert, was mit Jesus geschah. Hier spricht jemand, der bespuckt wird, gegen den die anderen den Mund aufreißen und voller Hohn rufen: »Er klage es dem HERRN, der helfe ihm heraus und rette ihn, hat er Gefallen an ihm!« (Psalm 22,9) Er ist zum Spott der Menschen geworden und verachtet vom Volk. Er ist von Feinden umzingelt. Sie haben seine Hände und Füße durchbohrt, sie teilen seine Kleider unter sich. Seine Kraft ist vertrocknet, seine Zunge klebt ihm am Gaumen. Aber mitten in dieser Not kann er bekennen, dass Gott Gott ist. »Du aber bist heilig, der du thronst über den Lobgesängen Israels« (Psalm 22,4). Und Gott wird das Elend des

Armen nicht verachten, heißt es in Vers 25, sondern etwas tun, an das alle Enden der Erde denken werden.

Wir hören hier also nicht den Verzweiflungsschrei eines Menschen, der seinen Glauben verloren hat, sondern dies ist ein Gebet, das aus dem Glauben kommt. In derselben Stunde, wo Jesus uns demonstriert, dass er wirklich von Gott verlassen war und die äußersten und schrecklichsten Folgen unseres Abfalls von Gott durchlebte, zeigt er auch, dass er dies im Gehorsam gegen Gottes Willen und im Vertrauen auf ihn tat. Darum passt dieses Wort so gut zu den übrigen Worten Jesu am Kreuz. Als er sagt: »Es ist vollbracht« (Johannes 19,30), meint er damit eben das Werk, das der Vater ihm auftrug, als er in jedem Punkt das Gesetz halten musste, das wir gebrochen hatten, und bis zum letzten Tropfen die Folgen unserer Sünde und unseres Versagens schmecken musste. Und wenn er sagt: »Vater, ich befehle meinen Geist in deine Hände« – auch dies ein Psalmzitat –, so liegt darin der gleiche Gehorsam und derselbe Glaube. Jesus war gehorsam bis zum Tod, sagt Paulus in Philipper 2, »ja bis zum Tode am Kreuz«.

Dann kann ich also wissen, dass ich nie von Gott verlassen sein muss, weil du, mein Erlöser und Versöhner, damals verlassen am Kreuz auf Golgatha gehangen hast. Auch wenn ich nie fertig werde mit dem, was ich aus Dankbarkeit und Liebe für deine Tat tun soll und will, so darf ich doch wissen, dass du alles vollbracht hast, auch das, was ich hätte tun müssen und nicht getan habe. All meine Schuld, alles Böse, für das ich mich selber hätte verantworten müssen, hast du auf dich genommen. Du hast es getragen, als du ganz allein Gott begegnetest und vom Feuer seines heiligen Eifers verzehrt wurdest. Ich weiß, dass ich dir nie genug danken kann dafür. Aber weil du es getan hast, aus lauter Liebe zu uns Sündern, und willst, dass wir es annehmen, umsonst, so strecke ich meine Hände aus zu deinem Kreuz und bitte dich, dass auch ich unter seinen Segensarmen stehen darf, jetzt und allezeit. Amen.

Karsamstag

Denn als Erstes habe ich euch weitergegeben, was ich auch empfangen habe: dass Christus gestorben ist für unsre Sünden nach der Schrift; und dass er begraben worden ist.

(1. Korinther 15,3)

Zum Lesen: Matthäus 27, 51-66; Johannes 19,31-42

Es gehört zu den Hauptstücken des christlichen Glaubens, die wir im Apostolischen Glaubensbekenntnis bezeugen, dass Christus starb und begraben wurde. Die Evangelien berichten ausführlich über Jesu Begräbnis. Die Jünger haben diesen furchtbaren Tag mit seiner Finsternis über dem ganzen Land und der noch größeren Finsternis in ihren Herzen nie vergessen. Sie begriffen nichts an diesem Tag. Sie sahen kein Licht in der Dunkelheit. Sie liebten ihren Meister nach wie vor, aber jetzt war sein Leben ausgelöscht, verschluckt vom Triumph seiner Feinde. Gekreuzigt werden – das war in Israel der endgültige Beweis dafür, dass man von Gott verworfen und ein »Fluch« in seinen Augen war.

Das Einzige, was die Jünger jetzt noch tun konnten, war, ihre hilflose Liebe über den Leichnam auszugießen. Es gelang ihnen, den Leichnam von Pilatus zu erbeten, so dass er nicht wie die der anderen Hingerichteten auf der Müllkippe der Stadt landete. Endlich wagten einige der Hochstehenden unter Jesu Freunden es, ihren Glauben offen zu zeigen. Sie ließen den Leichnam in ein neu ausgehauenes Felsengrab legen und ihn mit Spezereien salben, die eines königlichen Begräbnisses würdig waren. Aber sie waren genauso machtlos wie wir alle vor einem frischen Grab. Sie konnten den Toten nicht mehr zurückholen, sie hatten keine Hoffnung. Als der schwere Verschlussstein vor die Öffnung rumpelte und das Grab verschloss, waren alle ihre Hoffnungen in dieser Felsenhöhle begraben.

Aber dies war der Beginn von Jesu Sieg. Wir sagen im Glaubensbekenntnis, dass er »hinabgestiegen in das Reich des Todes« ist. Er wurde nicht dorthin geführt wie die anderen Toten, als hilfloser Gefangener, durch eine Tür, die sich nie mehr öffnen würde, sondern er stieg hinab, als der Herr des Todes, und brach die Tore des Totenreiches auf. An diesem Tag geschah etwas, das die Machtbalance des Seins für immer änderte. Schon das Erdbeben, das Jerusalem erschütterte, war ein Zeichen dafür gewesen. Und der Vorhang im Tempel, der bei Jesu Tod zerriss. Seit Jahrhunderten versperrte er den Weg ins Allerheiligste, wo Gott wohnte. Nur der Hohepriester durfte dort hinein, am großen Versöhnungstag. Mit seinem Zerreißen war für uns Sünder der Weg zu Gottes Vaterherz offen. Und in dieser Stunde öffneten sich auch die Tore des Totenreiches. Vor Christus werden alle Knie sich beugen, auch die, die »unter der Erde sind« (Philipper 2,10).

Für den, der an Christus glaubt, gibt es kein unbekanntes Niemandsland, vor dem er sich fürchten müsste. Wo er auch hinkommt nach seinem Tod, Christus ist schon vor ihm da gewesen.

Welch ein Trost ist das für mich, Herr Jesus, dass auch dein Leib in einem Grab gelegen hat! Auch dich mussten sie hochheben und forttragen und zurechtlegen, leblos und kalt. Auch dein Grab verschlossen sie, und da lagst du, in der Dunkelheit und Kälte des Todes. Auch dorthin bist du gegangen, und auch dort herrschst du. Das Land auf der anderen Seite, deine Füße haben es betreten. Auch diesen Weg brauche ich nicht mehr allein zu gehen, sondern darf auch dort an deiner Hand gehen. Darum bitte ich dich um das, was allein mir Geborgenheit geben kann im Leben und im Sterben: um dich selber. Lass mich jeden Tag meines Lebens bei dir sein, bis hin zum allerletzten, und dann für immer in deinem Reich. Amen.

Ostersonntag

Dies ist der Tag, den der HERR macht; lasst uns freuen und fröhlich an ihm sein.

(Psalm 118,24)

Zum Lesen: Markus 16,1-8

Dies ist der größte Tag, den Gott seit dem Morgen der Schöpfung geschaffen hat.

Als er begann, konnte das niemand ahnen. Die Frauen, die da zum Grab gingen, wollten ihrem toten Meister einen letzten Dienst erweisen, mehr nicht. Er war am Abend des Freitags einbalsamiert, in ein Tuch gewickelt und in sein Grab gelegt worden, doch dies war in aller Hast geschehen, da man bis zum Sonnenuntergang, wenn der Sabbat begann, fertig sein musste. Jetzt wollten sie es noch einmal ordentlich machen. Am Samstagabend, als der Sabbat zu Ende war und die Geschäfte wieder öffneten, hatten sie Spezereien gekauft, und jetzt, beim ersten Morgengrauen, waren sie bereits auf dem Weg zu dem Grab.

Der Verschlussstein machte ihnen Sorgen, und das zu Recht. Ein Felsengrab wurde mit einem Stein verschlossen, der einem Mühlstein nicht unähnlich sah und in einer Steinschiene im Felsenboden lief. Um das Grab zu öffnen, musste man den Stein leicht bergauf zur Seite rollen und mit einem Keil sichern. Verließ man das Grab wieder, löste man die Sicherung und ließ den Stein an seinen Platz vor dem Grabeingang zurückrollen.

Als die Frauen sahen, dass der Stein fortgewälzt und das Grab leer war, glaubten sie, dass jemand den Leichnam fortgetragen hatte. Was der Fremde in den weißen Kleidern ihnen sagte, jagte ihnen nur Angst und Verwirrung ein. Als sie zu den Jüngern kamen, reagierten die mit größter Skepsis. Keiner konnte fassen, was da geschehen war. Jesus auferstanden? Es war zu schön, um wahr zu sein, es war unmöglich!

Aber es *war* wahr! Die kleingläubigen Jünger standen vor Fakten, die sich nicht leugnen ließen. »Der Herr ist wahrhaftig auferstanden.« Gott hatte eingegriffen – so wunderbar, so überwältigend, so weit hinaus über alles, was je auf dieser Erde geschehen war, dass es unser Leben, unser ganzes Dasein von Grund auf verändert hat. Mit Jesu Auferstehung beginnt eine neue Zeit, öffnen sich neue Türen für die ganze Menschheit. Hier enthüllt sich Gottes gute Absicht mit dem Kreuz und mit all dem anderen, was vor diesem großen Tag geschah. *Jetzt* begriffen die Jünger sie endlich, die Psalmworte, die sie nach dem Passamahl gesungen hatten und die damals so merkwürdig unwirklich geklungen hatten: Dies ist der Tag, den der HERR macht; lasst uns freuen und fröhlich an ihm sein.

Herr, wir danken dir und preisen dich, dass auch wir dabei sein dürfen an diesem Jubeltag und uns freuen dürfen, dass du auferstanden bist, dass du lebst, dass du mitten unter uns bist. Wir danken dir, dass wir alle dabei sein dürfen, auch deine kleingläubigen Jünger, auch all die, die sich so schwer tun, die ganze Größe deines

Sieges zu fassen. Fülle uns mit einer Freude, die wir nicht für uns behalten können, sondern in die Welt hinausrufen müssen. Lass in unser aller Herzen und in allen Gotteshäusern den Ruf erschallen: Der Herr ist auferstanden! Er ist wahrhaftig auferstanden! Halleluja!

Ostermontag

Der Herr ist wahrhaftig auferstanden.
(Lukas 24,34)

Zum Lesen: Lukas 24,13-35

Es waren zwei zutiefst betrübte und desillusionierte Jünger, die da auf dem Weg nach Emmaus waren – wahrscheinlich, um zu ihrer Alltagsarbeit zurückzukehren. Es gab nichts mehr zu hoffen. Der Meister war tot und alles war vorbei. Als der Fremde sie fragte, wovon sie da redeten, »blieben sie traurig stehen« und sagten, was alle anderen Jünger auch dachten: »Wir aber hofften, er sei es, der Israel erlösen würde.« Und jetzt war es vorbei mit der Hoffnung. Ihr Meister, »ein Prophet, mächtig in Taten und Worten vor Gott und allem Volk«, war auf die schmachvollste Weise den Heiden überantwortet und wie ein Verbrecher hingerichtet worden. Wie Gott das hatte zulassen können, sie konnten es nicht verstehen. Sie verstanden überhaupt nichts mehr. Sie hatten keine Hoffnung mehr.

Da beginnt der Fremde, ihren Unglauben zu tadeln. Er fängt an, ihnen zu erklären, dass es ja alles genau so geschehen *musste*. Er geht »die ganze Schrift« durch – also alle Bücher des Alten Testaments! –, um ihnen zu zeigen, dass der Messias all das leiden musste, um in seine Herrlichkeit einzugehen. Dies war der Weg, den er gehen musste, um Israel und die ganze Welt zu erlösen.

Die Jünger hören ihm wie gebannt zu. Sie beginnen zu begreifen. Aber noch merken sie nicht, wer dieser Fremde ist. Sie erkennen ihn erst, als er das Brot bricht. Aber da verschwindet er vor ihren Augen.

In diesem Bericht gibt Lukas das wieder, was zu allen Zeiten Jesus für zweifelnde und bedrückte Jünger lebendig gemacht hat. Der Auferstandene selber kommt zu uns und geht mit uns. Er tut dies nicht durch irgendwelche mehr oder weniger vagen Stimmungen oder Gefühle, sondern er hat ganz bestimmte Gnadenmittel, durch die er wirkt und in denen er uns nahe kommt. Das eine ist das lebendige Wort, also die Heilige Schrift, wenn er selber sie uns auslegt. Dann beginnen unsere Herzen zu brennen, wir hören seine Stimme und sehen sein Bild. Und das zweite ist das Abendmahl. Noch heute erkennen wir ihn wieder, wenn er uns das Brot bricht. Für viele ist dies das endgültige Zeichen, das sie mit der getrosten Gewissheit füllt, dass Christus lebt und uns ganz nahe ist.

Herr, du weißt, dass auch ich zu denen gehöre, deren Herz träge und schwer von Begriff ist, wenn es das Zeugnis der Propheten hört. Du weißt, dass auch ich so leicht verzagt werde und glaube, dass der Feind gesiegt hat. Du weißt, dass ich mitten in meiner Liebe zu dir doch ins Zweifeln kommen kann, ob du wirklich die Macht hast und siegen wirst. Und darum bitte ich dich: Komm jetzt auch zu uns, zu unserer Gemeinde, und gehe mit uns, so wie damals mit deinen traurigen Jüngern auf dem Weg nach Emmaus. Ich bitte dich, dass auch wir mit dir gehen dürfen, Tag um Tag, dass wir deine Stimme hören und spüren dürfen, wie du die Schrift lebendig und unsere Herzen brennend machst. Begegne du uns in deinem Abendmahl und lass uns dort dich erkennen. Ich weiß, dass du lebst, Herr; bleibe bei uns, dass wir deine Nähe spüren. Amen.

Dienstag nach Ostern

... und sah und glaubte.

(Johannes 20,8)

Zum Lesen: Johannes 20,1-10

Wenn Johannes über die Ereignisse des Ostermorgens berichtet, merkt man, wie hier ein Augenzeuge spricht. Für ihn beginnt Ostern damit, dass eine aufgelöste Maria Magdalena von dem Grab zurückgerannt kommt. Sie war mit den anderen Frauen dorthin gegangen, ist aber sofort losgerannt, als sie das leere Grab sah, so dass sie den Engel nicht mehr gesehen hat und nur die erste Reaktion der Frauen berichten kann: »Sie haben den Herrn weggenommen aus dem Grab, und wir wissen nicht, wo sie ihn hingelegt haben.«

Petrus und Johannes machen sich sofort auf den Weg. Johannes berichtet, dass sie rannten. Der Weg war nicht lang; Golgatha und das Grab lagen direkt vor der Stadtmauer. Johannes, der das Grab als Erster erreicht, sieht, dass es sich so verhält, wie die Frauen sagen: Jawohl, der Stein ist fortgerollt, das Grab ist leer. Er beugt sich hinein und sieht die Leinentücher liegen, geht aber nicht in das Grab. Er scheint sofort geahnt zu haben, dass hier etwas Unfassbares geschehen war, ein großes Wunder. Er bleibt vor dem Grab stehen, vielleicht aus einer ehrfürchtigen Scheu heraus.

Nicht so Petrus. Er will es genau wissen und geht geradewegs in das Grab hinein. Da liegt das Grabtuch, das um Jesu Leib gewickelt war, und dort, etwas für sich, das Schweißtuch für den Kopf. Aber Jesus ist fort.

Jetzt kommt auch Johannes in das Grab – »und sah und glaubte«, wie es in dem Bericht heißt. Er sah etwas, das ihm zeigte, was hier geschehen war.

Zum Einwickeln eines Leichnams benutzte man damals ein Leinentuch, das mehr als doppelt so lang war wie der Tote selber. Markus berichtet, dass es ein solches Tuch war, das Josef von Arimathäa am Karfreitagabend kaufte. Man legte den Toten darauf, faltete es so, dass es ihn ganz bedeckte, und band es dann mit Leinenbinden zusammen.

Dass dieses Grabtuch so da lag, zeigte zweierlei: Erstens, dass hier keine Grabräuber am Werk gewesen waren; sie hätten sich gehütet, den Leichnam auszuwickeln. Aber auch die Art, wie das Leinentuch lag, war ungewöhnlich.

Und Johannes begriff. Nein, hier hatte niemand Jesu Leichnam fortgetragen. Hier war etwas Unerhörtes geschehen, etwas, das nicht ohne Gottes Eingreifen ging. Auf irgendeine Art war Jesu Leib verwandelt worden. Die äußere Hülle, das Grabtuch lag noch da, aber der Körper selber, den es umschlossen hatte, war fort. Johannes ahnte, was geschehen war. Noch bevor jemand den Auferstandenen gesehen hatte, begriff er, dass der Meister lebte, auf eine Art, wie noch nie zuvor jemand gelebt hatte.

Herr Jesus, mir genügt es, das zu wissen – dass du lebst. Begreifen, was Gott da tat, kann ich sowieso nicht.

Wie soll ich mir das vorstellen, was kein Menschen beschreiben kann? Zeige mir nur das, was ich nach deinem Willen wissen muss, um an dich glauben und dich lieben und deine Macht sehen und verstehen zu können, was es ist, was du uns da geschenkt hast. Und so bitte ich dich: Lass mich wieder die Kraft deiner Auferstehung in meinem Herzen spüren. Töte mein altes Ich und erwecke in mir den wahren Glauben und die christliche Liebe und lass mich jeden Tag neu aufstehen, um mit dir zu leben. Amen.

Mittwoch nach Ostern

Ich fahre auf zu meinem Vater und zu eurem Vater.

(Johannes 20,17)

Zum Lesen: Johannes 20,11-18

Maria steht allein vor dem Grab. Sie weint. In ihr ist die gleiche merkwürdige Mischung von Liebe und Kleinglauben wie bei den anderen. Sie ist bereit, alles zu tun für ihren toten Meister, aber dass er leben könnte, das fällt ihr im Traum nicht ein.

Da kommt Jesus und bleibt hinter ihr stehen. Sie dreht sich um und sieht ihn, merkt aber nicht, dass es Jesus ist. Erst als er ihren Namen sagt, erkennt sie ihn an seinem Tonfall und seiner Stimme wieder. In ihrer Freude macht sie wohl eine impulsive Bewegung, um vor ihm niederzufallen und seine Füße zu fassen. Er erlaubt es ihr nicht. Stattdessen schickt er sie mit der Auferstehungsbotschaft zu den Aposteln. Sie sind es ja, die er als seine Zeugen erwählt hat. Sie sollen die Botschaft hinaustragen in alle Welt und Diener des Wortes werden. Darum sollen sie als Erste erfahren, dass er lebt.

Er nennt sie »meine Brüder«, was er vorher nie getan hatte. Dies ist kein Zufall. Seit er ihre Sünden getragen hat, sind sie seine Brüder geworden. Durch seinen Tod hat er ihnen und allen anderen Sündern einen Weg geöffnet, Gottes Kinder zu werden. Jetzt ist er »der Erstgeborene unter vielen Brüdern«, wie es in

Römer 8,29 heißt. So wie sie Anteil an seinem Tod hatten, sollen sie jetzt auch Teil an seiner Auferstehung bekommen. Das neue Leben, das er jetzt hat, will er auch ihnen schenken. Er ist der Erste, der vom Tod ins Leben gegangen ist; die anderen dürfen ihm folgen.

Herr, lass mich deine Stimme hören. Lass mich hören, wie du mich mit Namen rufst. Das hast du schon bei meiner Taufe getan. Du hast mir gesagt: »Ich habe dich bei deinem Namen gerufen, du bist mein.« Lehre mich, deine Stimme zu erkennen, damit ich sie sofort heraushören kann unter all den anderen Stimmen in der Welt, den Stimmen des Zweifels, der Versuchung, des Kleinglaubens und der Angst. Lehre mich, auf deine Stimme zu lauschen und sofort zu verstehen, was sie sagt. Es ist ja deine Stimme, die mich wissen lässt, dass du lebst; wenn ich sie höre, brauche ich nichts anderes mehr. Lass mich sie auch an dem Tag hören, wo ich einst aufbrechen werde, um diese Welt zu verlassen.

Donnerstag nach Ostern

Ihnen zeigte er sich nach seinem Leiden durch viele Beweise als der Lebendige und ließ sich sehen unter ihnen vierzig Tage lang.
(Apostelgeschichte 1,3)

Zum Lesen: Lukas 24,1-12

In der Einleitung zu seinem Evangelium betont Lukas, dass er die Berichte der Augenzeugen und »Diener des Wortes« sorgfältig recherchiert hat (Lukas 1,1-4). Nun beschließt er sein Evangelium mit einer Zusammenfassung der Geschehnisse nach der Auferstehung Jesu. Johannes berichtet weit ausführlicher. Er hält sich dabei meist an seine eigenen Erinnerungen und hat uns so viele Einzelheiten bewahrt, die wir sonst nicht kennen würden. Mehrere Dinge, die Johannes detailliert berichtet, reißt Lukas nur an – so, dass Petrus zu dem Grab lief. Johannes erwähnt er gar nicht, aber dies bedeutet nicht, dass er meint, dass Petrus allein zu dem Grab ging, denn in dem gleich folgenden Bericht über die Emmausjünger sagt Kleopas: »Und *einige* von uns gingen hin zum Grab.«

Die Ereignisse des Ostermorgens haben alle überrascht und verwirrt. Sie rennen hin und her, zum Grab und wieder zurück, und jeder der Zeugen erlebt das Geschehen anders. Da ist das Zeugnis der Maria Magdalena, dort das, was Petrus und Johannes zu berichten haben – jeder wieder etwas anders. Die anderen Frauen haben nicht alle das Gleiche und nicht alles auf einmal gesehen. Einige von ihnen berichten von einem jungen Mann in weißen Kleidern, der innen im Grab saß, andere haben gleich zwei Männer gesehen, die in leuchtenden Kleidern vor ihnen standen. So ist das also, wenn mehrere Augenzeugen von etwas ganz Überraschendem berichten, wo die Ereignisse Schlag auf Schlag aufeinander folgen. Nicht alle haben alles gesehen, die genaue Abfolge der Ereignisse muss man mühsam rekonstruieren. Aber gerade dieses, dass nicht alle Berichte übereinstimmen, zeigt, dass wir es hier mit Augenzeugen zu tun haben. Wenn die verschiedenen Aussagen bis aufs I-Tüpfelchen gleich wären, der Verdacht läge nahe, dass sie frisiert und künstlich harmonisiert sind.

Gerade in ihrer Verschiedenheit lassen uns die biblischen Auferstehungsberichte die ganze Aufregung, Verwirrung, das Staunen und den Zweifel des Ostermorgens miterleben, aber gerade darum auch die überwältigende Freude, als es sich »durch viele Beweise« zeigt, dass Jesus tatsächlich von den Toten erstanden ist. Hier haben wir nicht mit Spekulationen zu tun, auch nicht mit einem Wunschdenken der Jünger, das sie geneigt machte, Gespenster zu sehen und jedes Gerücht zu glauben. Sie fanden es genauso schwer wie wir heute, zu glauben, dass ein Toter wieder lebendig werden konnte. Sie waren Menschen, die mit beiden Beinen in der Wirklichkeit standen – und gerade deswegen von ihr überzeugt wurden, so dass sie sagen konnten: Der Herr ist wahrhaftig auferstanden, dessen sind wir alle Zeugen.

Danke, Herr Jesus. Danke für den Zweifel deiner Jünger und dass wir so viel über ihn erfahren. Als sie von deiner Auferstehung hörten, hielten sie das zuerst für ein loses Geschwätz. Und dabei hattest du ihnen doch gesagt, dass es so gehen würde. Wenn sie es so schwer hatten, zu glauben, und trotzdem zum Schluss fest überzeugt waren, dann gibt es auch für unsere Zweifel Hoffnung. Deine Wahrheit und deine Wirklichkeit sind so viel größer als alles, was sich ihnen in den Weg stellt. Wir denken und grübeln und meinen und raten, aber du bist der, der du bist, und deine Wirklichkeit kann niemand von uns ändern. Lass uns ihr begegnen, sie sehen, uns von ihr überzeugen lassen, damit wir so handeln können wie deine ersten Jünger, die ihrem Bekenntnis bis in den Tod treu blieben.

Freitag nach Ostern

Ich bin's selber.

(Lukas 24,39)

Zum Lesen: Lukas 24,36-49

Nach seinem Bericht über die Ereignisse des Ostermorgens und über die Emmausjünger kommt Lukas zu dem Abend des Ostertages. Davor war noch etwas Wichtiges geschehen: Jesus war Petrus erschienen. Als die beiden Emmausjünger ganz aufgeregt nach Jerusalem zurückkommen, empfangen die anderen sie mit der großen Neuigkeit: »Der Herr ist wahrhaftig auferstanden und Simon erschienen.« Als Paulus in 1. Korinther 15 an die Bedeutung der Auferstehung erinnert, erwähnt er ebenfalls, dass Jesus »gesehen worden ist von Kephas, danach von den Zwölfen«. Wie es genau zuging, als Jesus zu dem Jünger kam, der ihn verleugnet hatte, wissen wir nicht.

Die Türen sind verriegelt und verrammelt, als die Jünger am Osterabend versammelt sind. Sie wissen, dass es jederzeit zu Übergriffen gegen sie kommen kann. Da steht plötzlich Jesus mitten unter ihnen. Wieder ist die erste Reaktion Angst und Bestürzung. Eben haben sie noch darüber gejubelt, dass ihr Meister lebt – aber dass er hier auf einmal vor ihnen steht, das ist zu viel für sie. Sie reagieren so, wie wir es tun würden, wenn ein naher Verwandter, den wir kürzlich zu Grabe getragen haben, plötzlich vor uns stünde. Sie glaubten, dass sie ein Gespenst sahen. Jesus fordert sie auf, sich selber davon zu überzeugen, dass er es wirklich ist. Er ist genauso real wie früher. Er hat einen Leib, er lässt sich sogar ein Stück Fisch vorlegen und isst es vor ihren Augen.

Es waren solche Einzelheiten, die den Jüngern halfen, zu begreifen, was hier geschehen war. Da war ihr Meister – derselbe Jesus, den sie kannten, und doch völlig verwandelt, nicht mehr an Raum und Zeit gebunden. Er konnte nach Belieben durch verschlossene Türen gehen.

Aber nicht darüber redete er zu ihnen. Es reichte, dass sie wussten, dass er lebte. Das Wichtige war, dass sie begriffen, dass er für sie gestorben war, und darum, so berichtet Lukas, »öffnete er ihnen das Verständnis, sodass sie die Schrift verstanden«. Denn in der Schrift – in unserem Alten Testament – konnten sie nachlesen, was sie selber miterlebt hatten: dass der Messias leiden und am dritten Tage von den Toten auferstehen würde. Und auch, was jetzt folgen würde: dass in seinem Namen allen Menschen Buße zur Vergebung der Sünden gepredigt würde.

Wir dürfen unser Altes Testament also als ein Zeugnis von Jesus lesen. Der beste Kommentar, der uns die eigentliche Bedeutung des Alten Testaments erschließt, ist Jesus selber. Sein Leben zeigt uns, auf welches Ziel die Geschichte Israels zuging und was der Kern all dessen war, was Gott durch seine Propheten gesagt hatte. Man merkt deutlich, wie die Jünger nach der Auferstehung begannen, die Schrift mit neuen Augen zu lesen. Wie Johannes sagt: »Als er nun auferstanden war von den Toten, dachten seine Jünger daran, dass er dies gesagt hatte, und glaubten der Schrift ...« (Johannes 2,22). Sie hatten vieles nicht sofort verstanden, aber als Jesus verherrlicht worden war, erinnerten sie sich an das, was über ihn geschrieben stand.

Herr, ich bitte dich, dass du auch uns die Augen und Herzen öffnest, heute, in unserer Zeit, damit wir die Schrift verstehen können. Du bist es, der den Schlüssel zu ihr hat. Wer dich kennt, der versteht Gottes Wort, und wenn wir Gottes Wort verstehen, lernen wir dich noch besser kennen. Und all dies kannst nur du geben, du unser lebendiger Herr, wenn du zu uns kommst und uns dein Wort auslegst. So gehst du ja heute durch die Welt: in diesem lebendigen Wort, das du uns gesandt hast. Lass uns dort dir und deinem Leben begegnen. Lass auch uns deine Gestalt sehen und merken, dass du mitten unter uns bist. Sage uns, dass du selber es bist, der in deinem Wort redet, du selber, der uns hier besucht. Lass uns deine Stimme hören und sie wiedererkennen, du unser lebendiger Herr. Amen.

Samstag nach Ostern

Hören sie Mose und die Propheten nicht, so werden sie sich auch nicht überzeugen lassen, wenn jemand von den Toten auferstünde.
(Lukas 16,31)

Zum Lesen: Matthäus 28,1-20

Matthäus ist der einzige Evangelist, der von den Wachen am Grab berichtet. Er deutet auch als Einziger an, wer den Verschlussstein von der Grabkammer wälzte. Als die Jünger zum Grab kamen, war es ja bereits offen. Nur die Wachen können zugegen gewesen sein, als es sich öffnete. Völlig aufgelöst kommen sie zu den Hohenpriestern und berichten, was geschehen ist.

Man sollte meinen, dass dies den Gegnern Jesu die Augen hätte öffnen müssen. Aber es ging gerade so, wie Jesus es in dem Lazarus-Gleichnis sagt. Dort bittet der reiche Mann, der in die Totenwelt gekommen ist, Abraham darum, Lazarus auf die Erde zu schicken, um seine fünf Brüder zu warnen, die genauso gottlos dahinleben wie er früher selber. Abraham antwortet: »Sie haben Mose und die Propheten; die sollen sie hören.« Der Reiche, der nur zu gut weiß, wie egal die Bibel seinen Brüdern ist, sagt: »Nein, Vater Abraham, sondern wenn einer von den Toten zu ihnen ginge, so würden sie Buße tun.« Worauf Abraham den harten und doch so wahren Satz sagt: »Hören sie Mose und die Propheten nicht, so werden sie sich auch nicht überzeugen lassen, wenn jemand von den Toten auferstünde.«

Vielleicht liegt hier die Erklärung dafür, warum Jesus sich nur seinen Jüngern offenbarte, und nicht dem ganzen Volk. Es hätte ja doch nichts genutzt. Es gibt nichts, was jemand, der die Wahrheit nicht sehen *will*, nicht wegerklären kann. Ist Christus wirklich von den Toten auferstanden, dann gibt es darauf nur eine Antwort: dass man als sein Diener lebt und ihm nachfolgt. Die Jünger waren bereit, diese Konsequenzen zu ziehen. Aber man kann auch das genaue Gegenteil tun; man kann es so undenkbar, ja anstößig finden, Jesus Recht zu geben, dass man sich durch nichts und niemand von der Auferstehung überzeugen lässt. So war es bei den Hohenpriestern: Jesus *durfte* nicht Recht haben, das mit der Auferstehung musste ein Betrug sein oder ein Trick der Mächte der Finsternis, vor dem man die Menschen schützen musste.

Und sie handelten entsprechend, und – natürlich – einige glaubten ihnen. Matthäus erwähnt, dass diese Legende unter den Juden seiner Zeit verbreitet war. Merkwürdigerweise scheint niemand sich gefragt zu haben, warum denn die Jünger Jesu Leichnam hätten stehlen wollen. Was hätte es ihnen denn gebracht? Von dem Tag an, wo sie die Auferstehung predigten, wurde ihnen das Leben schwer gemacht, bis hin zur offenen Verfolgung. In Jerusalem Christ werden, das bedeutete, ausgestoßen und ausgegrenzt zu werden, die Gemeinschaft mit den eigenen Familienangehörigen und damit sein soziales Netz zu verlieren. Und trotzdem hielten die Christen an ihrem Zeugnis fest, bis hinein in Tod und Martyrium. Sie wussten, dass es die Wahrheit war.

Herr, ich bitte dich für alle, denen es schwer fällt, zu glauben oder die nicht glauben wollen. Ich weiß, dass es nicht mein Verdienst ist, wenn mein Herz sich geöffnet hat und meine Augen deine Wahrheit gesehen haben. Ich könnte genauso gut auch zu denen gehören, die ihre Augen und Ohren verschließen. Und darum bitte ich dich, Herr, für uns alle: Hilf uns, zu glauben. Lass uns das sehen, was uns die Augen öffnet. Lass uns solchen Ereignissen, Menschen und Gedanken begegnen, die unsere Seele in die richtige Richtung führen, ohne dass wir uns dagegen sträuben. Du hast eine grenzenlose Geduld, und darum wage ich es, zu bitten: Hab auch mit uns Geduld, noch mehr als du bisher schon hattest. Und ich bitte dich auch für die, die ich für hoffnungslose Fälle halte. Du kannst Wege auch in ihre Herzen finden. Erbarme dich über uns alle. Amen.

Sonntag Quasimodogeniti

Wie mich der Vater gesandt hat, so sende ich euch.

(Johannes 20,21)

Zum Lesen: Johannes 20,19-31

Als Erstes berichtet Johannes hier die Ereignisse vom Osterabend. Er deutet an, was Lukas bereits ausführlicher berichtet hat: dass Jesus die Jünger zunächst davon überzeugen muss, dass er es wirklich ist und nicht ein Gespenst oder eine Vision. Darauf folgt der neue Auftrag, den er ihnen gibt. Mit der Auferstehung beginnt ein neuer Abschnitt in der Weltgeschichte. Jetzt soll das Evangelium der ganzen Welt gepredigt werden. Es war die Aufgabe der Apostel, hinauszugehen mit der Botschaft von dem, was Gott getan hatte, als er Christus in die Welt sandte. Es gab auch andere Zeugen der Auferstehung, zum Beispiel die Frauen am Grab, aber sie bekamen nicht den Auftrag, das Evangelium zu verkündigen. Diesen Auftrag bekommen die Apostel, und Jesus rüstet sie dazu aus. Er gibt ihnen den Heiligen Geist. Er gibt ihnen die Vollmacht, Sünden zu vergeben. Diese Worte Jesu an die Apostel am Osterabend werden manchmal bei der Amtseinführung von Pastoren zitiert, denn das Amt des Pastors ist die Fortsetzung des Auftrags, den der Auferstandene seinen Aposteln gab.

Danach berichtet Johannes von Thomas, was uns eine Woche weiterbringt, also zum heutigen Sonntag.

Johannes lässt deutlich durchblicken, dass Thomas den anderen Jüngern hätte glauben sollen und es nicht nötig hatte, zu zweifeln. Es liegt ein Vorwurf in Jesu Worten: »Weil du mich gesehen hast, darum glaubst du.« Auch ohne seine Hand in Jesu Seite zu legen, hätte Thomas glauben können. In dem Jesuswort »Selig sind, die nicht sehen und doch glauben!« liegt eine ernste Ermahnung, die sich an all die richtet, die im Laufe der Zeiten von der Auferstehungsbotschaft erreicht werden. Augenzeugen konnte es nur eine kleine Zahl geben, aber ihre Botschaft war für alle da, und diese Botschaft war eine Botschaft von Gott selber über etwas Entscheidendes, das er in dieser Welt getan hatte. Die Apostel wussten um ihre Verantwortung und was sie den Menschen schuldig waren. Dies klingt in ihrer ganzen Verkündigung durch. »Den hat Gott auferweckt am dritten Tag und hat ihn erscheinen lassen, nicht dem ganzen Volk, sondern uns, den von Gott vorher erwählten Zeugen, die wir mit ihm gegessen und getrunken haben, nachdem er auferstanden war von den Toten. Und er hat uns geboten, dem Volk zu predigen und zu bezeugen, dass er von Gott bestimmt ist zum Richter der Lebenden und der Toten. Von diesem bezeugen alle Propheten, dass durch seinen Namen alle, die an ihn glauben, Vergebung der Sünden empfangen sollen.« (Petrus vor Kornelius, Apostelgeschichte 10, 40-43).

Herr, ich danke dir, dass ich glauben darf, ohne zu sehen. Ich danke dir, dass du mich trotzdem so viel hast sehen lassen. Wie oft bist du mir nicht in deinem Wort begegnet. Ich habe deine Gestalt sehen und deine Stimme hören dürfen. Du bist hineingekommen in meine Einsamkeit und meine Sorgen. Du hast mir meine Schuld vergeben und mir Kraft geschenkt, zu tun, was ich sonst nie geschafft oder gewagt hätte. Meine Augen haben dein Heil gesehen. Aber mehr noch als all dies ist deine Verheißung, dass ich glauben darf, ohne zu sehen. Ich brauche keine besonderen Gefühle, keine besonderen Erlebnisse, keine Beweise, sondern ich darf dir allein vertrauen. Du selber bürgst dafür, dass dies die Wahrheit ist. Wie arm ich auch in mir selber bin, so habe ich doch dich, und da frage ich nach nichts anderem mehr. Amen.

Montag nach Quasimodogeniti

Und obwohl es so viele waren, zerriss doch das Netz nicht.

(Johannes 21,11)

Zum Lesen: Johannes 21,1-14

Das letzte Kapitel des Johannesevangeliums ist ein Postskriptum, ein Nachtrag, der entstand, nachdem die ursprüngliche Arbeit abgeschlossen war. Kann sein, dass es von Johannes selber stammt, vielleicht aber auch von einem seiner Schüler, der es bald nach seinem Tod dem Evangeliumstext hinzufügte. Johannes sagt selber, dass Jesus noch viele andere Zeichen tat, die nicht in seinem Evangelium aufgeschrieben sind, und irgendwann fand er – oder eben ein Schüler von ihm –, dass noch ein Bericht über das fehlte, was sich zutrug, als Jesus seinen Jüngern in Galiläa erschien. Dass er ihnen dort erschien, berichtet auch Matthäus.

Johannes ist der Erste, der Jesus erkennt, als er in der Morgendämmerung am Strand steht. Wie schon so oft, begreift er, dass in dem, was Jesus sagt und tut, eine tiefere Bedeutung liegt. Die Jünger hatten die ganze Nacht gearbeitet, ohne etwas zu fangen. Aber als sie Jesu Anweisung folgen, machen sie einen Riesenfang. Johannes begreift, worauf Jesus damit hindeuten will. Er hatte sie ja zu Menschenfischern gemacht. Bald würden sie in die Welt hinausgehen, mit einem Auftrag, der einem hoffnungslos groß erscheinen konnte. Und hier erinnerte Jesus sie also an das, was er ihnen am Abend vor seiner Gefangennahme gesagt hatte: »Ohne mich könnt ihr nichts tun.« Aber wenn sie ihm folgten, dann war alles möglich.

153 Fische waren in dem Netz, berichtet Johannes. Er scheint etwas zu bezwecken mit dieser genauen Zahl, und einer der Kirchenväter gibt uns die Erklärung, dass ein zeitgenössischer Zoologe lehrte, dass es 153 Fischarten in der Welt gab. Jesus selber hatte Gottes Reich mit einem Netz verglichen, »das ins Meer geworfen ist und Fische aller Art fängt« (Matthäus 13,47). Die Apostel hatten den Auftrag, dieses Netz in das große Menschheitsmeer zu werfen. Der gewaltige Fang dieses Morgens wollte also sagen, dass Menschen aus allen Völkern und Stämmen Glieder der Gemeinde Jesu werden würden. Und doch würde das Netz nicht zerreißen, die Gemeinde würde Platz für alle haben. Und so wie die Jünger an diesem Morgen das Netz an Land zogen und ihren Fang zu ihrem Herrn trugen, so werden sie und die, die ihnen gefolgt sind, einmal das große Netz der Kirche an das Ufer der Ewigkeit ziehen, wo Christus auf sie wartet.

Am Strand lädt Jesus die Jünger zu einem Mahl ein. Wieder lässt Johannes die zeitlose geistliche Bedeutung der Szene durchschimmern. Der alte Apostel wusste, dass Jesus jedes Mal, wenn sie das Abendmahl feierten, so bei ihnen war. Er würde auch in Zukunft so bei ihnen sein, bis hin zu dem Tag, wo der ganze große Fang eingebracht wäre und zu seinen Füßen liegen würde.

Herr, du lebst und bist auch heute bei uns. Darum brauche ich nicht nachzugrübeln über das, was vor zweitausend Jahren geschehen ist. Ich habe deine Auferstehung ja jeden Tag vor Augen. Sie ist es ja, die macht, dass deine Kirche lebt. Wie hätte ich dich je kennen lernen können, wenn du mir nicht über den Weg gekommen wärst? Was wäre das Abendmahl, wenn nicht du selber dort das Brot brechen und mir reichen würdest? Wie könnte mein Herz in mir brennen, wenn du mir nicht die Schrift erklärtest? Ich danke dir, dass auch ich von dem Netz deiner Liebe gefangen worden bin, das du geknüpft hast, um uns alle zu dir zu ziehen. Ich preise deine Auferstehung, die es möglich gemacht hat, dass du auch zu mir kommst. Amen.

Dienstag nach Quasimodogeniti

Herr, du weißt alle Dinge, du weißt, dass ich dich lieb habe.

(Johannes 21,17)

Zum Lesen: Johannes 21,15-25

Dreimal hatte Petrus seinen Herrn verleugnet. Dreimal stellt dieser ihm nun die Herz und Nieren prüfende Frage: »Hast du mich lieb?« Diesmal antwortet Petrus nicht so selbstsicher wie damals, als er beteuerte, dass er bereit war, für Jesus ins Gefängnis, ja in den Tod zu gehen. Als Jesus ihn fragt: »Hast du mich lieber, als mich diese haben?«, vermeidet er eine direkte Antwort. Er wagt es nicht, zu behaupten, dass er seinen Herrn mehr liebt, als die anderen das tun. Aber eines sagt er: »Du weißt, dass ich dich lieb habe.« Als Jesus die Frage zweimal wiederholt, wird er traurig und sagt: »Herr, du weißt alle Dinge.« Jesus musste doch auch wissen, dass Petrus, der schwache Petrus, der keine großen Versprechen mehr wagte, doch ehrlich sagen kann, dass er seinen Herrn lieb hat.

So ist das mit dem wahren Glauben, wenn er in der Schule des Geistes geläutert und geprüft worden ist. Jemand, der »sich für Jesus entschieden« oder »Jesus sein Herz gegeben« hat, glaubt anfangs gerne, dass ihm jetzt nichts mehr passieren kann. Man weiß doch, was man will und wem man gehört. Aber im Laufe der Jahre lehrt Jesus uns, alle hohen Meinungen über uns selber fahren zu lassen. Er lehrt uns, unseren eigenen guten Vorsätzen und unser eigenen Kraft zu misstrauen. Aber gleichzeitig lehrt er uns, auf ihn zu vertrauen. Wenn alles andere wackelt und bricht, bleibt er doch fest und treu. Hier liegt der große Anker unseres Lebens: in Jesu Treue. *Er* hat gesagt, dass wir hinaus in die Welt gehen und Frucht bringen sollen.

Diese Erkenntnis gibt uns auch die richtige Liebe zum Heiland. Wir halten keine großen Stücke auf uns selber, aber wir wissen, dass wir ihn lieb haben. Dies ist ein viel besseres Fundament für die Nachfolge als alle guten Vorsätze der Welt. Der Petrus, der seinen Herrn im Hof des Hohenpriesters so jämmerlich verleugnet hatte, würde schon bald vor dem Hohenpriester und dem ganzen Hohen Rat persönlich stehen und mit einem Mut sprechen, der alle in Staunen setzen würde. Und zum Schluss würde er genauso wie sein Herr gekreuzigt werden (die Überlieferung behauptet, dass er sich für dessen nicht wert hielt und darum bat, mit dem Kopf nach unten gekreuzigt zu werden). Als das Johannesevangelium geschrieben wurde, hatte Petrus bereits auf diese Art »Gott gepriesen«; das ist es, was Vers 19 meint.

»Und als er das gesagt hatte, spricht er zu ihm: Folge mir nach!« So hatte es damals angefangen, als Jesus am Ufer des Sees Genezareth Petrus zu seinem Jünger berief. Jetzt sagt Jesus wieder: »Folge mir nach«, aber mit einer neuen Bedeutung. Petrus würde seinem Herrn, dem Lebendigen, der alle Tage bei ihm sein würde, auf all seinen Wegen folgen. Auch dies war eine Frucht der Auferstehung.

Herr, du weißt alle Dinge. Du kennst meine ganze Schwachheit. Du weißt, wie oft ich versagt habe. Aber du weißt auch, dass ich dich lieb habe. Es ist mein Glück und meine Freude, dir folgen zu dürfen. Ich weiß, dass du mir ganz nahe bist. Ich weiß, dass ich dich lieb habe – in deinem Wort, in deiner Gemeinde, in deinem Abendmahl. Ich brauche mich nicht zu zersorgen wegen all der anderen und wie es mit ihnen einmal wird. Diese Sorge überlasse ich dir und folge dir einfach nach. So war es schon am Anfang, so machtest du es mit deinen ersten Jüngern. Und so soll es auch heute sein. Und dafür danke ich dir. Amen.

Mittwoch nach Quasimodogeniti

Nun aber ist Christus auferstanden von den Toten als Erstling unter denen, die entschlafen sind.
(1. Korinther 15,20)

Zum Lesen: 1. Korinther 15,1-20

Wir steigen heute in das 15. Kapitel des 1. Korintherbriefes ein – das Kapitel im Neuen Testament, das am ausführlichsten von der Auferstehung der Toten handelt. Es ist etwa zwanzig Jahre nach der Auferstehung geschrieben, und wir begegnen in ihm der apostolischen Botschaft, die sich auf dem Erleben der Apostel gründet während der vierzig Tage, wo Jesus sich unter ihnen sehen ließ und mit ihnen über das Reich Gottes redete (vgl. Apostelgeschichte 1,3), sowie auf dem ganzen reichen Erfahrungsschatz des Lebens mit dem Auferstandenen in der Urgemeinde.

Paulus beginnt mit einer Erinnerung an das, was er für das Fundament des christlichen Glaubens hält: nämlich dass Jesus gestorben, begraben und am dritten Tag auferstanden ist. Er zählt kurz die wichtigsten Offenbarungen des Auferstandenen auf: Jesus ist von Petrus gesehen worden, danach von den »Zwölfen« (also den Aposteln, auch wenn es damals nur elf waren, von denen nur zehn anwesend waren). Weiter nennt er eine Offenbarung vor 500 Menschen auf einmal – möglicherweise die in Galiläa, die Matthäus erwähnt und die nirgends näher beschrieben wird –

sowie vor dem Jesusbruder Jakobus, der früher nicht geglaubt hatte, aber jetzt eine der Säulen der Urgemeinde wurde. Und zum Schluss nennt er »alle Apostel« – sicher die Offenbarung eine Woche nach Ostern, von der Johannes berichtet.

All dies hat Paulus »empfangen«. Er benutzt hier ein Wort, das eine feste Lehrtradition meint, etwas, das zur Elementarunterweisung, zu den ersten Grundlagen gehört. Dies erklärt vielleicht, warum seine Aufzählung so summarisch ist.

Als Nächstes stellt Paulus klar, dass die Tatsache der Auferstehung über jeden Zweifel erhaben ist. Es gab in Korinth Menschen, die behaupteten, dass es keine Auferstehung gebe. Paulus entgegnet ihnen: Es gibt eine Auferstehung, weil Christus auferstanden ist, »als Erstling unter denen, die entschlafen sind«. Und dass *er* auferstanden ist, daran kann es keinen Zweifel geben.

Und wenn Christus nicht auferstanden wäre? Paulus nimmt kein Blatt vor den Mund. Dann wäre er, Paulus, ein falscher Zeuge, ja dann wären die Christen die Jämmerlichsten unter allen Menschen. Dann wäre die ganze Menschheit nach wie vor in ihrer Sünde und hätte nichts als Gottes Gericht zu erwarten. Viele wagen es nicht, solche Gedanken auch nur zu denken; Paulus spricht sie offen aus. Er weiß, dass seine Botschaft die Wahrheit ist. Er war selber einmal ein Zweifler, Leugner und Verfolger. Aber jetzt kann er sagen, wie die anderen Apostel auch: Diesen Jesus hat Gott auferweckt; dessen sind wir alle Zeugen (Apostelgeschichte 2,32). Oder wie Petrus vor dem Hohen Rat sagte: »Wir können's ja nicht lassen, von dem zu reden, was wir gesehen und gehört haben« (Apostelgeschichte 4,20).

Mein Herr Jesus, du bist der Erstling unter den Entschlafenen, der Erste, den Gott auferweckt hat. Du bist die erste Blüte an dem Baum des Lebens, und du hast uns auf diesen Baum aufgepfropft, damit auch wir einmal ausschlagen und blühen können wie du. Für uns bist du durch den Tod ins Leben gegangen. Du brauchtest das nicht, du hattest ja schon das ewige Leben. Du warst bei deinem Vater, in grenzenloser Seligkeit. Und doch wurdest du Mensch und nahmst Leiden und Tod auf dich, um ein Leben zu gewinnen, das du auch uns schenken konntest. Wenn ich einmal in den Todesschlaf falle, dann weiß ich, dass du mein Bruder bist, der genauso gestorben ist. Du bist der Erste, und du wirst uns denselben Weg führen, den du gegangen bist, durch den Tod hindurch ins Leben. Ich danke dir, dass auch ich mit zu der Schar der Erlösten gehören darf, in der du der Erste unter vielen Brüdern bist. Amen.

Donnerstag nach Quasimodogeniti

Als Erstling Christus.

(1. Korinther 15,23)

Zum Lesen: 1. Korinther 15,21-34

So wie in Adam alle sterben, werden in Christus alle lebendig gemacht, sagt Paulus. Weil wir alle Nachkommen Adams sind, der von Gott abfiel und in die Gewalt des Todes kam, müssen wir alle sterben. Aber nun ist Christus als ein neuer Adam gekommen, ein Adam, der nicht in Sünde gefallen ist, sondern alle Sünden aller Nachkommen Adams gesühnt hat. Er ist der Beginn einer neuen Menschheit. Er besitzt ein neues Leben, ein Leben, das wir alle bekommen können. Christus ist der Erstling; wenn er einst in seiner Herrlichkeit wiederkommt, werden wir zu dem gleichen Leben auferstehen, das er hat, wenn wir denn das Angebot angenommen haben, das uns gemacht wurde, als Christus mit dem Evangelium der Erlösung zu uns kam.

Paulus schlägt hier einen ganz großen Bogen über die Weltgeschichte. Noch leben wir in der Zeit des Kampfes. Christus ist König, aber alle Mächte des Bösen sind gegen ihn. Noch können sie Menschen mit sich ins Verderben ziehen, noch können sie die, die Christus gehören, plagen. Paulus sagt, dass er selber jeden Tag den Tod erleidet, ständig neuen Gefahren ausgesetzt ist. Er erinnert seine Leser daran, wie es ihm in Ephesus erging – vielleicht die Geschehnisse, die uns das 19. Kapitel der Apostelgeschichte berichtet, als die ganze Stadt in Aufruhr kam und die Sprechchöre in dem großen Theater widerhallten. Aber Christus wird siegen, und dann wird er sein Reich, mit all den Menschen, die er für Gott gewonnen hat, zurück in die Hände des Vaters legen. Dann wird die Schöpfung geheilt werden und Gott wieder alles in allem sein. Das Böse wird für immer isoliert sein, machtlos und gebunden und allein mit sich selber.

Man merkt es Paulus' Worten an, dass er damit zu rechnen beginnt, dass dies noch lange dauern kann. Zuerst hatte er, wie die anderen Jünger auch, geglaubt, dass Christus noch zu seinen Lebzeiten wiederkommen würde. In seinem ältesten Brief – dem 1. Thessalonicherbrief – spricht er davon, wie es sein wird mit denen, die bei Christi Wiederkunft noch am Leben sind (1. Thessalonicher 4), aber in seinen späteren Briefen sehen wir, wie er damit rechnet, »aus der Welt zu scheiden und bei Christus zu sein«, bevor dieser wiederkommt (Philipper 1,23). Dass Christus mit seiner Wiederkunft zögerte, bedeutete keine Glaubenskrise. Man wusste ja, dass der Meister gesagt hatte, dass niemand den Tag und die Stunde weiß, an der er wiederkommt. Paulus selber hat den Kern der christlichen Zukunftshoffnung so formuliert: »Ganz gleich also, ob wir leben oder sterben: Wir gehören dem Herrn« (Römer 14,8 Hoffnung für alle).

In unserem heutigen Text erwähnt Paulus auch Christen, die sich für die Toten taufen ließen. Dies ist eine jener Bibelstellen, die uns Heutigen kaum verständlich sind. Man hat versucht, sie so zu verstehen, dass man damals dann, wenn eine ganze Familie sich taufen ließ, auch Verstorbene in diese Taufe mit einbeziehen konnte. So wie man selbstverständlich alle seine Kinder mit taufen ließ, ließ man vielleicht auch den einen oder anderen verstorbenen Angehörigen mit taufen, von dem man zu wissen glaubte, dass er gerne auch Christ geworden wäre, und den man nun Gottes Barmherzigkeit anbefahl. Doch dies sind nur Vermutungen. Vor solchen Bibelstellen folgt man am besten Martin Luthers Rat, seinen Hut zu ziehen und weiterzugehen. Wir sehen aus dieser Bibelstelle jedenfalls, wie wichtig den Gemeinden die Taufe damals war. Sie wussten, dass sie die Tür hinein in die Welt war, wo wir Teil bekommen am neuen Leben der Auferstehung.

Herr Jesus, du lebst und regierst in deinem Reich. Dir ist gegeben alle Macht im Himmel und auf Erden. Du bist der König aller Könige und Herr aller Herren. Und doch regierst du nur, um einmal alle Dinge deinem Vater zu übergeben. Du gebrauchst deine Macht nur dazu, um uns zu helfen und zu ihm zurückzuführen. Und danach wirst du all deine Macht deinem Vater zu Füßen legen, damit in ihm alle eins werden. Lieber Herr, gib mir etwas von diesem Sinn, so dass ich nur eine große Sehnsucht habe: zurückkehren zu dürfen zu dem, der unser Ursprung und Vater ist, die Quelle alles Guten, der Vater der Barmherzigkeit und Gott allen Trostes. Amen.

Freitag nach Quasimodogeniti

Wie werden die Toten auferstehen?
(1. Korinther 15,35)

Zum Lesen: 1. Korinther 15,35-58

Sie können ironisch klingen, solche Fragen. Dass unsere Leiber aus dem Grab auferstehen werden – ist das nicht eine naive Vorstellung? Wie soll ein solcher Leib denn aussehen?

Du unverständiger Narr!, antwortet Paulus. Alle Körper haben irgendeine Art von Substanz, und diese ist Gottes Werk. Gott ist hier ganz souverän. Er hat die Himmelskörper geschaffen, jeden nach seiner Art. Er hat die organischen Substanzen geschaffen, die in so vielen verschiedenen Formen in die lebendigen Körper auf der Erde eingehen. Jedes Mal, wenn er ein Samenkorn in die Pflanze verwandelt, führt er einen neuen Schöpfungsakt durch. Und mit eben dieser Schöpfermacht wird er uns einst einen neuen Leib geben, von dem wir uns jetzt noch überhaupt keine Vorstellung machen können. Wir wissen nur, dass das, was »verweslich (vergänglich) gesät« wird, in Niedrigkeit und Schwachheit – etwa ein alter, kaputter, ausgezehrter Menschenleib, der wieder zu Erde werden muss –, einmal in Herrlichkeit und Unvergänglichkeit neu werden wird. Paulus benutzt hier Ausdrücke, die direkt auf den auferstandenen Christus anspielen, der nie mehr sterben konnte, sondern sich in eine Gestalt gekleidet hatte, die Paulus einen »geistlichen Leib« (andere Übersetzung: »Herrlichkeitsleib«) nennt.

Der Körper, den wir zur Zeit haben, ist ein irdischer Leib, der eine Seele hat, also ein Leib, der denken und fühlen und sich seiner eigenen Existenz bewusst sein kann. Ganz ähnlich, sagt Paulus, gibt es auch einen »geistlichen« Leib. Christus, der zweite Adam, wurde »zum Geist, der lebendig macht«. Gemeint ist nicht etwas gespensterhaft Unkörperliches, sondern eine ganz neue Form von Leben, die eine ganz andere Art Leib lebendig machen und beseelen kann. Und so, wie wir die Gestalt des ersten Adam gehabt haben, werden wir auch die des zweiten Adam bekommen, unseres auferstandenen Herrn, der der Anfang einer neuen Schöpfung und einer völlig neuen Welt ist.

Die alte Schöpfung ist vergänglich. Sie wurde aus dem Nichts geschaffen, und sie wird einmal wieder nichts werden. Aber so wie Christus im Grab verwandelt wurde, so werden auch wir von der Vergänglichkeit zur Unvergänglichkeit, von der Sterblichkeit zur Unsterblichkeit verwandelt werden. Gott wird einen neuen Himmel und eine neue Erde schaffen, aber in diese neue Welt holt er etwas aus der alten hinein, nämlich seinen Sohn und alle, die zu ihm gehören. Wir, die wir auf dieser Erde gelebt haben, werden dort in unserer Individualität und Persönlichkeit weiterleben, aber in einer völlig neuen Gestalt, über die wir nicht mehr sagen können als dies, dass sie der Gestalt Christi, des Auferstandenen, ähnlich sein wird.

Gott sei gedankt, der uns den Sieg gibt durch unseren Herrn Jesus Christus! Wir können dich nicht genug preisen und dir danken, himmlischer Vater, dass du die Menschen, die dir deine Liebe so grausam gelohnt haben, nicht verworfen hast, sondern beschlossen hast, uns zu retten und zu dir zurückzubringen. Schon dass du uns das Leben geschenkt und uns an deiner Seite hast leben lassen, war so viel mehr, als wir erwarten oder verlangen dürfen. Doch nicht nur das, sondern du hast deinen eigenen Sohn dahingegeben, um uns vor dem Los zu retten, das wir selbst über uns gebracht haben. Herr Jesus Christus, du hast dein Leben gegeben, damit wir leben können. Du bist auferstanden, um uns neues Leben zu schenken. Wir danken dir und preisen deine unfassbare Barmherzigkeit und all die Gnade, die du über uns ausgeschüttet hast, zuerst in der Schöpfung und dann durch deine Erlösung.

Gelobt sei Gott, der Vater unseres Herrn Jesus Christus! Von ihm und durch ihn und zu ihm sind alle Dinge. Ihm sei Ehre in Ewigkeit. Amen.

Samstag nach Quasimodogeniti

Der gute Hirte lässt sein Leben für die Schafe.
(Johannes 10,11)

Zum Lesen: Johannes 10,1-10

Wir befinden uns jetzt in den vierzig Tagen zwischen Ostern und Himmelfahrt, in denen Christus sich wiederholt seinen Jüngern zeigte »und redete mit ihnen vom Reich Gottes« (Apostelgeschichte 1,3). Darum wollen wir in diesen Wochen darüber nachdenken, was die Auferstehung für uns heute bedeutet und wie der Auferstandene sein Werk fortführt. Darum geht es in den Texten, mit denen wir jetzt zu tun haben. Die meisten stammen aus dem Johannesevangelium. Johannes ist ja der Apostel, der am längsten lebte. Er verstand Jesu Worte im Lichte einer langen Lebenserfahrung, und er kann uns besser als jeder andere zeigen, was es für uns heute bedeutet, dass Christus auferstanden ist.

Als Erstes bedeutet es, dass Christus sein Werk fortsetzt. Gott hat ihn in die Welt gesandt, um uns zu segnen. Er ist auch heute der gute Hirte, der die verlorenen Schafe sucht.

Darum handeln unser heutiger und die folgenden Bibeltexte von Jesus dem guten Hirten. Das Bild vom guten Hirten ist das vielleicht am meisten geliebte und ausgedeutete von den Gleichnissen Jesu. Leider hat man ihm dabei manchmal ein völlig unbiblisches

Gewand übergezogen. Man stellt sich das Hirtenleben dann ungefähr so vor, wie die parfümierten Aristokraten des 18. Jahrhunderts das taten: als rosige Landidylle. Da sind die Lämmer weich und kuschelig, und der Hirte ist ein Flöte spielender Konfirmandenknabe mit schlanken Gliedern und weißen Händen, der einen eingebauten Schutz gegen die Sonnenglut und die Steine der Steppe besitzt.

Die Wirklichkeit des Hirtenlebens im alten Palästina war anders. Die Schafe grasten in der wilden Einöde, die direkt hinter Jerusalem und Bethlehem beginnt. Es ist ein zerklüftetes Bergland, das zum Jordantal hin abstürzt. Die Bachläufe werden nach und nach zu tief eingeschnittenen Schluchten. Im Winter oft reißende Ströme, trocknen die Bäche während der langen Trockenzeit aus, und die ganze Vegetation besteht aus schütterem Gestrüpp und magerem Gras. Hier suchen die Schafe ihre dürftige Weide, während der Hirte im Schatten eines Felsblocks sitzt oder auf einem Felsvorsprung steht und ihnen mit seinen Augen folgt. Wenn er sie ruft, hören sie sofort. Jeder Hirte hat seinen eigenen Lockruf, und die Schafe kennen seine Stimme.

Zu allen Zeiten gab es in dieser Gegend Diebe und Räuberbanden, zu biblischen Zeiten auch noch Raubtiere. Jesus spricht von dem Wolf, der sich auf die Herde stürzt, David konnte berichten, dass er als Hirte mit Löwen und Bären gekämpft hatte (1. Samuel 17, 34). Der Hirte muss stets bereit sein, seine Herde zu verteidigen; ein guter Hirte gibt sein Leben für die Schafe.

Das Gegenstück zum guten Hirten sind die »Mietlinge«, die nur an das Geld denken, das sie für das Hüten der Schafe bekommen, und die schlachten und stehlen. Solche falschen Hirten kann es auch in der Gemeinde geben, und deshalb nennt Jesus uns hier die Merkmale eines richtigen Hirten. Er kommt durch die Tür, die Jesus heißt. Er ist von ihm ausgesandt, Christus selber hat ihn beauftragt und in sein Amt gesetzt. Er kommt so, wie Jesus das tut: um zu suchen und zu retten, was verloren ist. Er kennt seine Verantwortung für die Schafe, er liebt sie, ruft sie mit Namen, ist bereit, Tag und Nacht für sie da zu sein und wenn nötig sogar sein Leben für sie zu geben. Und die Schafe folgen ihm. Solch eine Gemeinde wird nicht innerlich verhungern, sondern »ein- und ausgehen und Weide finden«.

Lieber Herr, wir bitten dich, dass du gute Hirten in deine Gemeinde sendest. Lass die, die du berufst, ihrer Berufung gewiss sein. Lass ihnen keine Ruhe, wenn sie Nein sagen wollen, und lass sie die ganze Tiefe deines Friedens schmecken, wenn sie Ja sagen. Mache sie willig, für dich zu leiden. Lege du selber ihnen die Schrift aus, dass ihre Herzen brennend werden. Und lehre sie, sie für uns auszulegen, so dass wir deine Wege verstehen und deine Stimme hören können. Lass sie deine Botschaft so weitergeben, dass wir dich selber hören und deine Stimme erkennen. Lass alle, die glauben, deine Stimme so deutlich hören, dass du uns in allem auf deinem Weg führen kannst. Amen.

Sonntag Misericordias Domini

Ich bin der gute Hirte.

(Johannes 10,11)

Zum Lesen: Johannes 10,11-16

Was ein guter Hirte ist, hat Jesus selber uns in dem Gleichnis von dem verlorenen Schaf gezeigt. Der gute Hirte lässt die neunundneunzig in der »Wüste« (natürlich hinter den Steinmauern des Pferches) und macht sich auf den Weg, um das eine zu suchen. Vielleicht liegt gerade die Sommerhitze wie eine glühende Decke zwischen den Felswänden. Oder der Winterregen peitscht dem Hirten ins Gesicht und lässt seine Hände klamm vor Kälte werden. Egal, eines von *seinen* Schafen hat sich verirrt. Das geschieht ja so leicht. Jedes der Tiere will seinen eigenen Weg gehen, gerade so wie Jesaja das sagt. Sie wagen sich zu weit hinaus auf die Steilhänge. Sie bleiben zwischen den Steinen stecken oder in einem Dornengestrüpp über dem Abgrund. Der Hirte hört das ängstliche Blöken und geht vorsichtig in die Richtung, bis er das Tier endlich erreichen kann, vielleicht mit seinem gebogenen Hirtenstab, und auf seine Schulter legen und nach Hause tragen kann.

Genau das tut Jesus mit uns. Wir wollen ja auch unsere eigenen Wege gehen. Wir planen und arbeiten, verdienen unser Geld und denken, dass wir selber schon am besten wissen, was das Richtige für uns ist. Und ehe wir es uns versehen, entfernen wir uns immer mehr von dem guten Hirten, und eine Zeit lang geht das sogar ganz gut. Das Schaf weiß nichts von den Gefahren, die ihm drohen, vielleicht noch nicht einmal dann, wenn der Weg plötzlich versperrt ist. Was ahnt es schon von dem Wolf, der umherstreicht und Beute sucht?

Da kommt der Hirte. Vielleicht spüren wir die Berührung seiner Hand. Oder auch etwas Härteres – den Stab, mit dem er sein Schaf zu packen versucht, um es besser hochheben zu können. Es gibt sowohl Schafe als auch Menschen, die in dieser Lage nur einen Gedanken haben: loszukommen. Sie wollen sich nicht packen und hochheben lassen. Sie sperren und winden und wehren sich – und rutschen noch tiefer in das Gestrüpp oder zum Abgrund hin. Dies ist die größte Angst des Hirten. Jesus hat sie selber erlebt. »Wie oft habe ich deine Kinder versammeln wollen, und ihr habt nicht gewollt!« (Matthäus 23,37)

Aber es kann auch anders gehen. Petrus hat es so beschrieben: »Ihr wart wie die irrenden Schafe; aber ihr seid nun bekehrt zu dem Hirten und Bischof eurer Seelen« (1. Petrus 2,25).

Herr Jesus, du Hirte unserer Seelen, gib, dass wir immer verstehen, dass du unser Bestes willst. Lass uns nie vergessen, was du auf dich nahmst, als du unser Hirte wurdest und zu uns kamst, um das Verlorene zu suchen. Du gabst dein Leben für die Schafe. Du kämpftest mit dem Verderber, mit dem, der kommt, um zu stehlen und zu schlachten und umzubringen. Und immer noch gehst du uns nach auf unseren krummen Wegen. Hilf, dass wir verstehen, was es bedeutet, wenn deine Hand uns berührt. Lass uns ahnen, was vorgeht in deinem Herzen, so dass wir dir nicht ängstlich ausweichen, sondern es erleben dürfen, wie gut es ist, von deinen Armen hochgehoben und durch alle Gefahren hindurchgetragen zu werden. Amen.

Montag nach Misericordias Domini

Ich habe es euch gesagt, und ihr glaubt nicht.
(Johannes 10,25)

Zum Lesen: Johannes 10,17-29

Das Tempelweihfest (Chanukkafest) wurde im Dezember begangen. Es war ein hoher Feiertag zum Andenken an den Befreiungskampf gegen den Seleuzidenkönig Antiochus IV. Epiphanes, der versucht hatte, das Judentum auszurotten. Er hatte die Beschneidung und den Sabbat verboten, die Gesetzesrollen zerstört und den Tempel entweiht. Unter Judas Makkabäus brach der große Aufstand los, der wider alle Wahrscheinlichkeit glückte. Der Tempel wurde gereinigt, der Altar Gottes wiederhergestellt.

Der Säulengang Salomos, in dem Jesus umherging, lag an der Ostseite des Tempels, zum Ölberg hin. Dort hatte man Schutz vor den schneidenden Nordostwinden, die von der syrischen Hochebene herbeifegten. Hier versammelten sich nun wieder die Menschen um Jesus, und wieder war die große Frage, ob er der Messias war oder nicht.

Jesus antwortete, dass seine Taten wie seine Worte jedem, der Ohren zum Hören und Augen zum Sehen hatte, die nötige Auskunft gaben. Aber es gibt eine Trennungslinie quer durch die Menschheit, die gerade bei dieser Frage sichtbar wird. Es gibt Menschen, die instinktiv Nein zu Jesus sagen, und es gibt solche, die es zu ihm hinzieht. Jesus beschreibt hier die Letzteren.

Sie hören seine Stimme. Wenn sie Gottes Wort hören, ahnen sie, wer da spricht, und wollen mehr hören. Sie werden nicht müde, zu lauschen. Sie spüren, dass dieses Wort lebendig ist und Leben gibt.

Weiter: Jesus kennt diese Menschen. »Kennen« bzw. »erkennen« bedeutet in der Bibel mehr, als dass man Informationen über etwas oder jemanden hat. Gegenüber Gott und den Mitmenschen bedeutet »kennen«, dass man in einer tiefen, echten, innigen gegenseitigen Beziehung steht, ohne Hindernisse und Vorbehalte. Christ werden bedeutet, dass man, um mit Paulus zu reden, Gott erkennt oder, genauer gesagt, von ihm erkannt wird (vgl. Galater 4,9). So kennt auch der gute Hirte seine Schafe, und sie kennen ihn.

Darum folgen sie ihm, und dies ist das dritte Kennzeichen. Sie wollen nicht mehr ihre eigenen Wege gehen. Sie folgen ihm, und wenn sie es ganz allein tun müssen, voll gegen den Strom.

Und schließlich: Er gibt ihnen das ewige Leben. Sie werden nicht umkommen, niemand kann sie aus seiner Hand reißen. Der Hirte hat sein Leben für sie gegeben, damit sie leben können. Er gab es freiwillig, sein Tod war kein tragischer Unfall, kein Sieg für Gewalt und Unrecht. Er hätte die Macht gehabt, seine Feinde zu vernichten, aber er wollte lieber sein Leben für sie geben. Das Seltsame bei Jesus ist eben dies, dass es ihm möglich gewesen wäre, sein Leben »wieder zu nehmen«. Dies bedeutet nicht, dass ihm das Sterben leicht fiel. Er trug wirklich ganz allein die Sünde der Welt; niemand von uns kann die Tiefe dieses Leidens ermessen. Aber das Leben, das die Feinde hier auszulöschen vermeinten, war Gottes eigenes Leben. »Denn wie der Vater das Leben hat in sich selber, so hat er auch dem Sohn gegeben, das Leben zu haben in sich selber« (Johannes 5,26). Es war dieses Leben, das Jesus in den Tod gab, zur Versöhnung für unsere Sünden. *Darum* kann sein Leben, das über den Tod gesiegt hat, auch zu uns Sündern kommen. *Darum* kann niemand den Menschen, der an Christus glaubt, aus seiner Hand reißen. Es gibt keine Sünde, die nicht so groß wäre, dass sie nicht vergeben werden könnte, wenn wir an Jesus glauben.

Der HERR ist mein Hirte, mir wird nichts mangeln. Er weidet mich auf einer grünen Aue und führet mich zum frischen Wasser. Er erquicket meine Seele. Er führet mich auf rechter Straße um seines Namens willen. Und ob ich schon wanderte im finstern Tal, fürchte ich kein Unglück; denn du bist bei mir, dein Stecken und Stab trösten mich. Du bereitest vor mir einen Tisch im Angesicht meiner Feinde. Du salbest mein Haupt mit Öl und schenkest mir voll ein. Gutes und Barmherzigkeit werden mir folgen mein Leben lang, und ich werde bleiben im Hause des HERRN immerdar.

Dienstag nach Misericordias Domini

Ich und der Vater sind eins.

(Johannes 10,30)

Zum Lesen: Johannes 10,30-42.

Das Alte Testament spricht oft von Gott als unserem Hirten. »Der Herr ist mein Hirte« (Psalm 23). »Er hat uns gemacht, und nicht wir selbst, zu seinem Volk und zu Schafen seiner Weide« (Psalm 100,3). »Ja, ihr sollt meine Herde sein, die Herde meiner Weide, und ich will euer Gott sein, spricht Gott der HERR« (Hesekiel 34,31).

Da mag es zunächst verwirren, wenn Jesus auf einmal auch sich selber als den guten Hirten bezeichnet. Aber in Wirklichkeit zeigt es uns, wer Jesus ist. Was der Vater tut, das tut auch der Sohn. Alles, was der Vater ist, ist auch der Sohn. Der Sohn und der Vater sind eins.

Gott ist einer. Aber in seinem Wesen gibt es eine ewige Dreieinigkeit. Wenn Gott ein Mensch wäre, wäre das Reden von der Dreieinigkeit ein barer Unfug. Keiner von uns kann gleichzeitig ein Mensch und drei Menschen sein. Aber in Gottes unendlichem, unfassbarem und unausschöpflichem Wesen ist ein Reichtum und eine Tiefe, die wir nie ergründen können. Über Gottes Wesen können wir nur das wissen, was er selber uns zeigt oder andeutet. Und Gott hat uns gezeigt, dass es diese Dreifaltigkeit in seinem Wesen gibt. Er, der von Ewigkeit eine Gott, tritt uns manchmal als der Sohn und manchmal als der Geist gegenüber. So redet er, so wirkt er, so tritt er mit uns in Verbindung. Und doch ist es stets derselbe Gott, der da redet und handelt.

Für die Juden war es Gotteslästerung, als Jesus sagte, dass er Gottes Sohn war. Viele Menschen damals und heute halten es für Spintisiererei. Oder für Größenwahnsinn. Hier trennen sich die Wege, hier geht die große Scheidelinie durch die Menschheit. In Jesus ist Gott in die Welt gekommen und uns begegnet, um uns zu zeigen, wie er wirklich ist. In Jesus können wir das Herz Gottes kennen lernen. Niemand hat Gott je gesehen, aber aus Christi Antlitz strahlt seine Herrlichkeit hervor. Das Alte Testament gibt uns kein »niedrigeres« Bild von Gott als das Neue, aber das Bild, das es zeichnet, ist gleichsam noch nicht fertig. Die Schrift musste noch erfüllt werden, und dies ist durch Jesus Christus geschehen. In ihm haben wir die rechte Ausdeutung, die volle Offenbarung. *Dies* ist sein Geheimnis: »Der Vater ist in mir, und ich im Vater.«

Herr, du, der du Israels Hirte bist, du, der du dein Volk geführt hast wie ein Hirte seine Herde, du, der du versprochen hast, das Verlorene zu suchen, das Verirrte zurückzuführen und das Verwundete zu verbinden: Ich danke dir, dass du als der gute Hirte zu uns gekommen bist. Ich danke dir, dass du auf diese Weise dein Wesen und dein Geheimnis offenbart hast. Hier hast du uns gezeigt, wer du bist. Du sahst das Volk und erbarmtest dich über es, weil es so übel mitgenommen und verlassen war wie Schafe, die keinen Hirten haben. Du hast das Verirrte und Verlorene gesucht, hast dich mit Sündern zu Tisch gesetzt. Du wurdest ein Freund der Verachteten und Gescheiterten. Ich preise dich, mein Herr und mein Gott, dass du so bist. Dir, dem Vater der Barmherzigkeit und Gott allen Trostes, sei Ehre und Macht und Herrlichkeit in Ewigkeit. Amen.

Mittwoch nach Misericordias Domini

Lazarus, unser Freund, schläft.

(Johannes 11,11)

Zum Lesen: Johannes 11,1-16

Wie wir schon sahen, berichtet Johannes nur ein paar der Wunder Jesu, aber diese kommentiert er umso ausführlicher. Er erwähnt kleine, aber bedeutungsvolle Details, lässt Jesu eigene Worte erklären, was da geschah, und führt uns so in die Kernpunkte des Evangeliums ein. In seinem 11. Kapitel geht es um die Auferstehung und das ewige Leben.

Er beginnt mit der Erkrankung des Lazarus. Wir erfahren, dass Lazarus der Bruder von Marta und Maria war und dass sie alle drei zu den Jüngern gehörten, die Jesus besonders nahe standen. Daher schicken die Schwestern sofort einen Boten zu Jesus, der sich gerade auf der anderen Seite des Jordans aufhält. Als Jesus die Nachricht hört, sagt er seinen Jüngern: »Lazarus, unser Freund, schläft, aber ich gehe hin, ihn aufzuwecken.« Die Jünger, die nicht wissen konnten, dass Lazarus tot war, nahmen das wörtlich; Jesus meinte natürlich, dass Lazarus schon gestorben war.

Jesus spricht also von »Schlaf« und meint den Tod. Genauso drückte er sich bei der Tochter des Jairus aus: »Das Mädchen ist nicht tot, sondern es schläft« (Matthäus 9,24). Und immer wieder finden wir es im Neuen Testament, dass die Toten »Entschlafene« genannt werden.

Der Tod als Schlaf – wir verstehen das leicht falsch. Das liegt daran, dass wir so oft ein falsches Bild vom Leben und vom Tod haben. Wir betrachten das Leben als etwas, das wir »besitzen«, etwas, über das wir verfügen können. Der normale Schlaf ist eine Ruheperiode, eine Erholungspause; wir sind ja nach wie vor am Leben, es versteht sich von selber, dass wir wieder aufwachen werden, und wenn man den Tod »Schlaf« nennt, muss das doch wohl bedeuten, dass wir immer noch unser Leben besitzen. Wir »haben« die Unsterblichkeit und werden schon wieder aufwachen – meinen wir.

Aber in Wirklichkeit ist das Leben nicht etwas, was wir besitzen, sondern etwas, das wir *bekommen*. Es ist eine Gabe des Schöpfers. Wir sind ununterbrochen in seiner Hand und von ihm abhängig. Wir leben alle nur so lange, wie er sein Schöpfungswerk fortführt und uns Sekunde um Sekunde erneut das Leben schenkt.

So ist das auch mit dem Schlaf. Die biblische Wahrheit über den Schlaf finden wir in dem Psalmwort: »Ich liege und schlafe und erwache; denn der HERR hält mich« (Psalm 3,6). Ich bin die ganze Zeit in Gottes Hand, Tag und Nacht, ob ich arbeite oder schlafe. Wache ich morgens auf zu einem neuen Tag, so liegt das daran, dass Gott mein Leben erhält.

Wenn die Bibel den Tod als »Schlaf« bezeichnet, bedeutet dies also dies: Auch die Toten sind in Gottes Hand. Der Schöpfer hat dieselbe Macht über sie wie über die Lebenden. Die Toten sind nicht »weg«, es ist nicht aus und vorbei mit ihnen. Aber sie sind auch nicht »unsterblich« in dem Sinne, dass sie ihre Existenz gleichsam aus eigener Kraft fortsetzen und so über sie bestimmen könnten, wie sie – scheinbar – über ihr irdisches Leben bestimmt haben. Sondern sie sind ganz und gar in Gottes Hand und von ihm abhängig.

Herr, wohin soll ich gehen vor deinem Geist, und wohin soll ich fliehen vor deinem Angesicht? Führe ich auf zum Himmel, so bist du da; bettete ich mich bei den Toten, siehe, so bist du auch da. Spräche ich: »Finsternis möge mich decken und Nacht statt Licht um mich sein«, so wäre auch Finsternis nicht finster bei dir, und die Nacht leuchtete wie der Tag. Finsternis ist wie das Licht. Erforsche mich, Gott, und erkenne mein Herz; prüfe mich und erkenne, wie ich's meine. Und sieh, ob ich auf bösem Wege bin, und leite mich auf ewigem Wege. (Aus Psalm 139)

Donnerstag nach Misericordias Domini

Ich bin die Auferstehung und das Leben.
(Johannes 11,25)

Zum Lesen: Johannes 11,17-37

Betanien liegt auf der anderen Seite des Ölbergs, wo der Weg hinunter nach Jericho beginnt, knapp drei Kilometer von dem Stadttor von Jerusalem. Johannes war den Weg viele Male gegangen und wusste, dass er eine halbe Stunde lang war – oder fünfzehn Stadien nach griechischem Maß. Da das Dorf so nahe war, waren Freunde und Bekannte gekommen, um, wie sich das gehörte, an der Trauer der beiden Schwestern teilzunehmen. Als auch Jesus kommt, geht Marta ihm entgegen. Johannes gibt das Gespräch wieder, wie immer mit einem feinen Sinn für das Wesentliche.

Wie andere fromme Juden auch, glaubte Marta an eine Auferstehung der Toten am Jüngsten Tag. Dann würde der Messias kommen und Gericht halten, und die Toten würden wieder lebendig werden. An diesem Glauben war etwas, das Jesus zurechtrücken musste. Es war ungefähr derselbe Fehler wie bei der »christlichen« Vorstellung, dass »nach dem Tod das ewige Leben kommt«. Das Wichtigste hat man hier ganz vergessen: Auferstehung ist etwas, das mit Jesus und *seiner* Auferstehung zusammenhängt. »*Ich* bin die Auferstehung und das Leben.« Weil Christus auferstanden ist, darum – und nur darum – gibt es auch für uns eine Auferstehung. Christus ist der Erstling. Das Leben, das er durch seine eigene Auferstehung bekommen hat, kann er auch anderen schenken.

Jesus sagt nun weiter, dass es *Glauben* braucht, um dieses neue Leben entgegenzunehmen. Wer an ihn glaubt, wird nie sterben. Weil er Anteil an Christus hat, hat er bereits jetzt Anteil an dem neuen Leben – an dem »Leben, das ewig ist, das beim Vater war und uns erschienen ist«, wie Johannes später zu Beginn seines ersten Briefes schreibt. Der Mensch, der Christus hat, hat etwas, das nie sterben kann; er hat Teil an dem, der die Auferstehung und das Leben ist.

Marta konnte sich, ebenso wie die anderen Jünger, begreiflicherweise keine Vorstellung von der Auferstehung Christi machen. Als Jesus sie fragt: »Glaubst du das?«, antwortet sie, etwas ausweichend, dass sie glaubt, dass er der Messias ist, Gottes Sohn. So viel wagte sie immerhin zu sagen, und es war eine gute Antwort. Es ist eine Antwort, die oft auch bei uns ausreichen muss, wenn es uns schwer fällt, Jesu Worte zu verstehen, und wir nicht recht wissen, was wir glauben sollen. Doch, eines wissen wir, und das sollen wir ihm und uns selber sagen: dass er der Messias ist, der Sohn des lebendigen Gottes, unser Heiland, der die Wahrheit weiß, uns den Weg zeigt und uns das Leben schenkt. Wenn wir uns an ihn halten und in allem auf ihn verlassen, dürfen wir gewiss sein, dass er uns all das sehen und verstehen hilft, was wir wirklich wissen müssen.

Mein Herr Jesus, du bist die Auferstehung und das Leben. Weil du da bist, wissen wir, dass es eine Auferstehung gibt und dass wir ihr entgegengehen. Es liegt alles an dir, es ruht alles in deinen Händen. Du bist mich suchen gegangen, du hast mir Teil gegeben an deinem ewigen Leben. Du hast mich unwürdigen Menschen in deinen Leib eingefügt, und die du zu deinen Gliedern gemacht hast, vergisst du nie. Darum weiß ich, dass ich nicht sterben werde. Bei dir ist der Tod nur ein sanfter Schlaf, auf den das Aufwachen in einen neuen, freudigen Tag folgt. Wie das zugehen wird, weiß ich nicht, aber ich weiß, dass du dort sein wirst und dass ich bei dir sein darf, und etwas Schöneres kann ich mir nicht wünschen. Ich glaube, dass du Gottes Sohn bist. Ich glaube deiner Verheißung und danke dir für sie. Amen.

Freitag nach Misericordias Domini

Habe ich dir nicht gesagt: Wenn du glaubst, wirst du die Herrlichkeit Gottes sehen?

(Johannes 11,40)

Zum Lesen: Johannes 11,38-57

Wie alle ihre Freunde auch, erschrak Marta bei dem Gedanken, Lazarus' Grab wieder zu öffnen. Dass ein bereits in der Verwesung begriffener Leichnam wieder lebendig werden kann, geht gegen alle Naturgesetze, die wir kennen. Aber Jesus antwortet Marta: »Habe ich dir nicht gesagt: Wenn du glaubst, wirst du die Herrlichkeit Gottes sehen?«

Warum erscheint uns die Auferstehung des Lazarus so unglaublich? Weil wir nur mit dieser Welt rechnen, mit der Materie, mit den Naturgesetzen – aber nicht mit Gott. Aber wenn es Gott gibt und wenn er so ist, wie er selber gesagt und gezeigt hat, dann ist es selbstverständlich, dass er der Herr über die Natur ist – und nicht umgekehrt. Er, der Ursprung aller Dinge, kann mit jedem kleinen Atom oder Elektron machen, was er will. Wenn er sie geschaffen hat, kann er sie nach ständig neuen Mustern zusammenkombinieren. Dass er normalerweise ganz bestimmten Mustern folgt, die wir Naturgesetze nennen, bindet *uns,* aber nicht ihn.

Wer glaubt, der wird Gottes Herrlichkeit sehen, sagt Jesus. Gottes Herrlichkeit – das ist sein Wesen, das, was ihn zu Gott macht. Wenn wir glauben, können wir verstehen, dass Gott wirklich Gott ist und dass er souverän über alle Dinge herrscht. Dann können wir auch beginnen, sein Handeln hier in dieser Welt und bei der Auferstehung, wenn die Welt von neuem geboren wird, zu verstehen. Jesus demonstrierte etwas von diesem Handeln, als er Lazarus auferweckte. Diese Auferweckung, sie war nur möglich, weil der allmächtige Schöpfer selber eingriff. Aber die Auferweckung des Lazarus war noch keine Aufer*stehung* im vollen Sinne, denn Lazarus wurde lediglich in sein irdisches Leben zurückgeholt. Die Auferstehung ist etwas anderes; sie ist eine neue Schöpfung, die ein ganz neues Leben schenkt. Dann werden wir sehen, »was kein Auge gesehen hat und kein Ohr gehört hat und in keines Menschen Herz gekommen ist, was Gott bereitet hat denen, die ihn lieben« (1. Korinther 2,9).

Gott, mein Gott, mein Schöpfer, mein Ursprung und mein Erlöser – dass auch ich deine Herrlichkeit sehen darf! Das ist mehr, als ich fassen kann, mehr, als ich mich je zu bitten getraue, mehr als meine sterblichen Augen aushalten können. Und doch sagst du es selbst. Du hast mein Leben angezündet und mir mein Augenlicht gegeben, damit ich deine Herrlichkeit sehen und an deiner Freude teilhaben kann. Du hast auch mich zu einem von denen gemacht, die die unfassbare Gabe bekommen haben, in deiner Nähe zu leben und zu deinem Reich gehören zu dürfen, das du mit deiner Freude und Herrlichkeit füllst. Herr, ich weiß, dass für dich alle Dinge möglich sind – auch das, was mir so unmöglich und unverständlich ist: dass du auch mich auserwählt hast, teilzuhaben an dem Leben und dem Glück, das es nur bei dir gibt.

Samstag nach Misericordias Domini

Glaubt an das Licht, solange ihr's habt.
>(Johannes 12,36)

Zum Lesen: Johannes 12,35-50

Wer glaubt, wird Gottes Herrlichkeit sehen. Wer glaubt, wird nicht sterben, sondern teilhaben an Christus und seiner Auferstehung. Wer glaubt, bekommt die Vergebung der Sünden und kommt nicht ins Gericht. So viel bedeutet das – glauben.

Aber nun sagt Johannes, dass es Menschen gab, die nicht an Jesus glaubten, obwohl er so viele Zeichen vor ihnen getan hatte. Er sagt, dass sie nicht glauben konnten. Er erinnert an etwas, das beim Propheten Jesaja steht über Menschen, deren Augen Gott blind gemacht und deren Herzen er verstockt hat. Gibt es so etwas wirklich?

Gott will, dass alle Menschen gerettet werden und die Wahrheit erkennen (1. Timotheus 2,4) – das ist einer der Grundsteine des Evangeliums. Aber dennoch werden nicht alle erlöst, und eines der Rätsel dieses Geheimnisses lüftet Jesus hier, wenn er sagt: »Glaubt an das Licht, solange ihr's habt.«

Wir haben das Licht nicht immer. Sicher, Gott ist Licht, und er ist immer da. Aber sein Licht ist uns nicht immer gleich nahe. Manchmal ist es, als ob es erlischt. Im Leben jedes Menschen spielt sich ein Drama ab, ein Zweikampf zwischen Licht und Finsternis. Gott kommt mit seinem Licht, sein Ruf erreicht uns, und wir werden vor eine Wahl gestellt: Wir können dem Licht folgen, und wir können uns noch tiefer in die Finsternis zurückziehen. Man bleibt nie unverändert, wenn man mit Gott zu tun hat. Entweder man kommt näher zu ihm oder man verhärtet und verblendet sich, um nicht zu ihm gezogen zu werden. Das Wort Gottes kann also in einem sehr realen Sinn verhärtend wirken. Der Mensch, der wiederholt Gott begegnet und sich jedes Mal gegen ihn verschließt, kann zum Schluss verstockt werden. Dann macht Gottes Licht ihn blind; er kann nicht mehr sehen und nicht mehr glauben. Darum liegt ein solch tiefer Ernst in dieser Ermahnung, auf die Zeit zu achten, wo Gott zu einem kommt, und an das Licht zu glauben, solange man es hat.

Herr, erbarme dich über uns. Lass deinen Geist unsere Herzen anrühren, damit wir begreifen, dass du es bist, der an unsere innere Tür klopft. Herr – bete ich jetzt im Unverstand? Aber je eifriger du klopfst, umso mehr müssen ja die, die nicht bereit sind, dir zu öffnen, ihre Ohren verschließen. Wartest du deshalb so lange? Lässt du deswegen die Menschen in Ruhe, so dass sie glauben können, dass es dich nicht gibt? Wartest du auf die richtige Zeit? Herr, du weißt alle Dinge, darum will ich dich nur um dieses Eine bitten: dass du dich über uns erbarmst und in der Stunde zu uns kommst, die du auserwählt hast, und dass du dein Licht dort leuchten lässt, wo du siehst, dass die Tür eines Herzens einen Spalt geöffnet ist. Erbarme dich über uns alle, Herr, und hilf uns und handele so mit uns, wie es am besten ist – du, der du willst, dass wir alle erlöst werden. Amen.

Sonntag Jubilate

Noch eine kleine Weile, dann werdet ihr mich nicht mehr sehen.

(Johannes 16,16)

Zum Lesen: Johannes 16,16-22

Dreimal wiederholt sich dieser Satz in unserem heutigen Bibeltext. Es ist offensichtlich, dass Jesus seinen Jüngern etwas einschärfen will mit ihm. Wir wissen, dass er bei seiner Unterweisung der gleichen Methode folgte wie andere »Lehrer Israels«. Immer wieder wiederholten sie das, was wichtig war, so dass es sich ihren Schülern einprägte.

Was meinte Jesus hier?

Zum einen das, was gleich am folgenden Tag mit ihm geschehen würde: sein Leiden und Sterben. Eine kleine Weile würde er von den Jüngern getrennt sein. Sie würden Schweres mitmachen, wie eine Frau, die ihr Kind zur Welt bringt, aber anschließend wäre ihre Freude desto größer, und niemand würde sie ihnen nehmen können.

Aber Jesus meint hier noch mehr. Er denkt an den Tag, wo er seine Jünger verlassen wird, um zu seinem Vater zurückzugehen. Danach werden sie ihn nicht mehr wie in den vierzig Tagen nach Ostern mit ihren Augen sehen können. Aber selbst diese Trennung wird nicht lange sein, und danach werden sie ihn wieder sehen – für immer.

»Eine kleine Weile« – der Ausdruck meint also die Zeit, bis Jesus wiederkommt. Eine *kleine* Weile? Inzwischen dauert sie schon fast zweitausend Jahre! Aber hier geht es um das Zeitmaß Gottes, wie er es in seinem großen Plan für die Geschichte der Welt benutzt. Im Vergleich zu der Zeit, die seit der Schöpfung verflossen ist, geht es wirklich nur um eine kleine Weile, ja im Vergleich zu dem, was vor uns liegt – die Ewigkeit –, ist es sogar eine unendlich kleine Weile. Und auch für jeden einzelnen Menschen ist die Zeit kurz. Wir haben nur ein paar Jahre, um Jesus zu begegnen und Erben seines Reiches zu werden.

Es ist ein ebenso häufiger wie verhängnisvoller Fehler, sich einzubilden, dass man ja noch »Zeit hat«, die Sache mit Gott in Ordnung zu bringen. Und es ist menschlich und ganz normal, wenn uns in Leidenszeiten die Zeit unendlich lang erscheint; die Bibel lehrt uns ja, dass der Weg hinein in Gottes Reich durch viel Leiden und Nöte geht. Dem Leidenden wird die Zeit lang. Und doch sagt Paulus, dass »dieser Zeit Leiden nicht ins Gewicht fallen gegenüber der Herrlichkeit, die an uns offenbart werden soll« (Römer 8,18). *Das* sind die richtigen Proportionen; sie zeigen uns, dass es hier wirklich nur um »eine kleine Weile« geht.

Herr, du weißt, wie lange uns die Zeit erscheinen kann, wenn es durch Nöte geht. Das hast du deine eigenen Diener sagen lassen. Du hast ihre Klagen mit in dein Wort aufgenommen. Du weißt, wie viele von uns wie dein Knecht Hiob sagen können, dass sie Monate des Elends bekommen haben und schlaflose Nächte voller quälender Unruhe. Du weißt, Herr, wie lange eine schlaflose Nacht sein kann. Und darum danke ich dir, dass du uns schon hier in dieser Zeit Augen gibst, die auch dies im Licht der Ewigkeit sehen können. Du lässt uns ahnen, dass dies alles nur ein Augenblick ist im Vergleich zu dem, was in Ewigkeit bleibt. Du lässt es uns erleben, wie die Vergangenheit zusammenschmilzt und wie ein unwirklicher Traum wird und wie unsere Jahre dahingehen, als flögen sie davon. Wir danken dir, dass dies alles vergeht und ein Ende hat, während du derselbe bleibst und deine Jahre kein Ende haben.

Montag nach Jubilate

Den Weg wisst ihr.

(Johannes 14,4)

Zum Lesen: Johannes 14,1-14

Es gibt vieles, was ein Christ nicht weiß. Es gibt Dinge, die er nicht zu wissen braucht und über die deshalb auch nichts in der Bibel steht. Es gibt Dinge, die in der Bibel stehen, aber die man trotzdem nicht zu wissen braucht. Das Leben des Christen ist wie eine Wanderung. Wir sehen ständig mehr, erkennen immer besser, worum es geht, werden tiefer hineingeführt in Gottes Geheimnisse. Da braucht man nicht gleich am Anfang schon alles zu wissen.

Aber eines gibt es, das man unbedingt wissen muss, und das ist der *Weg,* der zu Gott führt. Wer diesen Weg nicht kennt, kann Gott nie erreichen.

Dies war eines der Dinge, die Jesus auf alle erdenkliche Weise seinen Jüngern einzuprägen versuchte. Als fromme Juden hatten sie gelernt, dass das Gesetz einem den Weg zu Gott wies. Wenn man so lebte, wie das Gesetz es vorschrieb, ging man auf dem richtigen Weg und musste schließlich heim zu Gott kommen. Jesus lehrte sie etwas anderes. Er selber ist der Weg. Und die Wahrheit und das Leben. Zum Vater kommt man nur durch ihn. Richtig begriffen haben die Jünger das erst nach Jesu Kreuzigung und Auferstehung. Sie hatten allen Ernstes geglaubt, dass sie ihm dadurch nachfolgen würden, dass sie für seine Sache kämpften, vielleicht sogar starben. Aber es gab ein Wegstück, das Jesus ganz allein gehen musste. Er, der einzige Gerechte, nahm die Schuld der Sünder auf sich. Nur er konnte sie sühnen, nur er von den Toten auferstehen, weil der Tod den, der als Einziger gehorsam bis zum Tod war, nicht behalten konnte. Und so wurde der Weg zu Gott frei.

Aber diesen Weg kann niemand ohne Jesus gehen. Die rechte Lehre, der gute Wille, sie reichen nicht. Wir brauchen ein neues Leben, und dieses Leben bekommen wir nur dadurch, dass wir ein Glied an Christi Leib, eine Rebe an seinem Weinstock werden. Erst wenn wir mit Christus vereint sind und ihm gehören, können wir diesen Weg gehen. Nur wenn wir eins mit ihm sind, können wir zu Gott kommen.

Dass Christus der Weg ist, bedeutet auch, dass er bei uns ist, auf dem ganzen Weg, bei allen Gabelungen, in jeder neuen Lage. Wir bekommen keine fertige Wanderkarte mit, die uns im Voraus alle Etappen beschreibt; aber wir haben einen lebendigen Herrn, der alle Tage bei uns ist. Wenn wir mit ihm gehen, sind wir eigentlich schon am Ziel, denn er und der Vater sind eins. Wir sind auf dem Weg nach Hause, zu den Wohnungen unseres Vaters, und gleichzeitig sind wir bereits daheim. Wir sind wie der verlorene Sohn umgekehrt, und unser Vater hat uns voller Freude in seine Arme geschlossen.

Herr Jesus, ich danke dir, dass ich den Vater sehen darf, wenn ich dich sehe. Jetzt kenne ich sein Herz, jetzt weiß ich, was für Gedanken er hat, auch gegenüber mir. Herr, mehr brauche ich nicht. Und doch willst du mir noch mehr geben! Du willst, dass da, wo du bist, auch ich sein darf – daheim bei Gott, mitten in dem überwältigenden Glanz, der vom Angesicht deines Vaters ausgeht und vor dem selbst die Seraphim ihr Gesicht verbergen. Du willst, dass ich dort lebe und all das Licht und die Herrlichkeit sehe, die meine irdischen Augen nicht ertragen könnten, all diese Wärme und Liebe und jubelnde Freude. Dann wird dieser Glanz wie ein lieber Blick aus einem Vaterauge sein, ich werde mich an seinem Herzen wärmen können, ohne vergehen zu müssen. Ich werde Gott sehen und doch leben – leben, wie ein glückliches Kind bei seinem Vater. Gepriesen sei dein Name, Herr Jesus. Amen.

Dienstag nach Jubilate

Herr, was bedeutet es, dass du dich uns
offenbaren willst und nicht der Welt?

(Johannes 14,22)

Zum Lesen: Johannes 14,15-24

Diese Frage, die einer der Jünger Jesus stellte, ist uns wohl oft auch schon auf den Lippen gelegen. Wenn die Menschen mit eigenen Augen gesehen hätten, dass Jesus auferstanden war, *dann* hätten sie doch wohl geglaubt?

Wir wissen schon, dass das nicht stimmt. Die Hohenpriester bekamen geradezu einen Augenzeugenbericht von der Auferstehung, und der Bericht war niet- und nagelfest. Aber sie wollten nicht glauben. Man kann die Botschaft von der Auferstehung nicht aufnehmen, wenn man nicht den Auferstandenen und seine ganze Botschaft aufnimmt. Man hat nichts von der schönsten Tatsache, wenn man vor ihren Konsequenzen zurückscheut.

Dies ist es, was Jesus seinen Jüngern erklärt auf ihre Frage, warum er sich nicht der Welt offenbart. Er sagt, dass es eine Voraussetzung dafür gibt, dass er – oder sein Vater – zu einem Menschen kommt: Dieser Mensch muss ihn lieben und sein Wort halten. So nahe Jesus uns auch kommt, es gibt eine unsichtbare Mauer zwischen ihm und uns, solange unser Herz ihn nicht liebt und »sein Wort hält«.

»Sein Wort halten« – das ist nicht ganz dasselbe wie »seine Gebote halten«. Es geht hier nicht nur darum, dass man gewisse Dinge tut, die er uns vorschreibt. Der Begriff »halten« ist im Neuen Testament viel inhaltsreicher. Er bedeutet, dass man etwas festhält, es lieb hat, es in Ehren hält, sich von ihm durchdringen lässt, es als so kostbar erlebt, dass man lieber alles andere verliert. Und Christi »Wort« ist mehr als Gebote und Vorschriften. Er sagt selber, dass sein Wort Geist und Leben ist, er selber ist in ihm gegenwärtig. Wenn wir auf es hören, über es nachdenken, es in uns einsinken lassen, wird es zu einer Kraft, die Leben gibt, die Neues hervorbringt, die Wunden heilt und uns durch alle Widerwärtigkeiten hindurchträgt.

Wer das Wort auf diese Weise aufnimmt, der nimmt Jesus selber auf. Dann ist der Auferstandene gegenwärtig, mit allem, was er uns zu geben hat. Aber wenn man ihn nicht liebt und sein Wort nicht auf diese Weise hält, hilft es einem nichts, wenn man noch so viel über die Auferstehung weiß. Noch nicht einmal, wenn Jesus einst in seiner Herrlichkeit wiederkommt, werden solche Menschen glauben; eher werden sie versuchen, sich vor ihm zu verstecken, um ihm nicht begegnen zu müssen.

Im Wort begegnen wir Jesus. In Jesus begegnen wir Gott. Und dort entscheidet sich unser Schicksal.

Herr Jesus, du hast uns versprochen, uns nicht wie Waisen zurückzulassen. Du hast dein Versprechen an deine Jünger gehalten; du bist zu ihnen gekommen und hast dich ihnen geoffenbart. Und ich weiß, dass du auch zu uns kommst. Herr, lass uns so viel von deiner Herrlichkeit sehen und von deiner Nähe spüren, wie wir brauchen, um dir recht zu dienen. Ich bitte dich nicht um schöne Gefühle. Ich weiß, dass ich nichts von dem, was du mir gibst, für mich selber behalten kann. Und darum bitte ich dich nur um das, was deinem großen Werk am meisten nützt, um das, was mich geschickt macht, in deinen Dienst zu treten und anderen die Seele dafür zu öffnen, wie hell deine Auferstehung unsere ganze Welt gemacht hat.

Mittwoch nach Jubilate

Ohne mich könnt ihr nichts tun.

(Johannes 15,5)

Zum Lesen: Johannes 15,1-8

Ein rechter Christ sein, das bedeutet für viele, dass man bestimmte Ansichten über Gott hat und in seinem Leben gewissen »christlichen Prinzipien« folgt. Hier lehrt Jesus uns etwas ganz anderes.

Christ sein kann man nur durch eine innige Gemeinschaft mit Jesus Christus – so innig, dass sein Leben unser Leben wird. Der Zweig an einem Baum lebt ja davon, dass der Saft durch den Stamm hochsteigt, in den Zweig eindringt und ihn füllt. Dann können die Knospen aufbrechen, es gibt Blüten und Laub und schließlich auch Frucht. Aber wenn der Zweig geknickt wird oder fault, so dass der Lebensstrom vom Stamm zum Stillstand kommt, fangen die Blätter an zu welken und fallen schließlich ab, und es gibt keine Frucht.

So ist das mit uns Christen. Paulus sagt genau das Gleiche mit einem anderen Bild: Wir sind Glieder an Christi Leib. Ein Arm lebt nur so lange, wie das Blut aus dem Herzen ihn durchströmt. Legt man eine Schlinge um ihn und zieht sie zu fest an, wird der Arm bald gefühllos; hält dieser Zustand an, kann er sogar brandig werden – Lebensgefahr!

Ganz ähnlich sind wir von dem Leben abhängig, das Christus uns gibt. Es geht hier um mehr als um ein bestimmtes Denken oder Verhalten. Es geht um einen lebendigen Glauben, der eine innere Gemeinschaft schafft, eine ständige Verbindung mit Christus selber, so dass sein Leben in uns hineinströmt und uns Vergebung bringt, eine Kraft, die Wunden heilt, eine Wärme, die uns immer wieder neu handeln lässt, getrieben von seiner Liebe.

Darum ist es zuallererst nötig, dass wir uns einpfropfen lassen in Christus und Glieder an seinem Leib werden. Im Prinzip ist dies bei der Taufe geschehen. Seitdem ist die Verbindung vielleicht zerbrochen, aber sie kann wiederhergestellt werden. Als Zweites gilt es, »in Christus zu bleiben«. Dies ist ziemlich wörtlich gemeint, wie bei dem Ast, der fest mit dem Baum verbunden ist, oder dem Glied, das fest zum Leib gehört. In Christus bleiben – das ist Glaube.

Der Glaube ist etwas Unsichtbares, und doch gehören Dinge zu ihm, die man merkt und die man sehen kann. Zum Beispiel das Gebet. Oder dass man immer wieder neu zu Jesu Wort zurückkehrt, auf es hört und es zu Herzen nimmt. So steigt der Lebenssaft des Weinstocks in die Reben hinauf. Jesu Worte sind Geist und Leben. Sie sind ein Lebensstrom aus seinem Herzen, der in alle Glieder hineingeht. Wo dies geschieht, kann man mit Paulus sagen: »Ich lebe, doch nun nicht ich, sondern Christus lebt in mir« (Galater 2,20).

Mein Herr Jesus Christus, dass du mit deiner Liebe in mir wohnen kannst und so auch heute auf dieser Erde bist, in mir sündigem Menschen – das ist ungeheuerlich, das wage ich fast nicht zu glauben. Ich bin doch jemand, der jeden Tag neu Vergebung braucht. Aber gerade deshalb brauche ich dich selber, und ich weiß, dass du es bist, der zu mir kommt, wenn du alles vergibst. Ich könnte nie rein von meiner Schuld werden, wenn du mir nicht Anteil an deinem Leben schenktest. So bist du also hier bei mir, und darum wage ich es, zu hoffen und zu beten, dass du auch bei mir sein willst mit deiner Liebe, deinem Sieg, deinem neuen Auferstehungsleben. Komm, Herr, und wirke in mir das, was nur du wirken kannst und was Frucht bringt, die deinen Vater verherrlicht. Amen.

Donnerstag nach Jubilate

Nicht ihr habt mich erwählt, sondern ich habe euch erwählt.

(Johannes 15,16)

Zum Lesen: Johannes 15,9-17

Wir denken oft, dass das Wichtigste am Christsein darin besteht, dass man »sich entscheidet«. Wir sehen doch, zwischen wie vielen Lebensprogrammen der Mensch wählen kann, und wenn jemand Christ wird, beruht das doch wohl darauf, dass er »sich für Christus entschieden« oder »sein Leben Jesus gegeben« hat.

Aber so funktioniert das nicht, sagt Jesus. Der Wählende ist nämlich *er*. Schon bevor der Grund der Welt gelegt war und es einen einzigen Menschen gab, hat Gott uns dazu bestimmt, seine Kinder zu werden. Lange bevor wir überhaupt geboren wurden, ging Christus in den Tod, damit alle Sünden unseres Lebens vergeben werden können. Lange bevor wir begreifen konnten, was da geschah, ist Jesus zu uns gekommen und hat in der Taufe seine Hand auf uns gelegt und uns zu seinen Jüngern erwählt. Und wenn wir ihn vergaßen, war er es, der uns nachging und suchte und uns ganz nahe war, lange bevor unsere Augen ihn bemerkten.

Weil dies so ist, und nur darum, dürfen wir es wagen, zu glauben, dass er wirklich in uns leben will. Das Ergebnis ist vielleicht nicht sofort sichtbar. Wenn man einen Zweig auf einen Baum pfropft, trägt er nicht schon an nächsten Tag Früchte. Aber wenn er wirklich an dem Stamm festwächst, der ihm Leben und Kraft zum Wachsen vermittelt, wird auch die Frucht nicht ausbleiben. Und Christus hat uns dazu bestimmt, solche Frucht zu bringen.

Das Wichtige ist also, dass wir »in ihm bleiben« – dass wir seine Gaben entgegennehmen und uns jeden Tag ganz nah an ihn halten. Jesus nennt das »in seiner Liebe bleiben«, und es bedeutet zuallererst, dass ich seine Liebe entgegennehme und mich von ihr füllen lasse. Dann können wir auch andere lieben – weil Jesus uns zuerst geliebt hat. Und dies ist sein Wille für uns.

Nein, er sagt dies nicht, um uns eine neue Last aufzulegen und uns anzutreiben, unsere Pflicht zu tun, seufzend und keuchend und voller Angst, etwas falsch zu machen. Sondern er sagt dies, damit seine Freude in uns wohnen kann. Das Leben, das aus ihm in uns hineinströmt, ist ja voll von Freude – der großen, tiefen Freude darüber, dass Christus es auch dem schlimmsten Sünder und ärmsten Tropf möglich gemacht hat, Gottes Kind zu werden. Es ist die Freude darüber, dass nichts uns von Gott trennen kann, wenn wir nur auf Jesus vertrauen und seine Hand ergreifen, um an seiner Seite ins Vaterhaus zu wandern.

So will ich denn deine Hand nehmen, mein Herr und Erlöser, und sie nie mehr loslassen. Und wenn ich müde werde und mir das Festhalten schwer fällt, so weiß ich doch, dass du mich nie loslässt. Du bist ja gekom-

men, um mich zu suchen, damit auch ich dein Jünger werden kann. Und wenn du sagst, dass du mich dazu bestimmt hast, hinauszugehen und Frucht zu bringen, eine Frucht, die nicht vergeht, dann wage ich es, das zu glauben. Und so bitte ich dich nur um dieses eine: dass dein Wille geschehe. Lass es so werden, wie du es dir dachtest, als du mir das Leben gabst. Gesegnet seist du, dass dies deine Sache ist und nicht meine. Amen.

Freitag nach Jubilate

Haben sie mich verfolgt, so werden sie euch auch verfolgen.

(Johannes 15,20)

Zum Lesen: Johannes 15, 18-25

Wir hören manchmal davon, dass in anderen Ländern Christen verfolgt werden. Aber doch nicht in unserem. Und wenn wir es dann erleben, wie Mitmenschen über uns und unseren Glauben sticheln oder wir plötzlich links liegen gelassen werden, nachdem wir uns offen zu Christus bekannt haben, verstehen wir die Welt nicht mehr. Diskriminiert, weil man Christ ist – und das in einem zivilisierten Land? Unerhört ...

Aber hier ist gar nichts Unerhörtes. Das Neue Testament sagt nämlich klar und deutlich, dass es sozusagen der Normalzustand für einen Christen ist, dass er verfolgt wird. Es ist die ganz natürliche Reaktion der Welt auf den christlichen Glauben. »Welt« bedeutet hier nicht die Welt als Gottes Schöpfung, sondern die Welt in ihrem Aufstand gegen Gott, die eine eingefleischte Abneigung gegen alles hat, was mit Gott und seinem Herrschaftsanspruch über seine Schöpfung zu tun hat. Wo jemand zum Glauben an Christus kommt, wittert die Welt Gefahr. *Daran* will sie nicht erinnert werden, um jeden Preis will sie ihre Illusion, dass Gott ein bloßer Mythos ist und wir uns um seinen Willen nicht zu scheren brauchen, aufrechterhalten.

Wo ein Mensch mit Gott Ernst macht, mit ihm rechnet, ihm gerne als seinem Herrn dient, reagiert die Welt gerade so wie damals gegenüber Jesus selber. Solange wir schön mit dem Strom schwimmen, hat sie nichts gegen uns. Aber in dem Augenblick, wo sie merkt, dass wir aus ihr herausgerufen worden sind und jetzt einem anderen Herrn dienen, regt sich ihr Unwille, ja ihr Hass.

Vielleicht hilft es uns etwas, wenn wir uns klarmachen, dass die Welt ja gar nicht anders kann. Es ist ein gutes Zeichen, wenn sie allergisch auf uns wird. Es zeigt, dass das Salz seine Kraft nicht verloren hat und das Licht noch leuchtet – und dies ist ja die Voraussetzung dafür, dass die Welt Jesus sehen und entdecken kann, wie gut es ist, ihm zu dienen.

Herr, ich bitte dich für all die, die deine Freunde und Jünger verfolgen. Sie müssen ja deine Nähe spüren, sie müssen etwas von deiner Macht ahnen. Herr, zeige ihnen mehr von deiner Herrlichkeit. Und hilf all denen, die Verfolgung leiden. Hilf ihnen, zu lieben und voller Freude zu sein. Hilf ihnen, die rechten Worte zu finden und das Rechte zu tun. Hilf uns allen, den Menschen zu zeigen, dass wir dir dienen. Und dass es gut ist, dir zu dienen.

Samstag nach Jubilate

Wenn aber der Tröster kommen wird, den ich euch senden werde vom Vater, der Geist der Wahrheit, der vom Vater ausgeht, der wird Zeugnis geben von mir.
(Johannes 15,26)

Zum Lesen: Johannes 15,26-16,4

Wir nähern uns jetzt Pfingsten, und immer öfter hören wir in unserer Bibellese vom Heiligen Geist und seinem Werk. Der heutige Bibeltext liefert uns in wenigen Versen den Hintergrund zum Werk des Geistes.

Jesus verheißt seinen Jüngern, dass er ihnen den Heiligen Geist senden wird. Sie werden ihn brauchen, denn es kommen schwere Verfolgungen. Die Welt, die Jesus und seinen Vater abgelehnt hat, wird das Evangelium nicht hören wollen. Und doch wird es gepredigt werden und werden Menschen sich ihm öffnen.

Das ist das Werk des Heiligen Geistes. Die Jünger legen von Jesus Zeugnis ab, aber wenn sie nur ihr eigenes Gedächtnis, ihre eigenen Worte und ihr eigenes menschliches Organisationstalent hätten, die Sache wäre hoffnungslos. Doch nun wird Jesus ihnen den Geist senden, den Geist der Wahrheit, und *er* wird das Zeugnis übernehmen.

Jesus sagte seinen Jüngern dies an dem letzten Abend vor seiner Kreuzigung. Vorher hatte er es ihnen nicht gesagt, »denn ich war bei euch«. Solange die Jünger Jesus unter sich hatten und ihn alles fragen konnten, solange er selber sie begleitete und redete und wirkte, brauchten sie den Geist nicht. Aber jetzt werden sie ihn brauchen.

Aber was ist denn der Heilige Geist?

Viele Menschen haben Schwierigkeiten, sich den Heiligen Geist vorzustellen. Das ist nicht verwunderlich. Es ist in der Tat viel leichter, sich ein Bild von Gott dem Schöpfer zu machen; überall in der Schöpfung leuchtet uns ja etwas von seinem Wesen entgegen. Jeder Mensch, auch wenn er nicht Christ ist, kann das spüren. Und Jesus können wir uns noch leichter vorstellen; er war ja ein Mensch wie wir. Aber der Heilige Geist? Wer kann sich eine Vorstellung von dem Heiligen Geist machen?

Niemand. Der Geist ist unsichtbar. Er begegnet uns nicht in der Natur, er hat nie Menschengestalt angenommen wie Jesus. Und als er auf die Welt kam, geschah das nicht, um von sich selber zu zeugen, sondern um uns Christus zu zeigen. Der Geist hat die Aufgabe, unseren Blick auf Jesus zu lenken, und nicht auf sich selber. Wo der Geist wirkt, da sehen wir den Auferstandenen. Und doch können wir es spüren, dass der Geist da ist. Wir können eine genauso persönliche Beziehung zu ihm bekommen wie zum Vater und zum Sohn. Dies ist eine der Erfahrungen, die man macht, wenn man sich in seine Hand gibt.

Lieber Herr und Meister, der du uns deinen Geist verheißen hast – sende ihn auch zu mir. Er ist ja der

Helfer, der Tröster, der Fürsprecher. Lass mich seinen Trost spüren in all meinen Nöten, so dass ich so ruhig und freimütig sein kann, wie das nur in dem Heiligen Geist möglich ist. Er ist der Geist der Wahrheit. Lass ihn mir die ganze Wahrheit zeigen, die Wahrheit über mich selber und über dich und über alles, was du für uns getan hast. Lass ihn zu uns allen reden, so dass unser aller Herzen und Gewissen überzeugt und überführt werden und all unsere Trägheit und Eigenliebe verschwindet. Amen.

Sonntag Cantate

Wenn aber jener, der Geist der Wahrheit, kommen wird, wird er euch in alle Wahrheit leiten.

(Johannes 16,13)

Zum Lesen: Johannes 16,5-13

Es war eine unmögliche Aufgabe, vor der die Apostel standen. Elf einfache, ungebildete Männer sollten hinausziehen in alle Welt und predigen, dass Christus auferstanden war. Sie sollten zu den skeptischen Griechen gehen und zu den selbstbewussten Römern, die alles verachteten, was aus der jüdischen Ecke kam. Sie sollten die Botschaft von diesem Jesus Christus verkündigen, die sie selber so lange nicht begriffen hatten.

Es wundert einen nicht, dass sie ein Gefühl der Hilflosigkeit beschlich vor dieser Aufgabe. Aber Jesus versprach ihnen einen Helfer – den Heiligen Geist, der sie in alle Wahrheit führen würde. Er würde sie an das erinnern, was Jesus gesagt hatte, und würde ihnen helfen, es mit den richtigen Worten auszudrücken.

Der Geist der Wahrheit machte das Unmögliche möglich. Ihm haben wir zu danken dafür, dass wir in den Evangelien das Bild von Christus bekommen haben, das uns das Wesentliche über ihn sagt, das, was wir unbedingt wissen müssen. Der Geist führte die Apostel und damit die Gemeinde zu der vollen Wahrheit darüber, was Gott in Christus getan hatte. Darum liegt etwas Grundlegendes und Entscheidendes im Werk der Apostel. Die Kirche ist erbaut auf dem Fundament der Apostel und Propheten; darum nennt das Nizänische Glaubensbekenntnis sie nicht nur »heilig« und »allgemein«, sondern auch »apostolisch«.

In drei kurzen Punkten fasst Jesus das Werk des Geistes zusammen. Der Geist lehrt uns die Wahrheit über drei Dinge: die Sünde, die Gerechtigkeit und das Gericht. Diesen drei Punkten begegnen wir in unserem Leben ständig neu. Es ist der Geist, der uns die Augen auftut für die Sünde, der uns zeigt, was unrecht ist und wo der allerschwerste Schaden in uns sitzt: in unserem Unglauben. Er ist es, der uns die wahre Gerechtigkeit zeigt, die von Gott kommt, die Christus uns erworben hat und uns nun, wo er sein Werk vollendet hat und zurück zum Vater gegangen ist, schenkt. Und er zeigt uns die Wahrheit über das Gericht, das im Tod Christi über den Fürsten der Finsternis und alle Werke der Finsternis (auch über die in meinem Herzen) ergangen ist. Es ist ein Gericht, das gleichzeitig ein Sieg für die Vergebung und Barmherzigkeit ist, so dass wir, die wir das Gericht verdient hatten, stattdessen unter einer unendlichen Gnade stehen.

All das zeigt uns der Heilige Geist.

Lieber Herr, lass mich dein Zeugnis hören, so deutlich, dass mein Herz es fassen kann, und so oft, dass ich es immer vor Augen habe. Allein dein guter Geist kann dieses Zeugnis für mich lebendig machen. So leicht sehe ich die Sünde so, wie die Welt sie sieht, und bilde mir ein, dass es schon nicht so schlimm ist. So leicht glaube ich an meine eigene Gerechtigkeit und verurteile andere, aber nicht mich selber. Herr, lass deinen Heiligen Geist mir die ganze Wahrheit aufschließen: die Wahrheit über meine Sünde, meinen Unglauben, meine Selbstgerechtigkeit, meine Lieblosigkeit. Lass ihn mir deine Gerechtigkeit zeigen und das Urteil, das du fällst und das mein ganzes altes Leben für sündig erklärt und doch ein Urteil der Barmherzigkeit ist, das mich alten Sünder zu deinem Freund und zu einem Kind deines Vaters macht.

Montag nach Cantate

Das ist aber das ewige Leben, dass sie dich, der du allein wahrer Gott bist, und den du gesandt hast, Jesus Christus, erkennen.

(Johannes 17,3)

Zum Lesen: Johannes 17, 1-8

Mit dem heutigen Abschnitt wenden wir uns dem Gebet Jesu zu, das er bei dem letzten Mahl mit seinen Jüngern betete, kurz bevor er nach Gethsemane ging.

Jesus betete laut, wie das damals üblich war, und Johannes, der ihn sicher oft so mit seinem Vater reden hörte, gibt uns hier einen tiefen Einblick darin, wie Jesus betete. An diesem Abend war sein Gebet ganz von dem geprägt, was nun kommen würde. Es war so weit, die Stunde des Leidens war da, und jetzt betete Jesus speziell für seine Jünger. Seine Worte sind als das »hohepriesterliche Gebet« in unsere Bibel eingegangen. Jesus ist ja unser Hoherpriester, der das für alle Zeiten gültige Opfer für unsere Sünden vor Gott dargebracht hat. Dieses Opfer stand nun unmittelbar bevor, und Jesus erwähnt es auch in seinem Gebet.

Aber zuerst redet er von dem Werk, das er vollendet hat und durch das er den Vater verherrlicht hat. Und so, wie er den Vater verherrlicht hat, wird jetzt der Vater ihn verherrlichen.

Das Wort »verherrlichen« hat hier nicht die gleiche Bedeutung wie in unserer Alltagssprache. Dort bedeutet es, dass man jemanden oder etwas über den grünen Klee lobt und herausstellt. Hier bei Jesus bedeutet es, dass man etwas oder jemandem Anteil an Gottes Herrlichkeit gibt.

Gottes Herrlichkeit – das ist Gottes Wesen, das Unbeschreibliche, unendlich Beglückende, Wunderbare an ihm, das uns zugleich froh macht und erschreckt. Diese Herrlichkeit hatte Jesus bei seinem Vater. Er entäußerte sich und stieg zu uns hinab, um uns diese Herrlichkeit Gottes zu offenbaren. »Niemand hat Gott je gesehen; der Eingeborene, der Gott ist und in des Vaters Schoß ist, der hat ihn uns verkündigt.« – »Und wir sahen seine Herrlichkeit, eine Herrlichkeit als des eingeborenen Sohnes vom Vater, voller Gnade und Wahrheit.« (Johannes 1,18+14)

Die Worte, die Jesus von seinem Vater bekommen hat, hat er an uns weitergegeben. Wir können sie nicht einfach mit dem Verstand entgegennehmen. In ihnen lebt etwas von Gottes Herrlichkeit, und man muss sie mit dem Herzen aufnehmen, mit seinem ganzen Ich, und sie »halten«. Dieses »halten« bedeutet, wie wir bereits gesehen haben, mehr als das bloße Begreifen, mehr auch als Gehorchen. Es bedeutet, dass wir uns die Worte einverleiben, sie als unseren höchsten Schatz bewahren und lieber alles andere drangeben würden als sie. Wer dies tut, der nimmt mit diesen Worten das ewige Leben entgegen, das bei Gott ist und in Christus zu uns auf die Erde gekommen ist. Das ist das ewige Leben: dass man auf diese Weise den einen, wahren Gott erkennt und den, den er gesandt hat, Jesus Christus.

Mein Herr und Erlöser, von ganzem Herzen danke ich dir, dass du mir ein Stückchen von deiner Herrlichkeit gezeigt hast. Ich danke dir, dass du schon bei meiner Taufe dein Zeichen auf meine Stirn gesetzt hast. Ich danke dir, dass du auch dann bei mir warst, wenn ich dir nicht folgen wollte. Ich danke dir, dass du mir die Worte deines Vaters gegeben und mein Herz angerührt hast, dass es sich für sie geöffnet hat. Ich danke dir für die Zusage, dass ich noch mehr von deiner Herrlichkeit sehen werde. Ich bitte dich für alle, die sie noch nicht sehen: Segne du sie, heute, an diesem Tag, so dass auch sie etwas erleben, das sie etwas von deiner Herrlichkeit ahnen lässt, damit sie zu dir kommen und dich so sehen, wie du bist. Amen.

Dienstag nach Cantate

Sie aber sind in der Welt ... Sie sind nicht von der Welt.

(Johannes 17,11+16)

Zum Lesen: Johannes 17, 9-16

Das ist das große Geheimnis der Christen: dass sie in der Welt leben und doch nicht von der Welt sind. Ein Christ hat seinen Platz in der Gesellschaft, in der Welt, in der Familie, in seinem Beruf, in seinem (christlichen wie nichtchristlichen) Freundeskreis. Er wird dort gebraucht. Jesu Jünger sollen ja das Salz und das Licht der Welt sein.

Aber ein Christ ist nicht *von* der Welt. »Von der Welt« sein – das bedeutet, von dem Denken, den Werten und Strukturen bestimmt sein, wie sie in der Welt herrschen, die sich von Gott abgewandt hat, nicht mehr mit ihm rechnet und auf tausend verschiedene Arten von dem widergöttlichen Geist geprägt ist. Wir werden täglich von diesem Denken der Welt überschwemmt. Es gibt so vieles, das voll gegen Gottes Willen geht, aber für die Welt ganz selbstverständlich ist: dass man zuerst an sich selber denkt, dass man nur für dieses Leben lebt und so viel wie möglich aus ihm herauszuholen versucht, dass man seine Feinde hasst und Gleiches mit Gleichem vergilt. Herrschen und bestimmen, besitzen und horten, genießen und es sich gut gehen lassen – für die Welt sind das die natürlichsten

Motive für unser Handeln, die es gibt; ihr ganzes Wertesystem ist von dieser Perspektive geprägt. Und in dieser Welt also soll der Christ leben und arbeiten – und gleichzeitig ganz andere Gedanken denken und ganz anderen Prioritäten folgen. Das ist wahrlich nicht leicht.

Darum bittet Jesus in seinem hohenpriesterlichen Gebet darum, dass seine Jünger vor dem Bösen bewahrt werden. Dieses Gebet müssen wir uns täglich neu zu eigen machen. Und wir tun dies im Vaterunser, wenn wir Gott darum bitten, uns nicht in Versuchung zu führen, sondern uns von dem Bösen zu erlösen. Von Paulus stammt der Rat: »Prüft aber alles, und das Gute behaltet« (1. Thessalonicher 5,21). Wir sollen also nicht alles und jedes, was uns über den Weg läuft, bedenkenlos übernehmen und ausprobieren, sondern kritisch sortieren, an Christi Maßstab messen und nur das davon behalten, was diesem Maßstab genügt.

Lieber Herr, hilf mir, deinen Maßstab anzuwenden. Du selbst bist ja dieser Maßstab. Du bist die Wahrheit, die alles Falsche aufdeckt. Wo du bist, werden die Welt und der Egoismus und alle Ausflüchte entlarvt. Wenn ich vor etwas Neuem, Unbekanntem stehe, dann sei du da, Herr, und stehe an meiner Seite mit all dem, was du mir gesagt und mich gelehrt hast, so dass ich klar sehen und urteilen kann – so wie du das in deiner Liebe tust.

Mittwoch nach Cantate

Vater, ich will, dass, wo ich bin, auch die bei mir seien, die du mir gegeben hast, damit sie meine Herrlichkeit sehen, die du mir gegeben hast; denn du hast mich geliebt, ehe der Grund der Welt gelegt war.

(Johannes 17,24)

Zum Lesen: Johannes 17, 17-26

Am 14. Sonntag nach Trinitatis werden wir dem heutigen Text wieder begegnen. Dann werden wir uns anschauen, was er uns über die Einheit der Christen zu sagen hat. Heute soll es uns um das Ende des hohenpriesterlichen Gebetes Jesu gehen, und hier wird unser Blick in zwei Richtungen gleichzeitig gelenkt: nach vorne und zurück, in die Ewigkeit, die vor uns liegt, und in die Ewigkeit vor Beginn der Zeit.

Jesus betet also für die Seinen – für uns. Er betet darum, dass wir bei ihm sein und seine Herrlichkeit sehen können. Wir haben bereits gesehen, wie unterschiedlich man das verstehen kann mit der »Herrlichkeit« und dem »Verherrlichen«. Für die selbstherrliche Welt bedeutet es, dass man sich selbst erhöht, seine Macht und seinen Reichtum demonstriert, bewundert und beneidet wird. In Gottes Reich bedeutet es etwas ganz anderes. Gottes Herrlichkeit – das ist die unbeschreibliche Schönheit seines Wesens, die Quelle allen Glücks und aller Güte, und diese Herrlichkeit hat der Vater dem Sohn geschenkt, »ehe der Grund der Welt gelegt war«.

Der Sohn ist ja vor aller Zeit vom Vater geboren und genauso ewig wie er. Mit einer ewigen Liebe hat der Vater den Sohn geliebt, und um uns mit in diese Liebe hineinzuziehen, wurde der Sohn Mensch und ging in den Tod. Und jetzt will er also, dass wir dort sein können, wo er ist, damit wir die Herrlichkeit sehen und das vollkommene Glück erleben dürfen, das der hat, der von Gott geliebt ist – umhüllt von seiner Liebe und Bürger in einer Welt, in der nichts mehr die Harmonie trüben kann und wo Gott alles in allem ist.

Wenn wir darüber nachdenken, wie das sein wird, bei Gott zu leben, merkt man oft, wie lebendig unser alter Mensch noch ist. Da fragen wir uns ängstlich, ob wir im Himmel auch unserem geliebten Hobby nachgehen können oder ob wir dort auch ganz bestimmt unsere alte Mutter oder unseren geliebten Ehepartner wieder treffen werden. Oder ob wir endlich eine Antwort bekommen auf die interessanten Probleme aus Technik, Mathematik, Geschichte und Philosophie, über die wir nachgrübeln. Ach ja, und hoffentlich werden die Gottesdienste da oben auch nicht zu lang ...

Auch diese Ängste und Spekulationen dürfen wir unter die Vergebung bringen, die glücklicherweise für all das gilt, womit unser alter Mensch kommt. Sie zeigen uns, dass unsere Liebe zu Gott noch lange nicht vollkommen ist. Die vollkommene Liebe treibt die Angst aus, sagt Johannes (1. Johannes 4,18). Hier auf der Erde erleben wir sie nur stückchen- und augenblicksweise. Aber wenn Gott einst alles neu macht und wir voll hineingenommen werden in die Liebe, mit der der Vater den Sohn seit Beginn der Welt geliebt hat, dann werden wir wissen, dass wir das Ziel der Liebe erreicht haben. Dann werden wir nichts mehr wünschen. Das wird das vollkommene Glück sein, das Leben, wo wir ständig neu Gottes eigene Liebe erleben und teilen können.

Auch hier, Herr, muss ich schweigen. Wenn ich die Gebetssprache des Heiligen Geistes könnte, würdest du den Dank und das Lob bekommen, das keine Menschenworte dir geben können, das Lob, das die himmlischen Heerscharen unaufhörlich vor deinen Thron bringen. Und doch hast du uns versprochen, dass auch wir eines Tages mitsingen werden in diesem Lied und mitleben in dem Leben, das dein Sohn uns verheißt – dass die Liebe, mit der du deinen Sohn geliebt hast, auch in uns wohnen wird und dass auch wir in seiner Herrlichkeit leben können.

Donnerstag nach Cantate

Warum sollen die Heiden sagen: Wo ist denn ihr Gott?

(Psalm 115,2)

Zum Lesen: Psalm 115,1-18

Wir sind mit Jesu Abschiedsreden beim Abendmahl fertig. Wenden wir uns nun dem »Lobgesang« zu, den er und seine Jünger sangen, bevor sie nach Gethsemane aufbrachen (Matthäus 26,30), und versuchen wir, in ihn einzustimmen und ihn zusammen mit Jesus zu beten. Wir lesen ja unsere Bibel, um Jesus näher zu kommen, und wir tun dies auf eine ganz besondere Weise, wenn wir die Gebete des Psalters beten. Wir wissen, dass sie unzählige Male über Jesu Lippen gingen. An jedem Sabbat, bei jeder Mahlzeit, an jedem Morgen und Abend betete er mit den Worten des Psalters. Und viele dieser Worte handeln von ihm; das gilt auch für die Psalmen, die er am Gründonnerstagabend betete und von denen wir gerade den ersten gelesen haben.

Dieser Psalm ist ein Stück Gebetsunterricht. Meistens nehmen die Menschen das mit dem Beten ja zu feierlich. Sie haben den Eindruck, dass man sich Gott ehrerbietig nähern muss. Dieser Eindruck ist richtig, aber dann ziehen sie die ganz und gar falsche Schlussfolgerung, dass man zu Gott nur in feierlichen Formulierungen und über »hohe« und »heilige« Dinge reden darf, und versuchen, so zu beten, wie sie es im Gottesdienst in der Kirche hören. Nun haben die gleichsam öffentlichen Gottesdienstgebete durchaus ihren Platz. Sie benutzen eine Sprache des Altars, die ihren eigenen, sakralen Stil hat, der dort, im Gottesdienst, der richtige ist. Er ist wohlformuliert und so allgemein gefasst, dass jeder, der die Gebete hört oder mitspricht, seine eigenen Anliegen in sie hineinlegen kann. Aber das private Gebet im stillen Kämmerlein ist etwas anderes. Dort dürfen wir die ganz normale Alltagssprache benutzen. Und vor allem: Wir dürfen und sollen alles und jedes vor Gott bringen, was uns gerade Kummer macht oder für das wir dankbar sind. Wir können über alles mit ihm reden, selbst über das, was uns in Gegenwart anderer Menschen peinlich wäre.

Wir können hier viel von den Psalmen lernen. In ihnen reden die Beter ganz unverblümt über ihre Zweifel. Sie sagen Gott frei heraus, dass sie ihn nicht verstehen können. Und gerade durch diese Offenheit werden sie in sein Herz hineingeführt und beginnen, die Dinge so zu sehen, wie sie im Licht seines Angesichtes aussehen.

Viele heutige Beter halten es für unanständig, den Gedanken, dass es Gott nicht geben könnte, auch nur zu erwähnen. Der Beter unseres Psalms spricht ganz offen über ihn, und so ist das oft in den Psalmen. Die Frommen klagen Gott ihre Not. Die Heiden und Feinde jubeln und behaupten, dass der Herr, der alles regiert und tun kann, was er will, eine Illusion sei, und es sieht ganz so aus, als ob sie Recht haben. Und darüber redet Gottes bekümmerter Diener jetzt mit Gott selber. Wir sollten von ihm lernen.

Mein lieber himmlischer Vater, du weißt, dass ich zittere und zweifle, wenn ich vor dich treten will. Wie kann ich das überhaupt wagen? Du kennst mich doch total, und ich ahne etwas von dem unendlichen Abgrund, der zwischen deiner Heiligkeit und mir kleinem Menschen klafft. Alles, was du mir geschenkt hast, ist in meinen Händen so schmutzig und zerschlissen geworden, dass ich mich schäme, es dir zu zeigen. Und doch lässt du mich zu dir kommen. Um Jesu willen darf ich als dein Kind vor dich treten. Obwohl du alles über mich weißt, lässt du mich zu dir kommen – mit all dem, was mir so peinlich ist, all dem, das weh tut, all dem, von dem ich weiß, dass es keinen Platz bei dir hat. Ich lege es einfach alles vor dich hin und bitte dich um dein Erbarmen. Du hast deine Versöhnung wie einen Schutzschild der Gnade über mein ganzes elendes Leben gebreitet. Preis sei dir für deine unergründliche und unausschöpfliche Barmherzigkeit. In Jesu Namen. Amen.

Freitag nach Cantate

Ich will des HERRN Namen anrufen.

(Psalm 116,17)

Zum Lesen: Psalm 116,1-19

Wenn man einen Psalm wie den 116. betet und dabei daran denkt, wie Jesus ihn unmittelbar vor seinem Leiden betete, spürt man, wie man beim Beten gleichsam in sein Leiden und seinen Sieg hineingenommen wird. Man hört nicht nur seine Worte, man sieht in sein Herz hinein, ahnt etwas von der Todesangst, die ihn packte, spürt, wie auch er zu seinem Vater rufen musste: »Ach, HERR, errette mich!« Man ahnt etwas davon, wie auch sein Glaube angefochten war, wie er für uns kämpfte und den Sieg errang. Und wie wir hineingenommen werden in seinen Sieg. Wir dürfen mit seinen eigenen Worten fragen: »Wie soll ich dem HERRN vergelten all seine Wohltat, die er an mir tut?« Und die Antwort ist dieselbe: »Ich will den Kelch des Heils nehmen und des HERRN Namen anrufen.« Ich kann, ich darf und ich will mit allem zu Gott kommen. Auch zum Abendmahl, um aus dem Kelch des Heils zu trinken.

Das ist gemeint damit, dass man in Jesu Namen betet und seine Gebete mit einem getrosten »um Jesu willen« beschließt. Weil Jesus alles gesühnt hat, können wir auch unsere so armseligen Gebete als Opfergabe vor Gott bringen. Wir können mit ihm auch über das reden, von dem wir nicht wissen, ob es recht oder unrecht ist. Die Sünde reicht ja bis in unsere Gebete hinein. Sie sind nicht so hingegeben, nicht so selbstlos, nicht so voll von der Liebe zu Gott und den Menschen, wie sie es sein sollten. Und doch dürfen wir es wagen, zu beten. Christi Versöhnung und grenzenlose Barmherzigkeit hüllen unser ganzes Leben ein – auch unsere Gebete. Wir dürfen wie Kinder beten, vielleicht ganz unüberlegt und unreif und mit Sicherheit immer unvollkommen, und dürfen uns geborgen wissen in der Liebe und Barmherzigkeit des Vaters.

Das ist ein köstlich Ding, dem Herrn danken und lobsingen deinem Namen, du Höchster, des Morgens deine Gnade und des Nachts deine Wahrheit verkündigen. Denn, HERR, du lässest mich fröhlich singen von deinen Werken, und ich rühme die Taten deiner Hände. HERR, wie sind deine Werke so groß! Deine Gedanken sind sehr tief. Ein Törichter glaubt das nicht, und ein Narr begreift das nicht. Aber du, HERR, bist der Höchste und bleibest ewiglich. Von Anbeginn steht dein Thron fest; du bist ewig. HERR, wie lange sollen die Gottlosen prahlen? Es reden so trotzig daher, es rühmen sich alle Übeltäter. HERR, sie zerschlagen dein Volk und plagen dein Erbe. Sie sagen: »Der HERR sieht's nicht, und der Gott Jakobs beachtet's nicht.« Wohl dem, den du, HERR, in Zucht nimmst und lehrst ihn durch dein Gesetz. Denn der HERR wird sein Volk nicht verstoßen noch sein Erbe verlassen. Wenn der HERR mir nicht hülfe, läge ich bald am Orte des Schweigens. Wenn ich sprach: Mein Fuß ist gestrauchelt, so hielt mich, HERR, deine Gnade. Aber der HERR ist mein Schutz, mein Gott ist der Hort meiner Zuversicht. Amen. (Aus Psalm 92-94)

Samstag nach Cantate

Alle Heiden umgeben mich; aber im Namen des HERRN will ich sie abwehren.

(Psalm 118,10)

Zum Lesen: Psalm 118,1-18

Wenn wir gemeinsam mit Jesus einen Psalm wie diesen beten, bekommen wir Antwort auf eine Frage, die viele umtreibt. An etlichen Stellen im Psalter bittet der Beter Gott, die Feinde Israels zu bestrafen und zu vernichten. Ursprünglich war das ganz buchstäblich gemeint. Israel war von Untergang und Ausrottung bedroht, es stand im Krieg mit Gegnern, von denen man wusste, dass sie selbst den Namen des Landes von der Landkarte ausradieren wollten (vgl. Psalm 83,5) – und damit den Glauben an Gott. Wer mit dem Rücken zur Wand kämpft, und das nicht für sich selber, sondern um das Volk zu retten, das allein den einen wahren Gott kennt, der kann Gott um den Sieg bitten, ohne dadurch Gottes Namen für seine eigenen Machtgelüste zu missbrauchen, wie dies so oft in der Geschichte der Menschheit und der Kriege geschehen ist.

Aber nun beten wir diese Psalmen zusammen mit Jesus, und er meinte mit den Worten etwas anderes. Er wollte ja seine menschlichen Gegner nicht vernichten, ja er wollte sie retten und starb für sie. Aber auch er hatte Feinde, bei denen der Kampf um Leben und Tod ging. Es war der Krieg um unsere Seelen, um das ewige

Heil oder den ewigen Tod für uns alle. Auch Jesus konnte sagen, dass seine Feinde ihn umringten und ihn zu Fall bringen wollten. Diese Feinde waren die Mächte des Bösen. Auch Jesus konnte sagen: »Im Namen des HERRN will ich sie abwehren.« Und so geht es auch uns, wenn wir heute diese Gebete nachsprechen. Die alten äußeren Feinde Israels – Babel, Assur, Ägypten, die Philister und Baalsanbeter – sind im Neuen Testament Symbole für die bösen Geistesmächte, die gegen Christus und seine Gemeinde kämpfen. Wir beten um Sieg über sie. Wir wünschen uns von ganzem Herzen, dass sie verlieren, auch in unserem eigenen Leben.

Wenn wir davon reden, dass wir mit Jesus beten, meinen wir damit nicht nur, dass wir wie seine Jünger beten, die um ihren Meister geschart sind. Es liegt noch etwas Größeres und Tieferes in diesem Beten mit Jesus. Wir sind ja Glieder an seinem Leib. Wir sind, wie Paulus das sagt, mit ihm zusammengewachsen. Das Blut seines Herzens strömt durch uns, seine Liebe lebt in allen, die ihm gehorchen. Er ist bei uns, ja *in* uns – das hat er selber und das haben seine Apostel gesagt. Wir dürfen teilhaben an seinem Leben. Wir dürfen so mit ihm leben, dass wir auch seine Gebete teilen. Er betet mit uns und für uns. Wir beten in seinem Namen, und unsere Gebete sind eingeschlossen in seiner Barmherzigkeit, in dem neuen Leben, das er jetzt lebt, in ihm selber.

Mein Herr Jesus, dafür will ich dir danken, und doch zögere ich fast. Die Worte klingen so dünn und arm.

Dies ist so viel mehr, als ich dir danken kann: dass du hier bei uns bist, dass wir bei dir sein dürfen, obwohl wir es im Leben nicht verdient haben, dass wir Anteil haben an deinem Leben und an deinen Worten und zusammen mit dir vor Gott treten dürfen, getragen von deinen Gebeten! Wir danken dir für deine Gegenwart unter uns, für dieses Geheimnisvolle und Selige, dass du bei uns bist und dass wir in dir sein dürfen. Amen.

Sonntag Rogate

An jenem Tage werdet ihr bitten in meinem Namen.

(Johannes 16,26)

Zum Lesen: Johannes 16,23-33

Was bedeutet es, »in Jesu Namen« zu beten?

Der Ausdruck »in Jesus« kommt in der Bibel oft vor. Wir sollen nicht nur in Jesu Namen beten; Paulus sagt, dass wir *alles,* was wir tun, im Namen Jesu tun sollen (Kolosser 3,17); unser ganzes Leben soll ein Leben »in Jesus« sein.

Dies ist ein Schlüsselwort im Christenleben, aber bisher haben wir es kaum erwähnt – absichtlich, denn man kann kaum verstehen, was es bedeutet, bevor man nicht verstanden hat, was Jesus für uns getan hat und was es heißt, ihm zu gehören. Die beste Erklärung dieses Ausdrucks »in Jesu Namen« lautet nämlich: »im Glauben an Jesus«, aber dazu muss man erst einmal wissen, was Glaube an Jesus bedeutet. Wir haben inzwischen gesehen, dass es hier um mehr geht als um ein Wissen über Jesus; es geht um ein neues Leben, eine Lebensgemeinschaft mit Jesus.

Man kann versuchen, Gott bzw. Christus gedanklich zu erfassen, aber damit bezieht man einen Punkt außerhalb von ihnen, macht sie zu einem Gegenstand seines Denkens, den man diskutieren und besprechen kann. Gott wird zu einem mehr oder weniger gelehrten Thema. Auf diesem Wege kommt man nie zu Gott. Gott kann man nicht von außen analysieren. Gott ist in Christus zu uns gekommen. Er hat das, was die Gemeinschaft mit ihm unmöglich machte – unsere Schuld – überwunden, und jetzt kann er in unser Herz hineinkommen und in uns leben. Er umgibt uns von allen Seiten, er durchdringt unser ganzes Wesen. Er ist da als eine geheimnisvolle Gegenwart, als erbarmende Liebe, die uns durchströmt und durchleuchtet, so dass wir ganz »durchliebt« werden, wie jemand das ausgedrückt hat. Das ist Glaube. Luther sagt, dass der Glaube eine Wolke ist, in welcher Christus wohnt. Und diese Wolke senkt sich über uns, umschließt uns und füllt unser Herz.

Und dann lernen wir auch ganz neu, zu beten – in kindlichem Vertrauen, mit dem tiefen Wunsch, dass Gottes Wille geschehen möge, zufrieden mit dem, was Gott uns geben wird, und felsenfest überzeugt, dass er uns hört und unsere Gebete erhört. Das ist Beten in Jesu Namen.

Lieber himmlischer Vater, ich preise dich, dass ich mich dein Kind nennen darf. Gelobt sei dein Name, dass ich als dein Kind zu dir kommen kann, ich, der ich es nicht verdient habe, meine Augen zu dir zu erheben, geschweige denn, zu dir zu reden wie ein Kind zu seinem Vater. Ich danke dir für deine große Barmherzigkeit – dafür, dass du in diese Welt kommen und mitten unter uns, die den Tod in ihrem Herzen tragen, leben wolltest. Nun bist du hier, Herr, und wir dürfen bei dir sein. Töte du alles in uns ab, das deine Nähe nicht erträgt, alles, was dich daran hindern will, uns so ganz zu durchdringen, dass die Menschen, die uns sehen, ahnen, dass es möglich ist, dir zu begegnen und in deiner Liebe zu leben. Wir bitten dich dies in Jesu Namen, weil du der Vater unseres Herrn Jesus Christus und in ihm selber zu uns gekommen bist. Amen.

Montag nach Rogate

Herr, lehre uns beten.

(Lukas 11,1)

Zum Lesen: Lukas 11,1-13

Beten ist eine Kunst, die man lernen muss. Das kann seine Zeit brauchen, und wir sollten nicht aufhören mit diesem Lernen, bloß weil es ein paar Mal nicht geklappt hat. Man hört ja auch nicht auf, eine Sprache zu erlernen, bloß weil sie einem anfangs schwer vorkommt. Und Beten lernen, das ist so ähnlich wie eine neue Sprache lernen – die Sprache des Herzens, das mit Gott redet.

Jesu Jünger spürten, was für schlechte Beter sie waren. Sie hatten gesehen, wie Jesus betete. Lukas berichtet, dass er sich zum Beten zurückgezogen hatte. Er betete oft und lange, manchmal die ganze Nacht, und als er wieder einmal fertig mit Beten war, wagten die Jünger ihre Bitte: »Herr, lehre uns beten.«

Was für einen Rat gab Jesus ihnen?

Als Erstes lehrte er sie das Vaterunser, also ein kurzes vorformuliertes Gebet. Jawohl, wir dürfen mit den Worten anderer beten, wir müssen nicht immer unsere eigenen finden. Manchmal sind wir einfach zu müde dazu, manchmal gehen uns die Worte auch aus; dann dürfen wir mit den Worten anderer beten. Wir haben bereits gesehen, dass Jesus den Psalter betete und dass wir ihn zusammen mit ihm beten dürfen. Aber wir dürfen auch von Jesus lernen, dass wir mit Gott wie mit einem Vater reden können, mit unseren eigenen Worten, die ganz einfach und alltäglich sein dürfen.

Der zweite Rat, den Jesus seinen Jüngern gab, lautete, dass sie beim Beten hartnäckig sein und nicht aufgeben sollten. Wir sollen so sein wie dieser Mann, der mitten in der Nacht Brot braucht und an die Tür seines Nachbarn klopft. Gott ist nicht so wie dieser Nachbar; er macht sich gerne Umstände für uns. Aber irgendwo gehört es zu seiner väterlichen Art, dass er seine Kinder so erzieht, dass sie auch einmal warten können. Vielleicht liegt der Sinn dieses Wartens darin, dass wir gezwungen werden, über unsere Gebete nachzudenken, sie in der Wiederholung gleichsam wiederzukäuen und zu prüfen, ob wir das, worum wir Gott da bitten, wirklich von Herzen wollen – denn nur dann haben wir Gottes Verheißung, dass er uns erhören wird.

Es kann sein, dass Gott uns nicht das gibt, um was wir ihn gebeten haben, aber immer ist es eine gute Gabe. Jesus hat ja nicht gesagt, dass Gott uns alles gibt, was uns in den Sinn kommt, sondern dass er denen, die ihn bitten, *den Heiligen Geist* gibt. Wenn wir ausdauernd beten und mit allem zu Gott kommen, schenkt er uns den Heiligen Geist, und dieser Geist beginnt in uns zu arbeiten und uns zu verändern. Vielleicht hören wir dann auf, um etwas zu bitten, weil wir gemerkt haben, dass es nicht nach Gottes Willen ist. Oder wir entdecken, dass wir schon etwas viel Besseres bekommen haben. Oder wir lernen während unseres

Betens eine neue Art, mit dem umzugehen, was uns da bekümmert. Oder Gott hilft uns auf eine andere Weise – aber helfen tut er immer.

Lieber Herr, lehre uns beten. Gib uns solch eine Sehnsucht nach dir, dass unser Herz immer betet, auch wenn wir es nicht mit Worten tun. Lass uns so im Gebet leben, dass wir stets merken, wie dein Auge auf uns ruht, und jederzeit unseren Blick zu dir erheben können, voller Freude darüber, dass du da bist. Aber gib uns auch die Worte, um über alles mit dir zu reden, und den Willen, das in allen Lebenslagen zu tun. Du kennst ja unsere Trägheit, du weißt, wie leicht wir unseren Blick und unser Herz in eine andere Richtung lenken. Wenn wir das tun, dann zeige du uns, dass du auch dort bist, wo wir meinen, wir wären meilenweit weg von dir. Lass uns uns darüber freuen und es natürlich und gut finden, dass du bei uns bist, dass wir von dir umgeben sind und über alles mit dir reden können, auch dann, wenn wir nicht unsere Hände falten und unsere Gedanken in Worte verwandeln können. Amen.

Dienstag nach Rogate

Bete zu deinem Vater, der im Verborgenen ist.
(Matthäus 6,6)

Zum Lesen: Matthäus 6, 5-15

Auch in dem heutigen Bibeltext gibt Jesus uns Unterricht im Beten. Er sagt, dass wir nicht beten sollen, um von den Leuten gesehen zu werden. Das bedeutet natürlich nicht, dass wir niemals in Gegenwart anderer Menschen beten dürfen, zum Beispiel in der Kirche. Jesus selbst hat oft in den Synagogen oder im Tempel und wenn er unter Menschen war, gebetet. Aber es bedeutet, dass wir das Gebet nicht dazu benutzen sollen, Punkte bei den Menschen zu sammeln. Diese Gefahr ist heute vielleicht nicht mehr so groß; viele haben eher Angst, beim Beten erwischt zu werden, und manche beten noch nicht einmal mehr im Gottesdienst. Solche Menschen sollten dann eher über Jesu Wort nachdenken, dass wir uns seiner vor den Menschen nicht schämen sollen.

Aber die Warnung ist also da: Wir sollen uns mit unseren Gebeten nicht hervortun. Beten ist nie ein Verdienst; es ist ein Vorrecht, etwas, das wir trotz allem tun *dürfen*. Wir dürfen überall und jederzeit beten. Aber manchmal müssen wir auch in unser »Kämmerlein« gehen, irgendwohin, wo wir mit Gott allein sind. Und wir brauchen feste Gebetszeiten. Wir alle wissen, wie wichtig regelmäßige Mahlzeiten sind und dass es ungesund ist, nur hin und wieder hastig ein paar Bissen zu sich zu nehmen. So ist das auch mit unserem Gebet.

Aber das Wesentliche ist, dass wir zu unserem Vater beten, »der im Verborgenen ist«. Beten heißt ja, in die unsichtbare Welt hineingehen. Wir leben in einer Wirklichkeit, die die Welt nicht sieht. Wir dürfen teilnehmen an dem großen Wunder: Gott ist gegenwärtig, wir begegnen ihm selber.

Eigentlich müssen wir da verstummen. Aber weil Jesus da ist, dürfen wir reden wie Kinder mit ihrem Vater. Wir brauchen nicht viele und schöne Worte zu machen. Die Heiden, sagt Jesus, meinen, sie werden erhört, wenn sie viele Worte machen. Und wir sind oft genauso und glauben, dass wir uns unsere Worte besonders schön zurechtlegen müssen, wenn wir mit Gott reden – und schon trauen wir uns oft kaum, zu beten, denn unsere so kindlichen, unbeholfenen Worte sind uns peinlich. Aber gerade sie sind die rechte Art, mit Gott zu reden. Ganz natürlich, echt, aufrichtig und in kindlichem Vertrauen. Kein Vater und keine Mutter schickt einen Zweijährigen, der etwas sagen will, aber sich nicht richtig ausdrücken kann, einfach fort. Und Gott ist unser Vater, ein Vater, der sich über seine Kinder erbarmt. Er versteht uns. Er weiß ja, was wir brauchen, noch ehe wir ihn darum bitten.

Auch in diesem Bibelabschnitt lehrt Jesus uns das Vaterunser, aber teilweise mit etwas anderen Worten als bei Lukas. Vielleicht will uns das lehren, dass es hier um eine Hilfestellung und Wegweisung geht und nicht um eine Formel, der man absolut folgen muss. Wir haben hier vor allem ein Beispiel dafür, um *was* wir beten sollen – nämlich zuallererst um Gott selber: dass sein Name uns heilig ist, dass sein Reich kommt und sein Wille geschieht.

Nach dir, HERR, verlanget mich. Mein Gott, ich hoffe auf dich; lass mich nicht zuschanden werden, dass meine Feinde nicht frohlocken über mich. Denn keiner wird zuschanden, der auf dich harret. HERR, zeige mir deine Wege und lehre mich deine Steige! Leite mich in deiner Wahrheit und lehre mich! Denn du bist der Gott, der mir hilft; täglich harre ich auf dich. Gedenke, HERR, an deine Barmherzigkeit und an deine Güte, die von Ewigkeit her gewesen sind. Gedenke nicht der Sünden meiner Jugend und meiner Übertretungen, gedenke aber meiner nach deiner Barmherzigkeit, HERR, um deiner Güte willen! (Aus Psalm 25)

Mittwoch nach Rogate

Christus, euer Leben ...

(Kolosser 3,4)

Zum Lesen: Kolosser 3,1-11

Morgen ist Christi Himmelfahrt. Wir stehen vor dem Abschluss des Teils des Lebens unseres Erlösers, der in Bethlehem begann, und an diesem Punkt können wir zurückschauen und Bilanz ziehen. Genau das ist es, was Paulus in unserem heutigen Text tut.

Christus ist gestorben und auferstanden. Mit ihm sind auch wir gestorben und auferstanden. Das ist die Bedeutung der Taufe und des Glaubens. Wir sind mit Christus vereint. Er hat unsere Schuld auf sich genommen, und wir haben Anteil bekommen an seinem Tod. Damit haben wir aber auch Anteil am neuen Leben der Auferstehung. Dieses Leben ist »verborgen mit Christus in Gott«. Es ist ja ein Stück von Christi eigenem Leben, und Christus ist der Welt jetzt verborgen. Aber dennoch ist er mitten unter uns und lebt in uns. Bei Gott, in seinem Reich, existiert dieses neue Leben schon jetzt in seiner ganzen überwältigenden, lebendigen und realen Herrlichkeit, und einmal, wenn die Welt von neuem geboren wird, wird es offenbar werden, und wir werden »auch offenbar werden mit ihm in Herrlichkeit«.

Wir haben also Teil an einem neuen Reich und einem neuen Leben, und diese Tatsache sollte unsere ganze irdische Existenz bestimmen. »So tötet nun die

Glieder, die auf Erden sind.« Gemeint sind nicht die Glieder unseres Körpers; sie sind von Gott geschaffen und gehören ihm. Aber in ihnen ist etwas, das Paulus das »Gesetz der Sünde, das in meinen Gliedern ist« nennt (Römer 7,23) und das eine der Folgen des Sündenfalls ist. Paulus zählt nun diese »Glieder« auf, und wir sehen sofort, dass es eben nicht um unsere Leiblichkeit geht, sondern um unseren bösen, selbstsüchtigen Willen. Früher bildeten wir uns vielleicht ein, dass all diese egoistischen Instinkte doch »ganz natürlich« seien. Wir lebten in ihnen, wie Paulus sagt. Das ist ja das große Motto der Welt: Jeder ist sich selbst der Nächste; man muss sich behaupten, man hat ja nur dieses eine Leben ...

Aber nun heißt es stattdessen, dass Christus unser Leben ist. In Christi Reich gilt die Regel: Christus ist alles und in allen. Nun lebe nicht mehr ich, sondern Christus lebt in mir (Galater 2,20).

Dies heißt nicht, dass mein alter Mensch weg ist. Im Gegenteil: Ich muss »die Glieder, die auf Erden sind« immer wieder abtöten, jeden Tag neu. Ich habe ja den alten Menschen »ausgezogen«. Früher war er die Alltagskleidung, in der ich ungeniert umherspazierte, ganz nach der Mode der Welt. Aber nun habe ich ein neues Gewand angezogen, das nach Christi Maß gefertigt ist, oder genauer gesagt: ich muss es jeden Tag neu anziehen, denn das alte Gewand liegt ja auch noch da, fertig zum Hineinschlüpfen. Aber sind wir mit Christus auferstanden, so werden wir auch mit ihm leben. Wir *sollen* es, und wir *dürfen* es.

Herr, ich würde es nicht wagen, das zu glauben, wenn du es nicht selber gesagt hättest. Ich würde nie versuchen, das zu tun, wenn du mich nicht gerufen hättest. Aber nun ist es also dein Wille und dein Werk, und du hast mir gezeigt, dass dir kein Ding unmöglich ist. Wo alles verloren erschien, hast du gesiegt. Du hast deine Kirche gebaut und dein Reich errichtet, wo kein Mensch das gekonnt hätte. Trotz aller unserer Fehler und Pannen hast du dein Werk weitergeführt. Und jetzt hast du auch in mein Leben eingegriffen und das getan, was nie und nimmer geschehen wäre, wenn ich es selber hätte tun müssen. Herr, ich danke dir für dieses große und unbegreifliche Wunder, dass du mein Leben sein willst und dass ich durch dich und mit dir leben darf. Hilf mir, auch immer für dich zu leben. Amen.

Christi Himmelfahrt

Er führte sie aber hinaus bis nach Betanien und hob die Hände auf und segnete sie. Und es geschah, als er sie segnete, schied er von ihnen und fuhr auf gen Himmel.

(Lukas 24,50-51)

Vierzig Tage lang hatte Jesus sich seinen Jüngern gezeigt und ihnen »durch den Heiligen Geist Weisung gegeben«. Mehrere Male war er dabei vor ihren Augen wieder verschwunden. Aber diesmal, in Betanien, verschwand er so, dass sie begriffen: Jetzt hatten sie ihn das letzte Mal gesehen. Er wurde »aufgehoben«, und »eine Wolke nahm ihn vor ihren Augen weg«. Das bedeutet natürlich nicht, dass Gottes Reich irgendwo über den Wolken ist; sondern als Gott den Himmel schuf, der sich über uns wölbt, gab er ihm etwas, das uns an die Schönheit und Majestät seines Reiches erinnert, an das Licht und die Klarheit »da oben«. Es ist ganz natürlich, dass wir nach oben schauen, wenn wir unsere Herzen zu Gott erheben. Gott ist ja »erhoben«, er thront »über« uns.

All dies sind Bilder, aber es sind Bilder, die die Wahrheit ausdrücken, Bilder, die Gott mit seiner eigenen Hand in seine Schöpfung hineingezeichnet hat. Und darum verabschiedete Christus sich auf eine solche Art von seinen Jüngern, dass sie alle begriffen, dass er jetzt zu seinem Vater im Himmel zurückkehrte. Es ist also kein bisschen naiv, wenn wir Christi Himmelfahrt feiern. Naiv wäre es, zu glauben, dass Gottes Reich sich irgendwo im Weltall der Astronomen befindet und dass man ihn doch zu Gesicht bekommen müsste, wenn man nur in ein Raumschiff steigen und weit genug fliegen würde.

Die Himmelfahrt ist ein Meilenstein in der Geschichte der Welt. Christus setzt sich zur Rechten seines Vaters und nimmt seine volle Göttlichkeit wieder in Besitz. Von nun an ist er der überall gegenwärtige Erlöser, der überall mit seinem Heilshandeln eingreifen kann. Er führt seine Gemeinde auf der Erde und hat seinen Jüngern Kraft gegeben, seine Zeugen zu sein, »in Jerusalem und in ganz Judäa und Samarien und bis an das Ende der Erde«. Was an diesem Tag auf dem Ölberg bei Betanien geschah, hat es möglich gemacht, dass wir heute Jesus Christus als unseren Erlöser kennen und ihn anbeten und ihm gehören können.

Ich bete dich an, mein Herr und himmlischer König, der du über uns allen thronst, der du in deinem Reich herrschst, den alle himmlischen Heerscharen preisen – und der sich zu uns herabneigt und unter uns umhergeht, um das Verlorene zu suchen. Ich danke dir für deine Macht und Herrlichkeit, die nur ein Stück von deiner großen Liebe ist, die du nicht für dich selber behältst, sondern mit verschwenderischer Güte austeilst, damit auch wir teilhaben an deiner Freude und an dem Glück, in der Gegenwart deines Vaters zu leben. Amen.

Freitag nach Christi Himmelfahrt

Diese alle waren stets beieinander einmütig im Gebet.
>
> (Apostelgeschichte 1,14)

Zum Lesen: Apostelgeschichte 1,12-26

Nach der Himmelfahrt kehrten die Apostel nach Jerusalem zurück, hielten sich still und beteten. Sie warteten auf etwas. Jesus hatte ihnen gesagt, dass sie bald mit dem Heiligen Geist getauft und mit »Kraft aus der Höhe« (Lukas 24,49) ausgerüstet würden. Dann würde das große Werk beginnen.

Sie warteten also still und betend auf den Heiligen Geist. Es waren die Tage, in denen wir jetzt leben, kurz vor Pfingsten, und auch wir sollten sie im Gebet und im Warten auf den Geist zubringen.

Die Apostel versammelten sich, wie sie es gewohnt waren, in einem »Obergemach«, sehr wahrscheinlich in dem gleichem Raum, wo Jesus das Abendmahl mit ihnen gefeiert hatte. Auch die anderen Jünger kamen dorthin. Da waren Maria und die treuen Frauen, die Jesus aus Galiläa gefolgt waren. Da waren auch Jesu Brüder, die einst nach Kapernaum kamen, um ihren so offensichtlich wahnsinnigen Bruder nach Hause zu holen, und die inzwischen zum Glauben an ihn gekommen waren. Wir wissen, dass Jesus sich Jakobus, dem nach ihm Ältesten, geoffenbart hatte. Wir wissen auch, dass dieser Jakobus später eine der Säulen der jungen Gemeinde wurde.

Nun bereiteten sie sich also vor auf das, was kommen würde. Zuerst durch das Gebet und zweitens dadurch, dass sie einen Apostel als Ersatz für Judas Iskariot wählten. Es mussten nämlich genau zwölf Apostel sein; es lag eine Botschaft in dieser Zahl. Israel hatte zwölf Stämme, und hier war der Kern des neuen Gottesvolkes, das sich um seinen Messias scharte.

Man schritt also zur Wahl. Wahlberechtigt waren nicht nur die Apostel, sondern die ganze Gemeinde. Man wusste, was Jesus wollte: Der neue Apostel musste jemand sein, der ein Zeuge seiner Taten und der Auferstehung war, und er musste ein Mann sein; so viel war klar. Ebenso klar war, dass es letztlich nicht Menschen waren, die hier die Wahl trafen, sondern Christus selber. Wir würden sagen, dass man »das Los entscheiden ließ«. Die Urgemeinde hätte dies verneint. Die Gemeinde Christi hatte zu ihrem Herrn gebetet und die Sache in seine Hand gelegt. Die Entscheidung traf er.

Herr Jesus, du lenkst die, die von Herzen an dich glauben. Du führst deine Gemeinde, wenn wir dich nur lassen. Wir bitten dich: Schenke uns einen solchen Glauben, dass wir wie ein Lehmklumpen in deiner Hand werden, den du so formen kannst, wie du es willst. Und sende auch uns deinen Geist. Lass ihn auf deine Kirche kommen, auch heute. Mache unsere Herzen bereit, mache uns gehorsam und klein, demütig und offen und erfüllt von einer einzigen großen Sehnsucht: dass dein Wille geschehe und deine Liebe Gestalt gewinnt in unserem Leben. Rüste uns aus mit Kraft aus der Höhe. Um deines Namens willen. Amen.

Samstag nach Christi Himmelfahrt

Geistlich gesinnt sein ist Leben und Friede.
(Römer 8,6)

Zum Lesen: Römer 8,1-11

Wenn man diese elf Verse aus dem Römerbrief liest, merkt man sofort, dass es hier um das geht, was, wie wir inzwischen gesehen haben, das Herz des Christenlebens ist: dass wir »in Christus Jesus« sind und dass Christus in uns ist. Aber man sieht auch, dass dieser Kernpunkt des Glaubens gleichzeitig als ein Leben im Geist und durch den Geist beschrieben wird. Nicht weniger als neunmal wird in diesen elf Versen der Geist genannt.

Als Erstes erfahren wir, dass die Erlösung darin besteht, dass wir »in Christus Jesus« sind. Früher lebten wir unter dem Gesetz der Sünde und des Todes. Paulus hat im 7. Kapitel des Römerbriefes eine klassische Beschreibung dieses Gesetzes gegeben. Es wohnt in unseren Gliedern, es beherrscht unseren ganzen alten Menschen – das, was in älteren Bibelübersetzungen unser »Fleisch« genannt wird. Es kann und will Gottes Gesetz nicht gehorchen. Es ist diese »fleischliche Gesinnung«, die dafür verantwortlich ist, dass niemand durch das Gesetz – also durch den Vorsatz, sich zu bessern und ein neuer Mensch zu werden – zu Gott kommen kann. Das Gesetz ist nämlich »durch das Fleisch geschwächt«; es ist unfähig, unseren alten Menschen neu zu machen. Wir sind und bleiben Sünder.

Aber was das Gesetz nicht konnte, das hat Gott getan, indem er Christus zu uns sandte. Christus hat unsere Schuld und unser Verdammungsurteil auf sich genommen. Gott »verdammte die Sünde im Fleisch«, und in diesem Augenblick machte Christus uns »frei von dem Gesetz der Sünde und des Todes«, frei von dem Urteil über uns. Anstelle des Gesetzes der Sünde und des Todes gilt jetzt »das Gesetz des Geistes, der lebendig macht«. Dies ist das neue Gesetz, unter dem Christen leben.

Paulus gibt uns nun eine konzentrierte Zusammenfassung davon, was dieses Gesetz des Geistes bedeutet. Wir lassen unser Leben und Denken vom Geist bestimmen. Wir haben seine Gesinnung. Er wohnt in uns. Wir müssen zwar immer noch sterben, denn in unserem Leib wohnt nach wie vor der alte Mensch, der Gottes Reich nicht erben kann. Aber gleichzeitig wohnt dort jetzt der Geist mit seinem neuen Leben. Wer dieses Leben hat, wird einmal so auferstehen, wie Christus auferstanden ist. Gott wird unsere sterblichen Leiber lebendig machen durch seinen Geist, der in uns wohnt.

Herr Jesus, sende uns deinen Geist. Lass uns das Sausen seiner Flügel hören. Lass ihn sein Werk unter uns ausführen. Niemand von uns kann das fassen und ermessen. Es ist ja etwas ganz Neues, das es nicht gibt auf dieser Erde, eine Gabe, die du vom Himmel schenkst. Gib uns diese Gabe. Nur die Wirklichkeit selber kann uns zeigen, was dein Geist ist. Aber du hast uns diese

Gabe verheißen, und darum bitten wir dich um sie, voll Vertrauen auf deine Verheißungen und deine Macht. Erhöre uns, um deines Namens willen. Amen.

Sonntag Exaudi

Wer will uns scheiden von der Liebe Christi?
(Römer 8,35)

Zum Lesen: Römer 8,31-39

Am Beginn dieses Kapitels – wir lasen ihn gestern – hat Paulus von dem neuen Leben im Geist gesprochen. Für den, der an Christus glaubt, gibt es keine Verurteilung mehr, alles ist eingeschlossen in die Vergebung. Und gleichzeitig ist Christus in allem bei uns. Wir leben im Geist und werden vom Geist »getrieben«. Wir haben zwar nach wie vor unser »Fleisch«, unsere alte Sündhaftigkeit, die gegen Gott steht, aber wir betrachten sie jetzt als einen Feind und kreuzigen sie gleichsam. Erst mit unserem leiblichen Tod werden wir sie endgültig los; wenn wir einst auferstehen, um Christus ähnlich zu sein, dann wird sie – endlich! – für immer weg sein.

Wir leben also weiter in einer Welt, die nach wie vor vom Abfall von Gott geprägt ist. Das Böse ist in uns und um uns herum, und wenn Paulus von Trübsal, Angst, Verfolgung, Hunger, Blöße, Gefahr und Schwert spricht, so geht es um furchtbare, nur zu handgreifliche Realitäten. Paulus hatte sie alle selber durchgemacht – bis auf das Schwert, und das lernte er auch noch kennen, als er durch Enthaupten hingerichtet wurde. Und dennoch kann er in einen einzigen überschäumenden Lobgesang ausbrechen, eine Explosion der Freude und des Dankens. Er zeigt, was Gott alles mit uns und für uns verlorene Menschen getan hat. Und wenn Gott all dies getan, ja seinen einzigen Sohn nicht verschont hat, sondern für uns alle dahingegeben hat, dann wird er auch alles andere tun, was noch nötig ist, damit wir, die wir diese Gabe annehmen wollen, sie nicht verpassen. Gott will ja *uns* nicht verpassen!

So unglaublich das scheinen mag, aber so ist es. Gott hat uns geliebt, uns gerufen, uns gerecht gemacht – und nun wird er uns auch verherrlichen. Er hat uns ja dazu bestimmt, die Abbilder seines Sohnes zu werden, und diesen Plan wird er ausführen, und nichts wird ihn daran hindern. Das große Generalhindernis, das so unüberwindlich erschien, ist ja ausgeräumt: Unsere Schuld ist bezahlt, unsere Sünde gesühnt. Niemand kann Gottes Auserwählte mehr anklagen, wenn er selber sie gerecht gemacht hat.

Herr, ich preise dich, dass dies das große Fundament ist – deine Vatergüte, deine grenzenlose Liebe, die Christus für mich sterben und auferstehen ließ. Du hast das alles getan, und du schenkst es mir umsonst. Ich weiß, dass nur meine eigene Dummheit, meine Blindheit und mein Egoismus mich daran hindern können, diese Gabe anzunehmen. Aber nun will ich sie annehmen, Herr. Ich habe deine Liebe gesehen, du hast mein Herz angerührt und mich zu dir gezogen. Du, der du mich erkannt hast, hast mich in dein Vaterherz hineinsehen lassen, um dich zu erkennen, und jetzt bist du meines Herzens Trost und mein Teil, auf ewig, und ich lasse dich nicht mehr los. Gepriesen sei dein Name, in Ewigkeit. Amen.

Montag nach Exaudi

Der Geist selbst gibt Zeugnis unserm Geist, dass wir Gottes Kinder sind.

(Römer 8,16)

Zum Lesen: Römer 8,12-17

Der Heilige Geist ist der Geist der Kindschaft. Dieser Ausdruck sagt besser als alles andere, warum der Geist zu uns in die Welt gesandt ist und was sein Werk ist. Der Geist wird auch »Helfer«, »Tröster« oder »Fürsprecher« genannt, und dieser Trost und diese Hilfe bestehen genau darin, dass er uns zeigt, dass wir mit und durch Christus Gottes Kinder werden können. Darum zeugt er von Christus und nicht von sich selber. Er malt uns Christi Bild vor Augen, er hilft uns, zu verstehen, dass Jesus für uns, ja für mich gestorben ist. Er schafft den Glauben in unseren Herzen und lässt uns wiedergeboren werden.

All dies ist etwas, was man nicht immer sofort merkt. Was wir spüren und erleben, ist oft eher eine große Hilflosigkeit. Aber mitten in dieser Hilflosigkeit wächst ein felsenfestes Vertrauen auf Christus heran, ein Vertrauen wie bei dem Schächer am Kreuz. Ich weiß, dass ich es nicht verdient habe, und doch muss ich einfach hoffen und glauben, dass Christus sich meiner erbarmt.

Wenn der Geist dieses Werk in uns ausgeführt hat, gibt er uns auch früher oder später etwas, das man

Heilsgewissheit nennt. Er bezeugt unserem Geist, dass wir Gottes Kinder sind. Eine tiefe Geborgenheit erfüllt uns, eine grenzenlose Dankbarkeit, eine herrliche Gewissheit, dass nichts uns von Gottes Liebe trennen kann, weil Christus bei uns ist und sich über uns erbarmt hat. Wir können auf eine ganz neue, kindlich gewisse Art sagen: Abba! Lieber Vater!

Manche Zeitgenossen scheinen es für selbstverständlich zu halten, dass »wir alle Gottes Kinder sind«. Sie ahnen nichts davon, wie viel uns von Gott trennt. Aber wenn der Geist uns unsere ganze Sündhaftigkeit bewusst gemacht hat, geschieht es manchmal, dass wir ins andere Extrem fallen und unser eigenes Gewissen – also die Stimme des Gesetzes in unserem Herzen – ein so hartes Urteil über all unsere Ichsucht und Unreinheit ausspricht, dass wir nicht zu glauben wagen, dass wir Gottes Kinder sein dürfen. Hier kann nur der Heilige Geist uns die Wahrheit zeigen – die herrliche Wahrheit, dass Christus ja gerade für solche Sünder wie uns gestorben ist und dass auch wir Gottes geliebte Kinder werden können. Diese Gewissheit kann uns nur der schenken, der der Geist der Kindschaft ist.

O du heiliger Geist Gottes, du unser Helfer auf dem Weg zum Vater, unser Lehrer, Ermahner und Tröster: Rede so zu uns, dass wir begreifen, dass du es bist, der spricht. Mache uns die Botschaft von Gott so lebendig, dass wir sie mit Zittern und Freude entgegennehmen, so wie man Gott selber annimmt. Lass dein Licht in die finstersten Ecken unseres Herzens scheinen und alles aufdecken, was gegen dich steht. Zeige uns unseren Herrn Christus so, wie er ist. Gib uns deine Gesinnung, lehre uns, deinen Willen zu lieben, führe uns in deine Wahrheit. Und wenn du siehst, dass wir Gottes Kinder sind, dann gib unserem Geist Zeugnis davon, so dass auch wir es sehen. Komm, Heiliger Geist! Um Jesu willen. Amen.

Dienstag nach Exaudi

… die wir den Geist als Erstlingsgabe haben.
(Römer 8,23)

Zum Lesen: Römer 8,18-30

Wir leben in einer gefallenen Welt. Der Widersacher Gottes ist in Gottes Schöpfung eingebrochen und hat sich in ihr festgesetzt. Seitdem ist die Schöpfung der Vergänglichkeit unterworfen und geprägt von Leid, Grausamkeit, Untergang und Auflösung.

Aber mitten in dieser vom Tod gezeichneten Welt ist der Anfang zu einer neuen Welt, in der nichts mehr zerstört, zerbrochen und vernichtet werden wird. Und der Anfang, der »Erstling« dieser neuen Welt ist Christus; er schenkt ihr Leben und ihre Unvergänglichkeit jedem, der durch den Glauben zu ihm kommt und ihm gehört. Und als Erstlingsgabe gibt er uns den Heiligen Geist.

Mit »Erstling« und »Erstlingsgabe« meinten die Juden ursprünglich die allerersten Früchte der Ernte, die man Gott als Erntedankopfer darbrachte. Sie waren nicht viele, diese ersten Früchte, aber sie waren der Anfang, der zeigte, dass die neue Ernte begonnen hatte. Sie waren ein Zeichen, ein Unterpfand, eine Garantie für etwas, das folgen würde.

Ganz ähnlich verhält es sich mit dem Heiligen Geist, den wir bekommen haben. Gottes Geist, der unsere Augen für Christus geöffnet und uns in Verbindung mit ihm gebracht hat, der uns von neuem geboren und uns Anteil am Auferstehungsleben gegeben hat, er ist in unserem Leben der Anfang von dem, was uns einst, am Tag der Auferstehung, ganz verwandeln und neu machen wird. Dieses neue Leben der Versöhnung ist vorerst noch verborgen. Wir sind auf Hoffnung erlöst, sagt Paulus, wir leben im Glauben und noch nicht im Schauen. Der Geist ist wirklich da, aber er weht, wo er will; niemand kann ihn einfangen und festhalten oder beweisen, dass er da ist. Er kann über uns verfügen, aber wir nicht über ihn. Wir können ihn nicht besitzen. Aber wir können uns ihm öffnen und ihn in uns wirken lassen.

Und wir können das Wirken des Geistes erleben und erfahren, wenn auch nur zum Teil. Wir möchten ja so gerne »vom Heiligen Geist erfüllt« sein. Wir wünschen uns, dass er unsere Gebete wortgewaltig, inspiriert, prophetisch und stark macht, frei von der Schwachheit, unter der wir so oft leiden. Aber der Geist hilft uns in unserer Schwachheit auf eine ganz andere Art, sagt Paulus. Es kann sehr wohl geschehen, dass wir keine Worte mehr finden und kaum wissen, worum wir beten sollen; dann tritt der Geist für uns ein, mit Seufzern, die wir nicht in Worte fassen können.

Was für ein Trost! Das neue Leben ist also etwas, das selbst dann in uns ist, wenn unser Verstand und unsere Gedanken zu schwach sind. Christi Gegenwart in uns ist nicht abhängig von unserer logischen Begabung, unserem Begreifen und rationalen Denken, sondern sie ist wie die Geborgenheit eines Kindes bei seiner Mutter. Christi Leben ist einfach da, es braucht keine Worte und Begriffe. Es ist eine Realität, keine Weltanschauung oder Idee.

Lieber Heiliger Geist, du willst also immer für mich eintreten, auch dann, wenn ich es selber nicht fertig bringe, zu beten. Du willst mich an die Hand nehmen, mich führen und leiten und mir Gottes väterliche Hilfe schenken, und das viel mehr, als ich mir auch nur vorstellen kann. So komm denn zu mir und bleibe bei mir und nimm mein ganzes Leben in deine Hand. Wirke du auch das in mir, was ich selber nicht verstehen oder fassen kann. Ich bitte dich um deine gütige Gegenwart und vertraue mich deiner weisen und barmherzigen Leitung an, du guter Geist Gottes, mein Helfer und mein Tröster. Amen.

Mittwoch nach Exaudi

Im Geist habt ihr angefangen, wollt ihr's denn
nun im Fleisch vollenden?

(Galater 3,3)

Zum Lesen: Galater 3,1-14

Für den Rest dieser Woche werden wir Kapitel aus dem Galaterbrief lesen, der uns so viel über den Heiligen Geist zu lehren hat. Wir merken, dass Paulus bekümmert ist. Zu Beginn des Briefes erwähnt er den Grund dafür. Die Galater haben sich einem anderen, falschen Evangelium zugewandt. Paulus erinnert sie daran, wie er selber zu dem wahren Evangelium geführt wurde, dem einzigen, das es gibt. Und nun versucht er ihnen zu zeigen, dass sie einen Holzweg eingeschlagen haben.

Was ist geschehen bei den Galatern?

Es hatte alles so gut begonnen. Die Galater hatten das Evangelium aufgenommen und waren zum Glauben gekommen. Sie hatten den Heiligen Geist bekommen. Man beachte, wie Paulus den Heiligen Geist als sicheres Indiz für einen lebendigen Glauben betrachtet. Im Römerbrief haben wir bereits das Gleiche gehört: Wer Christi Geist nicht hat, der ist nicht sein (Römer 8,9).

Aber nun sieht es ganz danach aus, als ob diese Christen, die im Geist Gottes begonnen hatten, im Fleisch enden werden. Nicht, dass sie in irgendwelche groben Laster gefallen wären; im Gegenteil, sie versuchen angestrengt, Gottes Gesetz zu halten. Es sind Wanderprediger zu ihnen gekommen, die ihnen eingeredet haben, dass sie sich beschneiden lassen müssen, wenn sie wirklich das Gesetz halten wollen. Das hat Eindruck gemacht bei ihnen, und jetzt wollen sie, wie Paulus das ausdrückt, »durch die Werke des Gesetzes« vor Gott gerecht dastehen.

Das ist also das Gegenteil zum Leben im Heiligen Geist. Es gibt eine Religion ohne den Geist, und diese Religion halten wir alle von Natur aus für die richtige, bis uns Gott mit seinem Geist die Augen öffnet. Wir wissen – nun ja, so ungefähr –, was Gott will, und ziehen den Schluss, dass wir dann, wenn wir dies tun, folglich Gottes Kinder werden und uns seine Liebe verdienen können. Mit anderen Worten: Wir glauben, dass wir durch »die Werke des Gesetzes« vor Gott gerecht werden.

Und genau dies ist grundfalsch. »Denn die aus den Werken des Gesetzes leben«, fährt Paulus fort, »die sind unter dem Fluch.« Will heißen: Wir schaffen es nie, Gottes Gesetz ganz einzuhalten. Soll dieses Gesetz gelten, dann muss es ohne alle Kompromisse gelten – und dann sieht es düster aus für uns.

Darum hat Gott uns einen anderen Weg geöffnet, durch den Glauben an Jesus Christus, der für unsere Sünden am Kreuz starb. Das bedeutet nicht, dass wir gerade so leben können, wie es uns passt. Glauben bedeutet ja, dass Christus mit seinem Geist zu uns kommt, und der Geist ist eine mächtige Kraft, die ständig im Kampf liegt mit dem Bösen in uns und uns immer wieder neu antreibt, Christus zu lieben und zu dienen. Dies ist die richtige – und die einzige! – Art, als Kind Gottes zu leben, das vom Heiligen Geist getrieben ist.

Und darum bitte ich dich, du guter Geist Gottes: Komm auch zu mir! Nimm Wohnung in mir und bleibe bei mir und halte mich fest bei meinem Erlöser, dass ich ihn nie mehr loslasse – nicht aus Gleichgültigkeit und Ungehorsam, aber auch nicht, weil ich mich auf etwas anderes als ihn verlasse, und wäre es mein Gehorsam und meine Liebe zu seinen Geboten. Lass mich nie vergessen, was das eine und einzige Fundament ist für mein Recht, Gottes Kind zu sein. Lass nichts anderes sich einschleichen und mein Vertrauen auf Jesus allein zur Seite schieben. Herr, ich will im Glauben hören und mein Herz öffnen. Komm hinein und tue dein Werk, in Jesu Namen. Amen.

Donnerstag nach Exaudi

… damit wir die Kindschaft empfingen.

(Galater 4,5)

Zum Lesen: Galater 4,1-11

Christus hat uns freigekauft. Ganz buchstäblich, so wie man einen Sklaven freikauft. Denn wir waren Sklaven, gefangen unter den Mächten dieser Welt. Paulus denkt hier an all die Mächte und Zwänge, die uns Menschen beherrschen, wenn wir ohne Gott sind. Wir leben unter der Fuchtel von Schicklichkeit und Ansehen, von Kontrollen und Prüfungen, von ökonomischen Sachzwängen und all den unberechenbaren Risiken, die schlechte Zeiten, unerwartete Krankheiten und der ständig drohende Tod mit sich bringen.

Aber es gibt eine noch schlimmere Versklavung, und das ist die Knechtschaft unter dem Gesetz, unter die der fällt, der Gott finden will, aber den falschen Weg eingeschlagen hat. Je ernster er es mit Gottes Gesetz nimmt, um so hoffnungsloser wird seine Lage. Wir werden ja nie fertig mit dem, was wir Gott schulden, wir bleiben immer im Minus.

Und von dieser Sklaverei hat Christus uns freigekauft und uns das Recht geschenkt, Gottes Kind zu sein. Und er hat uns seinen Geist gesandt, den Geist, der uns rufen lässt: »Abba, lieber Vater!« Paulus sagt, dass Gott uns »erkannt hat«. Dies ist ein Ausdruck, den die Bibel benutzt, um etwas zu beschreiben, für das es in unserer Alltagssprache eigentlich keine Worte gibt. Es ist die unsichtbare Verbindung des Herzens mit Gott. Es ist das große Geheimnis, dass Christus bei uns ist und dass wir eingeschlossen sind in seine Liebe und erfüllt von seinem Auferstehungsleben, so dass wir in Gott ruhen und schon jetzt Anteil haben an der Welt, die einmal kommen wird und in der Gott alles in allem sein wird.

Was Paulus nun erschüttert – so sehr, dass wir förmlich hören, wie seine Stimme zittert –, das ist, dass seine Galater dabei sind, zurückzugehen in die Knechtschaft unter dem Gesetz. Anstatt sich auf Christus zu verlassen, wollen sie den Weg des Gesetzes gehen, um zu Gott zu kommen. Sie scheinen dem so häufigen Fehler zum Opfer gefallen zu sein, dass die rechten Gottesmänner und -frauen doch wohl die sein müssen, die am strengsten sind, die die Hürden der Erlösung am höchsten machen, die meisten Bedingungen stellen und die größte Leistung verlangen. Und sie merken nicht, dass diese Gesetzesprediger ein ganz anderes Fundament legen als das, das Gott gelegt hat. Sie sehen auch nicht die Ich- und Herrschsucht dieser Superfrommen, die ihre Anhänger von den anderen Christen isolieren wollen, um eine eigene Partei zu haben, die sie anführen und beherrschen können.

Dagegen stellt Paulus nun die Wahrheit: Christus hat uns freigemacht und das Recht erkauft, uns Kinder Gottes zu nennen. Allein Christus ist das Fundament. Und in ihm sind wir alle eins.

Komm, Heiliger Geist, und lehre mich die rechte Freiheit, die nur du geben kannst. Mache mich frei von aller falschen Furcht vor den Mächten der Welt, vor den Meinungen der Menschen und davor, anders zu sein als die Welt, die dich nicht kennt. Mache mich frei von aller falschen Angst auch vor menschlichen Gebräuchen und Sitten in deiner Gemeinde. Mache mich frei von aller Angst vor den Drohungen des Gesetzes, wenn es mir sagt, dass ich nicht zu Gott kommen und sein Kind sein kann, bevor ich nicht alle Gebote gehalten habe. Lehre mich, immer zu meinem Erlöser zu kommen und immer wie ein Kind mit meinem Vater zu reden. Lieber Herr, lehre mich, dich über alles zu lieben – so sehr, dass deine Gebote mir leicht werden. Hilf mir, so dass dein guter Wille mir nicht etwas ist, das ich tun muss, *sondern etwas, das ich tun* darf, *weil ich Gottes Kind bin.*

Freitag nach Exaudi

Wenn wir im Geist leben, so lasst uns auch im Geist wandeln.

(Galater 5,25)

Zum Lesen: Galater 5,13-26

Hier haben wir ein neues Beispiel dafür, dass niemand Christ sein kann ohne den Heiligen Geist.

Christus hat uns freigemacht. Wir stehen nicht mehr unter dem Gesetz. Der Mensch, der unter dem Gesetz steht und an das Gesetz glaubt, fragt hier natürlich sofort: Kann man dann also tun und lassen, was man will, wenn man nur glaubt?

Die Antwort haben wir schon gehört: Genau das kann man eben *nicht*, wenn man an Christus glaubt. Dann hat man nämlich den Heiligen Geist bekommen, und dieser Geist ist eine Realität, eine Kraft, die in uns wirkt und uns lenkt.

Die Freiheit ohne den Geist führt ins Chaos. Sie ist missbrauchte Freiheit, die zum Vorwand für die Ichsucht wird, wie Paulus hier sagt. Das »Fleisch« (also unser alter Mensch) ist ja immer noch da. Aus der Auflistung der »Werke« des Fleisches, die Paulus hier gibt, ersehen wir, dass «Fleisch» nicht unsere Körperlichkeit meint, denn vieles von dem, was es tut, hat eindeutig mit unserer Seele bzw. Psyche zu tun: Streit, Neid, Jähzorn, Ichsucht, Prestigesucht, Intrigen, Gruppenegoismus. Wenn wir an Christus glauben, tobt in uns ein ständiger Krieg zwischen dem Geist und unserem alten Menschen. Der alte Mensch meldet sich mit seinen Wünschen und Vorschlägen zu Wort. Aber er herrscht nicht mehr. Er ist «gekreuzigt», sagt Paulus, und das bedeutet nicht nur, dass er gleichsam angenagelt ist, so dass er wohl noch schreien und protestieren, aber seine Wünsche nicht mehr ausführen kann. Das Wort »gekreuzigt« meint noch mehr. Es erinnert an Christi Kreuzigung. Unser alter Mensch mit all dem, was er tut, hat ja Christus ans Kreuz gebracht. Dort ist das Urteil über ihn ergangen, und dieses Urteil bejahe ich, wenn ich glaube. Ich weiß, was ich von meinem alten Menschen zu halten habe.

Es kann passieren, dass der alte Mensch sich in einem unbewachten Augenblick selbständig macht und uns überrumpelt. Erst wenn es schon geschehen ist, merken wir, was wir gemacht haben. Auch ein echter Christ braucht ständig neu die Vergebung. Aber solange wir glauben, herrscht der Geist in uns, und der alte Mensch wird ständig neu eingefangen und ans Kreuz gebracht. Letztlich kann er seinen Willen nicht durchsetzen. Der Geist wirkt in uns, und damit kommen auch die Früchte des Geistes. Der Saft steigt in die Reben des Weinstocks, und sie tragen reiche Frucht.

Das ist es, was man »das Leben im Geist« nennt. Und wer im Geist lebt, der steht nicht mehr unter dem Gesetz. Trotz der Sünde, die immer noch in uns ist, und trotz der vielen Fehltritte, die wir – aus Unwissenheit, Übereilung, Unvorsichtigkeit oder anderen Gründen – immer noch begehen, leben wir doch ständig in der Vergebung. Wir dürfen Gottes Kinder sein, ununterbrochen. Das ist die herrliche Freiheit, zu der Christus uns befreit hat.

Du lieber Heiliger Geist, ich danke dir, dass du selber den guten Kampf in mir kämpfst, gegen all das in mir, das nicht von Gott ist. Hilf mir, dass ich stets sehe, worum es geht in diesem Kampf, so dass ich immer von ganzem Herzen und Willen auf deiner Seite stehe. Hilf mir, meinen alten Menschen zu kreuzigen, auch wenn das manchmal weh tut. Lass mich die Freude und die Kraft und den Freimut spüren, die ins Herz kommen, wenn du deinen Geist wehen lässt. Und wenn ich nur meine Schwachheit spüre, dann fülle du auch sie mit deiner Gegenwart, so dass ich immer weiß, wem ich gehöre, und mich damit trösten kann, dass du für mich eintrittst und betest, auch dann, wenn ich selber nicht weiß, was ich beten soll. Komm, du lieber Heiliger Geist, um Jesu willen. Amen.

Samstag nach Exaudi

Wer aber auf den Geist sät, der wird von dem Geist das ewige Leben ernten.

(Galater 6,8)

Zum Lesen: Galater 6,1-18

Was der Mensch sät, das wird er ernten, sagt Paulus. Es gibt zwei verschiedene Arten des Säens, zwei verschiedene Äcker, die wir bebauen können. Sie entsprechen zwei ganz unterschiedlichen Grundeinstellungen zum Leben.

Die eine besteht darin, dass man »auf sein Fleisch sät«. Man kann das auf die offen gottlose Art tun. Da versucht man, in seinem kurzen Leben zu kriegen, was man kriegen kann, ob es nun um Sexualität, Geld, Essen und Trinken oder die Befriedigung unserer Macht- und Herrsch- und Geltungssucht geht. Aber es gibt auch eine hoch anständige, ja religiöse und »christliche« Art, auf sein Fleisch zu säen, und das ist eben dies, womit Paulus im Galaterbrief so ins Gericht geht: Man benutzt sein Christsein dazu, um etwas zu gelten und jemand zu sein, in den Augen der anderen wie vor sich selber. Und hier bietet sich das Gesetz als ein vortreffliches Werkzeug an. Da ist man strenger als die anderen, opfert und arbeitet mehr, gehört zu einer geistlichen Elite – und eben damit hat man Christus abgesetzt. »Ihr habt Christus verloren, die ihr durch das Gesetz gerecht werden wollt, und seid aus der Gnade gefallen« (Galater 5,4).

Die andere Art, zu leben, besteht darin, auf den Acker des Geistes zu säen. Das ist das Leben im Geist, und Paulus gibt uns eine ganze Reihe Beispiele dafür, was dies bedeutet. Merkt man, dass ein anderer sich versündigt, dann reagiert man nicht mit selbstgerechter Empörung, hält sich nicht für etwas Besseres, will nicht strafen, sondern helfen, und dies »mit sanftmütigem Geist«. Man weiß ja nur zu gut, wie leicht man selber in Versuchung gerät. Es hätte einem genau das Gleiche passieren können wie diesem anderen Menschen, wenn man nicht völlig unverdient zu Christus geführt worden wäre. Und so tragen wir einander unsere Lasten, versuchen zu lindern und zu helfen, wohl wissend, dass die Menschen eher Erbarmen als strenge Zurechtweisung brauchen. Wir wissen, dass jeder seine eigene Last zu tragen hat. Die Last, die ich habe, darf ich auf den Herrn werfen, der sie am Kreuz getragen und alle meine Schuld weggenommen hat. Und was noch übrig ist, das will ich geduldig tragen, um seinetwillen. Im Geist können wir Gutes tun, ohne müde zu werden. Denn das ist ja das Allerschwierigste: nicht aufzugeben, nicht den Mut und die Geduld zu verlieren, wenn ich »Gutes tue an jedermann« und nur Undankbarkeit zu ernten scheine.

Lieber Heiliger Geist, ich bitte dich an diesem Tag vor Pfingsten: Komm zu uns. Komm zu unserer Kirche und zu unseren Gemeinden. Komm zu allen, die morgen die Botschaft von dir predigen sollen. Komm überall hin, wo Christen sich versammeln, um auf dich zu hören und deine Gegenwart zu spüren. Komm auch zu mir. Allmählich begreife ich es, wie sehr ich dich brauche. Lass mein ganzes Leben von dir geleitet und beherrscht und erfüllt sein. Komm, Heiliger Geist, mit all deinen Gaben, und gieße sie über uns aus. Um Jesu willen. Amen.

Pfingsten

Aber der Tröster, der Heilige Geist, den mein Vater senden wird in meinem Namen, der wird euch alles lehren und euch an alles erinnern, was ich euch gesagt habe.

(Johannes 14,26)

Zum Lesen: Johannes 14,23-31

Die christlichen Feiertage sind nicht nur Erinnerungsfeste an etwas, das vor langer Zeit geschehen ist. Wir erleben an ihnen auch etwas, was *jetzt* geschieht. Denn was damals geschah, hat seine Bedeutung für alle Zeiten, es gilt allen Menschen, es ist etwas, das sich immer wieder neu in unserem Herzen wiederholt und in unser Leben eingreift.

So ist es auch mit Pfingsten, diesem Fest des Heiligen Geistes. Wir erinnern uns nicht nur an die Ausgießung des Heiligen Geistes auf die Apostel in Jerusalem, wir feiern nicht nur den großen Geburtstag der Gemeinde, als sie mit Kraft aus der Höhe ausgerüstet wurde und Mut bekam, mit ihrem Zeugnis von dem Auferstandenen vor die Welt zu treten. Nein, an Pfingsten beten wir auch in vollem Ernst neu um den Heiligen Geist und warten darauf, dass Gott ihn frisch auf seine Kirche ausgießt.

Aber ist denn das nötig? Wenn das stimmt, was wir immer wieder gesagt haben, dass der Heilige Geist uns in der Taufe und durch den Glauben an Christus gegeben worden ist und jetzt in uns wohnt, dann brauchen wir doch wohl nicht darum zu bitten, dass Gott ihn uns aufs Neue gibt? Aber der Geist weht, wo er will; wir können nicht über ihn verfügen, ihn nicht besitzen, wie man ein Bankguthaben besitzt. Wir haben ihn nur als Leben- gebenden- Herrn, als Strom des Lebens von Gott selber, der uns immer wieder neu füllen will. Und darum müssen wir ständig neu darum bitten, dass der Geist uns neu macht und zu uns kommt, als unser Helfer, Tröster, Wegweiser, Fürsprecher und Erneuerer.

Lieber himmlischer Vater, du hast uns deinen Geist verheißen, der uns erneuert. Du sendest ihn aus. Du erbarmst dich über die Deinen und lässt deinen Geist sie mit Freude und Kraft füllen. So lass ihn auch zu uns kommen, uns reinigen und zu neuen Geschöpfen machen, die erfüllt sind von einem frischen, lebendigen, neugeborenen Glauben an dich.

Lieber Herr Jesus, wir bitten dich um den Helfer und Tröster, den du uns verheißen hast, den Heiligen Geist, der uns alles lehrt, was wir brauchen, und uns an alles erinnert, was du gesagt hast und was wir so leicht wieder vergessen. Lass ihn uns dein Bild vor Augen malen und deine Stimme lebendig und warm machen.

Du lieber Heiliger Geist, der allein neues Leben schenkt und die Ewigkeit in diese Welt des Todes hineinleuchten lässt, gib uns einen Frühling des Geistes, wo alles voller Leben wird, wächst und Frucht bringt – solche Frucht, wie nur du sie geben kannst.

Pfingstmontag

Also hat Gott die Welt geliebt, dass er seinen eingeborenen Sohn gab, damit alle, die an ihn glauben, nicht verloren werden, sondern das ewige Leben haben.

(Johannes 3,16)

Zum Lesen: Johannes 3,16-21

»Also hat Gott die Welt geliebt ...« Man hat diesen Vers »die kleine Bibel« genannt. Viele kennen ihn auswendig – vielleicht ohne jemals darüber nachgedacht zu haben, was wirklich in ihm steht. O doch, sie haben begriffen, dass Gott die Welt liebt. Aber dann setzen sie auch schon den Punkt. Das Evangelium ist für sie nur die beruhigende Botschaft, dass Gott gut ist und wir mithin nichts zu befürchten haben; irgendwie werden wir schon alle in den Himmel kommen ...

Jetzt, nachdem wir Jesus von seiner Geburt bis zur Himmelfahrt gefolgt sind, begreifen wir vielleicht, wie oberflächlich solch ein Denken ist. Das riesengroße Problem ist ja, wie diese gefallene Welt mit all ihrem Bösen je mit Gott vereint werden kann. Es reicht ja nicht, dass Gott uns Menschen liebt. In unserem Wesen ist etwas, das eine unüberwindbare Mauer zwischen uns und Gott schafft. Diese Mauer konnte nur dadurch eingerissen werden, dass Gott seinen eigenen Sohn dahingab, ihn für unsere Sünden opferte und sterben ließ. Wir können dadurch, und nur dadurch, wieder zu

Gott kommen, dass wir zu seinem Sohn kommen, der für uns am Kreuz starb, und dies geschieht durch den Glauben. Wer an Christus glaubt, der geht nicht verloren, sondern bekommt das ewige Leben.

Ohne Christus sind wir verloren. Wer nicht an ihn glaubt, der gehört zu der Welt, die untergeht. Wir haben es hier nicht mit einem Urteil zu tun, das ein zorniger Gott am Sankt-Nimmerleins-Tag über einige Menschen fällen wird, sondern dieses Urteil liegt jetzt schon auf dieser Welt, und es besteht darin, dass das Böse mit seinem ganzen Wesen gegen Gott steht. Die Welt hat zu Gott Nein gesagt und verharrt in diesem Nein. Das zeigte sich, so sagt Johannes, als das Licht – Jesus – in die Welt kam und die Menschen die Finsternis mehr liebten als das Licht. Sie wollten nicht, dass ihre Taten ans Licht kamen, sie zogen es vor, weiter ohne Gott zu leben. In uns ist nun einmal etwas, das ganz und gar unvereinbar mit Gott ist. Der Unglaube besteht darin, dass man dieses Böse herrschen lässt; Glauben heißt, das Licht aufnehmen, wenn es kommt.

Seit dem ersten Pfingstfest strahlt dieses Licht hinaus in die Welt. Wir leben im Zeitalter des Geistes und der Gemeinde. Das Licht, das in die Welt gekommen ist, ist auch zu uns gekommen. Erlösung ist möglich, und der Geist ist zu uns gesandt, um uns zu helfen, diese Möglichkeit zu nutzen.

Komm, Heiliger Geist, der du unsere Herzen erleuchtest und uns Christi Herrlichkeit zeigst. Komm in deine Gemeinde und hilf ihr, voll freudiger Kraft von der

Liebe Gottes zu zeugen, die ihn trieb, seinen einzigen Sohn zu opfern, damit wir leben können. Lass das Evangelium mit Vollmacht und mit seiner ganzen Freude gepredigt werden, damit alle Augen geöffnet und alle Herzen voll werden von der Sehnsucht nach deiner Erlösung. Lass dein Licht in die Finsternis hineinleuchten, dass wir ihre ganze Trostlosigkeit sehen und uns zu der Herrlichkeit hinziehen lassen, die aus Christi Angesicht hervorstrahlt. Heiliger Geist, erlöse uns.

Dienstag nach Pfingsten

Wer den Namen des Herrn anrufen wird, der soll gerettet werden.

(Apostelgeschichte 2,21)

Zum Lesen: Apostelgeschichte 2,1-21

Pfingsten wird auch der Geburtstag der Gemeinde (Kirche) genannt. Das stimmt nicht ganz. Christus hatte seine Gemeinde bereits gegründet, als er ihre Leiter, die Apostel, wählte. Aber etwas sehr Wichtiges fehlte noch, bevor die Gemeinde ihren Dienst beginnen konnte, und dieses Wichtige geschah zu Pfingsten.

Jesus hatte den Aposteln befohlen, in Jerusalem zu bleiben und zu warten, bis sie mit »Kraft aus der Höhe« ausgerüstet würden (Lukas 24,49). Johannes der Täufer hatte gesagt, dass der Messias mit dem Heiligen Geist taufen würde (Matthäus 3,11). Genau dies war es, was zu Pfingsten geschah. Gott, der »Winde zu seinen Boten und Feuerflammen zu seinen Dienern« macht (Psalm 104,3-4), goss seinen Heiligen Geist aus. Er tat dies unter äußeren Zeichen, mit Windesbrausen und Feuerzungen, und gleichzeitig mit gewaltiger Kraft drinnen in den Herzen. An diesem Morgen erfüllte sich die Verheißung, dass der Heilige Geist Wohnung unter uns nehmen würde, um unser Wegweiser und unsere Kraftquelle zu sein.

Und noch ein Zeichen geschah – eines, das uns ein Bild von der Gemeinde Christi gibt. Als sie das Brausen in der Luft hörten, strömten die Menschen zusammen. Manche Ausleger meinen, dass die Apostel sich gerade im Tempel befanden (das Wort »Haus« bezeichnet im Neuen Testament oft auch den Tempel), wo sie natürlich von Tausenden von Pilgern umgeben waren. Aber vielleicht liefen die Menschen auch auf der Straße vor dem Haus zusammen, in welchem die Jünger sich trafen; die ganze Stadt war ja voll von Gästen und Pilgern, die zum Wochenfest (Pfingstfest) gekommen waren. Lukas listet die Länder auf, aus denen sie kamen, von Rom im Westen bis Persien im Osten, vom Schwarzen Meer im Norden bis zur Sahara im Süden. Das Zeichen, das nun geschah, bestand darin, dass die Jünger plötzlich in anderen Sprachen zu reden begannen – nein, nicht in der »Zungenrede«, wie sie seit den Tagen der Apostel manchmal in der Gemeinde vorkommt, denn was sie da sagten, brauchte von niemandem ausgelegt zu werden; jeder der Zuhörer hörte sie in seiner eigenen Muttersprache predigen. Für die Jünger war es klar, was dieses Zeichen bedeutete: Die Gemeinde Christi war für alle Menschen auf der Erde da. Der Geist würde die frohe Botschaft in die ganze Welt tragen, in allen Sprachen der Erde würde Christus gepredigt werden.

Du Heiliger Geist Gottes, wir bitten dich: Lass deinen Wind über die ganze Welt wehen. Lass ihn alles fortfegen, was morsch ist in deiner Kirche, alles, was tot und vertrocknet ist in der Christenheit. Fülle du die Herzen aller Christen mit dem Glauben, der die Welt überwindet, mit der Freude, die auch die Herzen der Kinder der Welt erwärmt, und mit dem Frieden, den die Welt nicht geben kann. Mache uns alle zu frohen Zeugen, die den anderen Menschen das gönnen, was du uns geoffenbart hast. Schicke deine Diener aus, um von dir zu zeugen, überall dort, wo Menschen sind, die noch nicht wissen, wer du bist und was du uns schenken willst. Gib uns, was nur du geben kannst: Freimut, Freude und Frieden in dem Heiligen Geist. Amen.

Mittwoch nach Pfingsten

... dass Gott diesen Jesus, den ihr gekreuzigt habt, zum Herrn und Christus gemacht hat.
(Apostelgeschichte 2,36)

Zum Lesen: Apostelgeschichte 2,22-41

Alle Missionspredigten der Kirchengeschichte sind in der allerersten Missionspredigt zusammengefasst, der Pfingstpredigt des Petrus; und ihr Kern lautet, dass Jesus Gottes Sohn und der Erlöser der Welt ist.

Petrus beginnt diese Predigt mit einem Zitat aus dem Propheten Joel, dass jeder, der den Namen des HERRN anrufen wird, gerettet werden soll. »HERR« – das war Gottes Name, aber hier wendet Petrus ihn auf Jesus an. *Das* war die große Nachricht, das Heil bringende Geheimnis, das jetzt der Welt verkündigt wurde: Jesus ist der Herr. Gott hat ihm den Namen gegeben, der über alle Namen ist.

Damit wird Gott nicht kleiner. Im Gegenteil: Auf diese Weise ist er zu uns gekommen und hat sich uns geoffenbart. Wieder und wieder betont Petrus es in seiner Predigt: Was durch Jesus geschehen ist, das hat alles Gott getan. Jesus ist von *Gott* beglaubigt (»ausgewiesen«) worden, durch Wunder und Zeichen, die *Gott* getan hat. Er starb durch *Gottes* Ratschluss, und *Gott* hat ihn wieder auferweckt. Durch *Gottes* rechte Hand ist er erhöht, von *Gott* hat er den Geist empfangen, den er gerade ausgegossen hat. *Gott* hat ihn zum

Herrn und Messias gemacht. Es ist von Anfang bis Ende Gottes Werk. So ist Gott in die Welt hineingekommen; wenn wir Jesus sehen, können wir sagen: Hier ist unser Gott!

Wer sagt, dass Jesus Gott ist, macht den Menschen den Glauben also nicht unnötig schwer, sondern einfach und klar und so, dass jeder es verstehen kann; er zeigt ihnen, wer Gott ist. Und genau dies tut der Heilige Geist, wenn er Christus verherrlicht und uns zuflüstert, dass Jesus wirklich Gottes eingeborener Sohn ist, der HERR.

Lieber Heiliger Geist, nimm du mich an die Hand und führe mich zur Wahrheit – der großen Wahrheit, die nur du lebendig machen kannst. Solange ich sie nur von außen sehe, als bloßer Beobachter, kann ich nichts mit ihr anfangen. Aber wenn du mir Jesus zeigst, dann merke ich, wie ich Gott sehe; dann bin ich zu Hause, dann wird alles so klar und einfach. Ich weiß, dass ich etwas habe, was ich nie ganz werde verstehen können. Ich lebe in etwas, das ich mit meinen eigenen Gedanken niemals durchdringen kann. Ich bin getragen von der Liebe Christi, die höher ist als alle Vernunft. Ich habe den Vater erkannt – nicht als Neugieriger, der außen vor steht und ihn anstarrt, sondern als der verlorene Sohn, der endlich nach Hause gekommen ist. Lieber Heiliger Geist, lass mich Jesus so sehen, dass ich wahrhaftig Gott erkenne und von ihm erkannt werde. Amen.

Donnerstag nach Pfingsten

Sie blieben aber beständig in der Lehre der
Apostel und in der Gemeinschaft und im
Brotbrechen und im Gebet.
(Apostelgeschichte 2,42)

Zum Lesen: Apostelgeschichte 2,42-3,15

Diese kurze Beschreibung der Urgemeinde gibt uns gleichzeitig die Kernmerkmale aller lebendigen christlichen Gemeinden aller Zeiten. Es gibt etwas, an dem jede lebendige Gemeinde festhält, etwas, das immer da sein muss und nie anders sein kann.

Das Erste ist die Lehre der Apostel. Damals war sie noch mündlich, heute haben wir sie in unserem Neuen Testament. Sie ist und bleibt das Fundament. Christus hatte den Aposteln den Geist geschenkt, der sie in alle Wahrheit führen sollte, und das gab ihnen ihre Autorität in der jungen Gemeinde. Aus ihrer Lehre sprach Christus, ihr Wort ist in der Kirche für alle Zeiten gültig. Eine Kirche, die nicht mehr der Lehre der Apostel folgt, ist keine wahre Kirche mehr.

Das Zweite ist die Gemeinschaft unter den Christen. Lukas beschreibt sie so: Die Menschen, die da zum Glauben gekommen waren, hatten alles gemeinsam. Täglich waren sie einträchtig beieinander im Tempel. Diese Gemeinschaft, dieses echte Einssein in Christus zeigte sich im Alltag wie im Gottesdienst. Sie waren wie eine große Familie.

Für die meisten Christen in Jerusalem war das Leben schwer. Christ werden – das bedeutete häufig, dass die eigene Familie einem die Tür wies. Damit verlor man das soziale Netz, das damals nur die Familie bzw. Sippe bieten konnte. In der Regel verlor man auch seine Arbeit. Man war aus der Gesellschaft ausgestoßen. In dieser Situation stellten die paar vermögenden Mitglieder, die es in der Gemeinde gab, ihr ganzes Eigentum zur Linderung der Not zur Verfügung, verkauften ihre Habe und halfen mit dem Erlös den anderen, solange das Geld reichte. Auf die Dauer freilich war diese Gütergemeinschaft keine tragfähige Lösung; die Urgemeinde verarmte schon bald derart, dass Christen in anderen Ländern eine Sammlung für sie durchführen mussten – die erste zwischenkirchliche Hilfsaktion für Brüder in Not, die wir kennen; Paulus behandelt sie in einigen seiner Briefe ausführlich.

Das dritte Merkmal war das »Brotbrechen«, also das Abendmahl. Die ersten Gottesdienste hielt man noch im Tempel ab; zum Abendmahl traf man sich in den Häusern. Man feierte es »mit Freude und lauterem Herzen«. Diesen zentralen Platz muss das Abendmahl im christlichen Gemeindeleben immer haben. Seine Vernachlässigung ist immer ein Alarmzeichen, dass die Flamme des Glaubens erlöschen will.

Die vierte Säule war das Gebet. Im Urtext steht hier »Gebete«, denn es geht hier zuallererst um die regelmäßigen, täglich wiederkehrenden Gebetszeiten. In Apostelgeschichte 3,1 lesen wir, wie Petrus und Johannes »um die neunte Stunde, zur Gebetszeit« in den

Tempel gehen. Es gab pro Tag mehrere solcher Gebetszeiten. In Apostelgeschichte 10 geht Petrus, als er in der Stadt Joppe ist, zur Mittagszeit auf das Flachdach des Hauses, um zu beten. In der Gemeinde Christi betet man also regelmäßig, zu bestimmten Zeiten, und nicht nur, wenn man gerade das Bedürfnis danach hat.

Vor diesen vier Punkten müssen wir uns als Einzelne und als Gemeinde immer neu prüfen, wenn es um die Frage geht: Was brauchen wir gerade am meisten?

Herr, Heiliger Geist, komm hinein in deine Gemeinde. Du weißt es, Herr: Eine Kirche ohne Geist ist eine Gotteslästerung, ein Zeugnis gegen deine Wahrheit. Aber eine geisterfüllte Gemeinde ist ein Grundpfeiler der Wahrheit, eine Quelle des Lebens und eine Zuflucht für alle, die mühselig und beladen sind. So komm hinein in deine Gemeinde und mache sie neu. Lass die Botschaft, die du den Aposteln in den Mund legtest, auch heute mit der gleichen Kraft hinausgehen. Lass die Herzen mit der gleichen Liebe brennen, die du in deinen ersten Zeugen angezündet hast, so dass wir eine Familie werden, die mit allem, was sie tut, Zeugnis von deiner Macht gibt. Mache unsere Abendmahlsfeiern so voll von Freude und himmlischem Licht, dass jeder dort spürt, dass Christus mitten unter uns ist. Und zünde die Flamme unserer Gebete an und lass sie brennen, klar und treu, Tag um Tag, wie das Feuer auf dem Altar im Tempel. Komm, du Heiliger Geist aus der Höhe!

Freitag nach Pfingsten

In keinem andern ist das Heil.
(Apostelgeschichte 4,12)

Zum Lesen: Apostelgeschichte 4,1-22

Manchmal will der Widerstand, dem wir als Christen gegenüberstehen, uns ganz entmutigen. Da ist es sehr nützlich, wenn wir uns anschauen, wie es der Urgemeinde erging. Fast von der ersten Stunde an befand sie sich in einem schweren Konflikt mit dem Staat und der Gesellschaft, in der sie lebte. Die Apostel sollten Zeugnis ablegen von der Auferstehung Christi – und genau das wollte die Obrigkeit verhindern und ließ die Apostel prompt verhaften. Die staatliche Linie war genau die gleiche wie in vielen Ländern heute: Glaube – ja, Mission – nein. Im stillen Kämmerlein dürft ihr gerne Christen sein, aber dass ihr ja keine Propaganda macht ...

Die Apostel zweifelten keinen Augenblick daran, was sie zu tun hatten. Sie mussten Gott mehr gehorchen als den Menschen. Sie wussten, wer Jesus war. Sie wussten, dass er der einzige Weg zur Erlösung war und dass dies nicht nur für sie selber galt, sondern auch für ihre Landsleute einschließlich ihrer Gegner, ja für die ganze Menschheit. Schweigen – das wäre Verrat gewesen.

Wir stehen jetzt am Ende der ersten Hälfte des Kirchenjahres – der festlichen Hälfte, wie man sie auch nennt, der Hälfte, in welcher Gott sich uns in Jesus

Christus offenbart und seinen Geist sendet. Wir haben alles gehört; jetzt gilt es, die Konsequenzen zu ziehen, und für den, der begriffen hat, was Gott hier getan hat, gibt es nur eine Antwort: Es ist in keinem anderen Namen das Heil als allein in Jesus Christus. Das gilt für mich selber, und ich muss folglich Ernst machen mit dieser Wahrheit und sie mein Leben bestimmen lassen. Aber es gilt auch für alle anderen Menschen, und deshalb muss das Licht dieser Wahrheit hinausleuchten in die Welt, sichtbar für alle; ich kann sie nicht für mich behalten, wenn ich nicht die Wahrheit aller Wahrheiten verleugnen will – dass in Jesus, und nur in ihm, die Erlösung ist.

Nun liegt die Trinitatiszeit vor uns. In ihr geht es um das Leben des Christen. Was nicht heißt, dass wir eine Menge Regeln und Paragraphen zu erwarten haben! Man kann den christlichen Glauben nicht säuberlich in zwei Hälften teilen – erst das, was Christus getan hat, und dann das, was wir tun sollen. Ohne Christus können wir nämlich überhaupt nichts. Über das Leben des Christen reden bedeutet immer auch, über Christus reden und wie er in unserem Leben, in seiner Gemeinde und in der Welt Gestalt annimmt. Was im Leben der Christen geschieht, ist eine Fortsetzung dessen, was im Leben Christi geschah, als er Mensch wurde, starb und auferstand und seinen Geist sandte. Diese Fortsetzung liegt jetzt vor uns.

Herr Jesus, es gibt keinen anderen Namen unter dem Himmel, durch den wir selig werden können, das weiß ich so genau. Mache du dieses Wissen lebendig für mich. Fülle mein Herz bis zum Überlaufen mit der Gewissheit, dass du mein Erlöser bist und der Erlöser der ganzen Welt. Lass diese Gewissheit mein ganzes Denken, Fühlen, Willen und Wesen durchdringen, so dass ich so lebe und denke, rede und reagiere, wie man es tun muss, wenn man weiß, dass alles von dir abhängt und dass du der Anfang und das Ende bist, unsere Hoffnung und unsere Erlösung. Ich bitte dich um das große Wunder, dass nur du an den Menschen tun kannst – um das, was bei deinen ersten Jüngern geschah. Ihre Richter staunten über ihren Freimut, aber dann erinnerten sie sich, dass sie ja mit dir gegangen waren. Lass es auch in meinem Leben geschehen, dass Menschen merken, dass ich dir begegnet bin. Um deines Namens willen. Amen.

Samstag nach Pfingsten

Gib deinen Knechten, mit allem Freimut zu reden dein Wort.

(Apostelgeschichte 4,29)

Zum Lesen: Apostelgeschichte 4,23-37

Nach ihrer ersten Nacht im Gefängnis kommen Petrus und Johannes zurück zu den Ihren und berichten ihnen, was die Staatsmacht ihnen klargemacht hat: dass man nicht untätig zuschauen wird, wenn diese Christen noch einmal versuchen sollten, der Obrigkeit zu trotzen.

Wie reagiert die Gemeinde, als sie das hört? Sie ruft einmütig zu Gott: »Herr, sieh an ihr Drohen und gib deinen Knechten, mit allem Freimut zu reden dein Wort!«

Versuchen wir, uns in ihre Lage zu versetzen.

Draußen liegt Jerusalem in der flimmernden Hitze des Sommers – die Stadt, die ihre Propheten tötet und Gottes Boten steinigt und die jetzt auch Jesus hat hinrichten lassen. *Dort* sollen die Christen predigen. In einer solchen Situation ist ein Gebet um Freimut wohl am Platz. Für die Juden war es Gotteslästerung, dass ein Gekreuzigter der Messias sein sollte. Für die Griechen war ein Gott, der am Kreuz für die Sünden der Menschen starb, der bare Unsinn. Den Römern war die ganze Geschichte nicht mehr als ein verächtliches Achselzucken wert, schon allein deswegen, weil sie aus der Ecke dieser fanatischen Juden kam.

Die Christen wussten, was sie erwartete. Jesus hatte doch selber gesagt, dass er sie wie Schafe unter die Wölfe schicken würde, dass sie von allen gehasst sein würden, dass der Jünger nicht erwarten konnte, dass es ihm besser erging als seinem Meister.

Jetzt war es also so weit. War es vielleicht doch schwerer, als man erwartet hatte? Lukas hält sich nicht lange mit der Frage auf. Er berichtet einfach, dass die Gemeinde betete und Gott um Freimut bat. Und dann fährt er kurz und knapp fort, dass sie »das Wort Gottes mit Freimut redeten«.

Diesen Freimut können wir alle gebrauchen. Auch in unserer Welt ist das Evangelium nicht beliebt. Da kann einem eine allgemeine Allerweltsfrömmigkeit attraktiv erscheinen. Zu allen Zeiten haben übervorsichtige Christen versucht, sich anzupassen und ja keinen Anstoß zu erregen. Da predigt man den Glauben an Gott und an die Moral, und Jesus darf gerne auch dabei sein – als der, der uns Gottes Liebe gezeigt hat und der unser großes Vorbild ist. Aber das Wichtigste verschweigt man: den Glauben an den Erlöser, der gestorben und auferstanden ist, damit wir nicht verloren gehen, sondern das ewige Leben haben.

Wenn es so weit gekommen ist, hat das Salz seine Kraft verloren. Was macht man mit solch einem Salz? Man schüttet es weg und lässt es von den Leuten zertreten (Matthäus 5,13). Das Gegenstück hierzu ist der frohe, kindlich mutige Glaube, der sich ohne Wenn und Aber an Jesus hält. Jesus hat Recht. Jesus liebt mich. Jesus hat mich errettet und zu Gott gebracht.

Und da sollte ich mich seiner schämen und auf die Idee kommen, seine Worte zu verändern und zurechtzustutzen und sein Bild zu retuschieren? Alles, aber nicht das!

Herr, gib uns, deinen armen Dienern, dass wir mit allem Freimut deinen Namen bekennen. Wir haben deine Wahrheit gesehen – hilf, dass wir uns ihrer nie schämen. Wir sind deiner Liebe begegnet – gib, dass wir sie nicht für uns selber behalten. Du hast uns dein Licht geschenkt – lass uns die Freude erleben, zu sehen, wie es auch für andere leuchtet, und lass uns nicht die Riesendummheit und Sünde begehen, es verdunkeln zu wollen. Du hast es dir nie so gedacht, dass wir einfach dahinleben und unsere Ruhe haben. Du hast deinen guten Segen über uns ausgeschüttet, reichlich und unverdient. Mache uns so froh und glücklich und stolz auf dich, dass auch der Blindeste ahnen muss, dass das Reich und die Macht und die Herrlichkeit dein sind, in Ewigkeit. Amen.

Heiliger Abend

Denn uns ist ein Kind geboren, ein Sohn ist uns gegeben, und die Herrschaft ruht auf seiner Schulter.

(Jesaja 9,5)

Zum Lesen: Jesaja 9,1-6

Das sollte das Zeichen sein, das Zeichen für das Unerhörte: dass der Messias geboren war. Dass Gott eingegriffen hatte. Dass hier eine große Freude war, die allem Volk widerfahren sollte. Eine Freude, die alle Engel des Himmels jubeln und singen lassen würde.

Ein seltsames Zeichen! Ein neugeborenes Kind in einer Krippe. Ein Kind, das in einem Stall geboren wurde, weil sonst nirgends Platz war. Das war Gottes Gabe an die Menschen seines Wohlgefallens.

Ein Sohn ist uns gegeben. Gott gab uns seinen eigenen Sohn. Als schutzloses Menschenkind wurde er geboren, in einer kalten Winternacht, in einer der Höhlen, wo die Bauern von Bethlehem ihre Tiere unterbrachten.

Und auf seinen Schultern sollte die Herrschaft liegen! Wie war das möglich?

Einer der großen Kirchenväter – Hieronymus – hat uns die Antwort in einer bezaubernden kleinen Geschichte gegeben. Hören wir ihn:

Sooft ich nach Bethlehem schaue, halte ich in meinem Herzen Zwiesprache mit dem Jesuskind. Ich sage:

»Herr Jesus, du frierst ja. Du zitterst. Du liegst so hart – damit ich selig werden kann. Wie kann ich dir das je vergelten?«

Dann ist mir, als ob das Kind antwortet: »Ich will nichts, lieber Hieronymus, lass nur. Im Garten und am heiligen Kreuz werde ich es noch schwerer haben.«

Dann rede ich weiter: »Liebes Christuskind, aber etwas muss ich dir doch schenken. Ich gebe dir all mein Geld.«

Das Kind antwortet: »Ich besitze schon den Himmel und die Erde, ich brauche dein Geld nicht. Aber gib es den Armen, dann will ich es annehmen, als ob du es mir gegeben hättest.«

Da fahre ich fort: »Liebes Christuskind, das will ich gerne tun, aber ich muss dir doch etwas persönlich geben können, sonst gräme ich mich zu Tode.«

Da sagt das Kind: »Lieber Hieronymus, da du so freigebig bist, will ich dir sagen, was du mir geben kannst. Gib mir deine Sünden. Gib mir dein böses Gewissen und deine Verlorenheit.«

Ich antworte: »Was willst du damit machen?«

Christus antwortet mir: »Ich will sie auf meine Schultern nehmen und tragen. Das soll meine Herrlichkeit und meine Herrschaft sein. Jesaja hat ja prophezeit, dass ich deine Sünden nehmen und forttragen werde.«

Da fing ich an zu weinen und sagte: »Kind, liebstes Christuskind, du rührst mein Herz zu Tränen! Ich glaubte, du wolltest etwas von mir, und jetzt willst du nur das Böse in mir. Nimm, was mein ist! Gib mir, was dein ist! Dann werde ich frei von der Sünde und des ewigen Lebens gewiss.«

Das ist die Herrschaft, die auf der Schulter des Kindes ruht. Es ist ein Reich der Vergebung. Ein König, der für sein Volk stirbt. Ein Gott, der die Sünden seiner Kinder selber sühnt.

Liebes Jesuskind, nun will auch ich meine Knie beugen hier an deiner Krippe. Ich weiß, dass ich dir niemals genug danken kann. Ich kann dir nichts geben, das ein würdiges Dankeschön wäre für das, was du getan hast. Aber da du nun das Böse in mir haben willst, so gebe ich dir alles – mein Leben und mein Herz, meine Vergangenheit und meine Schuld, meine Zukunft und meine Ewigkeit. Ich könnte nicht zu dir kommen, wenn du nicht zu mir gekommen wärest. Aber nun bist du hier, und ich weiß, dass es um meinetwillen ist. Darum beuge ich meine Knie und danke dir, du Jesuskind, du Friedefürst, du, der Wunder-Rat und Gott-Held heißt. Amen.

Weihnachten

Ehre sei Gott in der Höhe und Friede auf Erden
bei den Menschen seines Wohlgefallens.
(Lukas 2,14)

Zum Lesen: Lukas 2,1-20

In dem Gesang der Engel in der Geburtsnacht Jesu liegt das ganze Weihnachtsevangelium eingeschlossen. Man merkt das vielleicht nicht sofort. Aber hier ist jedes Wort randvoll vom Evangelium.

»Ehre sei Gott« – die Übersetzung ist nicht besonders glücklich. Das Wort »Ehre« steht nämlich für etwas, das man in unserer Sprache kaum ausdrücken kann: Gottes Herrlichkeit, sein unaussprechliches Wesen, das uns vor Glück und Furcht gleichzeitig zittern lässt. Etwas, das uns mit Freude erfüllt und zu ihm hinzieht, während wir doch gleichzeitig unser Angesicht verhüllen möchten. Es ist das Licht, das kein irdisches Auge ertragen kann, das Licht, zu dem keiner von uns kommen kann. Als Jesaja nur einen kurzen Schimmer davon erhaschte, sagte er: »Weh mir, ich vergehe! Denn ich habe unreine Lippen!« (Jesaja 6,5)

Eigentlich müssten wir von diesem Licht für immer ausgeschlossen sein. Aber jetzt geschieht das große Wunder: Gott kommt auf die Erde herab. Nicht in seinem verzehrenden Glanz, sondern in der Gestalt eines neu geborenen Menschenkindes. Und die Engel des Himmels fangen an zu singen, erstaunt und überwältigt und beglückt von diesem Wunder. Die Ehre gehört Gott, sagen sie. Bei ihm ist die Macht und die Herrlichkeit, die alle Himmel mit Lobgesang füllt. Aber nun steigt sie herab, um der Erde Frieden zu bringen.

Auch das mit »Friede« wiedergegebene Wort ist so randvoll, dass man es nur schwer übersetzen kann. Es bedeutet Frieden und Stille. Es bedeutet eine Harmonie, Lieblichkeit, Geborgenheit, den Urzustand der Schöpfung, der beim Sündenfall verloren ging. Jetzt will Gott ihn wiederherstellen. Alles wird wieder gut. Vergebung, Erneuerung, alle guten Kräfte der göttlichen Barmherzigkeit senken sich auf die Menschen herab – die »Menschen seines Wohlgefallens«. So steht es da. Wir können es auch so übersetzen: »die Menschen, an denen Gott Gefallen hat«, und gemeint ist, dass Gottes Wohlgefallen, seine Vaterliebe, sein Erlösungswille, seine Barmherzigkeit, die nicht müde wird, zu vergeben, jetzt zu den Menschen gekommen ist. Gerade zu den gefallenen, ausgestoßenen, gedemütigten und gescheiterten. Es war kein Zufall, dass die Hirten als Erste diese Botschaft erhielten. Sie gehörten zum Bodensatz der Gesellschaft, sie bekamen die Arbeit, die sonst keiner tun wollte. Darum wachten sie ja mitten in der kalten Nacht, während die Bürger Bethlehems den Schlaf des Gerechten schliefen.

Dir, Herr, gehört die Ehre, das weiß ich. Du allein bist heilig. Du allein bist gut und gerecht. Ich weiß, dass ich sofort vergehen müsste, wenn ich in deine Heiligkeit eindringen könnte. Selbst deine Liebe würde mich verbrennen. Alles an dir ist gut, aber ich bin niemand, der würdig wäre, dir zu begegnen oder in deiner Nähe zu leben. Und doch bist du zu mir gekommen, Herr, mit all deiner Herrlichkeit, aber so verborgen und in einer solchen Gestalt, dass du mir wie ein Bruder und ein Freund begegnest. Welch eine unfassbare Liebe musst du haben, Herr, dass du all das tust, um Gemeinschaft mit denen zu haben, die so wenig mit dir gemeinsam haben. Du hast dich so tief zu uns herabgeneigt, dass keiner noch tiefer oder noch weiter weg sein kann. Gepriesen sei deine Güte, die Gefallen hat an uns Menschen! Amen.

Zweiter Weihnachtstag

Meint ihr, dass ich gekommen bin, Frieden zu bringen auf Erden? Ich sage: Nein, sondern Zwietracht.

(Lukas 12,51)

Zum Lesen: Matthäus 23,34-39

Er ist schon merkwürdig, der Zweite Weihnachtstag. Just an diesem Tag gedenkt die Kirchen ihres ersten Märtyrers, des Stephanus. Wie soll das mit dem Fest des Friedens und der Freude zusammenpassen?

Doch es liegt ein tiefer Sinn darin, gerade heute den Stephanustag zu begehen. Die ersten Christen wussten, was das Martyrium eigentlich bedeutete. Es war kein Todestag, sondern ein Geburtstag. In der Stunde des Märtyrertodes begann das eigentliche Leben, daheim beim Herrn. Als die alte Kirche nach einem geeigneten Tag zum Gedenken an den Tod des Stephanus suchte, wählte sie den Tag direkt nach Jesu Geburt. Der erste Märtyrer bekam einen Ehrenplatz im Kirchenjahr. Den Platz gleich danach bekam Johannes, der Jünger, den Jesus lieb hatte. Und an den folgenden Tagen gedachte man der Kinder in Bethlehem, die dem Kindermord des Herodes zum Opfer fielen und ihr Leben gaben, damit Jesus seines behielt, sowie Abels, des ersten Gerechten, der auf unserer Erde erschlagen wurde.

Die ersten Jünger wussten aus persönlicher Erfahrung, dass der Glaube an Christus Unfrieden, Leiden und Tod bringen kann. Gewiss ist er der Friedefürst. Wie oft haben wir nicht schon die Worte gehört: »Geht hin in Frieden.« »Meinen Frieden gebe ich euch«, sagte Jesus seinen Jüngern. Aber dann fügte er hinzu: »Nicht einen Frieden, wie die Welt ihn gibt« (vgl. Johannes 14,27). Die Welt versteht unter Frieden, dass man seine Ruhe hat und sich seines Lebens freuen kann. Christi Friede bedeutet Gewissensfrieden, Frieden mit Gott, Frieden mit Menschen dadurch, dass man vergibt, anstatt seine Ellbogen zu gebrauchen.

Aber Friede mit Gott bedeutet automatisch Unfrieden mit allen Mächten, die gegen Gott stehen. Jesus wurde in die Welt hineingeboren, um uns zurück zu Gott zu führen. Das aber bedeutete einen Kampf auf Leben und Tod mit den Mächten, die uns von Gott fern halten wollen. Diese Mächte können den Willen eines Menschen in einem eisernen Griff haben, und sobald Gott näher kommt, werden sie lebendig. Genau dies geschah, als Jesus zur Welt kam. Nicht nur die Hirten und die Weisen aus dem Morgenland wurden aktiv, sondern auch Herodes und seine Handlanger. So ist das schon immer gewesen. Das Evangelium erfährt erbitterten Widerstand. Und so wird es bleiben – bis zu dem Tag, wo kein Widerstand mehr möglich sein wird, dem Tag, wo der König sich auf den Thron seiner Herrlichkeit setzt und es zum letzten Male heißt: »Gelobt sei, der da kommt in dem Namen des Herrn!«

Lieber Herr Jesus, hilf mir, dass ich keine Angst habe vor der Trennung, die kommen muss, weil es so viel in dieser Welt gibt, das gegen deine Güte und gegen deinen Frieden ist. Hilf, dass ich nie den lieben Frieden mit dem suche, was böse und unrecht ist und das zu überwinden du gekommen bist. Sondern lass mich Frieden haben mitten in allem Streit, so dass ich deine Gegner mit deinen Augen sehen kann, mit deiner Liebe und deinem Herzenswunsch, ihnen zu helfen. Du willst uns ja alle versammeln, wie eine Henne ihre Küken unter ihre Flügel sammelt. Vergib mir die vielen Male, wo ich das nicht wollte. Jetzt will ich, Herr, auch wenn dies zu Konflikten führt, auch wenn ich dein Leiden mit dir teilen muss. Lass deinen Frieden, der höher ist als alle Vernunft, mein Herz und meinen Sinn bewahren in dir. Amen.

Neujahr

Und als acht Tage um waren und man das Kind beschneiden musste, gab man ihm den Namen Jesus, wie er genannt war von dem Engel, ehe er im Mutterleib empfangen war.

(Lukas 2,21)

Eine Woche nach seiner Geburt musste ein jüdischer Knabe beschnitten werden, und eine Woche nach Weihnachten kommt Neujahr. Genau an diesem Tag also bekam Jesus seinen Namen, der »der Herr ist Rettung« bedeutet und den er bekommen sollte, weil er, wie der Engel sagte, »sein Volk von ihren Sünden retten« würde (Matthäus 1,21).

Jesus – das ist mehr als ein Name. So wie in dem Leib Jesu Gottes Wesen wohnte, so wohnt in seinem Namen etwas von seinem Erlösungshandeln. Darum kann dieser Name einen trösten, aber auch beunruhigen. In den einen Herzen heilt er die Wunden, in anderen weckt er Unbehagen, ja Wut. Die Lippen von Sterbenden flüstern ihn mit unendlicher Dankbarkeit, andere Lippen verspotten und verfluchen ihn. Es ist der am meisten geliebte und am meisten verhöhnte unter allen Namen. Mit dem Namen Jesu ist es gerade so wie mit seinem Kreuz. Für die einen ist er eine Dummheit und ein Ärgernis. Aber für den, der glaubt, ist er Gottes Kraft zur Erlösung.

Und dieser Name heißt uns an diesem ersten Tag des neuen Jahres willkommen. Wir dürfen dieses Jahr in Jesu Namen beginnen. Wir schreiben diesen Namen über alle seine Tage. Vor allem anderen über die Sonntage. In der Bibel ist der Sonntag ja »der Tag des Herrn«, der Tag Jesu, an dem er von den Toten auferstand. An jedem neuen Sonntag läuten die Kirchenglocken, um seinen Sieg zu feiern und uns zu ihm zu rufen. Ein Siebtel unseres Lebens hat Gott frei gemacht von Arbeit und Jagen, von Pflichten und Terminen, damit wir uns in Jesu Namen versammeln können. Der Apostel Jakobus spricht in seinem Brief von dem »guten Namen, der über euch genannt ist« (Jakobus 2,7). Er wurde bei meiner Taufe über mir genannt. Er wird in jedem Gottesdienst über mir genannt. Er steht über jeder neuen Woche dieses neuen Jahres geschrieben. Darum will ich seine Sonntage als eine gute Gabe Gottes annehmen und bewahren.

Aber nicht nur die Sonntage, sondern auch die Alltage. Auch über ihnen steht Jesu Name geschrieben. »Alles, was ihr tut mit Worten oder mit Werken, das tut alles im Namen des Herrn Jesus« (Kolosser 3,17) – das ist die Grundregel für das Leben des Christen. In Jesu Namen beginnt er seinen Tag mit Gebet und Andacht, in Jesu Namen setzt er sich an den gedeckten Tisch, an dem als unsichtbarer Gast auch Jesus sitzt, in Jesu Namen legt er sich am Abend schlafen. Und all seine Arbeit tut er »von Herzen als dem Herrn und nicht den Menschen« (Kolosser 3,23). Da wird man treu auch in dem, was klein und unbedeutend aussieht. Da kann man auch ein großes Unrecht vergeben. Man kann auch große Sorgen tragen, denn man trägt sie ja nicht alleine, sondern in Jesu Namen, mit ihm als treuem Freund an seiner Seite.

So bitte ich dich, Herr Jesus: Lass deinen gesegneten Namen über allem geschrieben stehen, was mir heute und in diesem Jahr begegnet. Ich weiß nicht, was alles auf mich wartet, aber ich weiß, dass du bei mir sein wirst, was auch geschieht. Ich danke dir, dass dein Name über jedem neuen Tag geschrieben sein darf, über Werktagen und Feiertagen, über Trauer- und Krankheitstagen, über Tagen der Versuchung und des Gelingens, über Tagen der Schwachheit und über meinem Todestag, wenn es dein Wille ist, dass er in diesem Jahr kommt. Bleibe bei mir, Herr Jesus, dann habe ich alles, was ich brauche. Amen.

Epiphanias

Auf den werden die Heiden hoffen.

(Römer 15,12)

Zum Lesen: Matthäus 2,1-12

Aus welchem Volk kamen sie, diese Weisen aus dem Morgenland? Wir wissen es nicht. Dass es drei waren, dass es Könige waren, dass einer von ihnen ein Schwarzer war – all das sind spätere, legendenhafte Ausschmückungen. Aber wie so oft drückt die Legende etwas aus, das wesentlich ist. Die Weisen stehen für die Sehnsucht nach Gott, die sich bei allen Menschen findet. Überall auf der Welt steigen Gebete zu Gott hoch, werden Gottesdienste gehalten, wissen Menschen, dass Gott der Herr ist und Macht über uns hat. Zu allen Zeiten hat es Menschen gegeben, die mit großem Ernst Gott gesucht und sich gefragt haben, wie sie in das rechte Verhältnis zu ihm kommen können.

Dies war einer der Gründe, warum man in der Antike in den Sternen forschte. Man hoffte, aus ihren Konstellationen und dem Gang der Planeten Gottes Willen herauslesen zu können. Die Berechnungen über die Bewegungen der Himmelskörper, die uns aus dieser Zeit überliefert sind, sind verblüffend exakt. Wir wissen auch, dass es just zu der Zeit der Geburt Jesu mehrere äußerst seltene und auffällige Konstellationen am Himmel gab, die als Zeichen für die Geburt eines großen Herrschers gedeutet wurden, mit dem ein neues Zeitalter anbrechen würde. Hier leuchtete selbst in der Astrologie, die ansonsten ein Irrweg der Gottessuche war, ein Stück Wahrheit auf.

Aber nicht nur wir Menschen suchen Gott, sondern Gott sucht uns. Die Weisen aus dem Morgenland stehen nicht nur für die Gottessehnsucht des menschlichen Herzens. Sie sahen ein Zeichen am Himmel, und sie folgten ihm. Und Gott führte sie richtig, zum Stall von Bethlehem. Sie begegneten einem Gott, der aus seiner unbekannten Herrlichkeit zu uns auf die Erde hinabstieg und Mensch wurde, um sich uns zu offenbaren. Diese Geschichte zeigt uns also, dass Gott, der alle Völker geschaffen und ihre Sehnsucht nach ihm geweckt hat, auch eingegriffen hat in diese Welt, mit einer Erlösung, die allen Menschen gilt, die auf alle Fragen antwortet und alle Sehnsucht an ihr Ziel führt.

Christ sein – das bedeutet, ein Diener und Mitarbeiter Gottes sein, der Gottes Botschaft hinaus zu den Menschen bringt. Die Weisen reisten weit und scheuten keine Mühe, um zu Jesus zu kommen. Jetzt darf der Gemeinde Jesu kein Weg zu weit und keine Mühe zu schwer sein, um allen Menschen die Botschaft von dem, was in Bethlehem geschah, zu bringen. Das Evangelium ist ein Evangelium für die ganze Welt. Wer es recht aufnimmt, der muss es einfach weitergeben wollen. Das Licht gehört auf den Leuchter und nicht unter den Scheffel (Matthäus 5,15).

Herr Jesus, ich danke dir für dein Evangelium. Du weißt, dass ich es nicht missen will. Die Welt wäre dunkel und sinnlos, wenn ich es nicht hätte. Hilf, dass ich nie die Menschen vergesse, die es noch nicht haben. Ich weiß, dass du nicht willst, dass wir nur an unser eigenes Wohl denken. Hilf mir, das auch zu beherzigen, wenn es um das Beste von allem, dein Evangelium geht. Ich danke dir, dass ich mit daran arbeiten kann, deine Gabe anderen anzubieten. Ich bitte dich: Segne du alle, die dein Evangelium nicht haben; gib, dass sie es hören. Ich bitte dich für alle deine Boten, für alle, die in deinem Namen unter Menschen arbeiten, die dich noch nicht kennen. Fülle uns alle mit einer solchen Freude, dass die anderen einfach merken müssen, dass du das Licht der Welt und die Quelle alles Guten bist. Amen.

Die Sonn- und Feiertage des Kirchenjahres:
Advent bis Pfingsten

1. Advent
2. Advent
3. Advent
4. Advent
Heiliger Abend
Weihnachten
2. Weihnachtstag
Sonntag n. Weihnachten
Neujahr
Sonntag nach Neujahr
Epiphanias
Sonntage n. Epiphanias
Septuagesimae
Sexagesimae
Estomihi
Invocavit
Reminiscere
Oculi

Laetare
Judica
Palmsonntag
Gründonnerstag
Karfreitag
Ostern
Ostermontag
Quasimodogeniti
Misericordias Domini
Jubilate
Cantate
Rogate
Himmelfahrt
Exaudi
Pfingsten
Pfingstmontag